# STORIA
# DEI COSENTINI

DI

## DAVIDE ANDREOTTI

VOLUME II.

**NAPOLI**
STABILIMENTO TIPOGRAFICO DI SALVATORE MARCHESE
Vico de' Ss. Filippo e Giacomo, 21.

**1869**

# STORIA DEI COSENTINI

# STORIA

# DEI COSENTINI

DI

## DAVIDE ANDREOTTI

### VOLUME II.

**NAPOLI**

STABILIMENTO TIPOGRAFICO DI SALVATORE MARCHESE
Vico de' Ss. Filippo e Giacomo, 21.

1869

## Mio caro Fraschitto

Ti mando il secondo volume della Storia de'Cosentini, che si è stampato nel mese scorso.

Contiene esso la Storia de' nostri Antenati dagli Angioini all' esaltazione al trono di Napoli di Carlo III di Borbone.

E però, vi troverai un fedelissimo cenno de'Capitoli Privilegî e Lettere Regie a favore di Cosenza e Casali, che non potendo riportar per intero, perchè troppo voluminosi, ho riferiti per mezzo di que'Sommarî, che dal Municipio se ne fecero redigere nel tempo della stampa e pubblicazione di essi.

Vi troverai la Storia del nostro Sedile, che leggiera causa di turbolenze non fu nel nostro pae-

se; e con questa, quella della nostra letteratura—
della nostra Chiesa—e la civile—e la politica, che
in così lungo periodo ti rappresenteranno il nostro
popolo sempre mai costante a quel programma d'indipendenza, di che lungo discorso in altra mia ti
tenni.

È impossibile che ti potessi significare quanta
fatica, e quanta spesa mi è costata la redazione
di questo secondo volume.

Mi vi sono applicato fin dal 1844; e non ne son
potuto venire a capo prima del corrente anno ; e
per la rarità de' libri patri, che ho dovuto andar leggendo per le Biblioteche di Napoli, Venezia, e Firenze, ove qualch'esemplare se ne trova;
e per l'assoluta mancanza di croniche, che per
acquistare, ho dovuto quasi sempre comprare ero-
gando fortissime somme.

Intanto, siccome non ho voluto trattar di cosa,
che almeno da due o più documenti non venisse ap-
poggiata, di molti fatti non vi troverai motto, che
comprovati non mi sembrarono a sufficienza ; ed
avendo principalmente di mira che niuno de' fatti
incontestabili non venisse omesso — e l'ordine cronologico non andasse turbato—e l'unità storica ser-
bata fosse a traverso a tanta varietà di materie ;
vi troverai la forma e lo stile un po' trascurati:
difetto, che spero di correggere in una seconda edizione, e che non ho corretto adesso per mancanza di tempo.

Le simpatie colle quali fu accolto il primo vo-

lume da' dotti in Archeologia e Storia , spero che
vogliano accompagnare anche questo secondo , che
d' una storia più importante si occupa.

A me poi , che tolsi a scrivere quest' opera nel
solo fine di far cosa grata a' miei concittadini, so-
vratutto tornerà piacevolissimo se a te massimamente potesse riuscir di gradimento, che la patria
comune ami tanto, e che hai avuto ed hai la grande virtù di mantenere il tuo cuore scevro da quelle
basse passioni che dominano generalmente—ed all'altezza di que' nobili palpiti, che sventuratamente non
da molti si sentono ne' tempi che corrono.

Ricevi i miei saluti e credimi.

Napoli 30 novembre 1869


Onorevole
Sig. Fraschitto Palmieri
Segretario della Camera di Commercio
ed Arti di
Cosenza


Il Tuo Amico
DAVIDE ANDREOTTI

# LIBRO UNDECIMO

—

## CAPITOLO PRIMO

I. Carlo d'Angiò — Prestito fattogli da Fulco Spina — Goffredo di Tarsia mandato da lui al Papa — Ferrante de Martino e Roberto Scaglione deputati da'Ghibellini allo Svevo Corradino — Morte di Corradino — Vespero siciliano — Ruggiero di Loria cosentino in soccorso de'siciliani—II. Geste bellicose del Loria—Cosentini che militarono nell'esercito di Carlo—Morte di Carlo—III. Fazioni in Cosenza degli Angioini e Svevi—Visitatori Romani—Rivolta dei Cosentini contro di essi—IV. Arcivescovi cosentini—I conventuali in Cosenza—S. Maria delle Grazie in Portaplana—S. Chiara. (Anni 1266).

I.º Dopo la battaglia di Benevento, Carlo d'Angiò accompagnato dall'Arcivescovo di Cosenza, e dal Legato del Papa entrò in Napoli, e prese possesso del Regno.

Il governo del suo nuovo Stato fu caratterizzato da tutte le gravezze che i calcoli di Guzzolino della Marra seppero immaginare. Stava la ragione di questi nuovi aggravî nell'obbligo di corrispondere al Papa il censo d'ottomila once d'oro, che Carlo annualmente dovea all'erario apostolico contribuire.

Comechè immensi fossero gli sforzi per venire a capo di questa somma, per la quale il Re contrasse mutuo col nostro concittadino Fulco Spina, discendente di Gregorio, fiorentino, tra noi venuto all'epoca del II Federico, ed avo degli attuali Spina; erano così

1

smunte le sostanze de' cittadini, che Carlo fu costretto
a spedire al Pontefice il cosentino Carlo Goffredo di
Tarsia, l'Arcivescovo di Cosenza, il Duca del Balzo,
e Roberto di Lavagna, perchè ottenessergli dilazione al
pagamento (1).

Disgustati i popoli per questi aggravî, ed alle loro
querele unitisi i lamenti de' Ghibellini, che mal sof-
frivano nel Napoletano la fondazione d'una dinastia
affatto di natura guelfa, spedirono una deputazione a
Corradino, perchè in Italia scendesse, ed il retaggio
di Federico II e di Corrado al francese usurpatore ed
alla Chiesa strappasse. Fra coloro che fecer parte della
Deputazione allo Svevo Principe furono Galvano e Federico Lancia, Corrado Marino Capece, Ferrante de
Martino, e Roberto Scaglione : entrambi questi due
ultimi nostri concittadini.

Venne Corradino in Italia ; e a Tagliacozzo vinto,
perdè sul patibolo miseramente la vita.

L'amore, intanto, di Carlo pe' Francesi, e l'insolenza di costoro accesero tal odio contro gli Angioini ne'
popoli di quà del Faro nonchè di là, che i Siciliani,
sotto la direzione di Giovanni da Procida, insorti nel
famoso vespero, quanti Francesi ebbero tra mani
sgozzarono, ed il Regno di Carlo proclamarono abbassato.

All'annunzio della rivoluzione siciliana Carlo ebbro
di rabbia e di vendetta sbarcò vicino Messina, e posesi a campo contro quella città ; ed i Messinesi stavano per cedere alla forza della fame, che di malattie e morbi mortalissimi li circondava, se tra loro non
giungeano il Palizzi ed Andrea da Procida con buon
nerbo d'armati sopra a flottiglia comandata dal nostro
valorosissimo concittadino Ruggiero di Loria, che come fu in que' paraggi, fè prender tutt' altro indrizzo
alla forza ed andamento delle cose.

II.° Fu Ruggiero figlio di quel Loria, tra le cui braccia era spirato Manfredi nella battaglia di Benevento.

_____

(1) Capocelatro opera citata — Codice diplomatico del Grande Archivio.

Discendea dalla illustre cosentina famiglia Loria, di che sempre si onorarono le patrie carte (1). Con sua madre Bella seguì Costanza, figlia di Manfredi, in Ispagna, quando questa passò in consorte di Pietro d'Aragone, ed in qualità di dama di compagnia della Principessa.

Ruggiero ebbe da Giacomo le terre di Rualla e di Abricato in Valenza — e da Pietro fu creato ammiraglio della flotta aragonese. Cesare Cantù parlando di lui dice « Fu Ruggiero nato in Calabria allevato da « fanciullo alla corte di Pietro. Fu uomo d'animo « smisurato, di altissimo intendimento nelle cose di « guerra, il primo ammiraglio de' tempi, gran capi- « tano d'eserciti; ma sanguinario ed efferato, avaro, « superbo, insaziabile di guiderdoni. Ristorò la ripu- « tazione dell'armi navali in Sicilia; educò i Siciliani « alle vittorie; fu sostegno potentissimo al nuovo Sta- « to. Gli si volse contro secondo ebbe rivali nel po- « tere; non veggio se più invidioso o invidiato; ed è « un altra macchia al suo nome che abbandonò Fede- « rico quando parea precipitarne le sorti. Portò seco « la signoria de' mari, pur non serbò lungi da noi « l'antica gloria; perchè se talora vinse in battaglia « i vecchi siciliani compagni, talora anche da essi fu « vinto, e appena chiuse colla pace di Calatabellotta « le sanguinose scene di che era stato parte principa- « lissima, or coll'una ed or coll'altra delle fazioni « guerreggianti, quasi non avesse più che fare al mon- « do quel Genio sterminatore morì in Ispagna per ma- « lattia ».

La flotta dal Loria comandata come giunse allo stretto di Messina, arse e catturò quante navi vi avea Carlo riconcentrate. Il Loria, intanto, non facea che precedere in Sicilia il Principe Aragonese, a cui come marito di Costanza Giovanni da Procida s'era rivolto, invitandolo a prender possesso dell'Isola, e i Siciliani a difendere dalle vendette di Carlo.

---

(1) Fiore Calabria Illustrata — Castiglion Morelli — *De Patricia Consentina Nobilitate Epitome.*

A queste novità, costui pazzo d'ira ricorse al Papa, spingendo il Pontefice a scomunicar Pietro e gli aderenti di lui, e deporlo dal trono d'Aragona, pratica nella quale tosto riuscì; e conseguentemente a spedire Giovanni Cornerio, provenzale, contro Ruggiero di Loria; perchè con forte armata navale volesse soccorrere Malta, occupata da Ruggiero. Ma il Loria che dal canto suo non era uso a porre tempo in mezzo quando si trattasse di far guerra o di menar le mani, anzichè aspettarlo, corse ad incontrarlo, ed in breve attaccatolo, il ruppe, lo sconfisse, e la flotta ne incendiò. Quindi, mosso per le acque di Napoli, ove sapea che il Principe di Salerno si apparecchiava per muovergli contro, tolse ad attaccare anche quest'ultimo; e perchè, in men che costui se l'aspettava, cadde prigioniero del Loria con tutti gli uffiziali, incusse tanto terrore ne'Napolitani, che questi non gli potettero vietare di strappare dal castello dell'uovo Beatrice, ultima figlia di Manfredi, quivi ritenuta prigioniera da Carlo, ed ove avrebbe finita miseramente la vita senza l'aiuto del nostro illustre Cosentino.

Tante disfatte succedutesi così repentinamente misero l'Angioino in una costernazione indicibile; e fecergli abbracciare il proposito di non ripigliar la campagna che quando le sue forze potessero essere quadruple di quelle che comandava l'Aragonese.

Decise allora di contrapporre alle truppe di Pietro nella nuova stagione duecento legni di varia dimensione, ed un esercito di quarantamila fanti, e cavalli.

De' nostri Cosentini militarono in questo esercito:

1º Ugo Molli, Montiere maggiore del Regno, uomo di un valore guerriero a tutta prova, e pel suo coraggio dimostrato nel comando della cavalleria, elevato a questo posto (1). 2º Barracco di Barracco, che partiggiano del Papa sin dalle prime lotte tra la S. Sede e Manfredi, avea sempre seguito la fortuna delle armi del cardinale legato, ed assistito alla vittoria di Benevento. Egli pel valore dimostrato in quella batta-

(1) Reg. Car. 1. Segnato 1278—L. C. fol. 97.

.glia , nel 1269 era stato creato da Carlo Barone di Mola di Gaeta, nel giustizierato di Terra di Lavoro, e di Pettorano , nel giustizierato di Abbruzzi , con una gratificazione di ottanta once annue. 3° Bernardo Ciaccio, che nel 1272 avea ricevuto in feudo diverse terre nell'Abruzzo. 4° Lodovico Curati, che fu da Carlo nominato Barone di Muro e S. Giacobe in Puglia. 5° Raimondo Dattilo, che per essere stato l'aiutante di campo dell'Arcivescovo Pignatelli, avea dal Re ricevuto la conferma di tutti i feudi ottenuti da'Normanni. 6° Ruggiero De Matera, che per essere stato il primo a gridare il nome dell'Angioino in Cosenza, era stato regalato de'feudi di Duni e Maierà. 7° Giovanni Pascali, attaccatissimo al Re, e da lui più volte adibito come legato regio. 8° Girolamo Sambiase , che come colui che nella battaglia di Benevento, vuolsi, avesse ucciso il padre del Loria, ebbe dal Re in feudo Castrovillari e Sambiase. 9° Guglielmo Schinosi , che qual fratello di Nicola , regio consigliere, avea avuto pel valore ed attaccamento dimostrato al Re in molti fatti d'armi, molti feudi. 10° Giacobe di Tarsia , che fu suo Legato al Re di Tunisi. 11° Bartolommeo Sersale , che aprì le porte di Cosenza al Conte Ruffo ed a Bartolommeo Pignatelli all'epoca di Manfredi , onde ebbe dell'Angioino in feudo Savuto Cervicato e Serra di Leo. 12° Giovanni Bombini , che comechè partiggiano di Manfredi, era passato all'Arcivescovo negli ultimi tempi ; e nella battaglia di Benevento per essersi grandemente segnalato, ebbè la riconferma de'feudi che possedea sotto Manfredi. 13° Santoro Abenante , che si era distinto nella spedizione tentata dal Re co' Veneziani contro Reggio, e dal quale avea avuto in feudo Calopezzati Cirò Martirano, 14° e finalmente Beltramo di Barracco , che per essersi distinto in tutti i fatti d'arme contro Manfredi e Corradino , ebbe nel 1272 Beccherie nel giustizierato di Sicilia (1).

---

(1) Vedi grande Archivio del Regno: liber Donationum 1269 fol. 42 — De Patricia Consentina Nobilitate Epitome — Girolamo Samliesi Ragguaglio ec. ec. — Regest. Caroli 1° 1282 — idem 1268,

Nell' armata poi che Pietro volle contrapporre al-
l' angioina, de' nostri Cosentini, oltre il Loria grande
ammiraglio, militarono Marco Lupinacci ed Antonio
Lupinacci, ambedue di un valore non comune, e l'uno
insignito a causa del suo valore da Pietro del cingolo
militare, e l' altro da Giacomo dello stesso onore decorato nel 1297 (1).

L' oste poderosa dell' Angioino nel 1284 s' incam-
minò, adunque, per Calabria, e posesi a campo contro
Reggio ; e Ruggiero di Loria dal canto suo sciolte le
vele al vento, per la stessa ragione, arrestossi davanti
a Nicotera, ove effettuì lo sbarco, e donde corse su
quante terre teneano pel Francese Monarca. Resosi
padrone di Castelvetere Cotrone Catanzaro Castrovillari ed altre terre, non escluse le proprie, quali furono Lauria Terranova Aeta Tortora Lagonegro ed altre (2) che da Carlo gli erano state confiscate, portò
la desolazione nello esercito dello Angioino. Accoros-
sene talmente Carlo, che nel 1289 finiva di vivere.

III.º Quanto fosse stato afflitto il Regno ; e quindi
la nostra patria sotto a questo Principe non è da espri-
mersi. L' accanita guerra che dovè sostenere col Re
d' Aragona—l' insaziabile cupidigia della sedia apostolica, che reputava Carlo come un feudatario dello Stato
Pontefìcio, aveano fatto soggiacere i popoli a tali e
tanti balzelli, che non che le pubbliche, le sostanze dei
privati n' erano state assorbite; ed una universale miseria n' era stata la conseguenza.

Si aggiunga a ciò, che la guerra civile alimentata

---

let. A. fol. 7. — Aceti adn. in Bar. — Reg. Caroli 1º B. fol. 52 —
idem 1275 — let. D. fol. 109 — Idem 1269 let. B. fol. 3. a tergo.
Vedi i diplomi originali di queste famiglie.

(1) Vedi Diploma di Giuseppe 1º Imperatore dato in Vienna
il 4 maggio 1708.

(2) Rogerius Loria maris Praefectus Petri Regis Aragoniae,
Cosentinus Comes Lauriae Terranovae Aetae Turturae Lacuni-
gri aliorumque oppidorum Dominus: Vir ad Regiae armorum
Praefecturae culmen ingressus bellator et debellator in quinquaginta fere praelis semper invictus — Elia De Amato *De Consentia*
*civitate ac consentinis insignibus.*

nel regno dalle due fazioni papalino-angioina, e Sveva.
avean buttata la città in tale stato di desolazione, da
non trovarsi angolo ove la pubblica sicurezza fosse
garentita, e che bande di malfattori non covrissero di
rapine e di ladronecci. Queste fazioni sostenute in città
dai Britti, Caselli, Bernaudi, Furgiuele, Monaco, Gervasi, de Martino, Loria, Passalacqua, Tosti, Cosenza,
D' Aquino, Santangelo dal lato degli Svevi ed antipa-
pale; e dall' altro da' Molli, Barracco, Ciaccio, Curati,
Dattilo, De Matera, Pascali, Sambiase, Schinosi, Tarsia, Sersale, Bombini, Abenante, nonchè da tutti coloro che aveano avuto da Carlo terre e castelli in
feudo; impieghi ed esercire; funzioni onorevoli o lu-
crose a disimpegnare; queste fazioni, adunque, spesso aveano gittata la città in tale stato di desolazione e di sconforto colle continue ribellioni che vi
consumavano, che era divenuta cosa desiderabilissima
muoverne lontano, fatto più che agognato vedervi imposto un termine (1). Concorrevano ad accrescere l'orrore della guerra civile le bande che infestavano le
campagne, gl' inquisitori dell' eresie, detti altrimenti
*visitatori romani*, che se sotto gli Svevi di tempo in
tempo ebbero licenza di penetrar nel regno, furono
sotto Carlo d' Angiò autorizzati a stanziarvisi; fatto,
che causando il disgusto di tutti quelli che per antipatia o per secondari fini veniano da essi processati,
aumentava il numero de' malcontenti.

Composero questi visitatori una commessione che si
formava di un Inquisitore capo, d'un Socio, d'un Notajo e di tre altri ecclesiastici! Ogni provincia ebbe
una commessione cosiffatta, e per le Calabrie fu destinato Fra Matteo di Castellammare, come si rileva da
un ordinanza del 1371, con cui 'l Re prescrivea a'suoi
ministri di pagargli un augustale il dì per le proprie spese, e per quelle d'un altro fratello e tre altre persone (2).

---

(1) Cronichetta anonima cosentina — Lettere inedite del Parrasio a Tarsia a proposito delle origini cosentine.
(2) Giannone Storia Civile del Regno—Cioccarelli M. S. Giurisd.
tom. 8.

A proposito di Fra Matteo, narra la Caronichetta Cosentina, ch' egli fu destituito dal suo incarico in seguito alla rivolta che avvenne in Cosenza per opera de' Monaco e de'Tosti, i quali mal soffrirono che Fra Matteo, sulle informazioni del suo socio, avesse rapportato male sulla condotta delle monache del monastero De Medio Domini Aegedì, che apparteneano alle due citate famiglie. Roma destituì Fra Matteo, perchè troppo corrivo a credere al suo Socio, punì aspramente costui, come calunniatore delle due monache, e come reo di tentata seduzione verso le stesse.

IV.° Se il popolo non avea a lodarsi menomamente del governo di Carlo, altrettanto, a giusto dritto, non può dirsi de' gentiluomini, da lui grandemente protetti e favoriti.

Comechè, fin da' tempi dei Longobardi, vedemmo Conti, e poscia all'epoca de'Normanni Baroni ed Ottimati, di terre giurisdizioni e decorazioni rivestiti; non mai tanti quanti sotto Carlo ne furono però insigniti; e titoli e feudi tanti si videro quanti sotto il governo di lui. Fra'tanti feudatari da noi ricordati più su, furono da questo Re nel 1272 creati cavalieri i nostri concittadini Lorenzo e Gualtiero Caputo, ed Emilio Camponsacchi, che nel 1268 era stato creato giustiziere di Valdicrati. A proposito del Camponsacchi, deve farsi a lui il bello elogio d'avere spesso smorzato le discordie cittadine, suscitate tra noi dalle fazioni di cui parlammo. Ed esso, ed il suo antecessore Ferdinando Arena coll'Arcivescovo Tommaso Lentini siciliano, dell'ordine de' predicatori, soventi volte l'effusione del fraterno sangue evitarono sangue, che senza la loro autorevole interposizione sarebbe stato immancabilmente versato da quegli spiriti esagitati.

Succedeva il Lentini al Pignatelli, chiamato all'Arcivescovado di Messina nel 1276; ed il Lentini venia a noi qual vescovo di Bettelemme, e come uomo di costumi santissimi, e di lettere non comuni fornito. Egli è quel desso che ricevette all'ordine S. Tommaso d'Aquino.

Questo egregio prelato, le cui eminenti virtù brillalavano tanto più in quantocchè veniano contrapposte a' vizî del Pignatelli, stiè poco all' amministrazione della nostra Chiesa; perchè eletto da Papa Gregorio X a Patriarca di Gerusalemme, cedette il governo. di essa a Belprando, Arcidiacono cosentino, scelto da Papa Giovanni XXI il 1276, quando annullò l' elezione fatta dal Capitolo in persona di Jacibardo di Benevento. Però morto Belprando nel 1278, gli successe Pietro, dell' ordine de' Minimi, che la cronica di M. Cavalcanti dice di casa Scarfoglio della Provincia.

Lo stesso anno che fu eletto Belprando le nostre croniche segnano la venuta de' Conventuali in Cosenza, che presero ad abitare fuori la città, e propriamente dove oggi sono i Riformati. Essi per aver venduto nello stesso anno questo monastero alle monache di S. Chiara, passarono al picciolo. convento de' Benedettini, oggi S. Francesco d' Assisi, ove si trattennero fino all' anno 1434, epoca in cui dovendolo concedere a' Minori Osservanti, passarono nell' altro di S. Maria delle Grazie di Portapiana, ove nel 1481 si terminò la bella Chiesa, incominciata contemporaneamente alla fabbrica del monastero.

In questa Chiesa detta di S. Maria delle Grazie sono: la cappella della Vergine del Carmine, con sepolcro pertinente alla famiglia Trocini—la cappella della Immacolata, con sepolcro di pertinenza de' signori Falco—l' altra di S. Antonio, con sepolcro di Ronchi — altra Cappella de' Caputo, Baroni di Sartano—la cappella di S. Bonaventura, con sepolcro de' signori Spina—quella di S. Lucia, con sepolcro de' Bombini—la cappella di S. Anna, con sepolcro di Santelli—la cappella di S. Ippolito, con sepolcro de' signori Giordano—Oltre alle cennate cappelle, tra la cappella di S. Antonio e dell' Immacolata è il sepolcro del così detto Fra Luigi; e dietro il coro, il sepolcro degli antichi religiosi, e quelli dei sig. Lepiani e Lombardi. Nella navata poi è altra tomba che appartiene alla famiglia Travo. Nel monastero attiguo a questa chiesa risiedeva il reggente col lettore. Maltrattato per varie vicende, fu ristaurato dal R. P. M. Ferrari di Cosenza.

I conventuali furono soppressi nel 1783 una volta, e posteriormente richiamati.

Dobbiamo ad essi quella strada che, per sotto S. Maria, mena a molti paesi.

All' entrata del cardinale Ruffo il 14 marzo 1799, le masse di quel prelato vi portarono il sacco, non risparmiando neppure i vasi sacri.

Fu soppresso nuovamente nel 1809; e da quel tempo fu ceduto al Genio militare, che prima lo impiegò ad uso di alloggio pe' militari, e nel 1851 ad ospedale, quale è oggidì (1).

Usciti, intanto, i conventuali dalla Riforma odierna, per la compera fattane dalle monache di S. Chiara nello stesso 1276, passarono costoro a stabilirvi la loro clausura. Queste monache fin dal 1212, epoca della loro fondazione, aveano abitato il monastero della Giudeca, ottenuto per grazia da Federico II mercè l' intercessione dell' arcivescovo Luca Campano.

Esse dimorarono nella Riforma fino al 1578, epoca in cui, per le guerre che desolavano il Regno, non credendosi più sicure in un luogo affatto separato dalla città, tolsero ad abitare l'attuale monastero di S. Chiara, fondato nelle case di Silvio Aloe e Marco Arduino, a questo effetto comprate per ducati 2000, col danaro ricavato dalla vendita ad Antonio Firrao del monastero, che fu a lui ceduto per ducati 1602 e con altre somme dalle monache ammanite. Questa compera fu approvata con un breve di Papa Eugenio IV spedito l'anno 1435, ed il monastero dal Firrao comprato pei Riformati, fu approvato con breve di Papa Leone X che permise ai Minori Osservanti di praticarvi la regola di S. Chiara.

Ricordano le patrie croniche, che nel momento del possesso delle monache alla giostra, era abbadessa suora Ippolita Garofalo; e che il monastero non numerasse altre monache oltre suor Delia Catrozza, suor Giovanna Spiriti, suor Enrichetta Caputo, e suor Felice Pascali.

(1) Cronica cosentina del sig. Bosco.

La solenne entrata nel nuovo monastero ebbe luogo il 15 agosto del 1578. In tal giorno, il corteo fu preceduto dal Capitolo, da' membri delle due piazze, dal Conte di Briatico, governatore delle Calabrie, dall'Arcivescovo Petrignano, e da gran folla di donne in grande toletta. Vi fu discorso inaugurale che, pel vescovo che gliene diè delegazione , lesse l' erudito sacerdote Vittorio Salfi.

Fu questo monastero in sul principio comune a nobili e popolani. Fu in seguito, che ottenne il privilegio di non ricevere che sole nobili.

Le monache di esso sono dello istituto delle Clarisse; e per quanto la storia narra , furono sempre modello di decenza e di virtù claustrali.

Questo monastero non fu mai soppresso—e nel 1809 per grazia speciale di Gioacchino , fu sottratto alla soppressione generale—Cadde nèl 1865 sotto il governo di Re Vittorio Emmanuele, perchè creduto in corrispondenza politica colla passata dinastia.

Ritornando, adunque, a' nostri arcivescovi diremo : che Pietro successe a Belprando. Costui era vescovo di Corinto, e pe'meriti che il decoravano, diè molto a sperare della sua amministrazione. Veramente, l'effetto corrispose all' aspettativa; perchè tanto di lui che dell'altro nostro concittadino Giacomo Castiglione, Arcivescovo di Reggio in questa epoca, le croniche non dicono che parole di elogio.

Pietro morì nel 1288 — e gli tenne dietro Martino Polono, non già quegli che il Bellarmino ed il Baronio dicono: che sia stato l' inventore della favola della papessa Giovanna ; ma il domenicano arcivescovo Gisnense che governò la nostra Chiesa fino al 1291—(1).

(1) Vedi **Cronica di Bosco** — Fiore Calabria Illustrata.

## CAPITOLO SECONDO

I.° Fra le buone istituzioni di Carlo non deve essere taciuta la fondazione della Curia Generale del Regno, ordinata il 15 febbraio del 1267, nella quale in ciascun anno, nelle calende di maggio e nel dì di ognissanti, doveano presentarsi tutti i giustizieri, nonchè i loro segretarii ed altri uffiziali, per render conto della loro gestione. Questa istituzione era un freno potentissimo contro le concussioni de' pubblici funzionarii; e conseguentemente una delle più belle guarentigie della giustizia e degl' interessi pubblici. Però, mentre questa istituzione era affatto popolare e democratica, altra sorgeane, che i privilegi di casta e di consorteria garentiva: cosicchè parea proprio, che sotto Carlo nulla non potesse compirsi di buono, che per altro verso non dovesse venir contraddetto e manomesso. Come si può capire, intendo io mò parlare della fondazione di quel Sedile, che sventuratamente fu una delle sorgenti più feconde di dissenzioni civiche in tutte le città del Regno, e forse maggiore tra noi.

Vuolsi, adunque, sapere, che ad esempio de' gentiluomini napoletani, che per la larghezza delle loro rendite e spensieratezza di vivere, non avendo in che occuparsi si riunivano in determinati luoghi per poltroneggiare e darsi buon tempo, que', tra' Cosentini che vita agiata e vagabonda menavano, tolsero anch'essi a riunirsi sotto gli archi di Capo Piazza, oggi di Ciaccio, ove menando ore oziose e spensierate, si crearono una società affatto dal resto del popolo separata e divisa.

Questi primi convegni o luoghi di ritrovo, così tra noi, che pel Regno tutto furono detti Tocchi: e portarono tal nome pel Tocco, sorta di giuoco praticato tuttodì tra noi, che in gran moda era tra i gentiluomini di que' tempi (1).

Questi convegni o luoghi di ritrovo furono comuni a tutte le città greche ed italiote; cosicchè non vuolsi sostenere che sotto Carlo I d'Angiò s'introducessero a Cosenza; ma che a'tempi di questo Principe cominciassero ad acquistare quella importanza che pria non ebbero. Veramente, ne' tempi antichi, quivi si traea per chiaccherare, e per passar le ore lietamente; è vi si conveniva indistintamente da chiunque non esercitasse arte o mestiere. Il Tocco, in una parola, era aperto a tutti i perditempo della città; esso non cominciò a divenire un convegno esclusivo de' soli gentiluomini che a'tempi di Carlo, per quel continuo presenziarvi d'impiegati francesi, che mentre davano a credere a que' gonzi che essi si onoravano della loro compagnia, le parole ed i pensieri ne spiavano e ne coglievano, e all'autorità politica ed ecclesiastica che avea il dovere d'inquirere contro i reati politici e di religione facean rapporto. Di ciò accortisi gli Onorati, misero senno, e si astennero da'Tocchi. Cooperò poi non poco a chiudere i Tocchi l'ordinanza di Carlo, con cui veniva imposto, che i gentiluomini de' Tocchi pagassero le collette separatamente dai popolani.

Comechè questa ordinanza generale per tutti i Tocchi del Regno servisse ad alzare la prima barriera tra' popolani e i gentiluomini, non fu però tal marca di separazione onde il popolo venisse diviso in patrizio e plebeo. Questa linea di distinzione, non sorse che in una epoca molto più recente di questa; in cui ogni città numerava i gentiluomini de' Tocchi che dovean pagare le collette separatamente da' popolani.

A proposito, intanto, di questa prima divisione in-

(1) Giannone Storia Civile del Regno.

trodotta tra i cittadini della nostra patria , ricorderò la sommossa del popolo in occasione della morte in Cosenza d'Isabella d'Aragona, moglie di Filippo Re di Francia, detto l'*Ardito* (1).

Narra il Capecelatro, che Carlo aveva trattato strettamente fin da che vivea Clemente Pontefice con S. Luigi suo fratello , e con altri signori inglesi e francesi di muover guerra in Africa a' Mori ed al Re di Tunisi loro signore , che si era rifiutato di pagare il tributo a' Re di Cicilia. Fu primiero ad aderirvi S. Luigi, che nelle imprese pertinenti alla fede di Cristo, non volle mai esser secondo ad alcuno. Egli vi andò in compagnia di Filippo Giovanni e Luigi suoi figliuoli , ed attaccativi dalla peste , pria vi perì Giovanni , ed il 25 d'agosto S. Luigi con gran numero di Conti e Baroni. Interrotta per questa morte l'impresa , fu ripigliata da Carlo d'Angiò, che la portò a compimento , rendendosi tributario il Re di Tunisi. Finita la guerra, l'armata da Barberia partì per Sicilia, e nelle acque di Trapani fece naufragio. Di que' che si salvarono , molti perirono in Trapani , come furono Re Leopoldo e la Regina Isabella sua moglie—Guglielmo Conte di Fiandra ed altri signori.

L'avanzo di quest'illustri personaggi, che camparono da tante traversie , non volendo correr di vantaggio i rischi del mare si decise di proseguire il viaggio per terra. Dice quindi il Capecelatro: « E tutti i Re e si-« gnori che vivi rimasero, furono grandemente carez-« zati da Re Carlo; e poi con lui di Sicilia partendo « vennero in Calabria, e traversando il Reame, ne gi-« rono a Viterbo ·».

Le croniche così patrie che francesi si accordano in descriver le feste , che fecero i popoli di Calabria all'arrivo di tanti illustri personaggi, e dello stesso Re Carlo. Però , le feste cosentine furono smorzate dalla inaspettata morte della Regina Isabella, moglie di Filippo l'Ardito, e nuora di S. Luigi, nonchè dalla mor-

---

(1) Vedi Costanzo op. cit.—Collenuccio op. cit.—Barrio op. cit.

te del Conte di Nivers, che dice il Capecelatro, morirono per lo cammino (1).

La morte di questi due personaggi, che furono tumolati nelle Cattedrale, senza che ora se ne sappia il punto preciso, fu seguita, come dicemmo, da una furiosa sommossa popolare, causata da' Gentiluomini dei Tocchi, che nello accompagnamento al Sepolcro della Regina, voleano esclusi gli artisti, e gli esercenti mestieri. Questi come autori del Mausoleo, e degli addobbi funerarii, lungi dal cedere alle pretensioni dei Gentiluomini, insistettero perchè nel Corteo avessero la principale rappresentanza; si venne alle armi, e fu d'uopo della presenza e dell'opera di Carlo; perchè la mossa avesse un esito meno infelice di quel ch'ebbe. In tal congiuntura ricordano le croniche francesi, che il discorso sulla tomba della Regina fu eloquentissimo, e che fu opera di Roberto de Matera, ufficiale supremo della Regia flotta, a questo grado inalzato nel 1270—ed uomo che si distinse in tutte le battaglie navali ferite da Carlo contro i Tunisini (2).

II° Durante quel tempo che Carlo fu in Cosenza, avendo avuto sentore che il Portolano di Calabria colludendosi con alcuni particolari in pregiudizio dell'erario regio, avea fittata la bagliva di Cosenza per once cento, lasciando quella della Sila in demanio d'un Cosentino, di cui non ci è pervenuto il nome, acre rimprovero mosse al Portolano, ricordandogli che le prima si era sempre fittata per once centoventi, e la seconda per venti.

Or dice il Bisceglia: siccome Cosenza avea la sua bagliva, e la Sila la sua, se si volesse ammettere che la bagliva della Sila includesse dritto di dominio per Re Carlo su quel tenimento, dovrebbe ammettersi del pari che Re Carlo avesse dominio sulle terre di tutto il Regno, il che sarebbe veramente ridicolo.

(1) Vedi Cronica d'Emilio, e Guagnigno — Manfredi Topografia di Cosenza.
(2) Vedi Cronica francese di Bovio—Idem Burriter—Barrio op. cit. Collenuccio op. cit.

Ciò posto, possiamo farci a considerare lo stato della Sila in questi tempi, che dovea essere pure scevra d'ogni coltura, ed ogni buona speculazione, per trovarsi in modo da non potersi fittare che per venti once.

« Di questi tempi dice il Bisceglia, e ne' posteriori, « continuandosi a pigliar cura di siffatta bagliva, si di- « rigevano non una volta gli ordini de' Sovrani a' Mi- « nistri della Calabria, di cui rimangono i documenti « ne' Regi Archivii, affinchè la Chiesa di Cosenza ed « i loro Arcivescovi fossero stati soddisfatti delle « decime sopra i proventi della granetteria. Credono « alcuni per una mera trascuraggine delle memorie « antiche, che tali ordini facciano una prova convincen- « te che la Sila si appartenga al demanio del Re. Ma « è questo un errore madornale. È cosa risaputissi- « ma che i Chiesastici esigeano le decime delle rega- « lie esercitate da' Sovrani ne' loro dominii, e quan- « tunque protestassero, che si sarebbero astenuti di « esigerle su de' nuovi jussi imposti da Federico II « non si ritennero d' esigerle sopra gli antichi dritti « regali.

La Chiesa di Cosenza esigea, adunque, la decima sopra i jussi bajulari della Sila, senza che i Cosentini per questo si sentissero spogliati del loro dominio sulla stessa.

Debbo in ultimo qui suggiungere, che nello stesso modo che da Carlo fu richiamata in vigore la ba-gliva della Sila, venne anco attivata l' altra de' Casali. Baglivi, che non erano altro che maestri camerarii, incaricati d'esigere le ragioni fiscali, che fino a que-st' epoca erano riscosse promiscuamente a quelle che gravarono su' Cosentini (1).

III.º La morte, intanto, di Carlo d'Angiò venia seguita dopo un anno, vale a dire nel 2286, da quella di Pie-tro d'Aragona.

Questo Principe avea legato il Regno d'Aragona ad Alfonso suo figlio primogenito, e l' altro di Sicilia a

(1) Bisceglia—Per li possessori di difese nel tenimento della Sila di Cosenza.

Giacomo; e volle, che ove Alfonso premorisse al fratello, quest'ultimo riunisse sul suo capo le due corone.

Per la prigionia di Carlo II d'Angiò, Principe di Salerno, il Regno di Napoli era in grandi angustie e convellimento; perchè Papa Martino, per la morte del Re e prigionia del Principe, avea mandato in Napoli il Cardinale di Pavena, con mire di vantaggiar sul Regno l'ordine ecclesiastico; e il Re di Francia vi avea spedito il Conte d'Artoix come balio del suo cugino, e perchè il Regno non cadesse tra le ugna di Martino. Margherita aveva un bel dibattersi tra l'uno e l'altro protettore, scopo de' quali era meglio il proprio ingrandimento, che la conservazione al protetto dei proprii Stati.

Questi, intanto, non lasciava di tentar mezzo che alla liberazione di Carlo si affacesse.

Opponeasi a questa liberazione Giacomo, che non volle si effettuisse prima che a lui non si riconfermassero il Regno di Sicilia, le terre conquistate in Calabria, ed il tributo di Tunisi.

Ma Re Alfonso liberò Re Carlo dalla prigionia senza il consenso del fratello Giacomo; e Carlo sciolto da Niccolò IV da' patti giurati, fu coronato Re de' due Regni; ed ebbe una ragguardevole somma di danaro per ripigliar la guerra contro l'Aragonese. Di questo tratto sovranamente indignato costui con quaranta galee e buono esercito corse a devastare i dominii dell'Angioino: espugnando Seminara Sinopoli Motta ed altre terre.

Però, questa guerra ebbe termine colla morte d'Alfonso; perchè chiamato in Aragona ad assumere quella Corona, lasciò il Governo dell'isola a suo fratello Federico, figlio ancor esso di Pietro.

# CAPITOLO TERZO

I.° Stando così le cose, riuscì Bonifacio VIII a comporre Carlo con Giacomo; cosichè cedute da quest'ultimo al primo le proprie ragioni sulla Sicilia, la vecchia questione si sperava terminata, ed ogni antica uggia tra le due case finita.

Ma ciò che piacque a que'due Re, non andò a grado de' Siciliani, che, come seppero l'ingiusto trattato, si ribbellarono a'voleri di Giacomo, e chiamarono al trono di Sicilia il Vicario Federico.

Ciò fu cosa, che valse ad accendere una guerra della prima più funesta; mentre, se fin qui si era combattuta tra Angioini ed Aragonesi, da oggi in poi dovea ferirsi tra questi e quelli; e tra Giacomo che chiedea si eseguissero le sue disposizioni, e Federico suo fratello, che vi si opponea, messosi alla testa della ribbellione Siciliana.

Iterate pratiche, prima di rompere le ostilità, furono fatte presso Federico per indurlo a cedere alle proprie pretensioni; ma quando si vide, ch'egli rispondea con passare lo Stretto, e cingere d'assedio Squillace, ogni speranza di buono accordo svanì; ed in conseguenza del partito già preso, Federico assaltò Catanzaro, prese Terra Giordana, corse tutto il paese fino a Rossano, e si pose a campo contro Cotrone.

Sommamente avventurosa fu in tal torno la spedizione di lui, che gli valse quasi lo acquisto di tre quarti della Calabria.

Egli ebbe solo a riguardare come una sconfitta in mezzo a tante vittorie la perdita che fè di Ruggiero di Loria, che, di lui disgustato, passò al soldo del suo rivale Carlo (1).

Questi uscito di Napoli con numerosa flotta, comandata dal nostro concittadino, si pose ad assediar Messina; ma come vide che questo assedio pigliava per le lunghe, mosse ad espugnar Reggio, che si tenea per Federico, sotto il comando d'Ugo d'Empurio.

Il 1302 parea che finalmente volesse porre termine a queste contese, che aveano tanto desolato e l'uno e l'altro regno.

Si stabilì in questa epoca, che Federico restasse Re di Sicilia, ed a Carlo si riconsegnassero le terre di Calabria. Si conveniva dippiù, ch'Eleonora figlia di Carlo sposasse Federico; e tutto facea supporre una pace duratura, se nel 1307 non fosse morto Carlo II, quando meno tal morte si aspettava.

In quanto alla nostra città, durante il tempo che fervea la guerra tra Carlo e Federico, i partiti Angioino ed Aragonese non ometteano di diffondere nella stessa rumori e ribbellioni, a misura ch'uno de'due principi contendenti riportasse segnalate vittorie; e le cose furono così protratte, che Carlo, oltre al Giustiziere di Val di Crati, che guardava i suoi interessi nella provincia e quindi in Cosenza, fu obbligato ad affidare il governo della nostra città ad uno speciale governatore; che fu Ruggieri Sambiase, capo del partito Angioino, nostro concittadino, con quaranta once annue di oro, da percepirle su'redditi fiscali della città (2). Gli è costui quello stesso che sotto Re Roberto fu nominato Vicerè di Calabria, e capitano a guerra di Cosenza; ed all'opera del quale dobbiamo il decreto di Carlo, con cui Cosenza del pari che molte altre città del regno fu autorizzata ad avere i protomedici ed i

(1) Vedi Angiolo di Costanzo — Storia del Regno di Napoli.
(2) Vedi Cast. Mor. op. cit.—Ragguagli delle famiglie Cosentine.

protochirurghi—Agevolarono l'opera politica del Sambiase nell'interesse di Carlo in Cosenza, i nostri concittadini, Bartolo Bombini, giureconsulto di grandissimo merito, e giustiziere della Provincia —Odoardo di Tarsia, capitano nell'esercito—Giacobe Molli, generale maestro della sacra casa de'Templari, uomo chiarissimo per dottrina e valore—Francesco Barracco, giustiziere di Terra di Bari nel 1306 — e suo fratello Adelberto Barracco, chiarissimo comandante la città di Gaeta, e che tenne in consegna quella importante piazza, quando fu tolta ad Oddone di Romania — Ed oltre a costoro, Adamo Dussiaco, arcivescovo francese, successo a Martino Polono, morto nel 1291 e nello stesso anno salito al governo della nostra Chiesa; e coll'arcivescovo, Riccardo Spiriti, che in guiderdone si ebbe la riconferma del feudo di Maranola — Enrico Passalacqua ed Adenolfo d'Aquino, che furono carissimi a Carlo, per essere passati al suo partito, dall'opposto in cui si trovavano; onde entrambi furono nominati suoi ciambellani — e Beltrando Barracco della stessa famiglia, ma altro ramo, che fu maestro dell'armi di Carlo II con venti once di oro annue.

Capo del partito Aragonese era in questa epoca Enrico Barracco, fratello anch'esso di Francesco; ma discordante da lui per opinioni politiche e religiose. Abborrente dal papato, e dalle pretensioni degli ecclesiastici: e conseguentemente degli Angioini, perchè creature de' Papi, egli rinunziò alle antiche convinzioni di famiglia, e tolse a spendere l'opera sua a pro degli Aragonesi, e di chiunque potesse menomare la burbanza, e l'ambizione pretesca. Fu desso amatissimo familiare prima di Giacomo e poi di Federico in Sicilia, cappellano della Chiesa di S. Croce di Palazzo in Messina; e perchè d'una facondia sorprendente nel dire e nel predicare, agitatore celebre delle masse così in Calabria che in Sicilia contro il II Carlo, e la corte ponteficia. Agevolavano l'opera del Barracco prima il nostro arcivescovo Ruggiero Stefanuzio, successo al Dussiaco nel 1295— e poscia Pietro Boccapianola, seguito allo Stefanuzio nel 1298.

II.° Alla morte di Carlo II la successione del Regno fu contesa da Carlo Martello Re d'Ungheria, e da Roberto duca di Calabria.

Bartolomeo di Capua, giureconsulto di gran credito, riuscì a persuadere Clemente V che la ragione ed il dritto stessero per Roberto; in conseguenza di che Roberto fu dichiarato Re di Sicilia, e le pretensioni di Carlo Martello non ebbero altro corso.

Coll'ascensione, intanto, di Roberto al trono, si ripresero le ostilità cogli Aragonesi di Sicilia, le quali non solo durarono per tutto il Regno di Federico; ma perfino sotto a quello di Pietro figlio di lui.

Comechè, il regno di Roberto numerasse una serie di avvenimenti guerreschi, che poco avrebbero dovuto farlo pensare all'amministrazione interna dello Stato, volle questo Re, nel miglior modo che si potesse, a questa guardare, e però, sopra migliori basi consolidarla.

Tolse egli a scrivere le Lettere Regie, che grandi vantaggi al regno produssero; fè compilare i Riti delle regia camera; e fatto completare un Catalogo delle ragioni fiscali antiche e nuove, fè redigere una descrizione di tutti i terreni comunali soggetti a regalie; ed in ordine a' terreni Cosentini quello della Sila, ch'era l'unico demanio degli abitanti della città, e de' limitrofi casali. Questo tenimento qual'era, adunque, ai tempi di re Roberto, emergerebbe del suo stesso editto del 1333 — che noi abbiamo per esteso riportato nel volume primo di questa storia, al capitolo III del libro 1.

Non debbo quì tacere, che vi ha chi crede d'impugnare l'autenticità di questo editto, tra quali il Bisceglia, nella famosa memoria scritta a prò de' possessori di difese nella Selva Bruzia. Il Bisceglia facendo le difese de' possessori delle proprietà silane, si credette nel dovere di attaccare l'autenticità di quell'atto, che sembrava involvesse de' dritti dominicali del Fisco sull'Agro Silano—Ma letto bene, e ben ponderato quel documento, si vedrà che il dritto de' Cosentini e dei Casali, non ne viene affatto leso; cosichè questa congettura può entrare nel novero delle tante che spesso gli avvocati , contro le proprie convinzioni , mettono innanzi per far trionfare la propria causa.

Nè si dica: che per quello editto col quale si facea menzione di Michele Cantono, cessionario de'regi dritti sulla Sila , venia a provarsi il dominio del Governo sull'Agro Silano, il quale se alienava e vendeva al Cantono, era prova, che avesse il dritto di vendere ed alienare in quel tenimento ; perchè se si fosse voluta provar queste tesi , non si sarebbe dovuto parlare di dritti fiscali, di jussi bajulari; ciò che prova nel fatto del Cantono non cessione di proprietà ; ma di dritti : ciò che pone il Cantono nel caso d'essere caratterizzato come appaltatore de' dazi governativi, di cui abbiamo mille esempi alla giornata. Comprova il detto asserto, che la concessione riguardò l'appalto de'soli e semplici jussi, l'osservare. 1º Che il Governo, in processo di tempo si riprese dal Cantono ciò che gli avea concesso. 2º Che per questa concessione finchè durò , il Cantono dovea corrispondere allo Stato ottocento scudi annui. 3º Che ripigliandosi questo tenimento, il Governo non esercitò su di esso che quelle stesse regalie che riscuotea il Baglivo dal Cantono.

IIIº Re Roberto intento sempre al buono andamento dell'interna amministrazione, oltre alla Regia Corte , stabilì in Cosenza un Procuratore maestro Portolano , maestro delle Miniere , maestro del Sale , delle Foreste del Governo, e Provveditore delle castella del Ducato di Calabria.

Il primo che tra noi venne ad esercire tutte queste incombenze fu Raimondo Paoletti (1).

L'officio di questo funzionario non era mica in contraddizione coll'altro del Giustiziere ; prima autorità politica della Provincia, che il Principe rappresentava negli affari di Stato.

Sotto Re Roberto de'nostri concittadini occuparono questa brillante carica Adenolfo d'Aquino in Val di Crati , uomo di lettere non comuni fornito, di estese

(1) Bisceglia op. cit.

-cognizioni di dritto ; e però , creato dal Re Vicario Generale per decidere le cause feudali che in quell'epoca si agitavano (1).

Angelo de Matera, Giustiziere in Principato Ultra , gentiluomo di Camera del Principe, e fratello di Giovanni de Matera , vescovo d' Anglona , in Principato Citra—Odoardo di Tarsia, marito di Fiordiligi, figlia di Guglielmo Bolando, ed affine di Carlo II di Angiò Giustiziere in Val di Crati— Ruggiero Sambiase, Giustiziere in Val di Crati nel 1313 e nel 1325 (2).

Al modo stesso, che i Giustizieri aveano l'alta giurisdizione criminale , i Baglivi aveano la giurisdizione civile, e decideano de' piccioli furti , de' danni arrecati, aveano la conoscenza de' pesi e delle misure, e di altre cose di lieve momento.

I dritti e le ragioni fiscali venivano guardati dalla Curia o dalla Regia Camera, detta Camera della Summaria. La giurisdizione di questo Tribunale si estendea tra tutti i doganieri tesorieri e credenzieri che poteano venire astretti dalla Camera a dar conto delle proprie operazioni.

L' amministrazione municipale poi perdurava nelle mani de' cittadini, con questa variante, che il potere esecutivo dell' Università riunita in Parlamento , veniva affidato annualmente a quattro sindaci , due dei quali erano nobili e due onorati cittadini, che, a differenza de' Sindaci antichi, non erano più procuratori *ad hoc*, pel disbrigo di momentanee incombense ; ma esecutori annuali delle deliberazioni parlamentari.

Di quest'epoca le regalie che gravavano sulla nostra città furono le stesse che misersi in vigore a' tempi di Federico II—nè il popolo che oggimai v'era abituato, ne menava lamento; perchè l'Agro Silano, che formava la parte maggiore del suo territorio andando e-

(1) Vedi *Scriptura in hospitale Montis Virginis anno* 1306. Si noti : ch' egli fu anche giustiziere quando Roberto era Duca di Calabria.

(2) Vedi Regest. Rob. let. T. 1339—Castig. op. cit.

sente per riguardo a'Cosentini e Casalesi del jus pla-
teatico, erbatico, di ghiandaggio, di fida, della pece ;
mettealo nel caso di sentire con minor violenza la forza de' balzelli che sull' intero regno gravava (1).

Aggiungasi a tutto ciò , che la stima in che tenea
Re Roberto i Cosentini, e le gratificazioni ed onorificenze da lui accordate alla classe nobile della nostra
Città , era un movente a far parlar bene agli aristocratici del governo di lui : ciò che gli conciliava se
non l' amore , certo , non l' odio della classe artistica e popolare , che spesso e quasi sempre si modella
sulla casta aristocratica.

In fatti , sotto questo Principe , Nicola Castiglione
ebbe in feudo Turremora, che trasmise agli eredi; ed
il 19 giugno del 1331, attesi i grandi servizi da Nicola prestati alla patria, ebbe ad intercessione dell'Università di Cosenza per se suoi eredi e successori l' e-
senzione di tutti i pesi fiscali (2).

L'Università di Cosenza s'indusse a provocare questa regia disposizione ; perchè nel 1331—Nicola Castiglione avea fatto a proprie spese gli aquidotti della
città, e i condotti immondi che sboccavano al Crati ;
e l'Università gli avea accordata in perpetuo l' essen-
zione di tutti i pesi comunali , e la promessa di procurargli quella de' fiscali. A questo proposito si stipulò istrumento tra Nicola e l'Università il 19 maggio
del 1331 per Notar Giuseppe de Roberto.

Alla deliberazione dell'Università fu impartito il regio assenso dal Principe il 4 luglio del 1333—e quando il Regno passò sotto la dinastia Spagnuola, fu essa
approvata con decreto del gran capitano Consalvo ; e
finalmente da Federico con suo diploma del 1499.

Continuando ad enumerare le largizioni regie, e le
onorificenze accordate da Re Roberto a'Cosentini dirò:
Che diede a Goffredo Ferrari , di origine francese , e
ceppo de'nostri Ferrari Epaminonda ed Antonello molte terre e vassalli ch'erano del demanio di Cosenza e

(1) Vedi privilegi di Cosenza e Casali.
(2) Vedi Tabulario Regio anno 1343-1344—Let. T.

di Mendicino quali furono Tessano Paterno Dipignano Venerelli Malito e Crepsito.

Nominò suo consigliere onorario e gentiluomo di camera Adenolfo d'Aquino, di cui si è parlato più su (1).

Nel 1323 diede a Gottifredo Firrao i feudi di Gazzella e Venerelli.

Fin da quando era Duca di Calabria, dichiarò Vinciguerra Toscano suo familiare.

Nominò nel 1310 Adinolfo Firrao suo famigliare.

Riconfermò il feudo tenuto da' Toscani, nella persona di Guglielmo.

Diede a Ruggiero e Gilberto Marani in feudo la terra di Marano.

Investì Gottifredo Migliarese del feudo di Malvito.

Creò nel 1319 Giovanni Migliarese suo cavaliere di compagnia.

Nel 1327 nominò suo ciambellano Enrico Passalacqua.

Chiamò a famigliare delle Corte Matteo Sambiase.

Confirmò a' Sersali i feudi di Fagnano Motta Savutello Petramala Lago Barbaro Cropani Zagarise.

Nominò Ruggiero Sambiase generale di fanteria.

Promosse al Vescovado di Rossano Giovanni Cosentino, che nel 1338 in Avignone fu esaltato dal Papa, in opposizione al Capitolo di Rossano, parte del quale avea eletto Gualtiero Mezzarba.

Diede a Barracchello di Barracco, metà di Petrella in Terra di Lavoro.

Elevò Raimondo Barracco nel 1329 a capitano d'armi in Calabria; e gli delegò la capitania in Roma nel 1331—e quella di Capua nel 1332.

Confirmò a Barracco de Barracco il feudo di Castropignano, e nominollo Giustiziere di Val di Crati, e poscia di Calabria; ed il fratello di lui Giovanni di Barracco elesse a Tesoriere (2).

---

(1) Regio Archivio della Camera delle Summaria anno 1336.
(2) Per tutte le onorificenze e feudi accordati da Roberto ai

Se gli aristocratici aveano ragione a dolersi di Roberto, molto meno ne avea donde la classe degli eruditi: che da lui venivano incoraggiti e magnificati, sia che fossero ecclesiastici, o che fossero laici.

Su questo proposito gli è d'uopo ricordare, che di questi tempi la filosofia scolastica era divisa in varie sette; e però, la teologia resasi schiava dello scolaticismo avea dato nascimento alle tre fazioni filosofiche degli Scotisti Tomisti e Nominali che sostenute da'Dominicani e da' frati Minori, e da Guglielmo Occamo soprannominato il dottor regolare, aveano pieno il mondo di loro, e delle loro questioni.

In Cosenza, queste quisquilie di scuola non penetrarono che in tempi assai posteriori; e però i nostri monaci basiliani e benedettini pel commercio che aveano coll'Oriente, e pel gran numero de' Greci che traeano in mezzo a noi, seguivano le dottrine greche e de' greci filosofi. Tra' nostri basiliani si distinsero in questi studi Barlaamo, nato in Seminara; ma cresciuto ed educato in Cosenza, che fu dall' Imperatore Andronico adibito a' più gravi affari di Stato—Filippo Castiglione ed Alessandro, Abate Florense, che le greche dottrine e quelle di Barlaamo sostennero contro Palemas antagonista di Barlaamo, e di Bruno Squillaci, sacerdote dottissimo, monaco basiliano di Taresti nel 1327—chiarissimo per le opinioni da Barlaamo sostenute, e morto in Cosenza, ove nel 1722 se ne rinvenne il cadavere, ch'era stato sepolto nella Cattedrale.

Se ognuno ebbe a lodarsi del governo di Roberto, non può dirsi lo stesso de' nostri Arcivescovi, che, a tempi di questo principe, perdettero la Contea di S. Lucido, che loro fu rapita in cambio di altre terre a questa sede Arcivescovile cedute.

Era morto Pietro Boccapianola dopo 21 anni di governo, ed a lui era successo Niccolò Lupinacci, cosen-

nostri cosentini vedi C. M. op. cit.—Fiore Calabria illustrata — Tabulario di Re Roberto del 1343 e 44—let. T. Regesto del 1357—Cronica Cosentina—Diplomi originali delle famiglie.

tino, decano della nostra Chiesa, confirmato da Giovanni XXII il 1320, e consacrato in Avignone per mano di Guglielmo, Vescovo Sabinese, ove ricevette il pallio da' Cardinali : Napoleone col titolo di S. Andriano — Giacomo col titolo di S. Giorgio ad *velum aureum*—e Luca coll'altro di S. Maria della Via Lata.

Dopo dieci anni passato ad altro officio, fu rimpiazzato da Francesco della Marra, che ci venne dalla Chiesa d'Anglona l'anno 1330. Fu sotto costui, che Roberto tolse egli arcivescovi cosentini, che fin da tempi di Roberto Guiscardo aveano senza disturbo mai sempre posseduta, la Contea S. Lucido.

Questo prelato forte del suo dritto , non volendosi acquietare ad un atto arbitrario , che la sola prepotenza facea consumare , protestò contro la violazione del dritto della sua Chiesa con tutte le forze ; e quando vide che le proteste tornavano vane , applicò l'interdetto alla terra di S. Lucido.

Questo atto di supremo coraggio civile fu causa di non leggieri disturbi in S. Lucido tra le genti del governo, e gli aderenti dell' arcivescovo.

Infine, dovettero cedersi all'insigne Prelato tante terre per quante compensassero la perdita fatta in S. Lucido; e dovette Re Roberto scrivergli risentitamente nel 1332 perchè finissero questi incomposti movimenti in Cosenza e S. Lucido, che per questo malaugurato atto nell' uno e nell' altro paese più volte si erano consumati (1).

A proposito di questi movimenti di che parla la lettera di Roberto deve dichiararsi: che questo fatto era dispiaciuto non solo all'ordine ecclesiastico cosentino ; ma all'università tutta, che vi vedea un principio d'invasione ne' proprii privilegii—e sommamente doloroso era tornato al popolo , che, pregiudizioso e fantastico qual fu sempre, vi vedea la causa di quel morbo, che tre anni dietro dopo d' aver desolato Fiumefreddo , si era dilatato per S. Lucido e molte vittime di quel paese avea mietute.

(1) Fiore Calabria Sacra—Cronica cosentina.

Era questo morbo una specie d' idrofobia , per cui chi ne fosse attaccato veniva assalito da capogiri , cadea a terra tremando ; e quando ripigliava l' uso dei sensi, mordea chiunque gli si parasse innanti, con che propagava il veleno di cui era vittima.

Questa malattia non si arrestò nella sola marina di ponente: essa invase anche Cosenza, e si estese fino a Gaeta, lasciando tracce spaventevoli del suo corso (1).

IV.° Essendo, intanto, il Re Roberto nella guerra col Bavaro riuscito a costringere quell' imperatore ad uscire dal Regno, e tornarsene in Toscana, avea acquistato tanta autorità e tanta riputazione , ch' era divenuto non solo formidabile a' suoi nemici; ma si sperava che presto avrebbe posto termine alla guerra di Sicilia.

Fattostà , che quando meno il credea, fu colpito dalla morte del Duca di Calabria , che ammalatosi il 1 di novembre, trapassò il 1338.

Ebbe a dire Roberto: che per questa morte gli era caduta dal capo la corona; perchè questo principe, non lasciava altro erede che Giovanna , che poscia fu Regina di Napoli.

In tal torno , Roberto stabilì di dar per marito a Giovanna un figlio del Re d'Ungheria; e però, Andrea sposò Giovanna essendo ambedue di sette anni.

Conosciuta l'indole del genero , Roberto si pentì di avergli dato sua figlia; convoca perciò un parlamento, ed in esso stabilisce : che, dietro il suo decesso, vada Giovanna coronata regina ; ma che nel Governo del Regno non dovesse aver mica mano Andrea. Egli il 1343 cessa di vivere, e Giovanna, giusta la paterna volontà, viene chiamata a succedergli.

---

(1) Vedi Cronichetta anonima presso il Fiore — e la Cronica cosentina.

# CAPITOLO QUARTO

1. Giovanna I.—Pirro Sambiase legato della Regina al Re d' Ungheria—Arcivescovi Cosentini—II. Causa dello Scisma nella Chiesa
Cosentina — III. morte di Giovanna—Telesforo—ed uomini illustri cosentini da lei elevati a Vescovi ed Arcivescovi—IV. Privilegi di Giovanna accordati alla città — (anni 1343).

I.° Fra Roberto, di nazione ungherese, come vide
morto il Re, in qualità d' educatore del giovine Andrea cacciossi in mezzo agli affari, e senza esservi
chiamato, si assunse l' amministrazione del Regno.

Ciò urtò tanto la suscettibilità degli ottimati re-
gnicoli della Corte, che, per tôrgli il maneggio della
cosa pubblica, decisero di dar morte ad Andrea, che
finì con essere strangolato.

La morte d'Andrea fu causa d' una accanita guerra
coll'Ungheria, donde venuto il Re, derivò, che Giovanna
dovesse lasciare il Regno; fatto pel quale le cose dello
Stato andarono di male in peggio. Non possiamo qui
tacere, che in quel torno, in che Giovanna cercava di-
scolparsi col Re d'Ungheria della morte d'Andrea, tra
i varî legati che furono da lei spediti a quel Principe
fu Pirro Sambiasi, nostro cosentino (1).

Riconciliatasi Giovanna colla Santa Sede, Luigi di
Taranto, suo secondo marito, fu riconosciuto per Re dal
Napoletano. Di costui era nipote Filippo di Taranto,
colui presso del quale fu Prefetto di Camera il nostro
Odoardo Castiglione, uomo fornito di talenti militari
poco comuni. Quel Re nello stesso anno della sua incoronazione, chiamò al giustizierato di Val di Crati il
nostro Americo Cavalcanti; e pochi mesi prima che
avesse cessato di vivere, vale a dire nel 1362, Giordano Sanfelice, altro nostro concittadino, fregiato di cognizioni politiche veramente peregrine in que' tempi.

Surta contesa per l' elezione del successore all' Arcivescovo della Marra, morto il 1353, promosse

(1) Vedi Aceti adn.—Fontana op. cit.

Luigi a questa sedia Pietro Galgano, fatta annullare l'elezione del Capitolo in persona di Filippo, decano di Cosenza.

Questo prelato nel 1357 ottenne dal Principe la riconferma de'privilegi della sua Chiesa; e morto in seguito in Napoli, fu sepolto a S. Pietro a Majella. A lui successe Niccolò Caracciolo, venuto dalla Chiesa d'Amalfi; ma nè questo prelato che ascese al governo della nostra Chiesa il 1363, nè Cerretano dei Cerretani, nobile Sanese, che a lui successe, legista ed auditore del palazzo Apostolico, e che governò la Chiesa dodici anni, vissero sotto Luigi, il quale morto nel 1362, nel prossimo anno, fu sostituito da Giacomo d'Aragona, che sposò Giovanna prendendo il semplice titolo di Duca di Calabria.

II.° Morto a Giovanna questo nuovo marito, e disperando d'aver figli, decise venire a nuove nozze, e sposò Ottone di Brunswic, cui, per altro, non permise che assumesse titolo di Re.

Dispiacquero sensibilmente questi nuovi sponsali a Margherita, che ne'probabili figli di questo nuovo imeneo, vedea la propria diseredazione; ed i dissapori di questi reali, posti a profitto dal Duca d'Andria, che per vendicarsi di lei non si sa quanti pericoli per la Chiesa e per l'Italia pose innanzi a papa Urbano VI, furono cagione di quello scisma, che tanto afflisse il Regno e la Chiesa.

A tagliar corto, Urbano VI invitò Carlo di Durazzo a venire da Ungheria nel Regno, ed a prenderne la corona. Giovanna di rimando fè tener concilio in Fondi, ed il 20 di settembre 1378 i cardinali riuniti in conclave dichiararono nulla l'elezione fatta d'Urbano, e l'Antipapa Clemente VII venne eletto invece di lui.

Scissa la Chiesa tra due papi, il nostro Arcivescovo Nicola Brancaccio, seguito a Cerretano, pronunziossi per l'antipapa. E però, nel 1378 chiamato in Roma, fu deposto da Papa Urbano; e di controcolpo, da Papa Clemente creato Cardinale, e Vescovo Albanese.

Mancato, intanto, l'Arcivescovo in Cosenza, siccome

da Papa Urbano era stato nominato Giorgio, che non prese possesso prima della morte della Regina, allo stesso posto da Clemente VII fu elevato Giovanni, di cui s'ignora il cognome. Ciò valse a dividere ancora il nostro capitolo, parte del quale si pronunziò per Giorgio, e parte per Giovanni. Il popolo seguace dei gentiluomini, e questi della Regina, parteggiava per Giovanni; e varî scritti a penna furono fatti circolare contro Giorgio e Papa Urbano VI.

Ruggiero Quattromani, nipote di quel Ruggiero dello stesso cognome, che fu Vescovo di Cassano, fu uno de' più caldi propugnatori del dritto di Giovanni e di Clemente; come per l'opposto, Pietro Caputo, altro nostro Cosentino, e secondo alcuni di Paterno, rione di Cosenza, acerrimo difensore di Urbano e di Giorgio.

Fu il Caputo dell'Ordine di S. Agostino, incominciò a fiorire nel 1350, e lasciò scritto un libro *de sapientia ac necessitate vitae humanae*. (1).

La deposizione d'Urbano VI, decretata nel concilio di Fondi, non arrestò Carlo di Durazzo nelle sue mosse pel Regno, ove trasse, ed ove sconfitte le armi di Giovanna, si fè proclamare Re. Giovanna in tal torno, prigioniera prima in Napoli, e poscia nel castello di Muro, finiva di vivere, chi vuole di fame, e chi dice strangolata.

Donna di bellezza maravigliosa, comecchè poco onesta, e chiamata da' dotti del tempo la luce d'Italia, fu compianta da tutto il Regno, e con ispecialità dai nostri Cosentini, le cui ragioni ne promosse, i privilegi conservò, e gli uomini di merito di Cosenza ad alti posti sollevar volle.

Sotto di lei fiorì Nicola Telese, che scrisse un volume di versi, ed un un lavoro in elogio della Repubblica di Venezia (2). Era egli esimio giureconsulto, e non mediocre letterato.

Fiorì del pari sotto di lei Tommaso Spina, camerie-

(1) Vedi Filippo Elesio *Encomiasticum Agostinianum*.
(2) Zavarrone Biblioteca Calabra.

re della Regina, e poscia da lei delegato a parecchie
missioni diplomatiche , e nominato mastro di tutta la
magistratura amministrativa e civile.

Vi fiorì del pari Telesforo , di cui s'ignora il cognome , che fin dall'alba degli anni, volendo menar
vita eremitica, ed affatto conforme a quella dello abbate Gioacchino, chi dice, si ritirasse in Castelluccia,
e chi in Luzzi , ove scrisse *De statu Ecclesiae et tri-*
*bulationibus futuris.* Libro stampato in Venezia il
1570 — *De devotione Religionis* lib: 1 — *De futuris Ec-*
*clesiae Schismatibus lib.* 1 — *De Magnis Tribolationibus*
*et de Statu Ecclesiae , vel de causis praesentis tunc*
*Schismatis ex Joachimo , Cirillo atque aliis* lib. 1 Furono anche queste opere impresse in Venezia nel 1570
pei tipi di Bernardino Benalio in quarto. Ricordano
di Telesforo l'Ughellio (1) Burcardo Menchenio, l'Aceti,
l' Amato ed il Barrio che nel lib. 11 al cap. VII
parla delle visioni avute da Telesforo con tale inge-
nuità da sdegnarsi che altri ardisse menomamente di-
scredervi.

Ebbe egli fama di profeta; e tal lo credettero l'U-
ghellio, Giacomo Greco, Gregorio De Laude , Arnol-
do di Villanuova , il Cardinale Cusani , e Girolamo
Sambiasi. Io lungi dal crederlo tale, o supporlo un vi-
sionario , secondo che vorrebbe il Menchenio , vorrò
crederlo , un uomo avvedutissimo , che della Storia e
delle cose seppe formarsi un sano criterio, onde potea
discorrer bene del presente , come dell'avvenire. A
lui si deve la scoverta di alcune opere minori di Cirillo e dell'Abate Gioacchino, nonchè la storia di Luca, Arcivescovo Cosentino.

Il patrocinio della Regina, però, non si estese soltanto su' letterati cosentini anzidetti. Essa protesse
Barnaba Monaco, Cosentino anch'esso, Abate basiliano
in S. Maria di Trivento , che ascese al Vescovado di
Oppido nel 1349, ove visse per anni quattro , ed ove
morendo raccolse il compianto della intera Diocesi.

(1) Tomo IX.

Protesse Niccolò Malopere, canonico cosentino, che nel 1348 ascese al Vescovado di Cotrone, ove visse per anni dieci.

Procurò che Filippo Castiglione nel 1355 venisse eletto Arcivescovo di Reggio, ove amministrò per anni dieci quella Chiesa.

Fe' scegliere nel 1249 Senatore Martirano a Vescovo di Martirano, morto in Catanzaro in concetto di santità, e sepolto nella Chiesa de' Domenicani.

Spinse il capitolo di Martirano a sostituire al defunto Prelato Senatore nella stessa sedia Vescovile Giovanni Caselli, teologo distintissimo di que' tempi.

Fe' tanto, che nel 1348 Ruggiero Quattromano venne chiamato al Vescovado di Cassano. In una parola onorò e protesse quanti uomini di merito nella Città fossero, e quanti alla patria avesser saputo col loro ingegno recar lustro ed onore.

IV.° Il volume de' nostri privilegi ci conserva una concessione di questa Regina, ch' ella rilasciò a' nostri Sindaci Francesco Migliarese, Abate—Antonio De Riso, Milite—e Giacobbe di Giuseppe, a lei spediti dalla nostra Università.

« Joanna, Dei gratia Regine Hjerusalem, Sicilie, Ducatus, Apulie, Principatus Capue, provintie, et Forqualquerii, ac Pedimontis Comitissa—Justiciario vallis gratis provintie et terre Jordane. Nec' non Judicibus actorumq: notarijs secum per nostram curiam deputatis presentibus et futuris fidelibus suis gratiam et bonam voluntatem—Antonius de Riso miles, abbas Ciccus Millarisius, ed Jacobus de Joseph de prefata Civitate Cosentie Ambassiatores et Sindaci Universitatis, et hominum dicte·Civitatis Consentie ejusq: Casalium, ac Casalium Monteciniis de districtu Civitatis ipsius sindicario nomine, et pro parte ipsorum Majestati nostre supplicaverunt humiliter: ut Universitati et hominibus ipsorum Civitatis et Casalium concedere, quod ab accusationibus et denuntiationibus que fierent quandocumque inter ipsos ante si quidem litem contestatam possint eisq: liceat desistere, et concordiam habere absq: contradictione aliqua eis per vos officiales nostro aliquatenus inferenda de

3

*gratia dignaremur. Nos autem volentes cum Universita-*
*te et hominibus ipsius Civitatis et Casalium circa id*
*gratiosius agere, et erga eos nostre benignitatis officium*
*exercere. Instinctu quoq: fidelitatis et fidei qua semper*
*apud nos ipsos claruisse cognovimus , et exsperimento*
*probato laudabiliter refulsisse , supplicationi huiusmodi*
*pro ut subsequitur inclinate, eisdem Universitati et ho-*
*minibus dictorum Civitatis et Casalium tenore presen-*
*tium de certa nostra scientia concedimus , ac etiam in-*
*dulgemus etc., ipsi possint et valeant hibire ad accusa-*
*tionibus , et denuntiationibus , que quandocumq: fierent*
*inter ipsos ante litem ut supra contestatam desistere seq:*
*reducere ad pacis et concordie unionem absq: exactione*
*pecunie contradictione et impedimento quocunque per of-*
*ficiales nostros propterea inferendis , et propterea volu-*
*mus vestraq : fidelitate damus expressius in mandatis ,*
*quatenus hominis nostre gratie forma per vos dilegenter*
*actenta gratium ipsam nostram eisdem Universitati , et*
*hominibus dicturum Civitatis et Casalium serventis te-*
*neatis et facietis ab alijs quantum in vobis fuerit obser-*
*vari. Nullam commictentes eisdem quam moleste ferre-*
*mus noxiam novitatem : Presentibus post opportunam*
*inspectionem eorum remanentibus presentanti , premisso*
*modo efficaciter in antea valituris. Datum Neap: per Cou-*
*tem Domini Sacchi de perusio legum doctorem magne*
*nostre curie magistrum; rationalem locum tenentem, pro-*
*tonotarium regni Sicilie consiliarium fidelem nostrum*
*anno Domini* M. CCC. LXXXI *, Die* XI *Jullij quarte*
*indictionis Regnorum nostrorum anno* XXXIX. *Jacobus*
*sichiman h. p. de sub anulo domine: tari* XII.

# CAPITOLO QUINTO

I. Continuazione dello Scisma nella nostra Diocesi—II. Luigi d'Angiò e Carlo di Durazzo—Fazioni in Cosenza tra Angioini e Durazzeschi—III. Privilegi e Capitoli accordati da Re Ladislao a'Cosentini—IV. Abbassamento de'quattro del Buon Governo—Sommossa e tumulto in Cosenza all'entrata di Luigi d'Angiò nel Regno—
V. Nuovi Capitoli e privilegi accordati da Ladislao a Cosenza e
Casali (anni 1383).

I.° Colla morte della regina non cessò lo scisma
della Chiesa Cattolica, e quindi, lo scisma nella nostra Diocesi. Imperocchè, sebbene Giorgio, creatura
d'Urbano VI, venisse in questa epoca a prender possesso della Sedia Cosentina, anco perchè era morto
Giovanni; pure, perchè Clemente avea chiamato a succedere Andrea a Giovanni; ed a lui, anche morto nel
1386, Gualtiero, si rinfocolarono le fazioni tra' nostri
preti, e la contesa andò tant'oltre da trascorrere a
vie di fatto; onde un Antonello Albi, canonico Cosentino, fu mortalmente ferito da Giuseppe Furgiuele,
altro canonico antipapista, e partigiano di Clemente
e di Gualtiero (1).   ,
Queste dispute e queste contese non terminarono
che nel 1385, quando Gualtiero cessò di vivere; l'antipapa Clemente nol rimpiazzò; e Giorgio eletto da
Urbano, continuò a reggere la Chiesa fino al 1388 —
epoca in cui gli successe Torello Caracciolo, nobile
napoletano, acerrimo sostenitore de' dritti di Bonifacio IX, successo ad Urbano.
Il Caracciolo resse la nostra Chiesa per anni ventiquattro, ed infino al 1413, tempo in cui il sostituì
Francesco Tomacelli, nobile napoletano anch'esso.
II.° Se la creazione d'un Antipapa valse a scindere
i Sacerdoti della nostra Diocesi, la chiamata che Giovanna I fe' al trono di Napoli di Luigi Duca d'An-

(1) Vedi Fiore op. cit.—cronica Cosentina.

giò, valse a porre la scissura tra' laici, e tra tutte le classi de' cittadini del Regno.

Tenendo presente il contegno delle altre città, i Cosentini si divisero anch' essi in Angioini e Durrazzeschi.

Soffiava tra' nostri, onde divampasse incendio cosiffatto, Tommaso Sanseverino, partiggiano del Duca, che brigava per tutta Calabria, come fare aderenti alla causa di Luigi, e nemici a Carlo di Durazzo. Erano a capi delle fazioni durazzesca Roberto e Giovanni Marani, nostri concittadini, il cui zelo il 1401 fu da Ladislao gratificato con conceder loro l' immunità di tutti i pesi fiscali (1).

Prevalevano poi i Durazzeschi nel paese per opera di Riccardo Ferrari, oggi Epaminonda, consigliere che fu di Carlo di Durazzo, non che per opera di Andrea d' Aquino, di Giacobbe Ferrari, di Francesco Migliarese, de' fratelli Lodovico ed Antonio Schinosi, e di Antonio Barracco, che Ladislao, a' suoi dì, ricompensar volle di tanto attaccamento creando il primo, Protonatorio di Calabria, Terra Giordana e Val di Crati—il secondo, capitano delle sue armi—feudatario di molte terre il terzo; e nominando Lodovico Schinosi suo Maresciallo, e Ciambellano Antonio.

Antonio Barracco, poi, ricevette da Ladislao la conferma de' feudi ottenuti sotto Carlo, che nel 1381 nominò Ciambellano e Barone del Casale di Montorio pertinente a' Montefuscolo, e caduto in potere del Fisco per la ribellione di Tipaldo Molise, con un'annua prestazione di once 72 e la terra di Francale e Campanario (2).

Questi capoparte seguiti dalla massa de' gentiluomini e popolani, anch' essi scissi in due partiti, teneano la città in continui allarmi, ed in perenni agitazioni.

Alla morte di Giovanna, Tommaso Sanseverino sceso

---

(1) Vedi privilegio originale—Cas. op. cit.
(2) Per tutte le suddette donazioni regie vedi i privilegi originali delle famiglie — il lib. delle donazioni del Gr. Arch. — N. 1616 fol. 1229 dell' anno 1321 al 1383.

in Cosenza co' suoi vassalli, posesi a gridare il nome di Luigi, e a covrir di contumelie quello de'Durazzo, che qualificava col distintivo *del papalino usurpatore*.

Seguivano il Sanseverino gli Alimena, gli Aloe, Amici, Arduini, Arnoni, Bernaudi, Buonaccorsi, Bonconti, Boni, Britti, Cava, Celsi, Cicala, Cozza, Crivelli, Domanici, Favari, Fera, Sant'Angelo, Scrisanti, Della Valle e Zurli.

Teneano dietro a' cennati capoparte Durazzeschi i Baroni, i Beccuti, i Filleni, i Gaddi, i de Giovanni, i Goffredi, i Jaccini, i Giannoccari, i Longobucchi, i Loria, i Manuardi, i Martirani, i Massari, i Mirabelli i Majo, i Monaco, i Montalto, i Nigro, gli Oranges, i Pantusi, i Pascali, i Parisi, i Pellegrini, i Pelusi, i Piscitelli, i Poerî, i Poeti, i Pugliesi, i Rocchi, i Vela, i Vizza.

Il Sanseverino colle sue masse tirò dritto alla casa del Comune; ove giunto, ed ove riunito il popolo, proclamò Luigi.; e decaduto Carlo. La proclamazione di Luigi fu seguita dal suono delle campane di tutta la città.

Sbalorditi i Durazzeschi di questa imprevista invasione, sul principio non presentarono alcuno ostacolo all' operato del Sanseverino. Però, verso la sera riunitisi tutti nella sale de'Ciaccio, che avean casa a Capo Piazza, ove si poteva clandestinamente entrar per la campagna, decisero che in sul far dell' alba sarebbero usciti per la Città a ripigliar la rivincita sul partito traditore.

Nel corso della giornata e della notte mille corrieri furono spediti da essi ne' loro feudi e terre, perchè traessero in Città nel corso della stessa notte i loro vassalli ed i loro armigeri—All'alba, la città era gremita di gente venuta da' paesi; ed in sul sorgere del sole, fu dato il segnale dell' universale attacco. Comechè molto scarsi di numero, resistettero gli Angioini a'ripetuti assalti de' Durazzeschi; e, quando vidersi strenuati d'armi ed armati, si trincierarono nelle case dei Cavalcanti, nello attuale piano del Carmine, ove tennero fermo sino a notte avanzata. Col favore delle te-

nebre , lasciarono la città ; e quanti Cosentini seguirono le parti degli Angioini, tennero dietro al Sanseverino, che li accolse in Bisignano e trattolli , finchè
non piacque a Ladislao di spargere il velo dell' oblio
su questo sventurato episodio.

Il trionfo de' Durazzeschi fu coronato da tutti gli
eccessi che un partito vincitore suole commettere —
E però , questi eccessi , furono una cagione potentissima a svegliare tra le nostre famiglie quell' odio di
parte, che non si estinse che co' secoli (1).

III.º Ad accrescere la confusione ed il disordine il
6 febbrajo 1386, cessava di vivere Carlo di Durazzo,
assassinato in Ungheria dalle due Regine ; e Ladislao
da dieci anni venìa gridato Re. Per l' età fanciulla di
costui , e l' inespertezza della Regina , il regno cadea
in mano d' uomini inettissimi, che suscitarono ne' napoletani il desiderio di creare una giunta del buon
governo, che alle cose dello stato vegliasse.

Ad imitazione di Napoli, e di ciò che in quella città
capitale si era praticato, la prevalente fazione Durazzesca , temendo del presente e moltoppiù dell' avvenire, creò un nuovo magistrato detto de'*Quattro signori
del Buon Governo* , di cui fosse scopo la vigilanza
su' movimenti ed aspirazioni degli Angioini. Furono
deputati a questa missione Luigi Caselli , Torello Tirelli, Giacomo Casini e Francesco de Chiara.

Lo spirito di parte di cui erano animati questi nostri concittadini , non servì che a render peggiore lo
stato delle cose ; mentre se prima per contrariare a
quei del partito opposto, si spingeano gl'impiegati regi
a commettere abusi di nuova foggia contro di essi ;
oramai, avendo il potere nelle proprie mani, se ne servivano direttamente per esercitar su di quelli ogni genere di vessazione e di tirannia. Infatti, le cose furono
tanto protratte, che Torello Tirelli, assalito innanzi al
Duomo da Francesco Arduino , finì miseramente la
vita con venti pugnalate che ricevè.

(1) Cronica Cosentina dell'arcivescovo Cavalcanti—Cronica del canonico Albi — Cast. Mor. op. cit.

Però , non furono questi soli i danni che avemmo
a deplorare da queste scissure cittadine ; imperocchè
incoraggiti gl'impiegati regi a commettere gravissimi
abusi a carico del partito angioino, in seguito trovan-
dovi il loro tornaconto , non vollero dimettersi della
mala pratica, ch'esperimentavano indistintamente sul-
l'uno e l'altro partito. Le cose andarono tanto oltre
in questo senso, che l'Università si vide nella necessità
di ricorrere a Ladislao, per ottenere privilegio, di ciò
che prima il popolo avea ragione ad esigere per dritto.
Patrocinata la causa da Giacomo Ferrari , oggi Epaminonda, ch'era milite di gran credito presso del Re,
ed anche perchè era appoggiato da Riccardo suo fratello, che fu consigliere e segretario , come dicemmo
di Carlo di Durazzo , e da Francesco Scaglione, che
nel 1386 — vale a dire nello stesso anno che Carlo
passò nel numero de' più , era stato nominato Maresciallo del regno ed avea avuto in feudo Pittarella ,
Castello e Martirano ; patrocinata la causa da questi
tre illustri cosentini, re Ladislao il 7 luglio del 1396
accordò alla nostra città i seguenti capitoli e privilegi.
   *Ladislaus, Dei gratia Ungarie, Dalmatie, Croatie, Ra-*
*vie, Servie Galizie Lodomerie Comarie, Fulgarieque rex*
*provintie, et Forqualquerij ac pedimentis Comes. Tenore*
*presentium notum facimus universis et singulis inspecu-*
*ris tam presentibus q. futuris g, nos ad statum uni-*
*versitatis et hominum Civitatis nostre Consentie de pro-*
*vincia vallis gratis et terre Iordane nostrorum dilectorum*
*fidelium salubriter dirigendum nostre considerationis in-*
*ritum convertentes. Nec non actendentes merita sincere*
*devotionis et fides dictorum universitatis pretium erga*
*nos laudabiliter comprobata, passag. per eos pro fideli-*
*tate nostra illebata servanda impersonis , rebus et bonis*
*ipsorum multiplicis incomodi lesionis quibus super eo-*
*rum a pressuris revelamine cogit nos juxta consideratio*
*providere. Moti quoq. devotis supplicationibus pro parte*
*dictorum universitatis et hominum culmini nostro porrectis*
*per eorum speciales sindicos noviter ad curiam nostram*
*missos tam jam dictis universitate et hominibus ipsius*
*Civitatis nostre Consentie. Qui pro generali collecta, sive*

*dono per eos omnis singulis Curie nostre debita in untiis decem et septem tarenis quatuordecim et granis decem taxari se asserunt, untias septem tarenos quatuor decim et granas decem de summa dicte generalis collecte seo doni q. iudeis Civitatis eusdem, qui alios opulenter facultatibus et secularium numero.*

*Illis sunt pro ut accepimus, multipliciter diminuti, qui ne de rata dicte generalis collecte seo doni eos contingente untias sex et tarenos viginti tenentur dictis annis singulis videlicet curie nostre solvere, sicut possunt, untias tres et tarenos viginti de summa prefata de certa nostra scientia tenore presentium amictimus et perpetua relaxamus. Ita per tam. dicte universitatis et homines q. iudei prefati ad solutionem dictarum quantitatum remissarum : ullo unq: tempore realiter vel personaliter non cogatur. Ita etiam per universitatis et homines prefati anno quolibet dicte nostre curie primum et secundum donum et subsidium taxam seu mutuum inspecie solvendum quomodo libet astringantur. Declarantes presentibus firmiter et expresse per nostram curiam vel officiales nostros quosqunque ; seu per fideles nostros dicte provintie vallis gratis et Terre Iordane de permissione et licentia dicte nostre curie seu prefatorum nostrorum officialium fiat quecumq: generaliter in terris et locis dicte provincie impositio et recollectio pro parte dicte nostre curie alterius niusq : collecte seu taxe. Illam prefati universitatis et homines pro ut per dictos eorum Sindicos nobis oblata extitit pro rata exinde ipsos cotingente solvere dicte nostre curie seu prefatis nostris penitus teneatur, nec per presentes ab illius solutione quomodolibet eximantur.*

*Preterea ut dictis universitati et hominibus poteat ultime nostre benignitatis affectus memoratis universitati et hominibus vestris et singulos immunitates, privilegia exemptiones et gratias eis tam preclare memorie Dominum regem Carolum Reverendum Dominum genitorem nostrum quem per eius et nostros predecessores Sicilie Reges illustres memorie recolende hactenus concessas, et factas, in quorum possessione seu quasi existat. In abbuntationis cautele suffragium de dicta nostra certa scien-*

*tia confirmamus harum serie , et illas eis volumus te-*
*naciter observari.*

*Insuper universitatem et homines ipsos nolites indebitis*
*vexationibus agravari, Declaramus, jubemus, et volumus*
*eorundem tenore presentium de dicta scentia certa nostra,*
*dicta universitas et homnes noñ teneantur dare ufficialibus*
*nostris quibuscumque per nòs in dicta Civitate seu provin-*
*tia statutis seu statuendis, lectos, seu cubilia absq: salario*
*competenti et patronis ipsorum invitis seu nolentibus.*

*Item q. nullus officialis Civitatis, nulli magistri ca-*
*mere vel erarii aut officiales alij nostri quicumque pos-*
*sint potere vel habere pro scriptura commissionum ma-*
*gistrorum idrat: et ind: una: dicte Civitatis Casalium*
*nisi tarenum unum tantum pro scriptura cujuslibet*
*commissionis predicte.*

*Item q. nullus officialis Civitatis predicte possit mic-*
*tere aliquem ex civibus dicte Civitatis vel abitantibus in*
*eadem cum literis extra civitatem ipsam eo invito et*
*nolente sine salario competenti.*

*Item q.homines ipsi non teneantur aliquid solvere actorum*
*notarijs, ipsorum officialium pro citationibus testium, pre-*
*sentationibus instrumentorum, productionibus petitionum*
*et alijs primis quibuscumque scripturis, nisi tantum pro*
*fidejussionibus prestantis grana quatuor.*

*Item q. pro examinatione testium non debiant judices*
*et actorum notarij officialium nostrorum recipere nec*
*habere nisi tantum pro quolibet teste grana quinque.*

*Item q. pro extratione ab actis alicuius , denuntiati*
*vel accusati, non possint, nec debeant dicti actorum no-*
*tarij petere nec habere nisi grana duo.*

*Item q. pro scriptura processus in scripturis secun-*
*dis solveantur tantum dictis actorum notarij grana quinq.*
*pro qualibet carta scripta et plena competenter: Ecce*
*namque vicem gerentibus nostris et iustiaciarijs prefate*
*provintie Vallis Gratis et terre Iordane ac Capitaneis ip-*
*sius Civitatis nostre Consentie v: districtus nec non judici-*
*bus et assesoribus, actorum camere q. notarijs eis per no-*
*stram curiam deputatis et deputandis. Erarijs insuper*
*collecteribus , cameraris et personis alijs statutis et sta-*
*tuendis per dictam nostram curiam in provintia seu Civita-*

4

*te prefata super recollectione et perceptione pecuniaria ge-
neralium collectarum donarum taxarum et aliarum quo-
rumlibet fiscalium functionium quilibet nostre curie debita-
rum et debendarum. Ceteris q. nostris officialibus et fidelibus
ud quos spectat et petere poterit, quocumque titulo incum-
bentur per dicta provinña vel partes alias costitutis
presentibus et futuribus damus earundem presentium serie
de dicta certa nostra scientia districtus in mandatis.
Quatenus forma presentium per eos deligenter actenta
illum ipsi et quilibet corum presentes videlicet et futuri
pro ut ipsorum intererit, et ad eorum quilibet ratione et
tempore sui officij pertinebit, tam prefati universitati
et ominibus ipsius Civitatis nostre Cosentie q. iudeis
prefate prout tanguntur observet efficaciter et ad alijs
faceat tenaciter et inviolabiter observari. Nec non super
premissis eos gravare neq. de predictis qualitatibus re-
missis ab eis quiquam exigere quo vis modo presumant,
et predictis aljis non cotraveniat, vel cotraveniri per alios
nullatenus patiatur. Nihilq; in contrarium faciat, si gratiam nostram caram habet, sed revocet, et revocari faciat
prorsus et irritum, quicquid per eos ante alium vel ulios ipsorum adversus dictos universitatem et homines ac ijdeos
fieri vel acceptari propterea continget in posterum contra
presentium serie et tenore literis seu cedulis taxatorijs et
recollatoris generalium collectarum seu donarum que de
nostra curia singulis annis emanat, nullatenus obstituris.
In eius rei testimonio presentes literas exinde fieri mu-
niti maistatis nostre sigillo infimus volumus.
Data Averse in absentia logothenente et protonotario
regni nostri Sicilie ejusg: locutenentis per virum nobilem
Donatum de Regno legum doctorum locutenentem cancel-
lari dicti Regni consiliarum et fidelem nostrum dilectum.
Anno Domini Millesimo Trecentesimo nonagesimo sexto,
die septimo Julij quarto indictionis Regnorum nostrorum
anno decimo.*

IV.° L'amministrazione de' quattro Signori del Buon
Governo cadde coll' entrata di Luigi II d' Angiò in
Napoli; e colla convocazione ch' egli vi fe' d' un Parlamento, ove molti de' nostri Cosentini si recarono. In
quest' epoca, in cui Ladislao, di quattordici anni, si

trovava al freno d'un Regno scisso ecclesiasticamente,
e politicamente; a fronte d'un nemico, che venia preceduto da una fama guerriera colossale, gli Angioini
di Cosenza, scossero il giogo, ed abbassarono la dit-
tatura de' Quattro. Questa prima sommossa, fu causa
d'un secondo tumulto, al quale pose riparo Pietro
Cribari, fautore degli Angioini. In questo secondo tumulto il partito Durazzesco riprese il sopravvento per
non deporlo mai più.

Intanto, dopo una serie di combattimenti e di battaglie, Luigi D'Angiò lasciava il Regno per condursi
in Provenza per la seconda volta ; ed il Regno tutto
entrato sotto l'impero di Ladislao, parve, che si volesse riposare dalle immense lotte durate.

V.° E però, i Cosentini pensando anch'essi a si-
stemare le cose loro, chiesero al Re: che Tessano, Paterno, Dipignano, Venerelli, Malito, Crepsito, accordati
in feudo a' Ferrari Epaminonda da Re Roberto, siccome vedemmo, venissero restituiti a Cosenza, e dichiarati Casali della Città — che riconfermasse alla
Città i privilegi e le grazie da' passati Principi ottenute—che i Cosentini venissero esentati dall'obbligo
di custodire il Castello—che gli abitanti de'Casali non
potessero essere forzati a proseguire i giudizî incoa-
ti—Il 2 agosto 1400 spedironsi questi Capitoli e Grazie colla regia approvazione, che sono originalmente
trascritti più giù.

*Ladislaus, Dei gratia Ungarie, Hierusalem, Sicilie,*
*Dalmatie, Croatie Rame, Servie, Galitie, Canarie, Vul-*
*garieque Rex provintie et Forqualquerij, ac Pedimontis*
*comes. Universis presentis scripti seriem inspecturis tam*
*presentibus quam futuris. Principale presidium de su-*
*biectam curam providens nonumq: ex causa precipua re-*
*giones, et loca separat, ac interdum divisa reducit ad*
*integrum per alligabilem unionem, sane cum debita com-*
*memoratione revoluimus, fidem claram, devotionis prom-*
*ptitudinem et integre sinceritatis affectum sedulaq: ser-*
*vitia et affectum ac obsequia fructuosa, quibus Civitas*
*et homines Civitatis nostre Cosentie, et districtus fide-*
*lis nostri, apud bone memorie Dominum Padre nostrum*

*et nos.—In urgenti presentim necessitis articulo seduli-*
*tate prompta, et sedula promptitudine decretare digne*
*inducimus et rationabiliter annuamus. — Civitatem no-*
*stram ipsam Cosentie precipuis nostris favoribus prose-*
*qui plenis incrementis actollere, et per specialitate no-*
*stre largitionis et gratie opulentis beneficijs ampliare Ca-*
*salia, Tessani, Venerelli, L'ipiniani, Paterni, Maleti, et*
*Cripisseti, de provintia Vallis gratis et Terre Jordane*
*incorporare et annectere eum hominibus, tenimentis ter-*
*ritorijs, districhitus corum omnibus predicte Civitati no-*
*stre Cosentie, de certa nostra scintia perpetuo presenti*
*privilegio decrevimus et univimus. — Ita per ei facta*
*decreta incorporata connexio, et incorporatio connexa*
*ipsa et illa sint eadem per se dicta Casalia hacte-*
*nus sed sicut membrum corpori annexu, et subdita*
*dicta Civitatis nostre Cosentie districtus eius et per-*
*tinentie perpetua reputentur et ut i collectis, contribu-*
*tionibus, indictionibus, ceterisq: muneribus realibus et*
*personalibus ac ceteris oliisque, inter ipsas magna sit*
*illa commixtio, communicatio et contributio atq: conne-*
*xio que sunt et esse debeat inter ipsam Civitatem Co-*
*sentie et terras alias seu loca queq: Cosentini territorij*
*et districtus. Ipsq: Civitas Cosentie eum districtum et pre-*
*fata Casalia sub unius rectoris officio et iurisdictione*
*consistant et: gubernentur. Regalibus tamen juribus ba-*
*iulationi mortitijs, passagio, pedagio, collecta, et alia*
*quolibet jurisdictione Fiscali, reditibus et juribus alijs di-*
*ctorum Casalium sicut illa nobis debentur inceteris terris*
*nostri demanij ut est juris ratione majoris dominij, in*
*nostro sempre demanio et dominio reservatis, et nostre*
*curie semper solvi.*

*Volentes, et pariter declarantes, q. universitas et ho-*
*mines dictorum Casalium illis de cetero immunetatibus*
*privilegis exemptionibus liberalitatibus et gratijs de cete-*
*ro potiantur et gaudeant quibus dicti Universitas et ho-*
*mines prefate Civitatis Cosentie et districtus potiuntur*
*et gaudent potiri et gaudere soliti sunt et debent.*

*Et nilominus universitatibus et homnibus dicte Ci-*
*vitatis et Casalium presentium tenere de scientia certa*
*nostra concedimus q. non possint nec valeant inviti ad*

*custodiendum aliquod castrum seu fortilicium per officiales quoscuq: nostros quomodo libet compelli.*

*Et amplius ut dictum Universitatem et homines amplioribus beneficijs prosequamur, eisdem Universitati et hominibus omnes et singula gratias exceptiones , immunitates coneessas eis per Maestatem nostram harum serie dicta nostra scientia confirmanus iuxta privilegiorum eis propterea concessorum continentiam et tenorem.*

*Volumus insuper et eisdem Universitati et hominibus concedimus ac singulis et quilibet eurumdem q. si contigerit alterum denuntiare alium corumdem pro causa quaqumq: ad obligandum se de prosequenda denuntiatione et probatione delicti nulla tenus conpellantur, et propteria vicengereti nostro Ducato Calabrie seu iusticiario dicte provintie vallis gratii et terre Jordane ceterisq: officialibus nostris aliis ad quos spectare poterit quodcumq: titulo et denominatione notentur , presentes literas inspecturis coruq: locotinentibus presentibus, et futuris damus harum serie de certa nostra scientia expressius in mandatis quatenus forma presentium per eos diligenter actita illas ipsi et aliter eorum presentes scilicet et futuri eisdem universitati et hominibus observent efficaciter ac faciant ab alijs inviolabiliter observari. Nihilq: in contrarium quoquo modo presumat sicut habet gratiam nostram caram.*

*Qui nimo revocent statim irritum ac ad per eos aut alium seo alios ipsorum acceptari contingent contra presentium et tenorem in cuis rei testimonium presentes literas exinde fieri et pendenti. Maistatis nostre sigillo jussimus coiri.*

*Datum Sulmone per magnificum virum Neapolionem secundum de Ursinis Comitem E. e. Collateralem consiliarum et fidelem nostrum dilectum ac logothetam et protonotarium regni nostri Sicilie.*

*Anno domini Millesimo quatragintesimo. Die secunda mensis agusti octave indicti ; regnorum nostrorum anno quartodecimo C. N. C. R. tar xij. Registrata in Cancellaria penes protonotarium.*

Non possiamo, però, chiudere questo Capitolo senza far motto del nostro concittadino Antonio Gaeta, che

trovandosi in quell' epoca segretario della Regia Camera, appoggiò caldamente la petizione presso del Re;
come pure degli altri nostri due concittadini Giacomo
Villani, Vescovo di Martirano, ed il d'Amico, Arcivescovo di S. Severina, entrambi caldissimi difensori di
Urbano VI e con Urbano, delle ragioni di Carlo di
Durazzo, e quindi di Ladislao in questi tempi.

## CAPITOLO SESTO

I. Nuovi privilegi e capitoli di Re Ladislao a favore di Cosenza e
Casali— II. Costituzione Municipale a' tempi di Ladislao — III.
morte di Ladislao — Privilegio di Giovanna II del 1414—IV. Ribellione di Noffarello di Gaeta—Assalto del Castello—Resa dello
stesso—Terzo privilegio di Giovanna II del 1. Nov. 1416—V. Or-
ganizzazione delle fratellanze in Cosenza—VI. Introduzione della
Massoneria in città—Girolamo Tagliavia (anni 1314).

I.º Malgrado le cennate ordinazioni, e malgrado la
visita che Ladislao fece a Cosenza nel 1404, epoca in
cui a molti sconci impose termine ; lo spirito della
frode, dell'ambizione e del sopruso avea talmente invaso la classe degl' impiegati, che non vi era offiziale
camerario, che concussionario e malversante non si
rendesse; soldato o milite, che non cercasse di vivere
scroccando e frodando; uditore che, non rendesse sen-
tenza a capriccio; usciere che, non disponesse a suo
modo della udienza; rogatori di atti, che non esigessero al di là del giusto e dell' onesto; inservienti, che
non ricevessero mancie da tutti i lati.

Erasi, inoltre, introdotto l' abuso di non dar più
corso a' denarelli, ciò che perturbava grandemente il
commercio, e recava un danno sensibile a' possessori
degli stessi. Per queste ragioni e per altre, l' Università tornava a rivolgersi a Ladislao, che in data del
19 dicembre 1413 ordinava e concedea:

« Quod omnes officiales sindicentur; et stent perso-
« naliter sindicatui (1).

(1) Sommario originale del Privilegio.

« Quod universitas qualibet anno possit creare sin-
« dacos decem.

« Quod universitas et homines Cosentie non teneau-
« tur dare locum. '

« Quod pro funtionibus fiscalibus non capiantur bo-
« ves aratorios et instrumenta ad agricolturam.

« Quod cause post conclusionem infra decem dies per
« sententiam terminentur.

« Quod tubicta non exigat provocantis hominibus
« ultra debitum et competum.

« Quod pro subscriptione sententie et sigillo nihil
« exigant officiales.

« Quod denarelli seu pizzoli expenderentur.

« Quod servientes non recipeant ultra quod fuerit
« compietum.

« Quod officiales non habiant partem in iure car-
« cerum.

« Quod carcerati pro funtionibus fiscalibus nihil sol-
« vant pro jure carceris.

« Quod locumtenens assessor et actorum Notarius
« non sint oriundi de provincia.

« Quod de injurijs et alijs privatis delictis non pos-
« sit procedi ex officio.

« Quod pro cassatura non exigatur ultra solitum.

« Contra illos qui indebite denuntiant.

« Quod officiales non possint imponere contra emen-
« tes et vendentes pelles E. c.

« Quod pro jure ponderis et mensure semel in anno
« ius exigatur.

« Quod ufficiales non invitum componant sed per
« sententiam liberent aut comdannent.

« Quod ufficiales ex officio non possint ferre banna de
« damnis non inferentis impossessionibus, nisi ad istan-
« tiam universitatis vel particularium personarum.

« Datum Neapoli per virum magnificum Bernardum
« Zurulum de Neapoli Comitem Montisauri logothetam
« et protonotarium regni nostri Sicilie collateralem
« consiliarum et fidelem nostrum dilectum.

« Anno Domini millesimo quadragesimo tertio de-
« cimo, die decimonono Decembris, septime indictionis

« regnorum nostrorum anno vigesimo septimo—(Anno
« 1413, a 19 dicembre).

« Angelillus: tar. xjj. Registrata in cancelleria pe-
« nes prothonotarium ».

A questo privilegio altro seguì il 20 dicembre del-
l' anno 1413—il quale ebbe per effetto.

La conferma di tutti i privilegi.

La disposizione: Che non si potesse apppellare dalle
sentenze emesse contro gli uffiziali in materia di sindacato, quando si fosse sostenuta una lite civile—Che
nel sindacare gli officiali dovesse presenziare un cittadino — Che gl' impiegati non potessero tenere servi
oriundi del luogo ove esercivano le proprie funzioni—
Che non si credesse a niuno che dicesse d' aver de'poteri e delle facoltà , senza osservare le lettere regie
che questo potere gli concedessero—Che l'Università e i
particolari non siano costretti a mutare il letto all'alloggio, ed alloggiare indebitamente—Delle cause per le
quali si dovessero citare i Cosentini nella Magna Curia della Vicaria.

Questo privilegio fu datato in Castelnuovo, un giorno dopo dell' altro più sopra riferito.

II.° Come si vede; con questi capitoli venne alterata
la nostra costituzione municipale; imperocchè, se fino
ad ora quattro Sindaci dirigeano la cosa pubblica affidata loro dall' Università de'cittadini; dal 1413 dieci
Sindaci furono chiamati a quest'uffizio, cinque de'quali
si presero dagli onorati cittadini , e cinque da' gentiluomini, che apparteneano al Tocco , il quale già in
quest' epoca si era messo sulle vie del Sedile, col separarsi da chiunque titoli di signoria non avesse , o
volesse presentare; e con quel cominciare a discutere
di cose municipali, che poscia fu la causa onde i Sedili dell' amministrazione comunale si occupassero.

III.° Ladislao morì in Napoli nel 1414 per veleno
in modo straordinario propinatogli. L' epoca sua fu
epoca d'ignoranza; perchè uomo di guerra, poco gustò
le lettere , e pochissimo le protesse.

Di tre mogli ch' ebbe non lasciò eredi. Gli successe Giovanna II che gli era sorella : donna deprava-

tissima tanto , quanto fornita d' eccellenti doti di
spirito.

Giovanna II salendo al trono tra i suoi primi atti
governativi il 6 settembre del 1414 segnò un privilegio pe' Cosentini, che fu il seguente:

« Quod in examinatione testium interveniat homo
« eligendus per Universitatem.

« Quod non solvetur ius aratorum in silva Cose-
« sentie.

« Quod portulani et procuratores Curie non faciant
« compositiones.

« Quod in maritimis, non solvatur decima pro ani-
« malibus hominum Civitatis Cosentie et Casalium.

« Quod non inferantur iniurie et c. hominibus Co-
« sentie et Casalium.

« Quod homines Cosentie , Casalium , et Monticinij
« non prestent officialibus domus, lectos, ligna, et. c.

« Quod homines civitatis , casalium , et Monticinij
« non possint citari in magna curia Neapolis a tribus
« untijs infra.

« Datum Neapoli, per virum magnificum Bernardum
« Zurulum de Neapoli, Militem Comitem Montesauri,
« logothetam et prothonotarum Regni nostri Sicilie ,
« collateralem consiliarium , et fidelem nostrum dile-
« ctum — Anno Domini millesimo quadragintesimo
« quartodecimo , 1414 , Die sexto mensis septembris,
« octava indictionis, regnorum nostrorum anno primo,
« tar. xjj — Registrata in Cancelleria penes protho-
« notar ».

In un altro privilegio dello stesso 6 settembre 1814,
firmato da Bernardino Zurlo, protonatorio del Regno,
Giovanna II riconfermò a'Cosentini le concessioni e le
grazie conseguite da' passati Principi., e dal Re Ladislao fratello suo.

E trovandosi in Napoli Antonio Telesio e Federico
di Carolei Sindaci de' nobili, nello stesso giorno , conferì in mano di loro il privilegio seguente:

« In suptuscripto privilegio continetur, quod offitiales
« tunc non procederent contra universitatem et singu-
« las personas occasione captionis Castri , cum id fe-

« cerunt ad fidelitatem regiam, et ne Castrum prefa-
« tum ad alienas manus perveniret.

« Item per Castellani pro se et sotijs emant sibi
« necessaria eorum pecunia mediante, et maxime in
« die Sabati, nec inferant disturbationes et violentias
« civibus Cosentie et Casalium.

« Datum Neapoli per Virum Magnificum Bernardum
« Zurlum de Neapoli anno domini, 1414, millesimo
« quatringentesimo quarto decimo, die vigesimo secun-
« do mensis novembris, octave indictionis, regnorum
« nostrorum anno primo h. c. R. tar. xjj — Registrata
« in Cancelleria penes Protonotarium S. Gaeta est
« audientia ».

IV.° Ladislao era mancato alla vita il 6 agosto 1814
ed il 6 settembre 1414 Giovanna accordava il primo
privilegio a' Cosentini, ed il 22 novembre dello stesso
anno il secondo: vale a dire, il primo dopo un mese
della sua ascensione al trono, ed il secondo dopo tre
mesi. Perchè nella Regina tanta premura di conciliar-
si l'amore e la benevolenza de' Cosentini?—Quale avvenimento era successo in Cosenza, perchè i Cosentini
divenissero l'oggetto de' palpiti della Regina?

Era risaputa l'importanza che riscuotea Cosenza coi
suoi casali, Città Regia, e non mai soggetta a Baroni
nelle vicende politiche decorse.

Or, quando Giovanna seppe il disgusto, che nella nobile città avea svegliata la notizia del suo lordo amo-
razzo con Pandolfello; e seppe l'accordo, che i Baroni
del Regno aveano preso con molte città libere per torre il potere dalle mani di questo drudo, a cui la
sua debolezza avealo affidato, non tardò ad accordare
alla Deputazione cosentina quanto dimandava, la quale faceasi a chiedere più per avere un pretesto come
insorgere, quando le grazie venissero rifiutate; che per
conseguire le grazie, ch'erano l'apparente oggetto della
petizione. Essa accolse graziosamente i Dottori Antonio Telese e Federico Carolei; cosichè l'opera di costoro valse moltissimo a conciliare l'affetto de' nostri
alla nuova Sovrana.

Il prossimo avvenimento che siamo per narrare prova, che le cortesie de' Principi, non sono mai male spese, quando si prodighino ad uomini di merito, quali furono il Telese ed il Carolei.

Era in questi dì, castellano di Cosenza Noffarello Gaeta, nostro concittadino. Era egli partiggiano dello Sforza, che come seppe imprigionato per ordine di Pandolfello, si ribellò alla Regina, imitando l'esempio di molti Baroni del Regno, cui dispiacendo questo atto, la bandiera della rivolta sollevarono.

Giunta a notizia del Telese e del Carolei la ribellione del Gaeta, ignorando quali vedute segrete animassero costui; e in mano di chi potesse consegnare il forte, chiamato a raccolta il popolo, e provvedutolo di buone armi, corsero ad assaltare il castello, al grido di viva Giovanna II. Viva resistenza si oppose dal Gaeta all'improvviso assalto; ond' è, che se ne decise l'assedio, finchè il Noffarello ne patteggiò la resa, salve le persone e gli averi delle sue genti.

Il castello fu occupato dal Telese e dal Carolei, che vi posero civica guarnigione, finchè nol consegnarono alle genti della Regina, che erano comandate da un tal Curolo d'Aversa (1).

Grata Giovanna a' Cosentini per questa prova d'attaccamento, il 1 novembre del 1416 confermò tutti i privilegi di Cosenza e Casali: ordinando per soprappiù: Che la Fiera della Maddalena solita a celebrarsi in luglio venisse diretta dal Mastrogiurato; che le chiavi della città e della cittadella, in tempo di pace, si conservassero dal Mastrogiurato; che il Luogotenente l'Assessore ed il Giudice annualmente si mutassero; che per dieci anni i suddetti impiegati non potessero esser chiamati ad occupare i loro posti, una volta che li avesser lasciati; ed infine, che direttamente e non per interposta persona dovessero soggiacere all'annuale sindacato.

Volendo, poi, far cosa che l' amore de' popolani si conciliasse a preferenza di quello degli aristocratici,

(1) Per questo avvenimento vedi i Capitoli e i Privilegi della Città di Cosenza.

ordinò : che tutti i cittadini ordinati per curia , nella città godessero di tutti que' privilegi ed immunità di che godeano i gentiluomini: Ordinazione , che mentre fu l'origine delle così dette *Fratellanze* , fu tra popolani e patrizii causa di una gara di dritti, che spesso finì a tumulti, che grandemente valsero ad alimentare quell'odio, che mai sempre i popolani della nostra città hanno educato agli aristocratici di essa (1).

Il privilegio originale, intanto, di questa data fu il seguente :

« Confirmatio omnium immunitatum gratiarum et « privilegiorum hactenus concessorum , quatenus in « possessione etc.

« Quod forum Magdalene sit sub regime et guber- « natione Magistri Jurati.

« Quod Cives ordinati per curiam in Civitate Co- « sentie gaudeant omnibus privilegijs , immunitatibus « et prerogativis quibus alij cives dicte Civitatis , « gaudebant etc.

« Quod Castellanus et sotij nullatenus se intromicte- « rent in Citatella; sed claves ipsius Citatelle et Civi- « tatis teneantur per magistrum juratum, excepto tem- « pore guerrarum etc.

« Quod infra decennium non possit esse idem Lo- « cumtenentem et Assessor seu Judex, sed annis sin- « gulis mutentur , et stent sindicatui personaliter , et « non per substitutos, aut procuratores.

« Datum Neapoli per virum magnificum Franciscum « Zurulum de Neapoli, logothetam et prothonotarium « regni nostri Sicilie Collateralem Consiliarum et fi- « delem nostrum dilectum. Anno domini millesimo , « quatrigentesimo sextodecimo, 1416, Die primo men- « sis novembris, decime indictionis, Regnorum nostro- « rum anno tertio H. C. N. De mandato Reginali « facta est Audentia Raymundus V. tar. xjj. Angelillus « Registrata in Cancelleria penes prothono ».

V.° In conseguenza della data disposizione, il popolo del nostro paese si divise in' dieci classi, la prima

(1) Cronica cosentina—Privilegi cit.

delle quali fu quella de' Gentiluomi de' Tocchi—degli Onorati cittadini la seconda—de' Sarti la terza—de' Falegnami la quarta—de' Calzolai la quinta—de' Conciatori la sesta—de' Muratori la settima—de' Fabbroferrai l'ottava — de' Negozianti la nona — de' Coloni la decima (1).

Da ciò avvenne , che come i nobili aveano un luogo di convegno loro proprio; altro ne stabilirono gli onorati per essi; e le altre classi del popolo si riunirono in chiese diverse : fatto , che diede origine a quelle Fratellanze o Congregazioni, che ne' tempi posteriori non mai caddero in disuso o smisero la loro unità.

VI.º Questo ravvicinamento, intanto, di uomini che aveano lo stesso indirizzo civico , che venivano a formare una casta, di cui sacro dovea essere il gonfalone, invincibile l'onore ed il lustro per potere degnamente stare a fronte degli altri, non corse gran tempo, e diedero origine a quelle Logge di Franchi Muratori o Frammasoni, che tanta influenza esercitarono sulle arti, e poi sulla politica della città (2).

In queste assemblee , che poscia presero nome di Loggie Muratorie, i metodi più precisi del taglio — i sistemi migliori infatto di architettura e di costruzione muratoria e legnamica—nonchè le più raffinate vedute d'economia. commerciale veniano tramandate col segreto, e colla minaccia di morte a chi li rivelasse.

E, però, queste confraternite spiegano le ragione della conformità che si ravvisa ne' lavori di questi tempi , che altrimenti non si saprebbe spiegare in un'epoca in cui non esistea scuola di sorta.

Il suggerire l'uno all' altro le proprie vedute e le proprie pratiche , spinse le arti a quel grado di perfezione a cui non giunsero più, quando la Massoneria degenerò.

Alla domanda, se la Massoneria abbia vantaggiate le arti, io risponderei fino ad un certo punto che no:

(1) Cronica di monsignor Cavalcanti.
(2) Cronica di monsignor Cavalcanti.

quando si guardi a quella stabilità di tipi, onde avveniva, che le arti imitatrici della natura, sembra, che avessero dimenticato questa missione, per assumere forme e modelli definiti ed invariabili.

Le nostre Chiese di quell'epoca depongono a maraviglia di questa stabilità d'impronte, che la Massoneria avea dato alle Arti. Voi vi troverete grandezza di concetto ; ma sempre lo stesso concetto ; ma sempre quella stessa uniformità, che stanca e dispiace. Voi troverete, per esempio, mostri e fogliami nell'architettura; ma il fogliame sempre crasso, i mostri sempre fantastici , gli atteggiamenti de' personaggi sempre uniformi.

Queste fratellanze , intanto , formavano un corpo con giurisdizione particolare ; e quando la Massoneria giunse in Cosenza , non vi arrivò che come in casa propria , ove fin da' tempi della Giovanna II , senza che costei se ne avvedesse, era riuscita a penetrare.

Pochi anni dietro l'epoca di cui discorriamo, ad esempio dell'Inghilterra, in cui sin dal 926 s'introdusse una società massonica in Yorck, gl'Italiani ne costituirono una nella Penisola , che col tempo fu causa di non indifferenti rivolgimenti scientifici filosofici artistici e politici in essa.

Il capo maestro, o colono, o commerciante di quei tempi, nelle assemblee, sedea sotto un baldacchino colla spada della giustizia in mano; e ciascuna Loggia ebbe una iniziazione simbolica , ed un segreto che si rivelava a misura che si passasse ai gradi superiori. Per simboli, si adottavano gli strumenti dell'arte propria ; e l'oggetto precipuo della sua esistenza fu l'immegliamento ed il progresso dell'arti, dell'industria, del commercio, dell'agricoltura.

Così esordì in Italia la Massoneria : e così fu impiantata in quest'epoca nella nostra città da Francesco Grisolia, Michele Landi, Giuseppe Magnocavallo , Raffaele Clausi, e Gennaro Donato , quali artisti , e quali commercianti in que' giorni. Più tardi, estese la sua giurisdizione alla morale alla filosofia alla politica;

e sotto Francesco De Chiara prima; e poscia sotto Lodovico Lupinacci, ebbe simboli omogenei al nuovo indrizzo (1).

Perchè si abbia una idea chiara di questa istituzione, che in Cosenza mise tante radici, e a tanti rivolgimenti i nostri padri guidò, l'è uopo ricordare, che i Franchi Muratori pretendeano connettere la loro origine all'epoca della edificazione del tempio di Salamone.

Diceano essi: che tra gli architetti spediti dal Re di Tiro a Salamone, primeggiava *Iram*, che sovraintendo a' lavori, avea divisi gli operai in tre classi: novizî—compagni, e maestri: dando a ciascuna di queste classi una parola per riconoscersi.

Diceasi: che tre amici volessero da *Iram* conoscer qual fosse il motto d'ordine de' maestri, e che *Iram* venisse ucciso da essi per aver negato di rivelarlo loro.

Soggiungeasi, che i Franchi-Muratori, in memoria d'*Iram* conservarono i gradi da lui stabiliti, gli arnesi di muratore; e nella iniziazione avessero giurato di celebrare i funerali *d'Iram*, percotendo tre volte sulle spalle del candidato.

La prima società massonica surta nella Contea di Yorck al sopradetto regolamento si uniformava.

Dopo quella di Yorck, altra ne surse in Strasburgo, nel 1318 fondata da Ewin di Steinback. Dalla Inghilterra, quindi, si diffuse per tutta Europa, e nel 1457 in Ratisbona, che fu sotto il protettorato di Massimiliano, e poscia sotto quello di Carlo V, Ferdinande I e II.

In questo tempo nacquero le logge di Baviera Svezia Assia Franconia Turingia e Sassonia, nonchè l'altre di Zurigo e Vienna.

Essa non allignò in Francia; perchè i Francesi, poco tagliati alla pazienza del segreto. S'introdusse bensì in Italia; e nel mezzogiorno di essa, e segnatamente

____

(1) Cenno storico della Massoneria in Cosenza, di Gaspare Andreotti.

in Calabria ed in Cosenza , ove prese tosto radice e consistenza.

Lo scopo di questa istituzione volto da principio affatto all'immegliamento e progresso delle arti, dell' agricoltura, e del commercio ; in seguito, tolse di mira la morale pubblica , la scienza , ed infine la politica.

Finchè le Massoneria fu meramente istituzione artistica, le arti e l'agricoltura in Cosenza vidersi fiorire, sovra tutte le città di Calabria, ove questa istituzione non era impiantata. Quando sotto la scorta di Girolamo Tagliavia s'indrizzò alla morale ed alle scienze, la prima migliorò sensibilmente , e le seconde cominciarono a coltivarsi con quello zelo, che valse tra pochi anni a produrre tanti scienziati nella nostra città.

Fiorì Girolamo Tagliavia intorno a quest'epoca di Giovanna II, e fu matematico eccellente de'suoi tempi.

Narra Tommaso Cornelio di lui , ch' egli nauseato dell'assurdità del sistema di Tolomeo, fosse il primo a vagheggiare quel sistema astronomico , che nel 1543 Niccolò Copernico rese di pubblica ragione sotto il suo nome.

Attesta lo Zavarrone che, l'elucubrazioni astronomiche del nostro Tagliavia, non siano state stampate; perchè ancora rarissima l' arte tipografica in Italia ; ma che Tommaso Cornelio abbia letta co'proprii occhi l'opera del Tagliavia, anteriore di tanti anni a quella del Copernico , e che nell'opera di costui , nonchè i pensieri , abbia trovate le stesse parole e lo stesso ordine del Tagliavia nel manoscritto conservato.

La dichiarazione d' un uomo così illustre, qual'è il Cornelio, mi dispensa dall'obbligo d' insistere su questo argomento, che tende a rivindicare alle nostre patrie lettere una delle più belle glorie, quale fu la scoperta del moto della terra e de'pianeti attorno al sole: scoperta che comechè caldeggiata d' Aristarco da Samo e Pittagora di Crotone , era per elasso di secoli caduta in obblio, e non da altri pria rinvenuta , che dal nostro cosentino Girolamo, di cui s' ignorò la patria fino a che l'astronomo Piazzi , non la rinvenne nella nostra Cosenza.

## CAPITOLO SETTIMO

I. Sergianni Caracciolo—Luigi III d'Angiò chiamato dagli Angioini e Durazzeschi — Adozione d' Alfonso d'Aragona per parte di Giovanna II — Ribellione in Cosenza capitanata da Galeazzo di Tarsia, Giacomo Longo, Arturo Maza, e Girolamo Quattromani—Conseguenze della ribellione—Quarto privilegio di Giovanna II.—II. Peste del 1422 in Cosenza— Ribellione capitanata d'Arturo Maza e Girolamo Quattromani—Cacciata de'Giovanneschi dalla Città — III. I° Privilegio accordato da Luigi III a' Cosentini—IV. Posizione politica de' Cosentini a quest'epoca— Luigi III adottato da Giovanna salva Cosenza—(Anni 1419).

I.° Ritornando ora a Giovanna, diremo, che questa donna dissoluta, dietro d'avere scombinato le nozze con D. Giovanni d'Aragona , matrimonio trattato da Goffredo di Monteaquila, dottor di legge, e frate Antonio Di Tarsia, ministro dei conventuali di s. Francesco, nostro degnissimo concittadino — e però, dietro aver sposato Giacomo della Marcia, dei Reali di Francia, intendendo a sfogar sempre i suoi libidinosi appetiti, diedesi in braccio di Ser Gianni Caracciolo: cattivandosi nuovamente il disprezzo del popolo, e svegliando nuovamente in esso il desiderio di disbrigarsi di una Regina, che così poco aveva cura della propria dignità, e di quella del Regno.

E, però, questo da un capo all'altro chiamò il figlio di Luigi II d'Angiò; e Giovanna trovando gli Angioini del Regno collegati a' suoi danni co' Durazzeschi , si rivolse al Papa, a Venezia, a Milano per soccorsi — da' quali nulla non ottenendo , spinsesi a spedir Milizia in Sardegna per adottarvi Alfonso d'Aragona: quale adozione, riaccese nel regno le fazioni degli Aragonesi ed Angioini, da poco tempo e con gran danno del Regno appena smorzate.

In tal congiuntura, la nostra città fu circondata da tutte le arti politiche e fraudolose di Milizia Carafa, nostro governatore, che si dava tutto il moto possibile, perchè i Cosentini si serbasser fedeli alla Regina. Per l' opposto, insinuavano sensi di ribellione in mezzo al popolo i Longhi, i Migliarese, gli Assisi, i De Rose, e massimamente Galeazzo di Tarsia, nipote di Frate Antonio, che avea mal digerito lo scioglimento del matrimonio della Regina con Giovanni di Aragona da lui trattato; e Filippo Leone, che tenea pel figlio di Luigi II d' Angiò.

Avvenne, adunque, che in un bel dì, Galeazzo e figli, Giacomo Longo e figli, Arturo Maza e figlio, Alfonso e Girolamo Quattromani e Filippo de Leo coi sopracitati ed altri cittadini ostili a Giovanna levarono la città a rumore, e diedero addosso a' partiggiani della Regina. Allarme universale, grida, e minacce invasero in un tratto la città. Sbalorditi i partiggiani di Giovanna, corsero prima alle proprie case, le famiglie a difendere, e gli averi a salvare. Quindi, fatta testa col popolaccio in mezzo alla piazza grande, di là mossero ad avventarsi alle case degli Angioini, bruciando, saccheggiando, rovinando quanto loro tra mani capitasse; e massacrando Filippo Leone partiggiano di Luigi dinanzi il Monastero di S. Chiara, ove oggi è la Riforma. Arringava il popolo contro Giovanna Frate Filippo Longo, il quale come vide le mala parata corse a cercar rifugio nel Castello, affidato nuovamente dall' improvidente Regina a Noffarello di Gaeta, ch' aveavi fatto e stabilita la fucina delle congiure e delle cospirazioni contro Giovanna. Perduta la giornata dagli Angioini, ritiraronsi al Castello. Seguendo tutti l' esempio di Frate Filippo, e cedendo all' invito del Gaeta, che la bandiera della Regina avea abbassata, ed inalberata quella di Luigi.

Que' del Castello però, non tardarono a ripigliar la rivincita; e ripiombati in città coll' aiuto de' Casalesi, che già si eran dichiarati a favore di Luigi, occuparono le piazze e le case de' Giovanneschi, dalle quali questi cacciarono con gran danno dell' onore delle donne e delle sostanze di essi.

Stavano così le cose, quando di tutto arrivata notizia a Giovanna per mezzo di Antonuccio Camponeschi Aquilano, Prefetto di Calabria, spedì tra noi il capitano d'armi Iseritano, uomo che sapea per attaccatissimo a lei ed alla sua causa.

L'Iseritano come giunse in Val di Crati, congiunse le sue forze con quelle di Antonuccio; e non vedendosi tanto forte da venire ad oste contro Cosenza, accampossi contro Malito, Casale di Cosenza, che prese a forza; di là a Nicastro, che sottomise, e quindi, fatto ritorno sul territorio Cosentino, schierossi sulla riva del Campagnano, cercando assediar la città, che a gagliarda resistenza si era apparecchiata.

Quivi più volte venne a giornata con Francesco Sforza, ch'era al comando de' Cosentini e Casalesi; e la campagna sarebbe finita male assai per Antonuccio e i partiggiani di Giovanna, se i casalesi di Pietrafitta ed Aprigliano defezionando a Re Luigi, non avessero prese l'armi per la Regina, e rinforzato il campo dell' Iseritano.

Aggiungasi a ciò, che i Pietrafittesi erano a guardia della città; cosicchè loro mercè, riuscirono i Giovanneschi ad entrare in Cosenza.

L'entrata di costoro fu caratterizzata da un ampio e generale sacco, che fu dato a tutte le case degli angioini, parte delle quali furono abbattute, ed arse ed incendiate quelle de' Tarsia, de' Longhi, de' Maza, de' Quattromani; nonchè tutti i sobborghi che presentarono più valida resistenza.

Gli eccessi della fazione vincitrice in tal congiuntura non riconobbero argini; e quando i Giovanneschi videro il male ch'essi stessi aveano fatto al paese proprio, piansero su queste sventurate esorbitanze, nel cui turbine, in fin de' conti, erano stati travolti amici e nemici della Regina, partiggiani e non partigiani, offesi ed offensori. Ciò, intanto, avea talmente sollevato l'animo di Giovanna IIª che in data del 1° marzo 1419 volendo dare a' suoi fedeli di Cosenza nuove prove di benevolenza e di protezione, e usar modo verso il vinto partito che a lei tornasse, e la causa di Re Luigi disertasse, ordinò (1).

(1) Cronache Cosentine — Vedi i Privilegi cit.

« Quod homines Civitatis et Casalium forent, recom-
« missi Reginali Majestati.

« Quod Iusticiarius Calabrie justitiam faceret de
« morte Philippi Domini Leonis.

« Quod civibus Cosentie remitterentur quatuor un-
« tie pro collecta, actentis muris dirutis, etc. c.

« Quod carceratus non solvat nisi grana tresdecim
« si pernoctaverit, et si non pernoetaverit nil solvat ,
« et Carcerati pro collectis, et qui non debet de jure
« Carcerati nil solvat tam si pernoctaverit, q. si non.

« Quod cives Civitatis et Casalium , manutcneantur
« in corum bonis existentibus in terris baronum.

« Datum in Castro nostro novo Neapoli per manus
« nostri prefate Ioanne Regine , Anno Domini Mille-
« simo quadringentesimo decimo nono, 1419, Die pri-
« mo mensis Martij, duodecimo indictionis, Regnorum
« nostrorom anno quinto , Goffredus M. De Theano ,
« registrata in Cancelleria penes prothonoturium ».

Questo privilegio fu sottoscritto dalla Regina in Castel Nuovo e registrato nella Cancelleria da Goffredo
M. De Theano — e la Regina suo malgrado decretò la
condanna del Camponeschi, che per la causa di lei avea
massacrato Filippo Leone.

II.° La disfatta dello Sforza, ed il ritorno de' Giovanneschi in Cosenza non aveano spenta la fazione angioina in città ; ma solamente oppressa ; nè la soddisfazione al partito Angioino concessa da Giovanna con
ordinar la punizione dell' uccisore di Filippo De Leo,
valse gran fatto a riabilitarla presso di esso.

Aspettavano gli Angioini una favorevole occasione
per tornare alla riscossa ; e quando la peste del 1422
tolse a devastare Napoli e le Provincie — e colle Provincie Cosenza, gli Angioini fatta circolar voce nel
popolo che tal morbo, lungi d'esser malattia, fosse opera del governo per decimare i popoli , e distornarli
da' fatti politici , il 15 maggio del 1422 insorsero per
Cosenza come un sol uomo , e disfatte le forze di
Alessandro Raimondo di Spezzano Piccolo, capitano
d'armi di Giovanna , aprirono le porte della città agli
Emigrati volontarî e forzosi, che ben tosto i Giovan-

eschi ne cacciarono in esilio , e le case di loro oc-
iparono.

In tal congiuntura , capitanarono il popolo in città
rturo Maza e Girolamo Quattromani , e furono essi
uelli che schiusero le porte di Cosenza agli Emigrati,
d a'Casalesi nemici di Giovanna. Questa volta, però,
uò dirsi : che tutti i Casali pigliassero le armi con-
o la Regina; perchè all'appello, mancarono solamen-
: Domanico, S. Pietro, Carolei, Mendicino, Porchia,
Itilia , e Dipignano ; perchè paesi ove erano forti e
astelli, presidiati dalle armi di Giovanna (1).

III.º La bandiera, adunque, di Luigi d'Angiò sin dal
5 giugno del 1422 sventolava sulle mura di Cosen-
a; e fin da quest' epoca la Università per mezzo dei
uoi commessari Conte di Montalto e Pietro Macedo-
io protestava, in Roma, al Principe, devozione ed ob-
edienza alla casa d' Angiò.

E , però , sotto il sindacato d' Antonio de Carolei
uigi d' Angiò ordinava:

« 1. Quod Civitas et Casalia Cosentie et alia loca in
capitolo descripta, teneantur tantum ad tres collectas,
et Martoranum gaudeat eisdem privilegijs.

« 2. Quod observentur omnes gratie et concessiones
concesse per retro Principes preteritos.

« 3. Quod tenimenta Monticinij, Xiliani; Carpanza-
ni, et Porchie, reintegrentur cum territorijs Cosentie
et Casalium.

« 4. Quod tenimenta Casalium et locorum in capitulo contenentorum, reintegrentur Civitati Cosentie et
Casalium, et nunquam concedantur Baronibus , sed
semper sint de Demanio.

« 5. Quod reintegrentur offitium Justicieriatus Vallis Gratis et terre Jordane.

« 6. Quod universitas Cosentie et Casalium manu-
tenantur in possessione territorium suorum et etiam
Monticinij.

« 7. Quod homines et Animalia Civitatis et Casa-

(1) Croniche Cosentine — Vedi Privilegi cit.

« lium gaudeant in terra Rende , sicut homines Ren-
« de gaudeant in Civitate et Casalibus.

« 8. Remissio tareni unius proquolibet aratro, pro
« jure granetarie.

« 9. Confirmatio Capitolorum , privilegiorum , e
« cautelarum retro principum.

« 10. De penitentia accusationum , et solutione cas-
« sature.

« 11. Di solutione actorum , et copie processuum
« de vocatura , tubicte de examine testium et de cas-
« satura plurium delictorum et de cassatura.

« 12. Quod accusati non carcerentur nisi data co-
« pia repertorum etc.

« 13. Quod homines Civitatis et casalium non te-
« neantur sequi curiam ; nec possint citari in magn?
« curia Vicarie ultra quatuor untias.

« 14. De solutione iuris carceris.

« 15. Quod ex officio procedi non possit etc.

« 16. Quod nullus officialis , possit redire ad iden
« offitium nisi elapso septennio ; et stet sindicatui per
« sonaliter , et non possit habere advocatum civitatis
« et quod nullus Comes , seu baro vel dominus Ca
« strorum possit esse vicemgerens aut castellanus ?
« provintia, et etiam Iustitiarius.

« 17. Quod Antonutius de Laquila et alij Apruti
« non habeant offitium in provintia.

« 18. Quod pro Collectis non fiant curreria , et s
« fiunt nihil solvatur.

« 19. De Franchitia hominum Civitatis et Casaliun
« per totam Calabriam dohane, gabellarum, et passa
« giorum.

« 20. Quod magister Juratus possit cognoscere d
« ominibus causis tempore nundinarum Magdalene , e
« Curia cessat a negotijs , et finito anno stet sindica
« tui, et per querens dictum officium, non habeat, e
« semel magister Juratus non possit iterum esse, nis
« transacto decimo.

« 21. Quod pro apodixa collectarum solvantur era
« rijs grana decem.

« 22. Quod pro executionibus solvantur nisi grana
« quinq; et nemo compellatur ad literas curie deferen-
« das sine competenti salario.

« 23. De salario commissionum magistrorum jura-
« torum et judicium.

« 24. De exercitio gabellorum.

« 25. Quod nullus advena abeat vocem, nec officium
« in civitate nisi clapsis XXV annis.

« 26. Quod foresciti tunc non haberent habitationem
« in casalibus et provintia et privarentur etc.

« 27. Quod possit congregari parlamentum procrean-
« dis sindicis et alijs, sine licentia officialium.

« 28. Quod turris Unionis et muri novi destruen-
« tur etc.

« 29. Quod Judei essent sub potestate offitialis prout
« civis.

« 30. Quod nullus Civitatis et Casalium possit esse
« serviens curie.

« 31. Quod nullus civium possit petere confirmatio-
« nem officialium.

« 32. Quod reparentur muri Civitatis ad expans re-
« gias infra septemnium.

« 33. De immunitate Civium et Casalium , a stan-
« tijs, cubilibus, legnis, paleis etc.

« 34. De exemtione et franchitia animalium in ter-
« ritorijs in capitulo expressis.

« 35. Indultum hominibus Civitatis et Casalium de
« criminibus et excessibus etc.

« 36. Quod fieret iustitia contra interfectores Phi-
« lippi de Leo.

37. Quod tunc officiales non servantes privilegia ,
« privarentur offitiis et homines non tenerentur obe-
« dire.

« 38. Quod burgi civitatis potuissent murari et for-
« tificari.

« 39. Quod expenderentur denarelli , et non refiu-
« terentur.

« 40. Quod in causis criminalibus agregaretur unus
« non suspectus in examine testium, quod esset suspe-
« ctus judex vel magister actorum.

« 41. Quod destruerentur turres locorum in capitulo
« descriptorum.

« 42. Quod Alexandro de Raimundo non intelligatur
« facta remissio.

« 43. Quod acceptarentur quedam pecunie, tunc so-
« lute erarijs curie.

« Datum Rome per manus nostri predicti Ludovici
« Regis anno Domini millesimo quadragentesimo vi-
« gesimo secundo, 1422, die quintodecimo mensis Junij,
« quintodecime indictionis, regnorum nostrorum anno
« sexto. Per regnu in suo consilio ».

A chiarimento dell' articolo 3 e 4 di questo Privilegio è da sapersi: che Mendicino Carolei e Domanico,
che prima furono de' Sersali, tolti a costoro nel 1424
per Alfonso di Aragona chiamato da Giovanna II, erano stati dati in feudo alla famiglia Mendoza Alarçon
Marchese della Valle—Scigliano , a Gottifredo Firrao
nel 1331—Porchia oggi Motta S. Lucia, Grimaldi, ed
Altilia , da suo padre Luigi d' Angiò II alla famiglia
Scaglione—Lago, da Re Roberto a Matteo Sambiase—
da Re Ladislao ad Andrea Sersale nel 1396 Castelfranco e Cerisano—e da Re Alfonso a Bernardino d'A-
ragona, Carpanzano. Con queste donazioni i Cosentini
aveano molto perduto; cosichè era troppo regolare, che
ora che se ne presentava il destro, avessero chiesto la
rivindica di ciò che loro era stato tolto.

Dalla lettura de' cennati privilegi, che comprendono
43 articoli, emerge chiara l'esistenza de' due partiti in
Cosenza; perchè gli Angioini, supplicarono il Re, che
in niun tempo *Antonuccio dell' Aquila o i suoi parenti
o gli affini o amico o uomo di Abruzzo* potesse avere
ospizio e giurisdizione in Val di Crati, Terra Giordano, e Calabria, e che quando la ricevessero, non dovessero essere ubbiditi—perchè supplicavano: *Che tutti
coloro di Cosenza e Casali che avessero seguito le parti d' Antonuccio dell' Aquila* non potessero mai abitare in Cosenza o ne' casali, e per ogni tempo fossero
privati d'onori privilegi , immunità , e franchigie per
sè e per loro eredi, e privati d' ogni officio in Cosenza e Casali ; perchè gli Angioini supplicavano il Re

che i Casalesi di Pietrafitta ed Aprigliano venissero esclusi dal godimento de' privilegi al Re domandati ; perchè supplicavano che si facesse giustizia degli uccisori di Filippo de Leo di Cosenza ; perchè volcano che Raimondo di Spezzano Piccolo co'suoi seguaci, in niun tempo, potesse abitare in Cosenza, ne' Casali, e nella Calabria ; e perchè infine chiedendo al Re onde venissero indultati i Cosentini e Casalesi per le passate guerre, offese, omicidî, incendî di campi, abbattimenti di mura, di città, e sommosse, e ribellioni, venissero esclusi dall'indulto Raimondo e tutt'i suoi seguaci.

IV. Come si vede dalla data del presente Privilegio Luigi III concedea tutte le cennate grazie a Cosenza in un tempo , che non era ancora adottato da Giovanna, ed in cui Alfonso veniva chiamato alla successione di Napoli, e facea prevalere le sue armi pel Regno.

Cosenza, adunque, colla sua rivoluzione si era posta nella perigliosa necessità di resistere a' nemici interni partiggiani di Giovanna e d'Alfonso ; e degli esterni, che trattavano le armi d'Alfonso, che agiva nel proprio interesse; e di Sergianni Caracciolo nell'interesse della Regina.

L'evento giovò soprattutto a tôrre i Cosentini dalla falsa posizione in cui si erano cacciati ; imperocchè , suscitò tali avvenimenti da renderli sicuri all'interno, garentiti al di fuori.

Il gran Siniscalco invido e geloso di Alfonso, fe'nascere molti sospetti nella Regina contro di questo Principe; e tra gli altri: che Alfonso volesse impossessarsi del trono prima della morte di lei. Questi viene a conoscere che l'alienazione di Giovanna da lui era opera del Siniscalco; per la quale cosa il 22 maggio del 1423, Alfonso lo fà incarcerare. Succedono disordini in Napoli—Giovanna manda a Sforza , chiedendolo di soccorsi contro Alfonso—Sforza accetta l'invito — si attacca con Alfonso ed il vince. La Regina rivoca l'adozione d'Alfonso—e Luigi III, adottato da lei, salva Cosenza da una probabile catastrofe luttuosa, in che avrebbe potuto rovinare per opera di Giovanna o di Alfonso.

# CAPITOLO OTTAVO

I.° All' annunzio dell'adozione di Luigi i due partiti si fondono in Cosenza ; e la bandiera d' Angiò ossequiata da tutti sventola sulle cime del castello.

E, però, finirono le fazioni de'Giovanneschi e degli Angioini ; e non fu dichiarato come nemico comune che il solo Alfonso. Questi parte da Napoli, e lasciava D. Pietro suo minor fratello, e con Sforza muove verso la Capitale per impadronirsene—Il Caldora rende la città di Napoli alla Regina; e Re Luigi muove a conquistar la Calabria, che tenea per Alfonso , se, se ne eccettuì Cosenza co' suoi Casali.

Nel 1428 Luigi trasse in Cosenza a prender di fatto possesso della Città, ed a stabilirvi il suo quartier generale, e la sede principale della sua dimora.

In tal congiuntura, lo aspetto commerciale della nostra città ebbe a soffrire una radicale riforma. Divenuta sede del Principe ereditario , i parlamenti, le udienze regie , le regali ordinazioni vi chiamarono tal folla di Baroni ottimati e negozianti ed affaristi del Regno tutto, che appena potè mettersi nel caso di poterli alloggiare.

II.° Non corse ; intanto, guari di tempo , e Luigi sposò Margherita, figlia del Duca di Savoja; e nel 1433, la Città si apparecchiò a ricevere decorosamente la sposa del suo Sovrano (1).

(1) Angiolo di Costanzo lib. V.—Manfredi op. cit.

Margherita partita da Nizza, per gravissima tempesta che la sorprese, sbarcata a Sorrento, si sarebbe recata in Napoli, se gl' intrighi della Duchessa di Sessa, non avesserla forzata a muovere per Cosenza.

L' intempestivo annunzio dello sbarco della Regina, ed il suo prossimo arrivo giunsero lo stesso giorno in città. Il giustiziere della Provincia Pietro Bellavalle, alla testa della migliore cavalleria italiana e francese uscì a rilavar la Regina; e ad incontrarla fuori le porte della città mosse il fiore delle dame Cosentine, con quante Baronesse Contesse e Duchesse avessero terre e feudi in Val di Crati.

Alle porte della Città la ricevè il Re sotto d' un pallio sostenuto da Berardo Caracciolò, Arcivescovo di Cosenza — Antonio Sardignuolo Vescovo di Martirano, Guglielmo Vescovo di Rossano. Seguiva il real corteo, il Corpo Municipale presieduto d' Antonio de Carolei Sindaco — e che poscia fu Vescovo di Oppido, quindi di Cava, ed infine di Bisignano; e tenean dietro al sindaco l'Autorità governative, una rappresentanza delle dieci fratellanze; e dodicimila guardie cittadine, tra Cosentini e Casalesi.

La reale coppia passò per sotto una serie d' archi di fiori, che cominciò dal Carmine e terminava al Castello; e tra due pareti coverte di drappi serici, che non furono mai interrotte finchè non si arrivava alla Chiesa di S. Giovanni in Porta piana.

Nembi di fiori covrirono i reali sposi nel tragitto per la Città; e versi di auguri e di felicitazioni in cartellini legati ne' mazzi di fiori si presentarono alla sposa per via.

Re Luigi condusse Margherita nella Cattedrale, ove dal Vescovo di Rossano fu intuonato il *Te Deum* in rendimento di grazie al signore pel felice arrivo della Principessa. Quindi, i regi sposi si avviarono al Castello, ove era la real dimora; non prima però d'avere ascoltato con molto compiacimento il discorso d'occasione pronunziato da Guglielmo Barracco, Canonico Cosentino, uomo distintissimo per lettere e cognizioni teologiche.

Le feste per queste nozze furono celebrate per otto giorni con luminarie, con musiche, con corti bandite, con tornei, con giostre, con giuochi pubblici, e con quanto altro potesse offrire il paese (1).

In queste giostre ricordano le patrie croniche come cavalieri che su tutti primeggiarono: Carlo e Nicola Castiglione, l'uno Consigliere e l'altro Segretario del Re, i quali presero il sopranome di Morelli, da'cavalli morelli che in que'tornei cavalcavano (2). Carlo Nardi, detto da lì in poi Falbo, pel cavallo falbo che cavalcava—Luigi Nardi detto poscia Nigro dal cavallo nero che cavalcò—Pietro Caselli, ch'entrò nello steccato cavalcando un cavallo bajo, armato di scudo, che effigiava un grifone colle ali spiegate—Filippo Giacobe Tirelli, cavaliere di compagnia del Re, e da lui gratificato co' feudi di Oppido Motta S. Lucia Grimaldi Altilia e dodici once in perpetuo — Vincardino Beccuti, che fu Consigliere di Luigi III. — I figli di Roberto e Giovanni Marani, armati di scudo intersecato da tre fasce—Ruggiero Quattromani, altro Consigliere del Re.

Dirigeva le giostre Antonio Telese, che fu insigne giureconsulto e consigliero di Luigi—le feste e i pubblici giuochi Francesco Spiriti ed Aurelio Vela, ch'erano cavalieri di compagnia del Re (3).

III. La felicità de' Cosentini, nonchè di tutta Val di Crati non ebbe durata lunga.

Ammalatosi Luigi, chi dice per abuso de'diletti matrimoniali, e chi per le fatiche durate col Caldora nella campagna che gli fruttò l'intera Terra d'Otranto, indi a poco cessò di vivere, disponendo, che il suo corpo venisse sepolto nell'Arcivescovado di Napoli, ed il suo cuore fosse mandato a Violante sua madre, in Francia. •

(1) Vedi Giannone Storia civile del Regno—Angelo di Costanzo op. cit.—Cronica Cosentina.

(2) Fabbrizio Castiglione ignorando questo avvenimento diede tutt'altra spiega al fatto dell'aggiuntivo di Morelli al proprio cognome.

(3) Vedi Gualtieri—Aceti—Cast. Mor.—Cronica Cosentina.

L' ultima parte fu eseguita ; ma il suo corpo restò in Cosenza; perchè il popolo, non permise che uscisse dalla Città, e fu sepolto sontuosamente nella Cattedrale (1).

Egli lasciò desiderio di se, non solo a' Cosentini, di cui ampliò i Privilegi, gran parte de' vecchi riconfermò, e le ragioni della Città civili politiche e commerciali altamente promosse ; ma a tutti i Calabresi, per la docilità de' suoi costumi e per la bontà della sua indole.

IV.º La morte di Luigi giunse gratissima alla Duchessa di Sessa, che tosto fe' spedire Giovanni Cossa a prender possesso della Città a nome di Giovanna II temendo che Scipione Ferrari, oggi Epaminonda, attaccatissimo ad Alfonso, e dal quale nel 1433 ebbe in feudo Noce Greca; e Francesco Garofalo, che fu Giudice della G. Corte della Vicaria, e che, secondo il Lombardi e l'Amato, mostrò grande accortezza nel maneggio degli affari, non guidassero la Città al partito d'Alfonso — Però, anche costei il 2 di febbrajo 1435 lasciava una vita di dissolutezze; ed un retaggio a' posteri, che risentiva potentemente de' suoi disordini e della scompostezza del suo vivere. Chiamava al trono di Napoli Renato d'Angiò, fratello di Re Luigi, e con ciò riaccendeva tra Aragonesi ed Angioini quello incendio, che avea pur troppo desolato questo povero Regno. Comechè Giovanna fosse corriva a darsi bel tempo, e la sua reggia fosse scuola sovrana di vizi e di turpitudini, pure, per suggerimento di Giovanni Castiglione nostro concittadino, ch' era uno de' più fedeli segretarî della Regina, ed uomo dottissimo, ridusse a miglior forma i Riti della Gran Corte—creò nel Regno il così detto Collegio de' Dottori per conferire agli studenti i gradi accademici—fondò il Collegio de' dottori di medicina—e filosofia—provvide di beni temporali i frati i preti i predicatori i minori osservanti ; e fece nominar Vescovo di Cariati il nostro Cosentino Tom-

---

(1) Cast. op. cit. Summonte tomo II lib. 3 e 4 — Giannone lib. 29.

maso Rossi, uomo di lettere, che tenne per anni quattro quella Diocesi.

V. A questo proposito, nel 1429, epoca in cui predicava nella nostra Cattedrale il Beato Matteo d'Agrigento, minore osservante, furono introdotti gli Zoccolanti in Città, ed abitarono il monastero di S. Chiara, oggi Riforma. Nel 1434 fu loro assegnato lo stesso convento che prima fù de' Benedettini; e rifabbricato per opera del Beato Vathin fu donato a' minori osservanti.

Questi frati vennero tra noi nel tempo ch' era nostro Arcivescovo Bernardo Caracciolo, il quale era succeduto al Tomacelli nel 1474—Gli è questi lo stesso che in seguito fu Consigliere del Re Alfonso: carica, che gli valse la conferma piena de' privilegi della nostra Chiesa, secondo il tenore istesso che monsignor Galgano l' avea ottenuta da Giovanna.


## CAPITOLO NONO

I. Renato d'Angiò — Giovanni Cozza cosentino sostiene le parti di Renato in Val di Crati—ed Antonio De Caroleis in Cosenza—Assedio di Cosenza postovi dal Centeglia, e presa della città—II. Cola Galeazzo di Tarsia membro del Parlamento d'Alfonso—III. Pirro Caracciolo ricompra la Contea di S. Lucido per la Chiesa di Cosenza—IV. La Calabria divisa in Calabria Citra ed Ultra—V. Privilegio di Alfonso — VI. Famiglie che in Cosenza sostennero la causa d'Alfonso—Morte di Alfonso—Peste del 1458—VII. Erezione del Monastero di S. Domenico (Anni 1440).

I.º Alla morte di Giovanna, due principi contendeansi la successione di lei—Alfonso d'Aragona, adottato prima da Luigi III, e Renato d'Angiò, chiamato da lei dietro il suo decesso.

Ne' primi scontri Alfonso fu completamente battuto; e quindi fatto prigioniero di Giustiniani, Isabella di Lorena, moglie di Renato, per tre anni, resistè a tutti gli sforzi del competitore di suo marito.

Questa Regina come giunse in Napoli, spedì Luigi

suo secondogenito , che non avea ancora dieci anni , sotto il governo di Micheletto Attendolo, in Calabria , con missione di ridurre alla divozione angioina , non già Cosenza e Casali, che per essa si teneano; ma tutte quelle terre del calabrese , che malgrado gli sforzi di Giovanni Cozza, nostro cosentino, e di famiglia distintissima della Città , poscia trapiantatasi in Amantea, si erano ribellate a favore d'Alfonso.

E però, il dominio di Renato, durò in Cosenza fino al 1440, epoca della presa di Napoli,`ed in cui trovandosi impegnato a combattere lo Sforza, delegò all'acquisto di Val di Crati Antonio Centeglia , ed il Cardona; ed il Melissari a quello di Terra Giordana e Calabria.

Il Centeglia , cercando dividere le forze de' Cosentini , diede in sulle prime addosso a'Casali, che sottopose a gravissime requisizioni di monete e di armi ; e quando gli parve che Cosenza non potesse venir soccorsa, assediò la Città.

I Cosentini non sbalorditi delle innumeri masse , d'armati, che guidava il Centeglia, sotto il comando di Nicola Antonio de Caroleis, Cosentino, capitano generale delle truppe di Renato, circondarono (1) di barriere risormontabili i sobborghi della città; e da quei ripari seminarono le strage tra le file degli Aragonesi , sotto il mediato comando di Galeazzo di Tarsia , diverso de Cola Galeazzo — e Giacomo Longo , antichi nemici degli Aragonesi — Si durò in questa lotta accanita per più giorni ; e forse il Centeglia avrebbe dovuto sciogliere l'assedio , se le sue masse non fosser di tanto cresciute da fargli sperare la presa della Città in un assalto generale dato ad essa , consigliato da fra Filippo Longo , figlio di Jacopo, che, per aver defezionato al partito, fu pugnalato dagli Angioini. Le previsioni di questo generale si verificarono ; perchè essendo dieci volte gli assalitori degli assaliti maggiori di numero , e provisti d'armi , la Città fu presa

(1) Vedi Amato-Pantopalogia.

per forza , e gli abitanti furono dannati alle più feroci rappresaglie di parte (1).

Il Centeglia pose nel Castello presidio Aragonese , e delegò i suoi poteri ad Impò, uffiziale del Re, perchè i partigiani dell' Angioino punisse e perseguitasse , e quelli del partito proprio nella fede Aragonese corroborasse : missione che più volte fè corrergli pericolo di vita , per le sommosse che avvennero. Giovossi grandemente il Centeglia nelle sue manovre di Pietro Contestabile Ciaccio, che il Toppi appella dottissimo , che pe' servigi resi allo Stato ottenne l'immunità de'pesi fiscali; nonchè di Carlo Ferrari Epaminonda, che , decorò de' feudi di Macchia e Calopezzati — Giovossi grandemente nelle sue manovre di Giovanni della Noce , Lombardo , il quale n' ebbe in premio la terra di Rende, terra che possedè finchè scoverto complice del Centeglia , quando questi d' amico , divenne nemicissimo , d'Alfonso , perdè quanto dalla munificenza d'Alfonso avea ottenuto.

II.º Come appena il Regno si vidè piegare alla soggezione d' Alfonso , questi riunì in Napoli un parlamento ad oggetto di fissarvi la successione del trono; stabilirvi i limiti della potestà baronale ; ed il pagamento d' un testatico, che surrogasse la immensa serie di dazi e di balzelli, che oramai erano divenuti causa della morte del commercio , ed industria pubblica.

Cola Galeazzo di Tarsia fu uno di questi Baroni, che decretarono la successione a Ferdinando, figlio bastardo d' Alfonso.

Questo Galeazzo di Tarsia , ricchissimo di feudi e nimicissimo della casa Aragonese , dovette la conservazione de'propri feudi al patrocinio di Giovanni Barracco, suo parente , partiggiano caldissimo con suo figlio Angiolo d'Alfonso, e da lui creato suo consigliere e gentiluomo di camera (2) ; nonchè alla protezione de' Tirelli , che per aver defezionato a Renato ,

---

(1) Vedi privilegi citati.
(2) Vedi nomine originali e lettere originali d'Alfonso che si conservono de'Barracco di Cosenza e Cotrone.

s' aveano cattivata la benevolenza dell'Aragonese, e la riconferma de' feudi di Altilia, Grimaldi, e Motta S. Lucia.

Galeazzo, però, non fu il solo a parteggiare pel Marchese di Cotrone, quando l'amore di questo barone tramutossi in odio verso di Alfonso; e se in tal torno, non perdette i suoi feudi, come il Centeglia ed il della Noce, dovette ciò al nostro Arcivescovo Bernardo Caracciolo, che fu carissimo al Re, e che potentemente più volte valse a stornare il fulmine, che lo Aragonese principe stette per scagliare su' Cosentini, da lui, non a torto, per suoi nemici se non aperti, occulti tenuti.

III.° Ora, che siamo a questo Arcivescovo, dobbiamo notare, ch'egli cessava di vivere il 1452, e che nello stesso anno altro Caracciolo di nome Pirro il rimpiazzava, consigliere anch'esso d'Alfonso, ed a lui carissimo quanto Bernardo. Gli è Pirro, colui che nel 1455, per mezzo di Camillo suo fratello, comprò per ducati 7500 la terra di S. Lucido, antico demanio della Chiesa cosentina, facendone annullare l'alienazione fatta da Re Roberto, e confirmata da' suoi successori.

Gli è colui del pari, che nel 1467, ottenne la riconferma de' dritti, che sin dal tempo di Federico II, la Chiesa avea sulla Giudeca; e che nel 1480 fu incaricato d'esigere la colletta in sussidio della guerra che dovea combattersi in Otranto.

Fu questo prelato caldissimo propugnatore dell'ordine de' Paolotti, tanto, che a richiesta e premura della famiglia Tarsia ed Alimena, non solo permise al gran Taumaturgo di potere fabbricare chiese e monasteri ove meglio gli piacesse; ma esentò della propria giurisdizione la nuova Religione, mettendola sotto l'immediata protezione della Sede Apostolica. Morì egli in Roma, e fu sepolto nella Chiesa di S. Giovanni Battista; e nel 1524 ne rinnovarono la memoria i Frati Minori di Cosenza, ponendogli un epitaffio, ch'eternava i benefici ricevuti da questo prelato dell'ordine de' Paolotti.

IV.° Sotto Alfonso d'Aragona la Calabria cessò di

6

dirsi Valle di Crati e Terra Giordana, e prese il nome di Calabria Citra ed Ultra : quale divisione durò sino al 1817, in che diviso il Regno in quindici provincie, la Calabria fu ripartita in tre sezioni, la prima delle quali prese nome di Calabria Citra—di Calabria Ultra IIª quella sezione alla prima attaccata — e la terza Calabria Ultra Iª. Dando alla Calabria Citra, quattro Distretti, quarantatrè Circondarî, e centocinquantaquattro Comuni—tre Distretti, ventidue Circondarî, e centoquattro Comuni all'Ultra Iª e quattro Distretti, trentanove Circondarî, e centocinquanta Comuni all'Ultra IIª.

V.º Il Regno d'Alfonso per la nostra Cosenza non fu che una serie di palpiti e di timori. L'esempio funesto di Reggio, nobilissima ed illustrissima Città del Regno, che per esserglisi dimostrata ostile fu sottratta dal regio demanio, e data in feudo al Cardona, col titolo di Conte di Reggio, era l'incubo, che non facea dormire sonni tranquilli a' nostri padri ; e che li ponea nel caso di cercar sempre di novità, perchè in esse potessero trovar la propria salvezza, e la conferma de' patrî privilegi.

Fatto stà, che Alfonso, migliore estimatore dell'indole de' Cosentini, che per caso non si credea, si era astenuto, comechè il desiderasse, di dare disposizioni, che infallibilmente avrebbe dovuto sostenere colla forza delle armi, senza sapere a che potessero riuscire.

Questo stato d'incertezza era mestieri che avesse un termine; e però Pietro Curti, sindaco de'casali nel Parlamento che se ne tenne nella Cattedrale di Cosenza concluse la sua orazione con questo dilemma : « Domandiamo al Re la conferma de' privilegî risolutamente e senza ambagi. S'egli li riconfermerà, ci avrà per amici, e lo difenderemo. Se si rifiuterà, glieli faremo riconfermare colle armi e colla forza ». Il 28 marzo del 1493 i sindaci, adunque, Andreasso Migliarese, Pellegrino Sorrento, e Pietro Curti si presentarono al Re chiedendogli francamente la riconferma de' patrî privilegî, od un esplicito rifiuto. Dalla lettura di questa conferma può di leggieri arguirsi come a ritrosso Alfonso addivenisse all'atto richiestogli.

Ciò per altro tranquillizzò lo spirito pubblico. La riconferma di questi privilegi è come siegue:

« 1. Confirmatio privilegiorum, capitolorum et gra-
« tiarum etc.

« 2. Quod pro damnis datis , satisfacta parte nil
« solvatur curie.

« 3. De Comunitate aque et erbe cum Martorano
« et Monticino etc.

« 4. Quod non solvantur nisi grana due servienti-
« bus pro executionibus.

« 5. Concessio indulti generalis.

« 6. Quod non fiat appretium , sed per extimatio-
« nem facultatum.

« 7. Quod in territorijs Cosentie et Monticinij non
« possint fieri prata et defense.

« 8. Quod indulgeretur illis qui interficierunt fra-
« tum Philippum Longum.

« 9. Quod de supra narratis Capitulis fieret Privi-
« legium per Regiam Majestatem.

« Datum in terra nostra Fogie—Die vigesimo octa-
« vo mensis Martij, prime indictionis — Anno a nati-
« vitate Domini millesimo quadragintesimo , quinqua-
« gesimo tertio, 1453, Regni hujus nostri citra pharum
« decimonono, aliorum regnorum nostrorum anno tri-
« gesimo octavo : Rex Alfonsus ».

VI.° Malgrado chè questo principe sentisse forte antipatia pe' Cosentini , pure , non potè dispensarsi di porre il regio assenso alla elezione di Giovanni Caselli a Vescovo di Bisignano l' anno 1449 ; come a quella di Galeotto Quattromani, altro nostro Cosentino, a Vescovo di Cariati—nonchè all' altra di Antonio de' Caroleis, Vescovo d'Oppido, nel 1443 di Cava , e poscia di Bisignano nel 1444.

La sua causa in Cosenza non fu sostenuta che dai soli Contestabíle Ciaccio, Ferrari Epaminonda, sino ad un certo tempo da' Tarsia, e da' Bonaccorsi, Amici, Zurli, Giannoccari, Salerno, e Jacconi. E però, alla morte di lui nel 1458, tranne queste poche famiglie, non fu non solo in Cosenza da anima viva compianto; ma maledetto. Gli succedea Ferdinando, figlio bastardo; e con Ferdinando arrivava la peste, che come pel Regno, sparse per la nostra povera patria la desolazione ed il lutto.

VII.° Sotto il Re Alfonso, e propriamente nel 1449, regnando in Roma Papa Niccolo VIII, Antonio Sanseverino, Duca di S. Marco, vicino al proprio palazzo, avea fabbricato un Monastero sotto il titolo di S. Domenico, come da una iscrizione accanto all'arco tra la scala ed il fenestrone del primo dormitorio.

Questo Monastero dovea essere edificato sin dal 1441, epoca in cui, come risulta da un altra iscrizione esistente nello stesso convento, i PP. Domenicani aveano avuto da Papa Gregorio la Chiesa di S. Matteo, che spettava all'Arcivescovo di Cosenza. Nel 1513 il Pontefice concedea a' nostri monaci gli stessi privilegi dei Domenicani di Parigi. Nel capitolo generale del 1525 fuvvi stabilito lo studio generale; e nel capitolo generale di Roma del 1530, il nostro Convento lasciò il titolo di Congregazione, e prese quello di Provincia. Riguardo alle prerogative accordate alla casa, come studio generale, di molto furono ampliate per forza d'altri Capitoli generali, come per quello di Venezia del 1592—di Roma del 1612 e 1644.

Nel 1532 Clemente VII concedè a' padri per cambiarvi aria nella stagione estiva, il Monastero di S. Maria del Soccorso de' SS. Egidio e S. Bernardo, previo permesso del Cardinale protettore, e generale de' Cisterciensi: ma i PP. non ne profittarono.

Nella Chiesa di questo Monastero è la Congregazione del Rosario, che accoglie tutti i ceti. Essa annualmente celebra due maritaggi, stabiliti da Lorenzo Landi Cocchiaro ed altri confratelli.

Nella Congregazione è una Cappella col titolo del Rosario; e vi si celebrano le feste dell'Immacolata e dell'Ascensione. Il Monastero fu soppresso il 7 agosto del 1809 e fu riaperto nel 1819; ma non collo stesso patrimonio; sibbene collo stralcio de' fondi rustici ed urbani de' Domenicani non venduti fino a questa epoca. La sua rendita fu ridotta, quindi, a ducati 2000, pertinente per la maggior parte al soppresso Monaste-

ro de' Domenicani di Montalto. Fu soppresso nuovamente nel 1860 , e ne partirono i monaci nel 1864.
De' nostri concittadini che si distinsero nell' ordine dei
Domenicani , le croniche patrie ricordano nel 1585 e
1595 un Giuseppe Dattilo , Maestro provinciale, assai
versato nelle teologiche discipline—nel 1599 e 1607 un
Agostino Leonetti, Maestro provinciale, chiaro per cognizioni filosofiche e teologiche—nel 1729 un Giuseppe
Maria Tucci, anche Maestro provinciale, provetto nelle
lettere latine e greche — nel 1741 un Tommaso Arnedos, Maestro provinciale, anch'esso poeta epigrammatico
latino—nel 1768 , Tommaso d' Aquino , Maestro provinciale, e chiaro in matematica e cognizioni astronomiche—Nel 1773, Enrico Altimari, Maestro provinciale
dotto nell' uno e nell' altro dritto.

La Chiesa di questo Monastero non presenta che una
navata, e l' altare maggiore è dedicato a S. Domenico.
È desso di bel marmo, ed è fiancheggiato da una Cappella dedicata a S. Vincenzo Ferreri, proprietà del Marchese Epaminonda con altare di marmo—da un' altra
dedicata a S. Tommaso d' Aquino , proprietà di Lupinacci della Giostra Nuova—da una terza dedicata a
S. Ludovico, proprietà de' Majo e loro eredi Russo—
da una quarta dedicata a S. Rosa, proprietà de'Castiglioni Morelli—da una quinta con altare di marmo dedicata alle vergine della Pietà, proprietà de'Giannuzzi
Savelli—d' una sesta dedicata a S. Antonio, ch' è della
Chiesa — d' una settima dedicata a S. Giacinto, anche
della Chiesa — d' un ottava dedicata a S. Catterina ,
anche della Chiesa — d' una nona dedicata a S. Giuseppe, di Costabile — d'una decima dedicata a S. Lucia, delle famiglie Cervino e Briglia—d' una undecima
dedicata a S. Nicola e S. Antonio , proprietà di Pellegrino e Garritano — d' una duodecima dedicata alla
Vergine della Febbre con altare di marmo , proprietà
di Martucci—d' una decimaterza dedicata a S. Filome-
no, di Popoli.

Oltre alle cennate Cappelle , dentro il Coro alla sinistra è la Cappella di S. Francesco di Paola, proprietà di Scola—ed a destra, quella della Addolorata, pro-

prietà di Massimilla. Di fronte al pulpito della Chiesa
è la Cappella di S. Giovanni Battista, proprietà de'Curati—e l'altra di S. Michele Arcangiolo, di Lupinacci
della Giostra Vecchia.

Nella sagrestia sono le Cappelle dedicate all' Ascensione, di Barracco—e l' altra della Vergine del Carmine, di Greco Gaccia.

Oltre le cennate cappelle, al lato sinistro entrando,
avanti la Cappella della Madonna della Febbre è il sepolcro della famiglia Assisi—altro di Serra—altro di
Ferrari di Antonello—altro avanti la Cappella del nome di Gesù e Maria, di Costabile—un secondo, di Zicarelli, ed un terzo, di Parise di Giuseppe.

Per ciò che riflette i dritti del Comune su questo
Monastero ecco quanto è da osservarsi.

Nel 1477 Luca Sanseverino, erede di quello Antonio, che pose la prima pietra all' edificazione del
Monastero di S. Domenico, surrogato da d' Antonio
Lucchese Bonviso, nel comando territoriale della Calabria, lasciando Cosenza, abbandonò la propria casa
attaccata al detto Monastero. Per tanto tempo, ne andò
così malconcia e guasta da non potersene servire neppure i Domenicani per ingrandire il Monastero, quando nel 1644 pe'nuovi Capitoli di Roma, si estese il numero de'PP., ed il Convento avea bisogno di pigliare
maggiori proporzioni e più larghe dimensioni.

Nel 1770 caduto il cennato casamento in rovina,
per vedute di polizia urbana, ed in omaggio alla pubblica quiete e decoro pubblico, fu esso demolito nel
piano superiore, ed i piani inferiori furono addetti a
caserma della guardia cittadina.

Fin da quest' epoca, adunque, il Comune l' occupò
per addirlo ad usi militari; e sin da quest' epoca il
Comune ne procurò e ne sostenne sempre le riattazioni
e le migliorie. Infatti, fu sua la spesa di demolizione e di
covertura del 1770—Sua la spesa ordinata dal generale
Regnier il 25 marzo 1807 ascendente a ducati 2000
circa—Sue le spese del 1810-1811-1812—e quell' erogata dal 1819 al 1822 come risulta dagli stati discussi
comunali del 1821-32-36, e via discorrendo. Quì poi

è da sapersi, che il Monastero contiguo a queste case, sfuggito ad una prima soppressione all'epoca d'Innocenzo, non sfuggì, come dicemmo, all'altra del 1809, epoca in che venutone in possesso il Comune, allogava in un braccio di esso il parroco di S. Nicola; e nel bisogno d'estendere le dimensioni della caserma, vi apriva due porte di comunicazione nell'ala contigua alla stessa, cedendo in tal modo alle premure del Genio Militare, che promettea di corrispondere al comune una indennità maggiore di quella che sino allora corrisposta non avea.

Nel 1819 presa in considerazione la deliberazione decurionale, con cui si chiedea la ripristinazione de'Domenicani in città, perchè ne istruissero la gioventù, il Re a'termini del Concordato, ve li richiamò, ed ordinava: che venisse loro assegnato lo stralcio esistente del patrimonio regolare dal demanio nè ceduto nè venduto.

Ritornati i monaci nel vecchio monastero, del quale il Comune cedè loro una parte, il 10 febbraio 1820, chiedevano al Sindaco: che il Comune abbandonasse l'ala del monistero occupata all'epoca della soppressione — ed il 28 marzo 1832, che ove non si volesse rilasciar detta ala, si pagassero dal Comune ducati 120, perchè con questa somma si potesse ricostruire quel braccio del monastero, che guardava la piazza, oramai divenuto inservibile. Il Decurionato nel 21 aprile 1832, ad unanimità deliberava: di darsi a'Domenicani per una sola volta ducati 120; ma a condizione espressa che non avessero ad avanzare pretensioni ulteriori su' locali occupati dal Comune, ed in transazione d'ogni dritto di proprietà, che vi potessero vantare.

Questa deliberazione spedita all'Intendente nel 9 giugno 1832 ritornava approvata e ridotta dal Ministero per ducati ottanta. Somma che i monaci si ricevettero.

Da quest'epoca il Comune vantò dritti di proprietà, non solo sulla caserma, ch'era sua; ma sul braccio ancora del Monastero occupato. Padre Rosario Curcione fu il primo che nel 9 agosto 1840 avanzò petizione del tutto fantastica al Ministro degli affari ecclesiasti-

ci non solo per riavere l'ala venduta al Comune; ma
la caserma ancora che non fu mai de' monaci.

Ma il Ministro udite le ragioni del Comune, riman-
dava il litigio al Consiglio di Stato.

La questione decisa per opera del Consigliere Ga-
gliati produsse tale scandalo dal 1844 al 1845, che in
questo ultimo anno, con reale rescritto, il Re ordinò:
che si fosse riesaminata la causa; per la quale cosa il
1° ottobre 1846, in Consulta Generale, i padri furono
pienamente condannati.

Or, soppresso il Monastero nel 1861, il Demanio intende incamerarlo al pari degli altri beni ecclesiastici.

Visti i cennati fatti e le cennate ragioni, non mi
pare, che il Governo farebbe opera giusta, se permettesse a danno di Cosenza anche quest' altro spoglio.


## CAPITOLO DECIMO

**I.** Antonio Centeglia solleva la Calabria contro Ferdinando — Giovanni d'Angiò muove da Genova — Arturo Maza, Giacobbe Quattromani, e Cola Tosto sollevano Cosenza e Casali — II. Cola Tosto
e suoi fatti d'arme e sua morte — III. Roberto Ursino ed il Conte
di Marsico delegati ad occupar la Calabria e Cosenza da Ferdinando—Antonio De Caroleis comandante delle forze Cosentine —
Presa e sacco della città — IV. Imboscata tessuta dal Grimaldi
nella Sila alla cavalleria del Sanseverino — Ritorno di Val di Crati alla divozione Angioina — Rivolta in Cosenza operata da Giovanni Barrese (anno 1459).


I.° Ritornando alla storia diremo: che Antonio Centeglia subito che intese la morte d'Alfonso, mosse per
Calabria con animo di sollevare contro di Ferdinando
i Calabresi, e ripigliarsi i feudi che sotto di Alfonso
avea perduti (1).

Collegaronsi con lui il Duca d'Andria, il Principe
di Rossano, il Principe di Taranto, e quanti altri Baroni furono maltrattati dal vecchio Re.

Ferdinando nelle viste di scongiurare una tempesta,

_____
(1) Pontano—Istoria delle guerre di Napoli lib. 1.

che avrebbe fatto naufragare la corona nel punto di
mettersela sul capo, risolvette di rimettere nelle loro
possessioni il Marchese di Cotrone ed il Principe di
Taranto. Ma i Baroni che già avean preso il loro partito, ed invitato ad occupare il Regno, Giovanni d'Angiò, figlio di Renato, governatore di Genova a nome
del Re di Francia, frustrarono le speranze di lui;
e la tempesta scoppiò come questo Re l'avea pre-
veduta.

Coll'aiuto de' genovesi il 1459 mosse Giovanni con
un'armata considerevole dal porto di Genova; e se
molti Baroni, in tal torno, non gli si mostrarono favorevoli, moltissimi si pronunziarono apertamente per
lui, ed altri con segretezza l'aiutarono.

Cosenza ch'era allora, a dir del Bolani, la più popolosa e considerevole città di Calabria, comechè venisse
signoreggiata da un castello, che presidio aragonese con-
tenesse; e coll'opera sua non volesse concorrere ad
agevolare l'opera del Marchese di Cotrone, che, altra
volta operando a favore di Alfonso, fu tanto ostile alla
città; pure, guardando e considerando, che fosse meglio
deporre il suo livore contro il Centeglia, che sottoporsi
ad un Re, la cui tirannide si supponea fosse maggiore
di quella spiegata d'Alfonso, e per la perversità della
propria natura, e per l'odio di parte ch'essendo Duca
di Calabria avea più volte svelato, non fu l'ultima
ad insorgere; e capitanata d'Arturo Maza e suo figlio
Alfonso, nonchè di Giacobbe Quattromani, aprì le porte
a Cola Tosti, altro nostro concittadino, che già si era
posto alla testa d'innumerevoli calabresi, affidando a
costui ed a' militi di lui, la sorte de' Cosentini e de'
Casalesi loro confederati (1).

II.° Immensi furono le lotte di questo bravo Cosentino con Giacomo Galeoto, capitano degli Aragonesi, non
che tra Calabresi e le forze comandate d'Alfonso d'A-

---

(1) A torto il Pontano partiggiano di Ferdinando dice : il Tosto
*uomo del tutto ignoto ed oscuro* — Il Tosti non solo era conosciuto
da tutti per la sua bravura nell'armi; ma anche perchè membro
d'una delle più nobili ed illustri famiglie di Cosenza.

valos, che si combatterono su piani del Vallo, e nei colli vicini a Cosenza; nonchè tra Maida e Nicastro.

In questa campagna il favore della fortuna si decise sempre pel Tosti, che spesso tagliò a pezzi le forze nemiche, ed al capitano Aragonese Carlo Campobasso fe' mordeva miseramente la polvere; costringendo il d'Avalos a passare il fiume Savuto, venti miglia lontano dal campo d'azione.

All'annunzio della generale insurrezione e della morte del Campobasso, compagno al d'Avalos nel comando delle forze, Ferdinando meglio che riporre la sua difesa nelle mani de' suoi capitani, essendo gravissimo l'avvenimento, pensò di recarsi personalmente in Calabria; e venuto a Val di Crati, riuscì a far ritirare buona parte delle masse che gli si erano ribellate.

In tal rincontro, il nostro cosentino Cola Tosti si fortificò in Castiglione con ventimila calabresi, occupando quel castello di natura sua bastantemente forte per resistere a' primi assalti del Re; e poscia scendere a dare l'assalto al castello di Cosenza, che pel Re tenea.

Espugnato una volta Castiglione e posto a sacco, il Tosti con 25 commilitoni riuscì a salvarsi gittandosi giù dalle mura del castello nella campagna, donde trasse a raggiungere quelli tra' suoi, che sparpagliati, gironzavano per le vicine foreste della Selva Bruzia.

Preso, intanto, ed arso Castiglione, Re Ferdinando pensava che non potesse venire a capo della agognata resa di Cosenza e Casali, ovechè Cola Tosti non gli cadesse tra mani; ond'è che non potendolo raggiungere colle armi, il raggiunse colla frode; e però fattolo chiamare amichevolmente, sotto pretesto che gli dovesse confidar cosa di grande utile per la patria e per se, come gli si presentò, il fe ligare, e mandatolo in Napoli, il fè precipitarlo in una delle fosse del castello dell'Uovo (1). Con ciò intanto, non riuscì ad occupar Cosenza; ond'è che tratto a Martorano, di lì ri-

_____

(1) Il Pontano che difende Ferdinando a spada tratta, dice: che il Tosto perisse di saetta nello assalto dato da Ferdinando a Catanzaro. Ciò però è falso; mentre tutti gli Storici narrano quanto sopra asserimmo.

partì per Sessa, ove seppe, che Giovanni si trovava, e le cui armi avevano fatto indicibili progressi.

III.º Nell' anno che seguì, ossia nel 1461 continuando Cosenza ad ossequiare la bandiera di Giovanni d'Angiò, comechè il castello fosse presidiato da Catalani, comandati da Francesco Siscara, Roberto conte di Marsico accordatosi con Ferdinando, fu da costui insieme a Roberto Orsino delegato all'acquisto di Val di Crate e Cosenza.

Siccome la maggior parte delle terre, che stavano in questo Vallo, o al conte Capaccio, o a'Loria, o ad altri seguaci del partito Aragonese appartenevano, fu facile a'due Roberti, ricondurre i vassalli di quelle terre all'ubbidenza di Ferdinando.

Restava, sempre Cosenza, che difesa da settemila Cosentini e Casalesi, sotto il comando di Antonio De Caroleis, arrestava la loro marcia trionfale, ed ogni progetto minacciava di mandare a vuoto.

Per quest'ostacolo potentissimo, narra il Pontano, che l'esercito comandato da' due Roberti si accampasse prima sulle rive del Campagnano, staccando un drappello di cavalieri che dèsse l'avviso a Francesco Siscara, comandante il forte di Cosenza, ove da sette mesi era assediato, del giunto soccorso. La cavalleria temendo essere circondata da' Cosentini, occupò Castelfranco, allogando parte delle genti nel castello, e parte sotto le mura di esso, che a' soldati poteano servire di trinciera.

Più volte l'Orsini tentò delle sortite e fece delle ricognizioni per calcolare se potesse venire a giornata colle forze del Carolei; ma sempre ebbe a riflettere, che fosse impossibile tentarlo contro gente così agguerrita, senza validi rinforzi, che per altro Ferdinando facea sperare da più tempo.

Questi soccorsi arrivarono finalmente in su' principî di febbrajo, e furono di tremila fanti e settecento cavalli, guidati da Luca Sanseverino.

Con sì poderosi ajuti, rinforzato l'esercito, dopo un giorno di riposo, marciò per alla volta di Cosenza, ed accampossi al quartiere Rivocati, e propriamente nel luogo ove ogni anno si celebrava la Fiera della Maddalena. Quivi raccoltisi a consiglio i capitani, arringarono i soldati dicendo : « Che con tante forze « aveano meglio a sperare grandi prede da una cer- « ta vittoria ; che perdite per una impossibile scon- « Atta ».

finimandoli, quindi, all'impresa, decisero di occupar prima il monte ch'era ad occidente della Città, guardato d'Antonio de Carolei ; e poscia cacciarsi all' acquisto degli altri colli, donde sarebbero piombati in essa.

L'assalto, adunque, fu dato a quel monte con tale violenza, che la posizione sarebbe stata acquistata anche contro un numero tre volte maggiore, se coloro che la difendeano non fossero stati Cosentini, e perciò, decisi a morir mille volte, anzichè perdere colla posizione l'indipendenza e la libertà.

Più volte gli assalitori forzarono quella posizione, e più volte cacciati, i Cosentini ripreserla, togliendola e strappandola palmo a palmo alle genti del Re.

Era una lotta accanita, disperata, che sembrava non dovesse finire che col totale esterminio d'una delle due parti combattenti.

Disseminato di cadaveri era quel colle, ed il sangue de' feriti e degli uccisi a ruscelli sgorgava pe' greppi di esso.

L'eccidio delle genti di Ferdinando era tale, che cominciò a far palpitare Orsini—ed a fargli sospettare che la giornata non volesse finire con una completa disfatta delle armi Aragonesi.

Potendo disporre di poca altra fanteria, e volendo tentare un ultimo colpo, per la parte di Portapiana, ordinò: che assaltasse i Cosentini la cavalleria comandata da Luca Sanseverino. Comechè impraticabili fossero que' luoghi a'cavalli, con un ardire inconcepibile si lanciarono que' cavalieri sul dorso di quella collina; ed il loro furore misto a quello de'cavalli, di cui parte precipitava nel sottoposto vallone, e parte nel lasse portò tale momentanea sorpresa e sgomento in mezzo agli assaliti, rimasi estatici ad una scena così pittoresca, che, in men che se ne avvidero, furono circondati e sbaragliati.

Rimasto l' Orsini padrone del campo, affinchè i Cosentini non avessero tempo a riordinarsi e consigliarsi, mosse a bandiere spiegate verso il castello, donde Francesco Siscara era di già uscito co'suoi rompendo le barricate, abbandonate da' cittadini.

Raggiunto l'apice del colle, e la seconda importante posizione, narra il Pontano, che l' Orsini dicesse: la Città è vostra.

La città, comechè fosse cinta di barricate di siepi e di fossati, si vide col fatto in un momento circondata delle genti Aragonesi, delle quali chi prese a rompere un argine, e chi a superarne un' altro.

Stremati di militi i nostri; perchè la maggior parte della gente era uscita col Carolei, per buona pezza difesero i patrî lari lasciando la vita sulle barricate. Quando infine, non vi restarono uomini per combattere, ed ogni varco ed ogni breccia fu difesa sino all' ultimo anelito di vita, il nemico ebbro di rabbia e di vendetta si precipitò nella Città, e Cosenza da un capo all' altro fu occupata dall' invasore.

Narra il Pontano, e narrano altri storici, che la Città fu piena di grida di urli e di lamenti di uccisi ed uccisori, di donne e di fanciulli passati a fil di spada, dal frastuono delle macchine da guerra, dal rovinio delle cose smantellate.

Apertovisi un varco, la cavalleria volle ancor essa pigliar parte alla vittoria. Allora la confusione, il disordine, i clamori non ebbero più limiti. Non si distinsero più i vinti da' vincitori, i vivi da'morti, i feritori dai feriti. Copria Cosenza un nebbione di fumo, ed una densissima nuvola di polvere, che si sollevava dalle mura che crollavano, dalle case che si abbattevano, dalle barricate che si distruggeano e bruciavano.

In mezzo a questo uragano i padri vennero strappati a' figli e scannati — le mogli a' mariti, e disonestate — e straziate le vergini, violati i santuari ed i monasteri, coverte le vie di predoni uccisi da altri predoni, da militi uccisi da militi, da Aragonesi ed Angioini pesti e franti da' cavalli e dalle · mura cadenti.

I Cosentini di fuori ripigliatisi di quel primo sbalordimento, prendendo occasione da quel tramestio e da quel · tenebrore che cingeva la Città, alla spicciolata vi penetrarono, ed occupate le proprie case, ricominciarono di là a trarre sugli assalitori, macerie, massi, olio bollente, e quanto il genio delle distruzioni sapesse inventare,

Per più giorni la Città fu dannata al sacco; e per più giorni i Cosentini dalle loro case seminarono la morte e la strage nelle file de' predoni Aragonesi (1).

IV.° Presa a questo modo Cosenza con un danno di seicentomila scudi tra denaro gemme ed argenterie, secondo il Pontano, il Sambiasi, ed il segretario di Pio V, piacque a' capitani Aragonesi di lasciarla presidiata da Luca Sanseverino, e marciare per Oppido Bisignano ed altri paesi, che tuttavia aveano imitato il contegno di Cosenza.

Come seppe tanta rovina Giovanni Battista Grimaldi, Vicerè a nome di Giovanni d'Angiò in Calabria, corse nella nostra Provincia, e tosto ricuperò Scigliano, Martirano, Nicastro con tutte le terre che per forza aveano alzato bandiera di Alfonso. Però, sorpreso da un inverno rigidissimo, dovette sostare d'ogni ulteriore impresa, conducendo le proprie genti a svernare a Scigliano.

Nella prossima primavera il Genovese capitano cacciossi in Val di Crati, con divisamento di rapire non solo ad Alfonso quanto i due Roberti gli aveano acquistato in quel vallo; ma col fermo proposito di strappargli anche Cosenza, che il S. Severino con forte presidio guardava.

Il Marchese di Cotrone ed Alfonso Centeglia suo fratello, vollero essere compagni di lui in tale spedizione, a' quali si unì Nicola Caracciolo, Conte di Nicastro; accampandosi in una gran pianura divisa dal fiume Crati.

(1) Pontano Storia ec. lib. II.

A cosiffatti movimenti, il Duca Sanseverino fatto appello alle forze Aragonesi in Val di Crati, chiamò i Luzzesi, suoi fidelissimi, perchè si recassero a lui.

Per la difficoltà de' tempi, non potendo recarsi i Luzzesi per altra via in Cosenza, che per quella della Sila, caddero nella Selva detta Tavolaro in una imboscata terribile e non prevista; onde avvenne, che furono talmente macellati da' Cosentini e Casalesi, da non potere non solo non eseguire la campagna progettata; ma della cavalleria poca parte restò al S. Severino—e con ciò poco credito—ed in cambio gliene venne massimo sfinimento e sconforto.

Fu autore di questa imboscata il Grimaldi, che amicissimo com'era de' Casalesi, dispose le cose in modo con fossati ed alberi recisi, che venisse chiuso ogni sbocco alle genti del S. Severino, e quando volessero in dietro ritornare, trovassero tagliata la via, e da insuperabile barriera sormontata.

Riusciti a maraviglia gli ordini del Grimaldi; e però, gli Aragonesi incerti sul da farsi, e presaghi d'una certa morte, perduti d'animo e tagliati a pezzi dalle genti del Grimaldi, che dal vertice de' colli e poggi soprastanti, e dalla cima della barricata tiravano a distruggere uomini e cavalli, più volte, comechè sempre invano, dimandarono di rendersi.

Dice il Pontano: che pe' Cosentini fu questo piuttosto un giuoco, che un combattimento. Ritornavano da questa pugna i vincitori chi a piedi e chi a cavallo, tutti carichi d'armi e di bottino, in mille stravaganti fogge vestiti cogli abiti de' militi superati e vinti.

Questa marcia trionfale, che avea un non so che di terribile e di ridicolo fu fatta per tutti i Casali di Cosenza: spettacolo di terrore e di riso, per chi calcola sulla mutabilità delle umane sorti!..

Per questa vittoria Antonio Centeglia ed i capitani Angioni, postisi a dare la carica agli Aragonesi in sue borghi e castelli che ad essi tuttora ubbidivino, fecer que' popoli alla fede di Giovanni ritornare. Incostantissimo, però, qual'era il Centeglia, lasciò il campo del Grimaldi e mosse per Napoli; così che abbandonato

Battista da costui e d'Alfonso, si fortificò in Bisignano, donde macchinava per rendersi Signore dell'intero
distretto di Cosenza — di cui una parte favoriva **Fer-**
**dinando**, e l'altra il suo Sovrano **Giovanni!** E perciò,
reclutate nuove genti nel partito Angioino, e chiamati sotto l'armi quanti Cosentini la causa di Giovanni patrocinavano, dice il Pontano: che fece un san-
guinoso fatto d'armi, nel quale rimasero infiniti morti, e prigionieri d'ambo le parti.

Nel mentre che fuori Cosenza tanto si macchinava,
Giovanni Barrese, fratello del celebre Maso Barrese,
che comandava l'esercito nel Venosino, profittando
dell'assenza degli uomini d'armi del partito Angioino,
dal Grimaldi chiamati, tentò sommuovere la Città, e
porre a sterminio le case e le famiglie degli Angioini
coll'ajuto del Siscara, che teneasi nel Castello per Ferdinando. Il male ideato progetto, non potè essere
espletato; perchè Luigi Caselli, Roberto Preti, e **Rug-**
**giero Origlia**, che solo era Napoletano e capitano al
servizio del Grimaldi, tennero testa alle masse fratri-
cide: operando in modo, che le dispersero — e preso
e catturato il Barrese, il tagliarono a pezzi nella piazza del Sedile.

# LIBRO DECIMOSECONDO

—

## CAPITOLO PRIMO

I. Re Ferdinando spedisce Maso Barrese in Calabria — Il Grimaldi
organizza le bande del Laino del Foggia e dello Stabia, che pongo-
no il loro quartiere generale in Donnici — Guerra civile tra'Casali
di Cosenza divisi tra Giovanni e Ferdinando — II. Il Barrese in
Calabria — i Cosentini Caselli e Preti — III. Il Duca Alfonso figlio
di Ferdinando pone in Cosenza il suo quartiere generale — Privilegio del 25 settembre 1464 accordato, sua mercè, da Ferdinando
a' Cosentini — IV. Secondo Privilegio del 2 ottobre 1464 — V. Cosentini che favorirono le parti degli Aragonesi. (Anni 1462).

I.º Re Ferdinando conosciuto lo stato delle cose, anzichè tenere di vantaggio occupato Maso Barrese, gentiluomo Cosentino in Venosa, ordinò: che tosto questo capitano Aragonese movesse per Calabria ove, più
che in Puglia, gl'interessi dello Stato pericolavano. Ed
intantochè a reprimere colle armi il Grimaldi divi-
sava, non cessava di tentar pratiche col Marchese
di Cotrone, che dal Grimaldi il dividessero. Riuscirono finalmente le arti ed i raggiri di Ferdinando
a segregare l'imbecille ed incostantissimo Antonio
dagli Angioini; e per questa defezione, restato solo
il Grimaldi, previdente qual'era, si raccolse prima in
Bisignano, e poscia in Acri, dando incarico a Ruggiero Laino a Luigi Foggia di Cosenza e Nicola Stabia, capitani di ventura, di fortificarsi co'loro soldati in

7

Donnici, è di là correre addosso a tutti que'Casali di Cosenza, che più o meno agli Aragonesi aderissero.

E, però, si aprì di là una guerra di predoneria, di ladronecci, e di furti, nonchè di attentati alle persone ed alle sostanze degli abitanti de'Casali, sia che Angioino o Aragonese fosse, che di loro chi ebbe ove ricoverarsi abbandonò il loco natio, ed altrove cercò scampo alla vita ed a' proprî averi.

Non corse, gran tempo, e sia che questa vita brutale che menavano le genti del Laino del Foggia e dello Stabia non facessero più impressione sull'animo di quegli abitanti; o che il lucro che ne traeano l'incoraggisse e li spronasse ad imitarne l'esempio; o che imperiosità di bisogno ve l'astringesse, que'cittadini vollero venire a parte delle scorrerie de'militi del Grimaldi; di chè punti i Casalesi, che per gli Aragonesi teneano; tolsero a fare anch'essi altrettanto; ed in tal guisa, si aprì un periodo di stragi in quelle contrade, che del primo fu molto più crudele, per l'odio privato che, oltre il politico, agitava i paesi nemici tra loro.

E, però, due confederazioni tra'nostri Casali bentosto si formarono, l'una che tenea per gli Angioini, e l'altra per gli Aragonesi. Allora non fu più chi volesse emigrare; che anzi, chi emigrato era, ritornò in patria, e tutti presero le armi, sperando ciascuno la propria salvezza nella salute comune.

Di questi dì, videsi ora un Casale riversarsi interamente sur un altro; ed ora più di uno su parecchi, o difendersi collegati: ed ovunque uccisioni, rapine, sacco, fuoco, stragi e rovina.

L'eccidio degli Aragonesi prese tali proporzioni, che si stimò spedir rinforzi da Cosenza; e più tardi considerando, che quella guerra sarebbe finita collo sterminio di tutti i Casali, spiccaronsi quanti armati erano nella Città, per dar termine a quella lotta fratricida, ch'ispirava orrore per le nefandezze che si commettevano.

Cavalieri e fanti Aragonesi piombarono addosso ai Casali; e per tre giorni que'valli e que'burroni furono assordati dal fragore delle balestre, dalla esplosione dell'armi, dal rovinio delle case, e dal sibilio delle fiamme di paesi incendiati.

Non avvenne che dopo tanto esterminio, che i Casalesi avvedutisi, che non aveano a temer meno dagli amici che da'nemici, sia che di parte Angioina o Aragonese fossero, decisero di romperla una volta con queste faziosi; e collegatisi in un sol corpo, cominciarono contro degli Aragonesi ed Angioini tal guerra continua, implacabile, senza freno, che se il partito di Re Giovanni vi fe' pieno naufragio, quello di Re Ferdinando non potè dire d'essere uscito salvo dal pelago alla riva.

II.º Il Barrese, intanto, marciava per Calabria, e come riuscì ad impossessarsi di Bisignano, che gli si rese volontariamente, mosse per Acri, ove il Grimaldi coi suoi s'era fortificato.

Narra il Pontano: « che ristorate le genti per la fatica del viaggio, andò ad accamparsi ad Acri, a cui diede un gagliardo assalto con morte, e spargimento di sangue così de'suoi come de'terrieri. Perciocchè, questi come combattevano per la salvezza della vita loro, di quella delle mogli, e de'figliuoli, della pubblica libertà, non erano spaventati da morte; e quelli tratti da desiderio di preda, dalla vittoria, e dall'onore non volevano pure un passo tornarsi addietro. Quivi con vario contendimento e dubbiosa speranza di vittoria fu dal nascere fino al morir del sole combattuto crudelissimamente.

Ma avendo la battaglia la notte divisa, veggendo Maso i suoi stanchi e feriti gravemente, senza che dovesse ritirarsi a Bisignano, e avesse a condurli nel buio della notte per balzi e dirupi, difficili massimamente a cavalli, deliberò di fermarsi ivi infino al nuovo giorno. E ristretto ch'egli ebbe l'esercito in fortissimo luogo, se ne stiè senza cena sollecito in dispensar tutta la notte or visitando feriti, e quando confortando i sani a non disperar della futura vittoria; però con gran tema che i nemici unendosi co' popoli vicini vassalli del Marzano, non ne gissero a dargli sopra. Ma, uscendo l'alba, lasciando egli in

quel luogo i soldati, che traevano, e conducendo gli
altri feriti a cavallo di mezzo l' esercito, si ritirò con
acconcia maniera a Bisignano , non molto discosto di
Acri. Intorno a que'giorni, ritrovandosi Ottaviano Mon-
teflorio, capitano di Maso, con le sue genti alloggiato
in certa villa vicina a Rende, fu di notte tempo im-
provisamente assaltato da' fuorisciti Cosentini , i quali
avevano inteso ciò per ispia , e vinto in guisa che a
gran pena potè scampar via con pochi suoi. Maso in
questo mezzo essendo ributtato da Acri , il quale più
volte aveva cinto di assedio, diffidato di poterlo più
ottenere , finalmente dopo molto pensarvi sù , trovò
un certo detto Melano fuoruscito di quel luogo , ed
un' altro Bianchino, soldato vecchio e di esperienza, i
quali promisero di entrar di notte nella città, ed ispiar
con diligenza e secretezza tutti gli andamenti di Battista , e de' suoi soldati. Il che avendo essi fatto, e
Maso avuta piena contezza di quanto desiderava ,
ristretto un buon numero de' suoi, che guernì di
diverse armi, ordinò: che valicando essi il fiume nel
primo sonno ingannassero le guardie , e superato il
monte, ov'erano le prime sentinelle de' terrazzani ,
quelle uccidessero, ed occupassero il passo, fra tanto
che egli nel piano si fosse appresentato in battaglia
col rimanente dell' esercito. Siede Acri nella cima
d' un monte accerchiato da poca muraglia , ma quasi
tutto cinto da fossi e da rupi. Ha discosto forse
due miglia il fiume Cotile, dal cui guado si sale ma-
legevolmente per la schiena d' un monte insino alla
terra. A questo soleva Battista ogni notte far vigila-
re le guardie , onde prendervi chiunque passava, per
far a lui noto quanti fossero. Coloro, adunque, var-
cato il fiume senza difficoltà , perchè sguernito di
genti , per dappocaggine di chi aveva quel carico , e
pervenuti con Bianchino , e Melano alla guardia del
monte, vi uccisero chetamente tutti quelli, che v' erano dormendo. Appressati alla terra , ed inteso Maso
trovarsi al piano con le genti, diedero subito il segno:
e trapassati con violenza i fossi mentre quei di dentro
erano indolenziti dal sonno, e preso nel primo ingresso

Gatto, capo di squadra, a cui era stata commessa la guardia in quella notte, disarmato e non ancora ben desto ; e poi avendo con essi gli archibugieri, e i balestrieri con altri armati ; chiusero tutte le strade, e corsero furiosamente alla piazza : dove essendo comparsi unitamente i cittadini co' loro soldati, si attaccò una grandissima scaramuccia.

Maso, intanto, aveva dato un terribile assalto alla porta : ma n' era stato respinto. E rinforzando arditamente gli assalti, finalmente passò dentro con notabil danno e mortalità de' cittadini, e de' soldati di Battista. Il quale sgomentato per il repentino accidente, si ritirò con pochi verso l' alto del Castelvecchio. E dopo aver sostenuto gagliardamente per buona pezza l' incontro, in ultimo, veggendosi superato, e quasi cinto da tutti i lati da'nemici, si diede mostrando le spalle, a fuggire per monti scoscesi e precipitosi : donde ebbe agio, mercè della buia notte, di ridursi a Longobucco, celebre prima, per le vene de' metalli, con pochi suoi famigliari. Preso a questa guisa Acri, e saccheggiato con miserabile uccision de' cittadini, vi fu tra gli altri con disusato e non più udìto modo di supplicio segato vivo per mezzo Nicolò Clancioffo di ordine di Maso. Ivi ad alcuni dì condottosi egli a Cosenza, assaltò Simmari alla sprovvista. Ma fallitogli il disegno, procurò di occuparlo per altra via. È messo questo Castello in alto. Però trovandosi men custodito da quel lato, che le rupi defendevano, appoggiatevi le scale, l' ottenne senza veruna fatica, entrandovi egli dall'altra banda con tutto l' esercito con morte di molti de'terrazzani ».

Acri, adunque, cadde a tradimento, e la Città fu posta a sacco. Di là cacciossi a Turremora, che gli si arrese, ed ito a S. Giorgio, fe' precipitare da'merli di quel castello Ruggiero Origlia cavaliere Napoletano, e Roberto Preti, e Luigi Caselli, nobili Cosentini, che nella piazza di Cosenza erano, per odio di parte, concorsi all'uccisione di Giovanni Barrese, suo fratello, non meno spavaldo di lui e meno agli Angioini funesto.

Le vittorie di questo feroce capitano Calabrese non

furono arrestate che a S. Fili , ove appena riuscì a
salvarsi con dieci de' suoi ; e la sua sconfitta sollevò
tanto il partito Angioino, che, ove i Baroni ch' erano
all' esercito, non si fossero tra loro ammutinati, tutta
la provincia avrebbe potuto ritornare alla divozione
di Re Giovanni. L' università di Cosenza intanto l' 11
del mese di ottobre del 1461 si rivolse al Barrese ed
al Duca di S. Marco , ed otteneva le seguenti grazie.

« 1. Confirmatio Gabellarum.

« 2. Immunitas Civitatis a functionibus fiscalibus per
« decem annos.

« 3. Confirmatio omnium privilegiorum, capitolorum
« et gratiarum Civitatis.

« 4. Quod Locumtenens, Assessor et Magistri acto-
« rum locumtenentis non sint de provintia.

« 5. Quod dicti officiales et magistri actorum non
« sint nisi per annum , et per infra decennium non
« possint habere idem offitium.

« 6. Quod prefati officiali stent sindicatui finito of-
« ficio secundum constitutiones et capitula regni ac ius
« civile.

« 7. Quod per magistrus actorum pro uno delicto
« non dentur plura capitula.

« 8. Quod simel bannitus pro cadem causa non pos-
« sit iterum bannari iuxta jus civile et constitutione
« regni.

« 9. De jure exactionis pro magistro actorum pro
« causa actorum.

« 10. Quod avocatus et procurator fiscalis non sint
« de Civitate Cosentie.

« 11. Quod Judei gaudeant eisdem gratiis et privi-
« legis quibus gaudent cives.

« 12. Confirmatio Magnifici Gregorij Campitelli in
« officio locumtenentis dicte civitatis.

« 13. Quod per officiales non possint aliquis com-
« poni nisi prius parte satisfacta de debito , vel data
« cautione de satisfacendo.

« 14. Quod carcerati pro debito fiscali nihil solvant
« pro carcere.

« Capituli supplicationi e gratie che pete l' Univer-

« sità et homini de la Città di Cosenza al Duca di S.
« Marco, Generale Locotenente della Provincia di Ca-
« labria Messer Francisco Siscar ; Vicerè et Messer
« Masi Barrese , Generale Gubernatore , et capitanco
« de la Gente d' arme di detta Provintia.

« Datum in regio Castro Civitatis Cosentie die 11
« mensis Octobri , decime indictionis, Millesimo qua-
« dragintesimo sexagesimo primo — Dux Sancti Marci
« manu propria — Franciscus de Siscar — Masi Bar-
« rese ».

Istrutto di tanto Re Ferdinando, spedì tosto, il Duca di
Calabria, a quattordici anni, nella nostra regione, perchè sotto la tutela del Sanseverino operasse, e la causa
perduta , ristorasse nella Provincia.

Ancorchè giovanissimo, grandi e belle imprese menò
a compimento Alfonso in Val di Crati ed in Terra Giordana in questo tempo.

In tal torno , essendo Cosenza Città di Regio demanio, fissovvi egli la propria dimora; perchè temea, che
i Cosentini alla prima occasione favorevole, volessero
disertare la causa Aragonese , che certo, non per volontà; ma per forza avean dovuto seguire.

Egli nelle viste di fare i Cosentini amici alle proprie
ragioni, il 25 settembre 1464 spinse Messer Bernardo
Cicala a Ferdinando suo padre per la conferma di tutti
i Decreti Grazie e Capitoli , che Cosenza e Casali in
altra epoca aveano ottenuto.

« 1. De restitutione honoris et fame.

« 2. De confirmatione privilegiorum et capitolorum.

« 3. Quod per nova capitula non prejudicetur pri-
« mis.

« 4. Quod per inadvertentiam non derogetur capi-
« tulis.

« 5. Di confirmatione et concessione gabellarum Uni-
« versitatis.

« 6. Quod locum tenens e assessor non possint esse
« de provintia, et quod non sint nisi per annum nec
« reddere nisi elapso decennio.

« 7. Quod officiales in ingressu debeant jurare ob-
« servare privilegia.

« 8. Quod offitiales stent personaliter finito anno ad
« sindacatum.

« 9. Quod officiales non possint per substitutum ser-
« vire, neque possint esse de Casalibus et Cosentia, et
« qui contraxerunt parentelam vel habent uxorem, et
« possessionem.

«. 10. Quod penitentia admictatur in omnibus curijs,
« et solvatur ius cassature sicut in curia locumte-
« nentis.

« 11. Quod non solvatur pro citatione testium, pre-
« sentatione instrumentorum, et petitionemn aliquid.

« 12. Quod Capitula et Ritus serventur in omnibus
« curijs sicut in curia locumtenentis.

« 13. Quod libere possit in salinis ire et condu-
« ci salem.

« 14. Quod mercatores cives et advene gaudent pro
« ut gaudebant super fundaco.

« 15. Quod Magister Juratus et sindaci Civitatis eli-
« gantur per cives in loco solito.

« 16. Quod si quis impetraret literas pro Magistro
« jurato, possit ad offitia, et possit accusari a qualibet
« de populo.

« 17. Quod Magister Juratus Locumtenes par est
« electus debent observare Capitula.

« 18. Quod sine accusatione non possit procedi
« etc.

« 19. Quod sine contradictione curie possit tolli ga-
« bella grasse.

« 20. Quod per banna offitialium non possit capitu-
« lis et privilegis derogari.

« 21. Quod nullus invitus possit iuberi ad ducendum
« literas conficendum cubilia et alia.

« 22. Quod per offitiales aliquid non possit innova-
« ri absque mandato regio.

« 23. Quod in mense Augusti Cives et Casaleni non
« possint ad curiam vocari.

« 24. Quod rotulus ad soctile intelligatur pro un-
« tijs triginta tribus et terction.

« 25. In eo petitur confirmatio capitolorum conces-
« sorum per certus dominus.

« 26. De Franchitijs annorum decem.

« 27. Quod per presentationem capitulorum nihil
« solvatur.

« 28. Quod iudei gaudeant eorum privilegijs et
« alijs Civitatis.

« 29. Petitur quod qui solvunt ratam pagamentorum
« pro alijs non possint detineri.

« 30. Quod diminuatur untia pro qualibet bajula-
« tione Casalium,

« 31. De confirmatione privilegiorum Paterni et Di-
« piniani.

« 32. De confirmatione privilegiorum Tessani.

« 33. Quod confirmantur Gregorius de Campitello
« pro locumtenente.

« 34. Quod pro qualibet vocatura citationis, non
« solvatur nisi granum unum.

« 35. Quod non solvatur gabella sete de massaria,
« petitur in dicto Capitulo.

« 36. Pro bonis de domo de lo Connistabulo et
« aliorum.

« 37. Quod relaxaretur untia bajulationi Lappani.

« 38. Quod bajulatio Pedatij reduceretur in solutio-
« ne collectarum in pristinum.

« 39. Quod in uno anno per unum non possint duo
« offitia excerceri.

« 40. Quod carcerati profiscalibus nil solvant, nec
« non de quacunque jure carceris.

« 41. Quod libere possint ubiq: animalia fidari.

« 42. Quod de primis causis nullus nisi locumte-
« nens cognoscat.

« 43. Quod Mercatores Cives essent exempti a solu-
« tione certe gabelle.

« 44. Quod servaretur constitutio Regni cumunitate.

« 45. Pro commissarijs et corum salario.

« 46. Pro confirmatione provisionis Notarij Rogerij
« Tosti.

« 47. Pro fundaco.

« 48. Quod pro iniurijs non decetur Capitala nisi
« nolentibus.

« 49. Quod de denuntijs que non procedunt non
« solvatur cassatura.

« 50. Quod in denutijs de penurio debiti, accusa-
« tores incidant in penam talionis non probantes.

« 51. Quod de Gratijs et Capitulis expediuntur pri-
« vilegium.

« Continens quinquaginta Capitula , et decretatio-
« nes.

« Datum in nostris felicibus Castris prope Sangrum
« fluvium prope pagletam per spectabilem et magnifi-
« cum virum Honoratum Gaetanum—Fundorum Comi-
« tem—logothetam et prothonotarium hujus regni—col-
« lateralem Consiliarum et fidelium nostrum philium
« dilectum — Die vigesimo quinto 25 mensis settem-
« bris anno millesimo quadragintesimo sexagesimo
« quarto 1464—regnorum nostrorum anno septimo—
« Rex Ferdinandus — Petrus Garlon N. De Montibus
« locumtenens Magni Camerarij. Dominus Rex man-
« davit mihi Antonello de Petrutijs: Registrata in can-
« cellaria penes Cancellariam Registro X ».

Lo stesso Alfonso il 2 ottobre 1467 fece ottenere alla
Città i seguenti Capitoli e Privilegî.

« 1. Quod Alfonsus Maza privaretur baiulatione
« Civitatis Cosentie.

« 2. Quod qui consenserunt ribellioni Civitatis ca-
« rerent in ea officio et benefitio.

« 3. Quod Jeronimus Quatuormanus privaretur scan-
« nagio actenta rebellione.

« 4. Quod D. Jo. Antonius Moranus de Catanzario
« non esset auditor actento essere de provintia.

« 5. Quod in Foro Paterni exigeretur Gabella mal-
« denarij Civitatis Cosentie.

« 6. Quod non possit derogari privilegijs Civitatis.

« 7. Quod observaretur dicta capitula, et de super
« expediretur privilegium.

« Capituli supplicationi et gratie le quali pete lo
« spectabile Messer Bernardo Cicala de Cosenza , sin-
« dico sindicario nome, et pro parte de la Università
« et homini de la Città de Cosenza alla Majestà del

« signor Re Don Ferrando, alli piedi de la quale essa
« Università et homini se raccomandano.

« Expedita fuerunt suprascripta Capitula Civitatis
« Averse. Die secundo Octobris Millesimo Quadrin-
« gentesimo Sexagesimo Septimo. Rex Ferdinandus,
« per egregium Sebastianum pro P. Carlon. In t. XXI.
« Dominus Rex mandavit mihi Antonello de Petrutijs ».

Lo stesso Alfonso il 18 febbraio del 1470 fe' chiedere al Padre dall'Università: *la Conferma della gabella della grascia—e che gli uffiziali del governo e gl'impiegati non fossero della provincia.*

IV.° Il 1° maggio del 1472 Jacopo Cicala, sindaco
della Città; recatosi in Sarno, ov'era Ferdinando—ottenne: *Che l'Università conseguisse per qualunque somma
dilazione dal Regio tesoriere—Che niuno venisse esentato dal pagare le gabelle del Maldenaro.*

V.° Da questo privilegio appare, che lo spirito di
parte non si era tuttavia calmato nella nostra Città.
L'ire cittadine vi ferveano tuttavia; ed ora che Ferdinando, parea, che propendesse nel Regno, non permet-
teasi, che gli Angioini non avessero risentito il danno
che suole provenire ai partiti vinti, andando esente dalla
gabella del Maldenaro.

Nella politica di Ferdinando dominava il principio
di far ogni opera, perchè gli spiriti si calmassero, e
le fazioni finissero, anzichè maggiormente si esagitas-
sero; perchè credea, che avesse più bisogno d'amici,
che potesse attirarsi, perdonando, che di nemici.

Favorivano il suo partito in Cosenza, oltre i nominati, Andrea e Ruggiero Parisio, segretario il primo
del Re; e l'uno e l'altro decorati di cariche luminose
nella nostra Città, e più volte deputati da' Cosentini
al Re.

— Giovanni Schinosi—famigliare e consigliere del Re.

— Barnaba Abenante investito da Ferdinando I del
feudo di Calopezzati, per rinunzia di Girolamo Sanseverino—Egli morì in Corigliano; ed il suo sepolcro vedesi nella Chiesa di S. Francesco d'Assisi.

— Angiolo Barracco—figlio di Giovanni, insigne giureconsulto—e amatissimo dal Sovrano.

— Panfilo Molli, versatissimo nella Giurisprudenza—
Cattedratico in Napoli — e dal Re spedito come auditore presso il genero Giov. Battista d'Aragona di Marzano, ch'era Principe di Rossano, e Conte di Montalto ed altre terre.

— Luigi Serra espertissimo, secondo il Sambiasi, nel
diritto romano, e nelle patrie leggi : scrittore di un
comento sulla famosa legge *Gallus* Dig. De liber et
post.

— Niccolò Migliarese, suo capitano in Napoli e Capua, e nel nel 1491 luogotenente generale—Ruggiero
Tosti figlio di Cola, che per essersi dato agli Aragonesi, ebbe otto once annue per sè e suoi eredi sulla
cassa frumentaria della Sila in Calabria.

— Francesco Gaeta figlio di Carlo Gaeta.

— Gennaro d'Oria capitano d'armi del Re.

— Goffredo Gaeta, Vescovo di Squillaci, che scrisse
contro gli eretici di que' tempi fino al 1480.

— Bernardino Ferrari Epaminonda, che nel 1487
successe al Vescovo Giovanni in Bisignano. Raimondo
Gaeta, Mastro razionale delle galee del Re (1).

Oltre a' citati, aristocratici e popolani ed onorati,
erano tutti nemici di Re Ferdinando. Questi per mezzo del duca Alfonso, suo figlio, fe' conceder grazie a
tutti ; e quando quelli del suo partito chiedeangli che
fulminasse l'interdetto d'ogni dritto politico a coloro
che aveano preso parte alla ribellione contro di lui,
rispondea come vediamo nel privilegio ; *Exprimatur
rebbelles et respondetur,*

Veramente, questa pratica gli riuscì di gran giovamento ; perchè se in tutto non valse a racchetare gli
spiriti di parte, in gran parte, quel furore che l'agitava fu smorzato.

(1) Vedi pertutti questi fautori del partito Aragonese Diplomi
originali — Fiore Calabria illustrata — Sambiase — Marmo della
Chiesa di S. Pietro Martire in Napoli; Ughellio It. Sac.

# CAPITOLO SECONDO

I.° La guerra volgeva, intanto, al suo termine, e la
resa del castello di S. Agata rilasciato a Ferdinando,
per ordine di Giovanni d'Angiò da Marsiglia , finì di
chiuderla. In tal vicenda, il 22 novembre 1472 il Duca
di Calabria aspirando a migliorare ·l' amministrazione
della nostra città , alla quale si era oramai affezionato, come ad una seconda Capitale, dispose: che si adottassero diversi capitoli ed ordinazioni  con le 'quali si
dovea regolare e governare la Città, che furono i seguenti :

« 1. De modo tenendo in  parlamento  generali fa-
« ciendo.

« 2. Quod in sesto Sante Marie mensis Augusti fiat
« parlamentum generale.

« 3. Quod electi numero 50 faciant Sindicos.

« 4. Quod in dicto numero interveniant doctores.

« 5. Quod dicti electi possint omnia facere.

« 6. Quod electi, Sindici, Magistri—Juratus et As-
« sessores  infra  triennium non possint  eodem officio
« exercere.

« 7. Modus servandus in parlamento , et etiam cir-
« ca surrogandos.

« 8. Quod administratores  offitiorum possint cum-
« potum facere.

« 9. Quod assisitores non  dent  assisiam nisi per-
« missium.

« 10. Quod gabelle non vendantur , nisi  prius in-
« cantentur.

« 11. Quod emptores gabellarum debeant se obligare etc.

« 12. Quod fiat executio contra gabellarios.

« 13. Quod Magister Iuratus sindicetur.

« 14. Quod Magister Iuratus habeat tres assistentes.

« 15. De hominibus deputatis ad guardiam Civitatis.

« 16. Quod Magister Juratus non cognoscat de causis Criminalibus.

« 17. Quod observantur ordinationes Don Herrici.

« 18. Quod observetur pragmatica circa creationem « Sindicorum.

« 19. Quod non servantes dicta capitula puniantur.

« Capituli et ordinationi con li quali la università, « et homini de la Città de Cosenza serberà in futu- « rum ad regere et gubernare sotto lo felice Domi- « nio de la Maestà del signor Re, et de li suoi heredi « et successori ; facti, concessi ordinati et pubblicati « per l' illustrissimo signor Don Alfonso de Aragona , « Duca de Calabria, Regio primogenito et Vicario Ge- « nerale per parte de la Majestà prefata , per bono « equito vivere loro.

« Expedita et concessa fuerunt presentia capitula « in Regio castello paterno Civitatis Cosentie, de ordi- « natione prefati Domini Ducis, per me Antonium Gar- « lon secretarium suum , alta et intelligibili voce pu- « blicata, presentibus pluribus civibus ipsius civitatis, « in numero copioso in castro prefato , Die. xxjj no- « vembris 1472. Datum in Regio paterno castello civi- « tatis Cosentie Die xxjj novembris 1472. Regnorum « vero Regiorum paternorum anno 15 Alfonsus Pe- « trus—Trottus Auditor vidit. Trojanus de Battinis, vi- « dit—Paulus Paduanus — Thomas de Parisio V. I. II. « vidit dominus Dux mandavit mihi Antonio Garlon— « In communi 5. Registrata ».

II.° Malgrado il cennato regolamento , il cui spi- rito , come si vede , era tutto volto a conciliar i partiti , e porvi l' ordine e l' armonia , osservavasi continuamente , che ogni picciolo danno che si sof- frisse , venia elevato a misfatto , ove colui che lo inferisse a contrario partito appartenesse ; e che per semplici denonzie i magistrati, spesso più partiggiani dello stesso denunciante, correano a misure di rigore affatto sproporzionate — che i partigiani del Re in pregiudizio di chi non l'era, faceano de' prati riservati ne' terreni comunali, e delle difese nella Sila — che gl'impiegati della Camera esigeano al di là del dovere, — che soventi volte condannavano i Casalesi, antichi nemici di Ferdinando, senza citarli in giudizio ed udirne le discolpe — E però, il 23 gennaio 1473 Alfonso ordinava:

« 1. De dannis datis non procedatur criminaliter sed « civiliter.

« 2. Quod de dictis damnis non recipiantur denun-« tiationes.

« 3. Quod non introducantur denuntiationes de ver-« bibus injuriosis, et de periurio debiti nisi civiliter.

« 4 Quod pro pluribus injurijs non fiat nisi una « denuntiatio.

« 5. Quod minores et filii fam. non admictantur ad « causandum.

« 6. Quod incidentes in penam pecuniariam non car-« cerentur.

« 7. Quod citati processuri in causa non condem-« nentur.

« 8. Quod semel hominibus procedent causa iterum « non banniatur.

« 9. Quod Casaleni non accusentur de danno dato.

« 10. Quod in Sila Cosentie non sint defense.

« 11. Quod animalia non capta in danno et ser-« vetur constitutio regni nisi consuetudo aliter se « habeat.

« 12. Quod pro uno danno non citentur omnes pa-« stores.

« 13. Non recipiantur denuntiationes a collectori-« bus etc.

« 14. Quod magistri camere et actorum non exigant « certa jura.

« 15. Quod non vendantur pignora nisi certo modo.

« 16. Quod magistri camere et actorum sindicentur.

« 17. Quod baiuli sindicentur.

« 18. Quod in sindicatu officialium intimentur ca-
« saleni.

« 19. Quod nihil recipiant pro jure apodix.

« 20. Quod non solvatur carnagium castellano.

« 21. Quod non exigatur pro jure exminationis
« nisi etc.

« 22. De Solutione carceris.

« 23. De solutione presentationibus capitolorum.

« 24. Quod observentur capitula sub pena etc.

« Datum in Regio Paterno Castello Civitatis Cotro-
« ni. Die XX. III. Januarii 1473 Regnorum Domini
« Regis anno X. VI. Alfonsus Petrus, Trotta Auditor
« vidit. Trajanus de Battinis de Trano vidit. Domi-
« nus Dux mandavit mihi Antonio Garlon.—Registrata
« in comuni VI. »

Dopo quattro mesi lo stesso Alfonso sempre intendo alle migliorie politiche civili e commerciali del nostro paese dispone:

« 1. Recomendatione alla Maesta del serenissimo
« Re Ferrante.

« 2. De impetrare gratia deh ducati 200 nuova-
« mente imposti per sua Maesta.

« 3. De non renovarse certe gabelle nuovamente al
« fundaco.

c 4. De posterse mettere gabelle per li pagamenti
« fiscali.

« 5. De non farse certe molina per Joacomo Loza.

« 6. Che li Iudei non possono domandare più che
« cinque tornesi per ducato.

« 7. Che quelli de li casali paghino dove habitano.

« 8. Se supplica si degnino sale bonificare.

« 9. Che li Sindaci possono comparere alla Maiesta
« del re ultra li instructioni.

« 10. Che lo Mastre jurato tenga nella fera Mastro
« datti idoneo.

« 11. De non cacciarse grano della provintia de Ca-
« labria.

« 12. Che li Citatini paghino lo mal denaro come
« li forestieri.

« Memoriale dato al magnifico Jacopo di Tarsia et

« al nobile Paulo de Francia Sindaci, ordinati per la
« Università et homini de la Cità de Cosenza de quello
« haveranno da supplicare alla Maestà del signor Re.

« Expedita fuerunt presentia capitula in castello
« Nuovo civitatis Neapolis. Die vigesimo primo Men-
« sis Maij Millesimo Quadringentesimo Septuagesimo
« tertio, 1473. Rex Ferdinandus—Pascatius Garlon N.
« A. Montibus locum tenens M. C. A. Segretarius in
« comunis primo ».

IV.º Tante grazie concesse a Cosènza e Casali sarebbero in contraddizione colla politica seguita dai
Cosentini nellé passate guerre, se non si sapesse, che
per quanto era vivo in Fernando il desiderio di reprimere la potestà Baronale, tanto era fervido quello
di gratificar le città di Regio Demanio, ch' ai Baroni
non ubbidissero.

Verso i Baroni ed i Feudatari non credea diffondere le sue grazie; perchè una vecchia esperienza gli
avea fatto ravvisare in essi de' cortigiani fraudolosi,
quando, in quest'ultime Città, se vedea de' nemici, co-
nosceavi anche un partito, che la sua causa caldeggia-
va; e in partigiani suoi e non partigiani l'odio contro i Feudatari, comune l'abborrimento a' Baroni—ed
a quanti Ottimati esercitassero poteri ed influenze
nello Stato.

Particolarmente su quest' ultimo articolo i Cosentini
si distingueano tanto, che s'egli prese a stimarli, causa ne fu questa natura de' nostri Avi, ch' era in perfetta armonia co' principî, che informavano la politica sua.

Non diversa opinione de' Cosentini aveasi formato
Alfonso, il quale dacchè dimorò tra nostri, l'indole libera ed indipendente ne conobbe, ne protesse i privilegi, e l' immegliamento civico e politico ne cercò.

Costante in questo assunto; e ritornato in Cosenza
dopo una lunga peregrinazione per Calabria, il 25 dicembre 1475 ordinò:

« 1. Quod electi sint xxiiij et non plures.

« 2. Quod dicti electi debeant intervenire in con-
« solio.

« 3. 'Quod semel electi non elegantur infra termi-
« num etc.

« 4. Quomodo creantur sindaci et in sindicatoribus
« est unus de populo.

« 5. Quod pecunie gabellarum convertantur in fun-
« ctionibus fiscalibus.

« 6. Quod collectores solvant residua de proprio.

« 7. Quod pecunie fiscales collegantur per curie, et
« collectores solvant residua de suo , si fuerunt ne-
« gligentes. ·

« 8. Quod Cives non compellantur ad servitia cu-
« rie nisi etc.

« 9. Quomodo debeant significari sindici, et alij ad-
« ministratores Civitatis.

« 10. Quod assisiores non participent in gabellis.

« 11. Quod assisiores non ponant assisiam nisi etc.

« 12. Quod non fiant cives nisi steterint etc.

« 13. Quod in absolutione administratorum interve-
« niet etc.

« 14. Quod denuntiatores dannorum non probantes
« puniantur pena talionis.

« 15. Contra occupatores publici, et immictentis im-
« munditias et flerraturas in stratis.

« Datum in Regia paterna Civitate Consentie — 25
« Mensis decembris anno 1475. Regnorum Regioni
« anno decimo octavo—Alfonsus Troyanus auditor.—Vi-
« dit—Dominus Dux mandavit me Antonio Garlon ».

V.º Restrinse Alfonso il numero de' Consiglieri ,
perchè la deficienza degli eligibili non permettea che si
completasse quello da' regolamenti designato.

Ciò prova che in grande decadimento fosse il censo
de' cittadini in questi tempi , e che le passate guerre
positivamente avesser mietuto gran parte della popolazione della Città , che a' tempi di Luigi III diceasi
la più vasta e popolosa delle Calabrie.

Gli è vero, che la dimora degli eredi del trono nel
suo seno le avea nuovamente infusa quella vita, che,
senza questa fausta vicenda , si sarebbe totalmente
spenta; ma i disastri sofferti erano incalcolabili, perchè e la popolazione e le sostanze di essa si fossero

potute pienamente rifare colla presenza del Principe ereditario.

Alfonso studiosissimo di farne rifiorire il commercio e l' industria l' 11 ottobre 1476 dispose :

« ·1. De alcuni che pretendono essere franchi del « Maldenaro.

« 2. Che li Giudei piglino li pegni come se usa in « Napoli.

« 3. Che li Giudei paghino allo accrescimento de li « pagamenti.

« 4. Che lo Mastro jurato possa conoscere de qual-« sivoglia persona et causa.

« Capituli et gratie che se aveno ad supplicare per « lo Magnifico Messer Pietro Cicala de Cosentia no-·« mine et proparte ditte universitatis.

« Expedita fuerunt presentia capitula in civitate « Averse, Undecimo Octobris Millesimo, quadringente-« simo septuagesimo sexto—Rex Ferdinandus—Egidius « Sadorius—pro primo Garlon. A. Secretarius. S. To-« zulus Vice pronotarius. In co: xvjjjj ».

VI.° Il 4 ottobre dello stesso anno lo stesso consiglio de' Ventiquattro spediva Piero Cicala al Re con mandato di pregare il Re come appresso :

« 1. Che tutti citatini et habitanti paghino il mal « denaro.

« 2. Che lo Trombetta non possa exigere pagamen-« to de chiamata de citatione da li homini di Cosenza.

« 3. Che si proceda in li danni dati in tutti li Ca-« sali, come in le baglive de Paterno, Tessano, et Gau-« rano.

« 4. Modo da servarse per li Jodei in lo vendere de « li pigni in capo lo anno.

« 5. Che tutti officiali maiori , et minori observino « li presenti capituli.

« Gratie et supplicationi quali fa et adomanda la « università et homini de la Città di Cosenza alla se-« renissima et inclita Majestà del signor Re Ferrando « Re de Sicilia Hierusalem Ungaria etc.

« Expedita fuerunt presentia Capitula in Castro Novo

« Neapolis. Die quarto Octobris Millesimo quadringen-
« tesimo septuagesimo septimo — Rex Ferdinandus.
« Egidius Sadorius—pro primo Garlon A. Segretarius
« Paduanus ».

VII.° La miseria che si sentiva in Cosenza non era
però maggiore delle altre Città di Val di Crati. Ciò
per altro , proveniva in gran parte per la mancanza
de' lavoratori , buona parte de' quali era andata distrutta nelle passate guerre.

Per riparare alla deficienza de' generi di prima necessità , il Principe di Bisignano ordinò , che non si
potessero esportare generi oltre i confini del proprio
Stato.

Questa disposizione era fatalissima alla nostra Città ; perchè il territorio del Principe, stimato pel gra-
najo della Provincia , chiuso al commercio di questa,
poteva affamare Cosenza. E perciò , il 24 settembre
1477 i Cosentini procuraronsi da Re Ferdinando la seguente ordinanza :

« Quod per Principem et Principessam Bisiniani et
« alios Barones, non possint fieri veta et proibitiones
« pro extrahendis victualiis , terragijs et pedatieis ab
« eorum terris, pro uso civium Civitatis Cosentie et
« Casalium.

« Datum in Castello Nostro Novo Civitatis Neapolis
« per Magnificum et clarum virum V. I. II. Militem
« Lucam Tozulum , Romanum locumtenentem specta-
« bilis et Magnifici viri Honorati de Aragonia Caye-
« tani Fundorum Comitis etc. Die vigesimo quarto
« mensis Septembris, undecimo indictionis. Anno a na-
« tivitate Domini Nostri Jesu Cristi Millesimo qua-
« trigentesimo septuagesimo septimo. Regnorum vero
« nostrorum anno vigesimo—Rex Ferdinandus P. Gar-
« lon vidit. Dominus Rex mandavit mihi Antonello de
« Petrutijs, solvat tarenos duos. Troianus de Battinis
« vidit Registrata in Cancelleria penes Cancellarium
« in Registro iustiter XXX ».

Il Principe di Bisignano forzato a non potere impedire l'estrazione de' generi del suo feudo, s'incaprie-

ciò a non voler pagare la gabella del mal danaro. Ciò
fu cosa perchè nello stesso anno l'Università tornasse
a supplicare il Re il quale ordinò :

« 1. Che le prime cause se vedano in la corte del
« Magnificum Locumtenente.

« 2. Che l'illustrissimo signor Principe de Bisigna-
« no paghi lo maldenaro.

« 3. Che tutti officiali maiori et minori observino
« li Capituli.

« 4. Che lo Assessore, Mastro de Camera et Mastri
« dacti del Locotenente, et Mastro jurato siano idonei,
« et se mutino ogni anno, et stiano al sindacato etc.

« 5. Del Salario de li Mastri datti, et de quilli del
« Mastro Jurato.

« 6. Che li Citatini de Cosenza in qualsivoglia ter-
« ra del Regno, non debeano pagare li acti , eccetto
« come pagano li Citatini della medesima terra.

« 7. Dela Mastridactia de li Baglivi.

« 8. Che quelli non contibuisceno alli pagamenti de
« la Città, non abbiano prerogativa al governo di es-
« sa città.

« 9. Dela Comunità de acqua et erba con la Terra
« di Rende.

« 10. Che non si paghi lo novo passaggio de la
« Rocca de Angitola.

« 11. Del pagamento de le medicine deli spetiali.

« 12. Che l'assessore non sia doctore novello , et
abbia esercitato dai tre officij.

13. Che li mercanti misurino li panni in banca come in Napoli.

14. Che la Città non sia presentata in la possessione del prato.

15. Che li Judei citatini possano tenere banco , et
prestare denari come li Judei forastieri.

Gratie, supplicationi quale fa et addomanda la Università de Cosenza alla serenissima Majestà del serenissimo Signor Re Ferrando per la grazia de Dio Re
de Sicilie Hierusalem , Ungaria etc.

A proposito degli Ebrei di che parla il Capitolo ,
deve sapersi — Che ad essi avea mosso guerra Pirro

Caracciolo, Arcivescovo Cosentino, che prese impegno di reprimerne l'usure, e moderarne l'estorsioni.

Egli finchè limitossi ad abbattere gli abusi degli Ebrei, ebbe il *placet* di Re Ferdinando; ma quando colla Città ne chiese l'ostrocismo, e l'ordinanza che non potessero tener banco, perdette la causa; e la facoltà di prestar danaro non solo fu data agli ebrei Cosentini; ma a quelli ancora che nella Città fossero di passaggio. Veramente, il Regno era così dilapidato nelle finanze, che spesso Ferdinando trovò negli Ebrei mezzi come far argine a tante spese. Questo Arcivescovo finì di vivere nell'anno 1480 — ed a lui successe Giovanni d'Aragona, figlio di Ferdinando e d'Isabella di Chiaromonte, da Sisto IV fatto Cardinale.

Furono suoi contemporanei i nostri concittadini Giovanni Le Piani, Vescovo di Cariati, che per aver vissuto men che un anno in quella chiesa, viene da tutti quasi ignorato chi fosse — e Bernardinetto Franco, che scrisse; *De Rebus Calabris, et de earum vicissitudinibus*, opera, che comechè ricordata dallo Zavarrone, non ho mai potuto riscontrare.

VIII.º Malgrado i regolamenti riguardanti l'ammistrazione municipale, e le ordinanze regolatrici della civile e politica non cessavano gli sconcerti e gli abusi degli impiegati in Cosenza. E però, il 16 di marzo del 1478 il Re approvava:

« 1. Quod Sindici debeant proponere in parlamento.

« 2. Quod facta propositione, scribatur.

« 3. Quod deliberationes prefate scribantur.

« 4. Quod fiant libri et quinterni.

« 5. Quod sindaci teneant quinternos introitum.

« 6. De Ominibus quod tenere debet magister ju-
« ratus.

« 7. De Campana pulsanda per Magistrum juratum.

« 8. Quomodo se debeant gerere homines Migistri
« jurati.

« 9. Quod liceat custodibus nocturnis deferre arma.

« 10. De salario capientium ambulatores nocturnos.

« 11. Quod homines de guardia nocturna de die non
« portent arma.

« 12. Quod Magister Juratus possit deferre arma.

« 13. Quod Magister Juratus non possit dare licen-
« tiam portandi arma.

« 14. Contra homines Magistri jurati.

« Quod observentur capitula sub pena etc.

« Expedita fuerunt presentia capitula et ordinatio-
« nes in Civitate Cosentiae. Die decimo mensis Martij,
« anno Domini 1478.

« Antonius Bonnifacius—Thomas De Parisio—Audi-
« tor vidit. Dominus Locumtenes mandavit mihi Mel-
« chionni De Salomonibus in comuni iij ».

Dopo due anni essendosi nuovi inconvenienti veri-
ficati nella pubblica amministrazione, l'Università si-
gnificò ed ottenne ec:

« 1. Quod omnes officiales observent capitula, et
« stent sindicatui in Civitate Cosentie.

« 2. De salario Magistrorum actorum in apertura
« processus et alijs actis.

« 3. Quod non sunt citati personaliter ; sed domi ,
« possint excusare.

« 4. De eo quod debeant exigere magistri actorum
« de varij actis.

« 5. Quomodo debeant solvi jura actuarijs regie
« audientie seu locumtenentis generalis.

« 6. Quod omnes officiales maiores et minores sol-
« vant gabellam de la grassa, et etiam privilegiati.

« 7. De penitentijs denuntiationum.

« 8. De literis commissionibus audentie testium.

« 9. De Auctoria bajulorum Civitatis Cosentie con-
« tra Petrum de Presbitaris.

« 10. De venditione pignorum datorum Judeijs u-
« surarijs.

« 11. Quod non dentur , stantie , strames , lecti et
« alia officialibus.

« 12. Quod magistri jurati eligantur per universita-
« tem et imbussulentur per proregem provintie.

« 13. Quod magister juratus possit gaudere omni-
« bus privilegis etc.

« 14. Quod magister juratus possit ponere conne-
« stabulos ad ejus voluntatem.

« 15. De concessione trium dierum in nundinis Mag-
« dalene etc.

« 16. Quod assisitores possint aiustare pondera et
« mensuras in civitate et Casalibus sine solutione.

« 17. Quod nil solvatur tubicte de vocatura cita-
« cionis.

« 18. De rotulo carnis et Piscium.

« 19. Quod Locotenens et Assessor, sint idonei, suf-
« ficientis et docti.

« 20. Quod assessores et officiales non sint de pro-
« vintia, et alia non revertantur ad idem officium nisi
« transacto Decennio.

« 21. Quod magistri Camere, actorum, et officiales
« vendant pignora in fine anni et reliquam restituant;
« et si non vendiderint pignora, de eis redant rationem
« quandocunq: etc.

« 22. Quod universitas non sit de facto spoliata a-
« liquibus gratits concessis.

« 23. Quod presentia capitula inviolabiliter obser-
« ventur sub pena etc.

« Capituli et gratie le quali la Università et homi-
« ni de Cosenza et soi Casali domandano alla Maiestà
« del Signor Re, la quale supplicano per sua solita
« benignità et clementia se degni concedere loro ditte
« gratie nel modo che seguita.

« Expedita et concessa fuerunt presentia capitula in
« Castello novo Civitatis nostre Neapolis Die 28 Ju-
« nij. Millesimo quadringentesimo octuagesimo — Rex
« Ferdinandus. A. Segretarius Jo. Pon. Locutenens M.
« Camerarij Canadus curialis, in. c. 38 ».

# CAPITOLO TERZO

1. Sommossa dal popolaccio cosentino—II. Fondazione dell' Ospedale dell' Annunziata in Cosenza—e dell' attuale Ospedale — III. Nuove ragioni che provano che il Fisco non ha dritto di proprietà sulla Sila. (Anni 1480).

I.º Nel giugno del 1480 era giunto in Puglia Acmet, Bassà, ed avea posto l'assedio ad Otranto, che occupato indi a poco, era soggiaciuto ad orribili guasti. La fama della costui ferocia e barbarie sbigottì talmente i popoli di Puglia e di Calabria, e specialmente quelli di Regio Demanio, contro di cui diceansi rivolte l'ire del Turco, che se ne imposero tutte le Università; onde diedersi ad ammonire armi ed armati.

In tal vicenda, i nemici di Ferdinando fecero circolar la voce in mezzo al popolaccio, che ove esso si fosse ribellato al Re, anzichè essere assalito d'Acmet, da lui sarebbe anzi stato risparmiato e rispettato: mentre in Puglia si vedea chiaro, che le armi del Turco Principe non si rivolgeano tanto contro del Regno, quanto contro di Ferdinando, e di coloro che per lui parteggiassero.

Soffiarono in queste suggestioni gli Agenti del Principe di Bisignano, che dal loro signore, per odio che a Ferdinando nutriva, erano stati istruiti come far ciò.

Vittima il basso popolo delle citate mene, in un bel dì levatosi a rumore, abbassò le armi di Re Ferdinando, e misesi a gridare contro di lui e del Pontefice regnante: accompagnando i gridi con uccisioni e misfatti di vario genere su chi volesse rimettere l'ordine nella città, o creduto fosse del Re favorito.

La sommossa non ebbe seguito; perchè non aiutata nè dagli Onorati nè da Gentiluomini, nè de' Franchi Muratori. Ella col tramonto del dì, tramontò; per dar luogo ad una processura, per la quale Pietro Cicala, personaggio di gran distinzione, presentatosi al Re chiese: Che sua maestà concedesse pieno indulto per qualunque delitto e misfatto commesso nelle passate vicende, ad eccezione de' delitti di lesa Maestà ed eresia e falsificazione di moneta.

Ottenuta questa grazia, chiesegli ancora: Che a' Cosentini venissero conservati i beni che furono d' Antonio de Franco , e quindi dell' Ospedale dell' Annunziate da lui incominciato a fabbricare; e che gli ufficiali del Governo facessero restituire all' Università le robe, che appartenevano al detto Ospedale, da chiunque illecitamente rattenute.

II.º A questo proposito , è da sapersi : che sin dal principio del secolo decimo quarto Antonio De Franco, per evitare che si esponessero i bambini bastardi, non essendovi Ospizio nella Città ; e perchè i poveri non perissero di malattie , perchè non curati, pose a sue spese le fondamenta d'un Ospedale detto dell' Annunziata, dotandolo di quanto denaro possedea., e di quanti fondi rustici ed urbani avea, e crediti vantava.

Per l' invasione de' Turchi , che aveano occupata Terra d' Otranto, e per timore d' una loro migrazione in Calabria, si sospesero que' lavori, non ripigliandosi dalla Città prima del 1484 , epoca in chè l' Ospedale fu dichiarato di dritto dominicale di Cosenza, e posto sotto il titolo dell' Annunziata.

La bolla di fondazione era già stata spedita fin dal 1º agosto 1481 , e con questa bolla veniva la Chiesa dell' Ospedale esentata dalla giurisdizione arcivescovile , con privilegio di potere il suo cappellano amministrare i Sacramenti senza il permesso della Curia.

Il luogo ove fu fabbricato quell' Ospedale era una Grancia pertinente all' Ospedale di Roma sotto il titolo di S. Sofia, oggi ala a nord-est del Carmine.

Ma siccome i Cosentini il 6 giugno 1490, per istrumento stipulato da Notaro Orlando Francella , comprarono il suolo ove oggi è l' Ospedale civile delle monache di S. Chiara, col censo di ducati cinque annui al Monastero delle Chiariste, ivi fabbricarono il nuovo Ospedale, cogli stessi privilegi che furono riconfermati nel 1595 dall' arcivescovo Costanzo , con istrumento pubblico redatto da Notar Torchiaruolo.

L' Arcivescovo Sanfelice fu quegli che tolse il cennato privilegio all' Ospedale, ordinando: che il Parroco di S. Nicola amministrasse i Sacramenti a' projetti moribondi e ammalati ; e provvedesse alla sepoltura di essi.

I nobili di quell' epoca ne introdussero litigio presso la Corte di Roma ; ma non fu pria del 1743, sotto Francesco Antonio Cavalcanti , Arcivescovo e Patrizio Cosentino, che l' Ospedale il riebbe ; e fu dato a' suoi amministratori il dritto d' eliggersi il proprio Cappellano.

Questo immenso fabbricato da' nostri avi non solo fu addetto ad Ospedale; ma ad altri usi ancora ; cosichè le camere al pianterreno furono addette a botteghe nelle fiere della Maddalena — e nel 1783 chiuse, furono destinate a magazzini di pece.

Intanto, nel cennato anno, soppressi molti Monasteri, ebbe da essi molte rendite. Fu poscia distrutto ed abbruciato colla chiesa, all'epoca dell'entrata de' Francesi ; e nel 1809 rifatto, fu posto sotto la protezione di Re Gioacchino.

Sotto l' intendente Briot vi si pose il regio stemma — e nel 1836 a spese della Provincia fu decorato di molti abbellimenti. Nel 1851 fu sgombrato de' militari , che passarono all' Ospedale di fresco eretto in Portapiana, nel Monastero di S. Maria delle Grazie; e rimase addetto ad Ospedale civile.

Ma la Chiesa non fu più ricostrutta; e tuttavia non è che un ammasso di rovine. Quest' ospedale oggidì vi presenta il seguente Stato discusso.

### *Attivo del Bilancio 1864.*

| | |
|---|---:|
| Dal Gran Libro lire . . . . . . . . | 505 |
| Per fitti di locali al Ministero della Guerra | 429:24 |
| Per fitto d' un magazzino . . . . . | 68 |
| Dall' Orfanotrofio . . . . . . . . | 7649:81 |
| Dalla Cassa centrale di Beniﬁcenza . . | 2847:48 |
| Totale . . . | 11499:48 |

Avanzi di cassa degli anni precedenti . 3420:55
Effettivo del 1864 — 14920:03
Per otto piazze militari . . . . . . 2937:60
Totale generale — 17857:63

*Passivo del Bilancio.*

Spese ordinarie. . . . . . . . 16857:63
Spese estraordinarie . . . . . . 1000:00
Totale dell'esito . . . 17857:63

III.º Ritornando ora al Cicala, costui in quello stesso tempo chiese al Re ch' essendosi fatta una difesa nella Sila di Cosenza , per le giumente di casa reale, ordinasse la Maestà Sua, che si demolisse ; perchè lesiva de'dritti dell'Università, e si costruisse nella Sila Tacina, ove fu sempre a' tempi di Re Alfonso.

E qui chiamo l'attenzione del lettore a considerare l'assurdità delle pretese del Governo sulla Sila , cui , certo, l'Università di Cosenza non avrebbe diretto domanda di questo genere, se esso avesse avuto dritti di proprietà sopra altro territorio che non fosse Tacina e le altre camere chiuse enunciate più sù :

« 1. Del modo de sindacare li magnifici Auditori de « la Regia Audentia.

« 2. Che li Auditori si motino ogni doi anni, et lo-« cotente , et judice ogni anno ; et sindicentur.

« 3. Che del mal dinaro non fiano exemptii mercanti « privilegiati.

« 4. Che lo Mastrojurato possa conoscere de tutte « persone etiam privilegiate.

« 5. Che si exiga la pena de obligationi et instru-« menti uno tarì per onza.

« 6. De penitentia usq: ad triduum citationis.

« 7. Che de le prime cause li Citatini non se pos-« sano extrahere fora de essa Città.

« 8. Dell'indulto generale.

« 9. Per providerse de officiali idonei.

« 10. Che allo hospitale se faza justitia summaria, « simpliciter et de plano.

« 11. De non farse difisa per sua Maestà alla Sila.
« Ma a Tacina.

« 12. Che li officiali maiori et minori etiam de le
« Città et lochi de Calabria non fazano gravamine alli
« litiganti, ma se proceda servatis servandi etc.

« Supplicationi et petitioni quali se fanno alla Ma-
« iestà del Signor Re per lo Magnifico Messer Pietro
« Cicala, nomine et pro parte de la Università et ho-
« mini de la Città de Cosenza, et soi Casali.

« Expedita fuerunt presentia capitula in Castello
« novo Neapolis 21 Novembris 1481—Rex Ferdinan-
« dus. T. Vaxallus. A. Secretarius. A. Elefas in c.
« 49 fol. 55 ».

Queste grazie furono concesse nel 21 novembre del
1491 però da quest'epoca al 12 dì marzo del 1486—
l'università avea sperimentato.

Che non tutti gli ufficiali osservavano i privilegi —
che gli uffiziali e gl'impiegati essendo della provincia parteggiavano pe' loro amici e parenti — che gli
Auditori spesso erano della provincia e di Cosenza —
che i Giudei veniano citati innanzi ad un uffiziale
straordinario — Per queste ragioni Luigi Cavalcanti,
sindaco mandato dall'università in Napoli il 12 marzo 1486 — Ottenne.

« 1. Che tutti officiali observino li privilegij.

« 2. Che li officiali non siano de la provincia, et
« che per due anni non habeano simili offiti, et che
« stiano ad sindicato.

« 3. Che li Auditori non siano de la provintia.

« 4. Che li Judei si costringano all'officiale ordi-
« nario.

« Instructioni donate per la università de la Città
« di Cosenza et Casali al Magnifico Loysio Cavalcan-
« te, sindaco mandato per la ditta Università alla Maie-
« stà, de le cose che haverà da supplicare per lo suo
« servitio, et per lo universale heneficio di detta Cit-
« tà et Casali ut infra.

« Expedita fuerunt presentia Capitula in Castello
« Novo Neapolis XXI Mensis Martij 1446—Rex Fer-

« dinandus—A. Secretarius. Julus de Scortiatis, in Re-
« gistro privilegiorum primo—Joannis Vitus ».


## CAPITOLO QUARTO

I. Cosenza all' epoca della Congiura de' Baroni — II. Spedizione
de' Cosentini contro que' di S. Lucido—III. Morte di Ferdinando — Cosentini che furono da lui onorati—IV. Le lettere in Cosenza intorno a questa epoca (1486).


I.º La guerra tra Ferdinando ed il Turco era interamente cessata colla morte del Bassà il 3 maggio
1481, i Turchi aveano restituito Otranto , e l' ordine
era rientrato nel Regno. Ma questa invasione fu causa d'una sventura maggiore a' popoli del napoletano ,
e quindi alla nostra Provincia: imperocchè, Ferdinando, per la guerra sostenuta, chiese al Papa il condono
del censo ; il Papa non volle accordarlo ; Ferdinando
gli dimostra il suo malumore , ed il Papa Innocenzo
VIII collegatosi co' Baroni , invita Renato , Duca di
Lorena, all' acquisto del Regno.

Or tra' Baroni che si congiurarono e presero le
armi contro Re Ferdinando fu Girolamo Sanseverino,
Principe di Bisignano, suo Gran Camarlengo.

Siccome costui avea il suo territorio attaccato al Cosentino, e riguardava Cosenza, Città Regia, come nemica , prese ad esercitare sul nostro territorio tali
scorrerie e requisizioni d' uomini e di denari , che i
nostri Cosentini e Casalesi furono depauperati di animali pecorini giumentini e bovini in modo , che non
solo ne soffrì notabilmente la patria pastorizia ; ma
l' igiene , per la completa deficienza di carni da macello.

In tal vicenda , temendo i Cosentini, che il Principe e i Baroni dessero addosso alla Città e s' impa-
dronissero del Forte, che la guardava, spedirono una
Deputazione in Catanzaro a prendere da quel fondaco

dicci cantaja di ferro e l'impiegarono tosto a costruir-
ne bombe ed altre artiglierie, giudicate utili alla propria difesa. Non avendo poi modo come pagare detto
ferro e le spese, in data del 12 ottobre 1486 l' Università chiese :

« 1. Quod non detur molestia per tres annos de so-
« lutionibus Fiscalibus.

« 2. Quod regius Thesararius ex computant pecu-
« niam mutuatam.

« 3. Quod concederetur franchitia sex annorum.

« 4. Quod servaretur franchi tres dies ultimi num-
« dinarum Madalene.

« 5. De solutione gabelle sete, que extraitur extra
« provintiam.

« 6. De solutione actorum in Regia audentia.

« 7. Quod non dentur strames, lecti, et stantie,
« nisi Regi et filius regis,

» 8. Quod non dentur beneficia Civitati et districtus,
« nisi Civibus et incolis.

« 9. Quod imbussulentur pro magistris iuratis, nisi
« nobiles ipsius Civitatis.

« Gratie quale se domandano per la Università di
« Cosenza.

« Expedita fuerunt presentia capitula, in Castello
« novo Neapol. XII. Octobris 1486 — Rex Ferdinan-
« dus — Egidius Iardonel pro primo Card. Abbas re-
« gius Anto. de Cappellis ».

Osservando poscia, che il forte di Castelfranco era
stato occupato da' Baroni; e che per la vicinanza di
questo forte la Città potesse essere assalita, quando
men lo immaginasse, levarono tosto una truppa che
misero sotto gli ordini del valoroso capitano d' Armi
Angelo Barracco, con proposito di far campo d'osservazione in Campagnano, e correre in difesa della Città, ovechè da' Baroni si tentasse assalire.

E però, appena fu conchiusa la pace in Roma tra
Baroni il Papa e Ferdinando, fu premura de' Cosen-
sini, che Re Ferdinando ordinasse il 28 febbraio 1467.

*Che le robe con tutti i frutti, e gli animali presi dal*
*Principe di Bisignano a' Cosentini, nelle passate sedi-*

*zioni*, *venissero a coloro restituiti che padroni ne fossero.*

*Che si facesse rilascio a' Cosentini del prezzo delle dieci cantaja di ferro tolto dal fondaco di Catanzaro per farne bombarde ed altre artiglierie.*

*Che fossero abbatute le mura di Castelfranco — e Cerisano venisse aggregata a Cosenza.*

Intanto, siccome nella cennata ribellione gli uffiziali regî aveano tolto a prestito delle somme così dall' università, che da' privati, l' 8 agosto del 1487 Ferdinando decretava: *Che i ducati 560 imprestati d' alcuni Cosentini al Principe di Squillaci pel servizio del Re, si pagassero dal tesoriere di Calabria—Che Castelfranco e Cerisano cadessero sotto la giurisdizione degli uffiziali di Cosenza—Che tutte le difese della Sila fatte da dieci anni in quà venissero abbattute.* Incaricò poi Luigi Gallo Vicerè, per l'esecuzione delle cennate decretazioni, nonchè della punizione di tutti que'Castelfranchesi, che rimasti in Castelfranto, dietro l' emigrazione de'loro concittadini, all'epoca della ribellione de' Baroni, si erano dati di notte e di giorno a commettere delitti e misfatti d' ogni sorta.

Il Duca di Calabria, da Terranova dove si trovava, osservando dopo sette mesi, che le sue ordinazioni erano poco curate, dispose il 25 gennaio 1488.

« 1. Che se debeano observare li capituli et ordi-
« nationi facti per esso Signor Duca de Calabria.

« 2. Contra li Sindaci et assisitori.

« 3. De la età de li electi, et creatione del advo-
« cato.

« 4. De la observantia deli offitij de la corte del lo-
« cotenente de la Città.

« 5. Che li mastroiurati stiano al sindicato, et con
« esso se facciano li assistenti, et che non possono a-
« stringere li artisani ad uscire al mercato ad ven-
« dere.

« 6. Del vendere de le gabelle de ditte Città.

« 7. Del mandare de li Sindaci in Napoli et loro
« salari.

« Instructioni dati per noi Don Alfonso di Arago-

« nia—Duca di Calabria—Regio primogenito—et Vica-
« rio generale etc. a voi magnifici messer Hieronimo
« Speradeo nostro-auditore. Messer Camillo de Scortiatis
« auditore—et Stanislao de Campitello Thesaurario in
« la provintia de Calabria Regij paterni consiliarij.

« Datum Turis die 25 Mensis Januarij anno 1488—
« Alfonsus—B. de Bernando pro secretario ».

Malgrado ciò , l' Università il 9 aprile 1489 fu co-
« stretto a dimandare al Duca:

« 1. Confirmatio Gabelle maldenarij.

« 2. Quod solvatur ius dicte gabelle de setis exem-
« ptis etc.

« 3. De fraudibus commissis per emptores sete
« regie.

« 4. De condemnatís per Petrum Lupeun.

« 5. De Auditore Vicerege et quod sindicentur.

« 6. De penitentia denuntiationum.

« 7. Quod provideatur de aliquo Episcopo pro Vi-
« cario Cosentino.

« 8. Quod terra Castrifranchi subijciatur Locum-
« tenenti Cosentie.

« 9. Quod liberetur Lucas de Oliverio a Trireme.

« 10. Quod offitiales servent privilegia.

« 11. Quod pagamenta fiscorum excomputentur.

« 12. Quod compellantur debitores hospitalis ad sol-
« vendum.

« 13. Quod pagamento solvantur per gabellam.

« 14. Quod offitiales non dent votum in parla-
« mento.

« 15. Quod Homines carcerentur in loco secundum
« naturam criminis.

« 16. Quod solvatur famulis pro colligendis p cu-
« nijs fiscalibus.

« 17. Quod civis non mittantur pro servitijs sine
« pagamento.

« 18. De etate electorum.

« 19. Quod scribatur in libro regiminis illud quod
« decreverit major pars.

« Capituli et Gratie quali si adomandano per l'uni-
« versità et homini de la Città de Cosenza all' Illu-

9

« strissimo Signor Duca di Calabria, Regio primo ge-
« nito et Vicario Generale.

« Expedita in terra Turis Die 9 mensis Aprilis
« 1489—Alfonsus—Hieronimus Sperandeo—Dominus
« Dux mandavit mihi B. De Bernardo pro secretari ».

II.º Come dicemmo, parlando degli Arcivescovi di
quest'epoca, Giovanni d'Aragona era successo a Pirro Caracciolo. Però il Cardinale non governò la nostra Chiesa che sino al 1485, tempo in cui trapassò,
premorendo al padre Ferdinando, nostro Sovrano. A
lui tenne dietro Niccolò Cibo, nobile Genovese, fratello di Papa Innocenzo VIII, ed eletto il 1486, e consacrato nella Cappella Ponteficia il 1487.

Il Governo di Niccolò Cibo cominciò con tristissimi
auspicî; imperocchè, avendo spedito un suo delegato
a prendere possesso delle terre di S. Lucido, i S. Lucidesi si ribellarono, e rifiutarono al delegato il possesso, ed all'Arcivescovo l'ubbidienza.

Ciò fu cosa, onde i sindaci di Cosenza e Pietro d'A-
ragona levato un grosso numero d'armati marciàsse-
ro sù di S. Lucido, e si cacciassero a combattere e
domare i ribelli.

I S. Lucidesi presero posizione ne' capostrada della
città, sbarrandole con pertiche, travi, macigni, ed altri oggetti tendenti a muragliare que' vuoti; e sosteneano, che non sarebbero mai stati procivi a deporre le armi, se l'Arcivescovo non migliorasse il personale della sua Corte, che oramai si era reso in S. Lucido insopportabile. Si dovette venire alle prese; e dopo quattro ore di fuoco, furono superate le barricate
ed invasa la Città.

Espugnata la piazza, i caporioni presero il largo, e
si cacciarono in campagna, formando delle bande, che
molta molestia recarono in seguito non solo a S. Lucido, ma all'intera Provincia.

Narra il Frugali nella sua Cronica, che si conserva
dal sig. Canonico Gaetano Barracco, che chi si sottomise, ebbe condonata la pena; e chi preso, severamente
punito.

Questo avvenimento, intanto, costò molto caro agli

Arcivescovi; imperocchè, ricorsi i S. Lucidesi a Ferdinando, perchè si volesse compiacere a sottrarli dal giogo dell'Arcivescovo di Cosenza, la petizione fu dal Re accolta; e la terra fu da' nostri Prelati irremisibilmente perduta.

III.° Ferdinando cessava di vivere il 23 gennaio del 1494. Egli malgradochè impigliato in guerre gravissime, protesse fervorosamente le lettere, e fu cagione del risorgimento di esse in Napoli; favorì lo studio della Giurisprudenza, e molti furono i giureconsulti che a' suoi tempi fiorirono.

La sua politica volta esclusivamente a reprimere l'oltracotanza e prepotenza baronale, mentre ch' era intenta a far trionfare il potere regio, non cessava d'avere quel non so che di democratico, che dallo abbassamento de' feudatari naturalmente derivava.

Ignorandosi dalla plebe le vedute politiche di questo principe, credeasi alla buona ch'ei fosse il più acerrimo sostenitore de'dritti del popolo, quando n'era il primo insidiatore.

Cacciatosi tra' Cosentini, che l'odiavano per fama come uomo di natura tirannica, ne fu ben tosto amato perchè nemico de' feudatari. E però, ebbe tra noi un tristo principio ed una ottima fine. È poi innegabile, che quali che fossero le mire di Ferdinando, le sue leggi ed ordinamenti, massime perciò che riflette il nostro Paese, ebbero sempre una tal quale fisonomia liberale, che invano si cercherebbe nelle leggi che le precedettero.

Sotto di questo Re le classi del nostro popolo sentirono meglio la forza de' loro diritti; e se per opera di Ferdinando molti de' nostri Baroni Cosentini perdettero feudi e terre; molte altre famiglie furono ammessi all' esercizio de'dritti politici, che l'aristocrazia tenea ad esse interdetti.

A migliorare le condizioni politiche della nostra città contribuirono potentemente Andrea e Ruggiero Parisio cosentini, segretario del Re il primo — e l'uno e l'altro decorati di cariche luminose nella nostra Città e fuori. Fu Ruggiero in contemplazione de'suoi me-

riti nominato Barone di Menasse nel 1491, tempo in
che Ferdinando decorò dallo stesso titolo l'altro nostro
Cosentino Barnaba Abenante, che fu creato Barone di
Calopezzati per rinunzia di Girolamo Sanseverino.

Questo Barnaba morì in Corigliano, ed il suo se-
polcro vedesi nella Chiesa di S. Francesco d'Assisi —
Concorse ad agevolare poi l'opera de' due Parisi il
Cosentino Niccolò Migliarese, che nel 1491 fu luogote-
nente generale in Calabria, e Capitano di Napoli e di
Capua.

IV.º Come nel Regno tutto così in Cosenza, fioriro-
rono le lettere sotto a questo Principe non in tenue
maniera — Panfilo Molli, illustre nella Giurisprudenza;
fu chiamato in Napoli a tenervi pubblica Cattedra di
dritto. Egli vi venne in tanta stima, che il Re, in qualità d'Auditore, lo spedì presso il genero Gian-Batti-
sta d'Aragona, che fu Principe di Rossano, e Conte
di Montalto ed altre terre. Sovrano conoscitore di dritto Romano fu, secondo il Lombardi, Luigi Serra, che
scrisse un comento sulla famosa legge; Gall. Dig. de
liber, et post.

Professore chiarissimo di dritto civile fu Francesco
Gaeta, e non meno, che in dritto, dotto in Teologia. Fu Vescovo di Squillaci — Scrisse egli contro gli
eretici di que' tempi. Fu fratello germano di Raimondo e Goffredo Gaeta, il primo de' quali era maestro
razionale delle galee del Re; ed il secondo consigliere del Principe ereditario, e luogotenente della Camera e patrimonio reale (1).

Dottissimi in politica furono poi Antonio Carolei,
vescovo di Bisignano, impiegato più volte in nobilis-
sime ambascerie (2) nonchè Bernardino Ferrari Epaminonda, successo nel 1487 al Vescovo di Bisignano
in quella sedia Vescovile, e chiarissimo per cognizioni di dritto, e teoriche amministrative.

_____

(1) Vedi il marmo nella Chiesa di S. Pietro Martire in Napoli.
(2) Vedi marmo sepolcrale nella Chiesa di S. Francesco in Cosenza.

# CAPITOLO QUINTO

I.º Alla morte di Ferdinando I ebbe la bolla d'investitura del Regno suo figlio Alfonso II.

Fu quest' incoronato l'8 maggio dello stesso anno 1494; ma se dal padre ebbe in retaggio il Regno, e cercò di governarlo, non potè mantenersi sul trono, e per l'odio che i Baroni gli nutrivano, e per la fama di crudele e di superbo, che dappertutto il circondava, nonchè per le pretese messe fuori sul Regno di Napoli da Carlo VIII Re di Francia.

Fu sventura pe'Cosentini, ch'egli che tanto li amava, dovesse scendere dal trono poco dopo che vi era asceso!

Carlo VIII reputandosi erede legittimo di Renato, che violentemente gli Aragonesi aveano balzato dal soglio, il 23 agosto dello stesso anno mosse alla volta di Napoli, la cui conquista non gli costò che l'incomodo di dovervi marciar contro.

In tal vicenda, tumultuando i popoli tutti a favore del Re Francese, e rifiutatosi il Re Cattolico, cui avea spedito il nostro concittadino Bernardino Bernaudo, di prestargli i chiesti soccorsi, disperando di mantenersi al potere, rinunziò la corona al suo figlio Ferdinando, che vergine negli affari di stato, potea e per la sua età giovanile, e per la naturale di lui bontà procacciarsi delle simpatie in mezzo al popolo, e dei sostenitori tra' Baroni.

Fatta la rinunzia, ritirossi in Sicilia, ove nojato di se stesso, e degli uomini, si addisse al servizio di Dio in un Convento di Frati a Messina.

Malgrado l'atto d'abdicazione, avendo considerato Ferdinando II che financo i Napoletani e Capuani, aveano fatto sapere a Carlo VIII, che volentieri lo avrebbero riconosciuto, ad oggetto di risparmiare un sangue prezioso al paese, sciolse i Baroni dal giuramento, e si ritirò del pari in Sicilia.

Il 21 febbraio 1495—Carlo VIII entrava in Napoli, e da un capo all'altro del Regno, dietro questa entrata trionfale, si gridò il suo nome, e si ossequiò la sua bandiera.

II.º Non fu ultima Cosenza ad applaudire alla novità del giorno, e perchè molti nobili feudatari Cosentini, all'epoca di Ferdinando I, erano stati spogliati dei loro beni e feudi; e perchè molti altri nostri concittadini erano stati privati dell'immunità e de' privilegi, che come membri della fazione Angioina, sotto gli Angioini aveano.

Fra' nobili, che furono privati delle franchigie, che godeano sin dal 1731 furono i Castiglioni, che le aveano ottenute non dal Regio favore; ma dall'Università di Cosenza per gli aquidotti e condotti immondi, che essi a proprie spese aveano nella città costruiti. Quest'atto d'ingiustizia consumato a danno de' Castiglioni, fe' di costoro i più accerimi nemici del nome Aragonese; cosichè il 1º marzo di questo stesso anno, Carlo Castiglione, inalberato lo stendardo di Carlo VIII, scorse per la Città, da tutto il popolo seguito, che gridava il nome di Carlo, e quello di Ferdinando II, abbassato per sempre. Non corse guari di tempo, e i Capitani francesi: D'Aubigny, e Peron De Bosqui vi giunsero in qualità di governatori di Calabria, e posero l'assedio al castello che tuttavia per gli Aragonesi tenea.

Era in quest'epoca presidiato il castello da Paolo Siscara, il quale giurò di sepellirsi mille volte sotto le rovine del forte, anzichè cedere all'esigenze Francesi. Peregrino esempio di fedeltà, in tutto il Calabrese non imitato che da' comandanti i forti d'Amantea e Tropea. Il castello cadde in mano di Aubigny perchè preso a viva forza, e dopo lungo ed ostinato

assedio, dal bravo Siscara sostenuto contro Carlo VIII
e contro le forze de' Cosentini tutti, che a cederlo bo-
nariamente indarno si erano adoperati.

III.° La conquista di Napoli non fu per Carlo che
una impresa per così dire magica; m' appunto perchè
fu repentinamente a termine condotta, lunga durata
aver non potea, compiuta da genti qual'erano i Francesi instabili ne' loro proposti, orgogliosi di natura,
e spacciatori perenni, che la conquista del Regno fosse meglio dovuta alla bravura delle loro armi, che
alle volontaria dedizione de' popoli del Napoletano.

Verificossi in quel torno, quel che oggi si è verifi-
cato tra noi e gl'italiani del nord della Penisola, che
ci riguardarono per molto tempo come popoli conqui-
stati, obbliando, che se cento e diecimila uomini di
truppa napoletana avessero voluto lungi dal favorire,
ostacolare le mosse di Garibaldi, la spedizione di questo egregio italiano avrebbe sortito lo stesso effetto
di quella organizzata dal Pisacane — e obbliando, che
all' entrata del famoso Capitano Nizzardo, se i popoli
a massa non si fossero sollevati per gridare il nome
d' Italia e Vittorio Emmanuele; nè sarebbero avve-
nute le vittorie di Marsala e Calatafini, nè quelle di
Capua e Gaeta.

Ho fatta questa digressione per provare che i tempi
spesso si rassomigliano; e per dedurne conseguenze
utili all' attuale ordine di cose, che debbe essere bene
inteso così per lo stato attuale di esso, che per le
cause che lo han prodotto, se si voglia che duri, e non
vada soggetto agli effetti che, viceversa operando, la
storia prevede.

E però Carlo VIII cadea, e da un capo all'altro del
Regno si gridava allo esterminio de' disturbatori della
pace pubblica.—alla rovina de'dilapidatori delle sostanze nazionali — alla morte de' violatori dell'onore e del
decoro de' cittadini. Agevolò grandemente lo scoppio
della generale sollevazione l' arrivo tra noi di Consalvo, sopranominato il Gran Capitano al soldo di Ferdinando il Cattolico con 5000 fanti, e 500 cavalli, a
lui richiesti da Ferdinando II, che dalle mutate con-

dizioni de' Francesi in Italia, tolse a bene sperare dell' avvenire.

Perciò che riguarda i Cosentini, e a sapersi: che il Gran Capitano cacciandosi in Val di Crati, dopo tre battaglie vinte contro i nemici, si fortificò nel Castello di Tessano, donde staccava le sue genti per combattere le masse capitanate da Francesco Gallo e figlio, ed Alfonso de' Donati, avo degli attuali de'Donati Cosentini, impiegati all' epoca d' Alfonso II, e da Consalvo destituiti. Di là mosse per prendere Castelfranco ed altre Terre e Castelli. Promotori questi due capitani di mosse col Castiglione della rivoluzione Cosentina, all' epoca che si abbassarono in città le armi Aragonesi, come sentirono Consalvo in Calabria, posersi a capitanare quelli che al partito Francese erano rimasi affezionati', per formarne delle bande atte a molestare i passi del Capitano Spagnuolo. Essi quindi, uscirono di città, la quale come appena si vide libera di loro, corse alle riscossa, sprigionando dalle carceri i fautori di Ferdinando, che da' Capitani francesi erano stati incarcerati fin dal tempo, che fu proclamato il Regno di Carlo VIII, e mandando per alla volta di Tessano, quanti uomini di arme contasse per appoggiare le mosse del Gran Capitano.

La controrivoluzione de'Cosentini; se scoraggi grandemente il Gallo ed il Donati, che cercavano tra'Casali quel partito, che omai più non aveano a Cosenza, favorì potentemente le mosse di Consalvo, che il 20 febbraio 1496 marciò tosto sopra Cosenza da Tessano ov' era fin da ventotto giorni, e prese possesso a nome di Ferdinando di quella importante città.

In quello stesso tempo, a suggestione dello stesso generale, riunitisi i Cosentini ad universal parlamento, volsero petizione al Gran Capitano: supplicandolo per mezzo del Venerabile Battista Marra Arcidiacono Cosentino, ed il magnifico Urbano de'Beccuti, che volesse concedere alla Città di Cosenza e Casali:

« 1. Remissio excessum et delictorum.

« 2. Confirmatio privilegiorum et capitulorum ac gabellorum.

« 3. Quod revocentur imputationes bonorum he-
« minium Civitatis et Casalium.
  « 4. Indultus Criminum , salva factione partium.
  « Capituli Gratie adomandate per lo Venerabile
« Battista Marra , Archidiacono Cosentino , et per lo
« magnifico Urbano de Beccuti Sindaci mandati per
« l'Università de Cosenza all' illustrissimo signor don
« Consalvo Ferrando Generale Capitano, de Arme del
« Serenissimo Maiestati Re et Regina de Castiglia, et
« de la Maiestati del S. Re Ferrando Re di Sicilia lo-
« cum tenente generale.
  « Expedita fuerunt presentia Capitula per illustris-
« simum Consalvum Ferrandum , Armorum Capita-
« neum , ac Locum tenentem generalem. Mandamus
« omnibus officialibus Sindacis Universitatibus, et alijs
« quibuscumque personis ut ditta Capitula observari
« faciant ad Unguem sub pena Untiarum Centum, et
« pro quantum gratiam Regiam caram habent presen-
« tibus presentanti remansuris , ex Casali Tessani XX
« Febbruarij 1496. Consalvus Ferrandus. Bernardinus
« Marcellus ».


## CAPITOLO SESTO

  1.º Consalvo da Cosenza, intendendo all' intero acquisto del Regno, a cui lo chiamava il Re Cattolico, non
tanto per soccorrere Ferdinando II quanto per avere
un pretesto perchè se ne impadronisse , sulle vecchie
considerazioni, che il Regno a lui spettasse, perchè al-

tre volte conquistato dagli Aragonesi col danaro della
Spagna , traendo ad occupare molte altre terre e ca-
stelli , lasciar dovette man mano la Calabria , ove i
Francesi tra sei mesi quasi ripigliaronsi il perduto.

Gli effetti delle mosse di Consalvo furono, che mentre Consalvo dimorava in Atella , Cosenza , ribellatasi
a' Francesi venne esposta senza difesa a soffrir l' im-
peto di tutta l' ira di loro.

Tumulti, spaventi, consigli succedentisi a consigli, opinioni ad opinioni agitarono l'animo de'cittadini a questa improvvisa sciagura. Stando così le cose, il Principe di Bisignano ed il Principe di Salerno, che oramai
per Ferdinando teneano, corsero in città, protestando
di voler aiutare i cittadini, barricandone le vie, e re-
sistendo agli attacchi de'Francesi.

L' Università , riunita in parlamento , visto che le
forze cittadine erano meschinissime di fronte alle ini-
miche — che le genti condotte da' due principi , meglio che vegliare alla difesa della Città , intendeano a
guardarvi i loro signori, ad unanimità deliberò: d' in-
vitare i cittadini ad evacuare la città , ed emigrare
per terre straniere, anzichè volontariamente aprire le
porte della Città a' Francesi ; o quel ch' era peggio .
resistere pochi momenti , per farsi poi debellare colle
strage e lo sterminio de' cittadini e della Città.

Presa cosiffatta deliberazione , spettacolo veramente
imponente, vidersi migliaia d' uomini di donne di vecchi e di fanciulli abbandonare il tetto natio, il patrio
focolare e cercare altrove ricovero e pane. In tal congiuntura, gran tratto di filantropia e di carità cittadina
compì il Conte d' Ajello , antico Castellano di Cosenza,
che tanti Cosentini nel forte e nel paese d' Ajello ricevè e sostenne , quanti materialmente in quel forte
ed in quel villaggio n' entrarono.

E però, Aubigny giunto a Cosenza , non avendo su
di chi sfogare le sue vendette , diedesi a tutta furia
a smantellarne le mura, e a recar danno alle case.

II.º Corsa così repentina e disagi tanti quanti ebbe
a durarne l' Aubigny, infermarono siffattamente la sua
salute, che se non trapassò, poco stiè che ciò non av-

venisse. Profittonne il Gran Capitano, ed avendo saputo che in Calabria erano rinate guerre nuove, e ribellioni, e defezioni numerosissime, si caccia sopra Altomonte e Malvito che prende a forza — e di là in Cosenza, ove fu breve il combattimento co' Francesi e co' loro aderenti per l'occupazione della Città; fatto che però non si potè ripetere nell'espugnazione del Castello, che non potendo prendere colla stessa celerità, ne delegò le espugnazione all'Università.

L'Università impegnata in questo assedio, vi spese ogni suo avere; e non avendo altro ad erogare chiese a prestito ducati 2000. Resisteva quella guarnigione, non tanto per valore o volontà di que' comandanti, quanto per insinuazioni degli Angioini ivi ricoveratisi, e con ispecialità per le premure che vi portavano i due Gallo il De Donati ed il Castiglione, che spinsero i comandanti a ricusare qualunque onorevole capitolazione.

La presa, intanto, di questo forte si rendeva sempreppiù necessaria agli Aragonesi, e massimamente ai cittadini; perchè se i primi vi trovavano un centro di fortificazione nella Provincia, i Cosentini ne venivano oramai così danneggiati da' trabucchi e dalle altre artiglierie; di che nel forte faceasi uso, che indugiandosene di vantaggio la resa, la Città ne sarebbe andata distrutta.

Dopo più mesi d'assedio riuscirono infine ad impossessarsene — ed in pena del danno recato alla Città, i due Gallo ed il De Donati furono precipitati dai merli del forte, e la guarnigione disarmata, fu gettata nelle fosse dello stesso Castello.

Intanto, perchè i maligni non avessero dipinta a Re Ferdinando l'emigrazione de' Cosentini testè cennata, come un nuovo atto che avesse avuto di mira di favorire il ritorno de' Francesi a Cosenza; ed i Cosentini aveano ben donde a temer ciò, essendo questa emigrazione avvenuta contro l'opinione e l'avviso del Principe di Bisignano, venuto a soccorrerli, supplicarono il Conte di Ajello, che si degnasse certificare a sua Maestà Aragonese la vera ragione perchè la Città fu

abbandonata da' cittadini. Il Conte d' Ajello il 10 di
agosto del 1496 fece la bramata dichiarazione, e Cosenza e Casali, mercè l' intercessione del Conte, e di
Giovanni Barracco, uomo chiarissimo in que'tempi per
prudenza politica ed attaccamento agli Aragonesi, ebbe
la totale riconferma de' suoi vecchi privilegi (1).

III.º Intanto, mercè il valore del Gran Capitano,
Ferdinando II riacquistò l' intero Regno. Però, quan-
dò stava per cogliere le fronde d'una corona, che cre-
deansi aspessite, cessò di vivere; e Federico suo Zio,
fratello di Alfonso II, uomo d' indole e di costumi
docilissimi, tolse ad assidersi su quel trono, che la sorte
non avea riserbato nè al padre nè al figlio.

IV.º Sotto questo principe continuò a far da Vicerè di Calabria Paolo Siscara; ed il 1494 era stato
eletto ad Arcivescovo di Cosenza Bartolomeo Florido,
carissimo a Papa Alessandro VI, di cui fu segretario, e divenne tanto nemico in seguito, che chiamato a Castel Santangelo, dovette rinunziare al governo della nostra chiesa. Narra taluni ch' egli a noi
venisse della Chiesa di Sutri e tal'altro che nelle prigioni di S. Angelo perisse di veleno. Gli è certo, che
morì in Roma, ed ebbe sepoltura in S. Maria di Tra-
stevere.

Ne' tempi di cui parliamo, fiorirono nel nostro paese: Aulo Pirro Cicala Cosentino, uno de' membri
più distinti dell'accademia Pontaniana. Scrisse egli un
volume di poesie, intitolato: *Auli Pyrri Cicadae Ado-
lescentis Patricii Consentini Poemata*, che, per purità di
lingua, adequatezza di pensieri e di concetti nonchè per
numero ed armonia, possono gareggiare colle migliori.

Vi fiorì del pari l' altro Cosentino Francesco Sca-
glione di nobile famiglia, che scrisse sopra i riti della
Gran Corte della Vicaria, e sulle prammatiche del
Regno.

Vi fiorì Matteo Parisio, uomo accreditatissimo pres-

(1) Confirmatio gratiarum et capitolorum fidelitatis civium Consentiae — Pauli Siscari —Datum in eodem civitate Consentiae Die X.
Mensi Augusti 1496—Il Conte d'Ajello, dominus Vicerex mondavit
mihi Julio Franco.

so Alfonso II, non che presso di Ferdinando dal quale ebbe la conferma del fondo di Manasse nel 1494 — e sotto Ferdinando II, Geronimo della stessa famiglia, capitano della real cavalleria, e delegato del Gran Capitano all' espugnazione di Rocca, ch' egli con molto valore occupò.

Colui, poi, che in quest'epoca illustrò quanto il Loria ne' tempi passati la nostra Cosenza fu Bernardino Bernardo, i cui cenni biografici si trovano nelle lettere dirette a Giov. Maria Bernaudo dall' Infiammato Accademico Cosentino — e nelle risposte di Raffaello Lucatello alla lettera dell' Infiammato.

## Giov. Maria Bernaudo

« A me parrebbe, che dopo le Istorie di Gio: Battista Cantalicio, Vescovo di Città di Penna, e d'Atri, che V. S. ha fatto tradurre con tanta diligenza, che farà vivere eternamente non solo il nome di questo autore; ma di tutti quegli uomini, che sono celebrati nelle sue Istorie, vi s' imprimeste anco la vita di Berardino Bernaudo; perchè oltre che darà gran luce all'Opera di Cantalicio, fu persona tanto meritevole, che tutti abbiamo a procurare, che le azioni sue siano scritte minutamente. Io ho notati alcuni capi; per far scrivere questa vita; ma non bastano. Vorrei, ch'ella ne scrivesse a Napoli a'suoi Signori parenti, e che s'ingegnasse di aver da loro ciò che manca a quel, che noi intendiamo di scrivere. I capi, che io ho raccolti, sono questi, veggagli, e procacci di avere il rimanente.

Il padre di Berardino fu chiamato Filippo, e fu persona di molta stima, e fu molto caro al Re Ferdinando Primo, e fu altamente premiato da lui, e introdusse il figliuolo a' servigj de' Signori Aragonesi.

Berardino stette alcun tempo sotto la disciplina di Giovanni Pontano, fu poi Segretario del Re Ferrandino, e del Re Federico, ed ultimamente di Consalvo Ferrando, detto il Gran Capitano, e fu adoprato da tutti questi Signori in negozj grandi, e di molto momento.

Fu mandato Ambasciatore dal Re Ferrandino, e dal

Re Alfonso al Re Cattolico, quando Carlo VIII Re di
Francia s'insignorì del Regno di Napoli; e impetrò dal
Cattolico, che si mandasse in ajuto di Ferrandino una
grossa armata insieme col Gran Capitano.

Persuase il Gran Capitano, che fusse andato da Calabria a soccorrere il Re Ferrandino in Napoli, e fu
potissima cagione a farci aver la gran vittoria, che si
ebbe a Laino.

Fu mandato Ambasciatore dal Re Federico a Lodovico Re di Francia, ed ebbe piena potestà di poter
disporre del Regno a suo modo.

Volendo il Re Federico accordarsi col Re di Francia, e farsi suo tributario, il Bernaudo il dissuase grandemente, e pregollo a non commettere un errore così
grande e così importabile; perchè avrebbe offeso grandemente l'animo del Re Cattolico, il quale l'avea soccorso così amorevolmente, ed avrebbe mostrato ingra-
titudine grande in unirsi col nemico d'un Re, che
l'avea ajutato in tutti i suoi bisogni, e ch'era suo
parente, e di un istesso sangue e famiglia; che piuttosto se il Re di Francia si movesse a fargli guerra,
mandasse per soccorso al Cattolico, perchè mandarebbe
subito ad ajutarlo, siccome avea fatto altre volte.

Fu mandato Ambasciatore dal Re Federico a Consalvo
Ferrando, ed ebbe da lui carta bianca da poter disporre
di tutto il Regno.

Volendo poi il Re Federico passare in Francia per
chiedere ajuto da quel Re, e per darsi tutto in braccio di quel Re, il Bernaudo il dissuase assai, mostran-
dogli ch'egli andava a porsi in prigione, e che si sarebbe morto di disperazione; e che se fusse libero,
potrebbe per mille vie provvedere alle cose sue, e che
potrebbe essere chiamato da' suoi popoli, siccome fu
chiamato il Re Ferrandino in tempo, che i Francesi
aveano occupato tutto il Regno, e che non era da fidarsi de' Francesi, perchè sono uomini di picciola levatura, ed hanno più riguardo alle cose loro, che a
quelle d'altri.

Scrisse a Napoli in nome del Gran Capitano, che
avesse lasciato le parti Francesi, e che si fusse data

al Gran Capitano ; e la Città di Napoli spedì subito molti Ambasciatori al Gran Capitano , e mandogli a dare le chiavi della Città.

Il Bernaudo intervenne in tutte le guerre, che fecero i suoi Re d'Aragona, ed il Gran Capitano co'Francesi, e così i suoi Re, come il Gran Capitano non fecero mai cosa nè in guerra, nè in pace senza il consiglio del Bernaudo.

Avendo impetrato molte grazie alla città di Cosenza, e da' Re di Aragona, e dal Cattolico, e dal Gran Capitano, la Città in segno di amorevolezza gli mandò a presentare una bella argenteria, ed egli se ne sdegnò fortemente , e se ne dolse , dicendo nelle sue lettere : Dunque io ho ad essere pagato de' servigj , che io fo alla mia patria? Dunque io sono in questa opinione appresso i miei Cittadini? Ed avendosi un suo parente preso un vasello di quella argenteria, lo sgridò aspramente, ed ordinò, che fusse subito tornato insieme con tutto l' argento a coloro , che gli aveano presentato l'argenteria in nome della sua Città.

Fu d'una bontà infinita, e potendo avere molte robe di molti ribelli , non le volle mai , perchè dicea, che avea compassione, che quegli infelici fussero spogliati delle loro facultà, e ch'egli se ne fusse investito.

Ebbe belle lettere, e da gentiluomo, e scrisse assai bene in latino. E nel nostro volgare espresse assai bene i suoi concetti, avendo riguardo a quei tempi, che non si sapea nulla della lingua nostra volgare ; e scrisse assai meglio egli non solamente degli altri, ma dell'istesso Pontano , ch'era tenuto il primo. E le priego dal Cielo ogni felicità. Di casa a 20 di Settembre.

*Di V. S. molto Illustre*

*Servitore affezionatissimo*
*L'infiammato Accademico C.*

« Filippo Bernaudo, padre di Berardino, e di Giovanni, e bisavolo di Gio. Maria, ebbe primamente dal Re Ferrante Primo nel 1460 per sè , e per suoi eredi e successori, dieci once l'anno sopra la Dogana del ferro di Cosenza. L'istesso Filippo difese il Castello di Cosenza da' nemici, e fu fatto franco d'ogni franchigia, ed ottenne privilegio di poter portare ogni sorte d'armi per tutto il Regno. L'istesso Re Ferrante dona per servigi ricevuti all'istesso Filippo, ed a Berardino, ed a Giovanni figliuoli di Filippo l'officio di Credenziero nella Corte del Luogotenente di Cosenza, con potestà, che il possano fare esercitare da un loro deputato con settantadue ducati di provvisione l'anno, e così parimente l'officio di Credenziero dell'Udienza di Calabria con trentasei ducati di provvisione l'anno. E ciò fa ad intercessione di Alfonso Duca di Calabria suo figlio nel 1493. L'istesso anno Filippo ebbe dall'istesso Re Ferrante la Mastrodattia delle Provincie di Calabria sua vita durante. Pochi anni dopo il Re Alfonso Secondo dona l'istessa Mastrodattia a Berardino ed a Giovanni Bernaudi fratelli, e per un erede loro, e così anco le Credenzarie. E questo Privilegio è confermato dal Re Federico. Federico poi ridona tutte queste cose a Berardino ed a Giovanni in perpetuo, e per loro eredi e successori, e chiama in detto Privilegio Berardino, Segretario e Consigliere nostro fedele; e ciò fu nel 1501: la qual Mastrodattia rende oggi presso ad ottomila ducati. Federico dona di più a Berardino in rimunerazione di suoi tanti servigj la Terra di Camarda, detta ora la Bernauda e la Terra di Montauto; e dichiara, come due volte ha acquistato questo Regno per industria e diligenza di esso Berardino. Il Gran Capitano, essendo nato un figliuolo a Berardino, il tenne a Battesimo, e chiamollo col suo nome Consalvo, e donogli tanto terreno nella strada di Carbonara, dov'erano le mura vecchie di Napoli, che egli vi edificò un palazzo ben grande; e de' migliori che fussero a quei tempi; perchè Consalvo abitava al Castello di Capuana detto ora la Vicaria, e non volea, che Berardino abitasse lontano da lui. Ed essendo la Terra di Camarda posta nelle spalle d'un monte, Berardino la fece redificare sopra una pianura elevata, ed ordinolla con le sue strade al modo di Napoli, e chiamolla Bernauda dal suo cognome. E per la molta riverenza, che avea a S. Francesco di Assisi, e per la molta dimestichezza, che avea col Beato Giacomo della Marca, vi edificò un bel Monastero, ed intitolollo a S. Berardino. Ebbe anco Berardino dal Gran Capitano in dono per sè e suoi eredi la Terra di Fontanarosa nella Provincia di Principato citra, confirmatagli dal Re Cattolico Ferdinando, e dalla Reina Elisabetta in cambio della Terra di Belvedere, che per Berardino si teneva con tutte le sue appartenenze, come appare per Privilegio spedito a 3 di Novembre 1504. Altro non posso per ora dirle: fra non molti giorni averà ciò che desidera, e le bacio le mani ».

## CAPITOLO SETTIMO

I. Introduzione della Stampa in Cosenza—II. Fondazione dell'Accademia Parrasiana, e Membri di questa Accademia — III. Considerazioni sulla introduzione della stampa in Cosenza, e sull'Accademia Parrasiana (Anno 1478)

I.° Di questi tempi, e propriamente nel 1478 per testimonianza del Giustiniani del Signorelli del Tiraboschi del Summonte del Maittaire dell' Echard del Quietis del Lombardi fu introdotta la tipografia nella nostra città. Assicurano questi scrittori, che nel detto anno vi si stampasse per la prima volta ; e che delle città del nostro Regno, dopo Napoli, Cosenza fosse la prima a procurarsi una tipografia.

Le prime opere che si stamparono pe' torchi Cosentini nel 1478 furono : Un trattato in lingua italiana sulla Immortalità dell' Anima; ed un poema in ottava rima, che contiene la descrizione della Sfera, la Storia del mondo, e la Geografia. Quest'ultimo è stato da me letto ; e vi ho trovato, che il tipografo fu un tal Salomonio di Manfredonia. Credesi : che il lavoro fosse d'un tal Giacomo Canfora di Genova. Due libri pubblicati in Cosenza nel 1487 appartennero a Giacomo Puderico nostro Cosentino, sulla peste, e sovra i segni del veleno ne' corpi umani.

10

Di questo Giacomo Puderico altro non potremmo dire : che fu medico dotto, e filosofo distinto, secondo il Toppi ; e che queste due opere da lui pubblicate in Cosenza, furono ristampate in Napoli il 1588.

Nel 1592 — il Cantalicio , secondochè narrano il Toppi ed il Soria , fè stamparvi il suo poema latino in lode del Gran Capitano.

Nel 1593 — Sebastiano del Gaudio di Mendicino faceva imprimervi la sua tragedia intitolata le *Tenebre*; e per ordine dell' Arcivescovo Costanzo nel 1594 si stamparono le costituzioni ed i decreti del Sinodo Diocesano tenuto in Cosenza il 1593.

Dall' osservare che l' opera di Del Gaudio porta per stampatore un tale Antonio Riccio , e che quella del Costanzo porta i due stampatori Luigi Castellano e Leonardo Angrisano, abbiamo motivo a credere : che non solo in Cosenza fossero più stamperie ; ma più librerie ad oggetto di commercio. Conferma questa opinione ciò che dice il Lombardi de' due editti , diretti a reprimere gli abusi cui davano adito i primi , stampando libri nocivi all' ordine pubblico ; ed i secondi, smerciando libri dalla polizia vietati.

Dopo il 1594 dice il Lombardi , mercè le cure del sacerdote Andrea Riccio si pubblicarono le rime di Cosimo Morelli, patrizio Cosentino — e nel 1596 Giovan Paolo d'Aquino , Oratore e poeta , fece stampare l' orazione da lui scritta in occasione della morte di Bernardino Telesio — Nel 1597 Luigi Castellano impresse il libro detto *Sagnia* del Tufarelli , medico distinto di quella età — e nel 1601 — *Conciliationes Sacrae Scripturae* di P. Niccolò Montalto di Tarsia. A tutte queste opere tenne dietro nel 1652 la pubblicazione della Cronologia dell' abbate Gioacchino , produzione di Giacomo Greco di Sigliano, pe'torchi di Andrea Riccio. Le Rugiade del Parnaso , poesie Civiche di Carlo d' Aquino furono pubblicate nel 1654 pe'torchi di Giovan Battista Mojo, e Giovan Battista Ruffo.

Nel 1657 per gli stessi tipografi stamparonsi la prima parte del Portentoso Decennio , e le Poesie latine di Ferdinando Stocchi—Nel 1680 pe' torchi di Dome-

nico Mollo , fu stampata la relazione delle feste fatte
in Cosenza per le nozze di Carlo II , di Gaetano Argenti — Nel 1712 e nel 1713 il Canonico Gaetano
Vitale di Corpanzano , e due anonimi stamparono le
opere loro ; dietro di che, sembra, che cessasse la tipografia in Cosenza, non trovandosi altro stampato da
detta epoca in poi. Chi volesse poi una notizia più
estesa dei libri che si stamparono dal 1478 al 1713
legga i discorsi Accademici del Lombardi ; perchè vi
troverà un Catalogo con molta industria ed accuratezza compilato.

Oggidì la nostra Città ha tre tipografie , dirette, la
prima del signor Migliaccio, le cui edizioni potrebbero gareggiare con quelle del Le Monnier—la seconda,
del Marini , purgata più che ogni altra della provincia — e la terza del signor Scaramella , che promette
molto all' arte tipografica.

II.° Ritornando a' nostri illustri Cosentini , fiorì di
questo tempo Tommaso Parisio, dottissimo Giureconsulto , e Consigliere della Regia Camera di S. Chiara
nel 1492 — pubblico professore di legge in Napoli, che
fu padre avventuroso di Aulo Giano Parrasio , una
delle più belle gemme , anzichè della letteratura Cosentina , della Italiana.

Questo Aulo Giano, che fu Giovan Paolo Parisio ,
che trasformossi in Parrasio , per seguire il costume
de' letterati dell' epoca, nacque, secondo il Jannelli, il
5 gennaio 1470 — in Cosenza da Tommaso e Peregri-
na Poerio.

Di buona ora dedicossi allo studio delle latine lettere sotto la guida di Giovan Crasso di Pedace , oratore e poeta; e delle lettere greche in Japigia sotto la
direzione di Sergio Stigo, dottissimo nella lingua d'Omero e di Pindaro.

Sposò in età adulta la figlia del celebre professore
di greca eloquenza , Demetrio Calcondila ; ed abbandonato dal padre, perchè il volea consacrare allo studio delle leggi , diessi ad insegnar rettorica in Milano con gran profitto e vantaggio delle Repubblica letteraria, che per questo insegnamento vide sorgere nel

suo seno un Andrea Alciati , lume della Giurisprudenza italiana , Gio. Matteo Toscano, Carlo Giardini ,
Gio. Pier Cimino ed altri eruditi scrittori e professori di lettere in diverse cattedre d' Italia , secondo
che può rilevarsi dalle opere di chiarissimi ingegni ,
che scrissero la vita del Parrasio, quali furono il Jannelli, il Bayle, il Toppi, il Tassoni, il Suzzi , lo Spiriti, il Mattei ec. ec.

Allettato da' Vicentini per l' offerta di un maggiore
stipendio, lasciò Milano , e quivi recossi ; e quindi in
Patria: non trovando in Vicenza il proprio tornaconto,
per le guerre che di que' tempi opprimevano Venezia.

Reduce in Cosenza, vi fondò quell'Accademia Cosentina, che poscia a tanta celebrità sotto i suoi successori seppe innalzarsi.

Nel secolo XV ed in porzione del secolo XVI le Accademie di lettere non aveano diplomi che le privile-
giassero — leggi o statuti da' principî co' quali si rego-
lassero. Erano esse assemblee di cultori delle belle
lettere , che per desiderio di apprendere e migliorare
le proprie cognizioni collo scambio delle opinioni e
delle idee si riunivano di tempo in tempo ora in un
luogo, ed ora in un' altro.

Di questa natura fu l' Accademia di Napoli diretta
dal Panormita e poi dal Pontano ; tale fu quella di
Roma, istituita dal nostro calabrese Pomponio Leto, e
tale l' altra di Firenze iniziata da Marsilio Ficino.

Membro il Parrasio principalissimo della Pontaniana,
sulle stesse basi di quella stabilì la sua in Cosenza.

Finchè visse il Parrasio ricordiamo come membri
onorevoli di quest' Accademia.

*Piero Cimino* , cosentino , scrittore dell' *Epistola a*
*Coriolano Martirano*: inserita nel libro di Carisio, nella
Biblioteca Vaticana, stampato in Genova l'anno 1622.

*Carlo Giardino* , di Malito , dottissimo nel latino e
nel greco , e professore in Roma di umane lettere —
*Francesco Gorafalo*, cosentino, che riuscì famoso Giureconsulto secondo il Toppi , ed abile Diplomatico a
dir dell' Amato.

*Pietro Paolo Parisio*, cosentino, congiunto di Parra-

sio, e de' Parisio di Ruggiero , giureconsulto di gran
nome, marito di Covella di Tarsia, dama Cosentina e
poetessa di merito; ed egli professore di dritto presso
le più illustri Università d'Italia, quali furono Padova,
Bologna, Roma.

Fu desso delegato da Papa Paolo III al disbrigo degli affari più intrigati di Stato, e di Religione—creato Auditore della Camera—e quando gli morì la moglie , elevato a Vescovo di Massa e di Anglona, e finalmente Cardinale sotto il titolo di S. Balbina — Da
legato Apostolico presiedè al Concilio Generale di Trento ; secondo che attesta lo Spiriti ; e quindi spedito
all' Imperatore Carlo V dal Pontefice per ottenere il
desiderato abboccamento, che mercè sua , ebbe luogo
in Busseto.

Fu egli ancora alla Segnatura di grazia — e lungo
una vita di 72 anni , che finì con esser sepolto nella
Chiesa di S. Maria degli Angioli alle Terme, non mancò di elogi e plausi. Narra il Toppi , che da Flaminio Parisio, Vescovo di Bitonto , suo parente , gli fu
alzato in detta Chiesa un mausoleo.

Rigorosamente parlando di lui, altro rimprovero non
potrebbe muoversegli, che quello d' avere assistito in
qualità di giudice al Tribunale dell' Inquisizione al-
l' epoca della sua fondazione—ed averne approvata la
istallazione. Però, se ne allontanò per tempo ; perchè
forse capì, comechè troppo tardi, il grave sbaglio che
avea commesso, autorizzando una istituzione, che così
nociva dovea riuscire all'Umanità ed alla stessa Cristiana Religione !

Dicesi da taluno , ch'egli morisse avvelenato dallo
stesso Pontefice, contraddetto dal Parisio nella concessione ch' egli volle fare dello Stato di Roma e Piacen-
za a Pier Luigi Farnese, suo figlio naturale.

Furono suoi discepoli il Cardinale De Lauro (1) ,
ed Agone Buoncompagni , che poscia fu Papa Gregorio XIII.

(1) Molte poesie inedite di questo Cardinale si trovano nella mia
libreria.

Pubblicò egli diverse opere legali , la prima delle quali porta il tilolo : *Consiliorum Petri Pauli Parisii Consentini—Comentaria in Decretales Romae—De testibus, de Exceptionibus , de Praescriptionibus—Comentaria in quatuor juris civilis post meridianas lectiones—Epistolas Canonicas* super Cod. et Dig.—*Additiones* ad *Bortol.* Questa opera però è manoscritta.

A tutte queste opere belle per acume ed analisi legale non potrebbe farsi altro appunto, che quello d'incontrarvi spesso una frequente ripetizione di concetti; e quel ch' è peggio , una certa monotonia di dizione , che quella ripetizione rende più nojosa.

Altro accademico parrasiano fu *Pietro Contestabile Ciaccio* , patrizio Cosentino , e nel 1520 Regio Consigliere.

*Giovanni Battista Martirano*, cosentino , poeta venusto , che molte cose scrisse in italiano idioma , e secondo Leandro Alberto , uomo d'ingegno curioso ed arguto, scrittore di versi finiti, e di stile ora sublime ora ameno ora sottile.

*Bernardino, e Coriolano Martirano*, entrambi figli di Gio. Baitista Martirani; e per quanto chiaro il primo nella giurisprudenza e nella politica, onde meritò d'essere creato Consigliere e Segretario del Regno a'tempi dell' Imperatore Carlo V ; altrettanto chiarissimo il secondo per lettere e svariate dottrine.

Era così ben veduto Bernardino dal Borbone, primo Capitano dell' Armi imperiali in Italia, che ben tosto divenne il confidente ed il segretario di lui ; e succeduto al Borbone Filippo di Chalon Principe d' Oranges , tenne presso di costui lo stesso posto , e godè dello stesso credito. Prese egli il 1537 a nome d' Errico Conte di Nassau possesso del Protonotariato del Regno ; e questo Bernardino è quel desso in casa di cui, in Pietrabianca, alloggiò per tre giorni l'Imperatore nella visita che costui fè al Regno di Napoli. Scrisse egli varî versi in latino ; e delle stanze, nelle quali descrisse gli amori di Galateo e Polifemo. Alcuni gli attribuiscono l'opera intitolata: *De Rebus Consentinis ;* ma io credo che quelli che così opinano , si

apponessero male , perchè in quest' operetta mal con-
cepita e malissimamente redatta, si fa motto di personaggi che vissero in epoche posteriori a quelle in che
egli visse e scrisse.

Coriolano, poi, esercitò prima l'ufficio di segretario
del Regno ; e quando fu creato Vescovo di S. Marco,
intervenne al Concilio di Trento , ove per l' eleganza
nello scriver latinamente fu nominato segretario inte-
rino di esso (1).

Scrisse versi latini, ed epistole, ed orazioni bellissime ; e tradusse in verso molte opere greche, addimo-
strandosi nè parafrasatore nè ligio traduttore di esse;
ma leggiadro espositore del greco pensiero.

Dice Zavarrone *Scripsit* : *Epistolarum familiarium
Volum*. Stampato a Napoli 1556 , in 8 — *Tragaedias
VIII — Medeam — Electram—Hippolytum—Bacchos—
Phoenissas — Ciclopea — Prometheum — Christum—Co-
medias duas Plutum — et Nubes —*Oltre a ciò : *Odis-
seae libros XII — Botrachomyomachiam — Argonauti-
cam* , stampata presso Mario Simonetta in Napoli nel
1556 — in 8 — *Orationes — Epistolas — Elegias—Epi-
grammata — libros VII Iliados —Epistolam* scritta in
verso ad un tal Pontieri Cosentino.

Antonio Quattromani , che di tutti disse male, e di
cui può dirsi quel che si dice dell'Aretino, ecco come
scrive di questo celebre scrittore nella lettera 59 del
secondo volume dell' Epistole ad Ottavio Martirano.

« Io ho fatto un raccolto delle orazioni e della pi-
« stole di Monsignor Coriolano, e di molte sue elegie,
« epigrammi, e di molti suoi poemi ch' erano disper-
« si per diverse parti del mondo, ed ho fatti trascri-
« vere in buona forma i sette libri della sua Iliade ,
« e fo pensiero di darli fuori , si per la gloria della
« sua onorata famiglia, e della nostra comune patria,
« anzi di tutto questo Regno, come anco per utile de-
« gli studiosi. Perchè da Marco Tullio in quà (se io
« non m'inganno) non è stato scrittore che abbia
« scritto così latinamente come ha fatto egli, nè che

(1) Pallavicini lib. 6. Cap. 8.

« l'abbia agguagliato in purità di lingua o in grandezza
« di stile gli si sia appressato di molto spazio ec. »

Il giudizio del primo critico che abbia avuta l' Italia sul Martirani mi dispensa quindi d' ogni ulteriore opinione sulle opere, di lui. Non posso, però, tacere quel che ne' suoi dì, e ne' posteriori si disse della Tragedia *il Cristo*, ch' è l' unico componimento drammatico originale, e che da taluni invidi gli si tentò togliere, con attribuirne l' invenzione al Nazianzeno.

Già prima che si dicesse, averla egli quasi copiata dal Nazianzeno, nell' edizione delle opere di questo gran padre della Chiesa, fatta a Basilea nel 1574—si era detto; che lo stesso Nazianzeno l'avesse rubato ad Apollinare il Vecchio, di cui narra il Sozomeno nel lib. 5 — cap. 8° della sua storia dell' edizione di Ginevra, colle note del Valesio, che costui grammatico di professione, riducesse in versi greci ad imitazione d' Omero i libri del Genesi fino al regno di Saulle, portando l'opera in ventiquattro libri; e ad imitazione di Pindaro di Menandro d'Euripide formasse sopra soggetti sacri liriche poesie Tragedie e Commedie.

Io chiamerei i più severi critici a trovare la menoma ombra di riscontro tra le Tragedie Sacre del Vecchio Apollinare, ed il *Christus Patioris* del Nazianzeno; come sfiderei il più cavilloso satirico a trovare un che di simile tra il Cristo del Martirano ed il Cristo del Nazianzeno. Naturalmente trattando dello stesso argomento, così il Nazianzeno che il Martirano, essendo identico il soggetto, ed identico lo sviluppo del dramma Cristiano, molte cose ne' due autori s' incontrano, che a prima giunta depongono d'un plagio fatto da chi ha scritto dopo a chi ha scritto prima.

Ma se si considera, che ricorrendo lo stesso soggetto, e la stessa storia non puossi non incontrarsi in qualche punto, quel dubbio ingiurioso svanisce, e resta al Martirano come al Nazianzeno il merito d'aver scritto due opere, che lungi d' essere copia dell' altrui, sono un perfetto originale, ed un primo parto di due chiarissime ed illustri menti.

Essendo rimasto più che sorpreso alla lettura di

questo Capolavoro della letteratura patria; ch'è il Cristo del Martirani; mi sono indotto a farne una traduzione italiana , nella viste di far gustare l' opera , anche a coloro che di latino non sapessero.

*Nicola Salerni*, cosentino , fu altro accademico parrasiano. Nacque egli d' illustri natali il 1490 — Fu desso cultore delle belle lettere, e con ispecialità della poesia latina. Di lui abbiamo un volume di versi indrizzati al Conte d' Ajello intitolato :

*Nicolai Salerni Consentini Silvae.* La fantasia di questo scrittore è vivacissima ; lo Spiriti però vi osservava confusione nelle frasi e nella sintassi. A me pare ch' egli non abbia il pregio della costanza nello stile e ne' concetti ; e se ne eccettui tanto ; non mi sembra che altro gli si possa imputare.

*Leonardo Schipanio*, ricordato dal Jannelli , fu altro Accademico Parassiano. Fu egli costantemente versato nelle belle lettere; ed appartenne agli Schipani di Catanzaro.

*Giannantonio* e *Gianpaolo Cesario* , di Castiglione , furono anch' essi membri di questa Accademia.

Fu il primo famoso grammatico ed annotatore di Livio; scrisse il secondo i Comenti all' odi d'Orazio— Due libri d' Orazioni e di Poemi — e varie lucubrazïoni sugli Opuscoli di Platone.

*Andrea Pugliano*—*Giambattista Morelli*— e *Vincenzo Tarsia* furono anch' essi , a dir del Jannelli , membri dell' Accademica.

Era il primo professore di belle lettere — versato il secondo nella letteratura del tempo—e non indifferente conoscitore il terzo di cose archeologiche e d' antiquaria.

Fu vice presidente dell' Accademia, ed occupò questa onorevole carica , quando il Parrasio mosse per Roma, *Tiberio di Tarsia*, fratello del gran Galeazzo, con troppo facilità giudicato da Giacomo Rossi non inferiore al fratello, anzi a Galeazzo superiore, se non per genio, per castigatezza e dolcezza di stile.

Di lui non abbiamo che un sonetto inserito nella raccolta del Monti , in lode di D. Giovanna Castriota

Duchessa di Nocera; e da una lettera del Quattromano direttagli, ch'è la 64ª del libro 11° risulta, come fosse non poco versato nell' antiquaria e cognizioni archeologiche.

*Vincenzo Agrippa—Adriano Guglielmo Spadafora—Lodovico Serra,* tutti cosentini, furono membri distintissimi di questo letterario consesso. Fu il primo poeta, e scrisse: *Librum Hymnorum* ad Christum Onnipotentem; il secondo antiquario, ed illustrò molte iscrizioni lapidarie, statue e, monete scavate in Pozzuoli Cuma ed altri luoghi: fu giureconsulto il terzo, e scrisse, secondo il Toppi *Speculationes novae super difficillima lege.*

Vi appartenne Gianpietro Cesario, cosentino, che scrisse una orazione in latino su d'Alarçone, spagnuolo. Membro onorevolissimo ne fu *Galeazzo di Tarsia,* fratello di Tiberio, figlio di Giacomo, signor di Belmonte, nato il 1476 — Sposato a Camilla Carafa; per quanto caro agli aragonesi principi, altrettanto amato dalla famosa Vittoria Colonna, che fu per lui ciò che Laura Beatrice ed Eleonora furono per Dante, Petrarca, e Tasso.

Di questo grande riformatore dell' italiana poesia, non avanzano che poche rime. Vuolsi che altri si sia fatto onore col canzoniere di lui, che di conto proprio pubblicasse. Finì egli di vivere il 1836—ammirato da Italia tutta, e registrato a fianco del Petrarca del Bembo dell' Alamanni del Trissino del Molza del Guarini del Della Casa.

Perchè il lettore potesse acquistar conoscenza di questo illustre poeta italiano, ristamperemo quandoprima le sue canzone e i suoi sonetti.

*Antonio Ponte,* della cosentina famiglia Ponte, poscia trapiantatasi in Casale fu anche Parrasiano. Era versato nell' antiquaria e geografia; e fu dal Vescovo di Cosenza nominato a suo delegato presso Transilvano, Segretario di Carlo V. La sua opera affatto archeologica, porta per titolo:

*Romitypion Romae.* Vi descrive i più notabili luoghi di Roma—v'introduce un dialogo con Catone, ove si dimostra maestro di Fisica, Astronomia e Geometria;

vi discorre di Politica — parla dello stato presente di Roma e d' Italia—e pecca di luteranismo.

I detti Accademici, appartennero a questo nobile consesso istituito dal Parrasio, dal 1514 all'epoca della morte di lui, che fu nel 1534.

E per ritornare a questo dottissimo ingegno cosentino diremo: che dopo quattro anni, che fe' dimora in Calabria, mosse per Roma, quivi chiamato da Leone X ad occuparvi la stessa cattedra che in Vicenza occupata avea: Ecco la lettera del S. Padre, qual l' ho desunta dalle carte e manoscritti del Parrasio, esistenti nella Biblioteca di S. Giovanni a Carbonara.

« Dilecto filio Jano Parrhasio:

« Dilecte fili, Salutem, et Apostolicam Benedictio-
« nem. Cum id magnopere exoptem, ut Romanus li-
« terarum ludus a praestentissimis Doctoribus exer-
« ceatur, ut ii qui se bonis artibus dederunt, ex ea
« re fructus uberrimos percipiant, de tua in studiis
« mitioribus doctrina certior factus ad ea publice edo-
« cenda Romae te sublegi, stipemque dare jussi annis
« singulis ducentorum Aureorum nummum. Quare
« volo ut ad Urbem quamprimum venias, libenter
« enim, paternoque animo te videbo.

« Datum Romae Calend. Octobr. anno II.

Il dottor Pietro Valeriani nel libro 1º *De infelicitate literatorum* narra, che, in Roma oppresso della gotta, dovette ritornare in Cosenza, ove dice lo Spiriti, che cessasse di vivere il 1534.

La morte del Parrasio fu celebrata da un lungo epicedio, che compose il Salerni, pur cosentino, e che impresse in Napoli per Giovanni Sulzbac in 4—il 1536.

Però, se tanto avveniva in Cosenza, non restava angolo in Italia ove di lui non si facesse ricordo; e la sua gloriosa memoria con parole degne d' ogni elogio non si celebrasse da più rinomati uomini dell' epoca sua e delle susseguenti.

Infatti, oltre al Valeriani, il ricorda con plauso il Giovio negli Elogi, lo Strada nelle Prolusioni Accademiche, il Toscano nel *Peplum Italiae*, il Minoe nella vita d'Alciato, il Barzio nelle note a Claudiano, l'Ammenta nella vita del Pascali, il Barrio, il Morafioti, il Fiore, l'Amato, lo Zavarrone, il Grutero *In delicis ec. Poetarum Italorum*, il Thou nella sua Storia, il Bacco nella descrizione del Regno, il Toppi nella Biblioteca, lo Stefano nelle lettere, Moreri e Bayle nei loro dizionari, il Tiraboschi nella Storia della letteratura Italiana, il Ginguenè nell' istorie — il Manucci nelle Annotazioni all' epistole di Cicerone, Burcando Menckenio nel suo Programma *De applausu eruditorum* ec. ec.

In S. Giovanni a Carbonara si legge la seguente iscrizione riferita da Cesare d' Eugenio nella sua Napoli Sacra :

*Jano Parrhasio*

Quod socio in re literaria fuisset.

*Antonius Seripandus*

*Testamento fieri jussit.*

Fra gl' immensi vantaggi recati dal Parrasio alla repubblica delle lettere sta la scoperta de'libri di Flavio Sosipatro Carisio, grammatico antichissimo, che poi fece imprimere Pier Cimino, suo discepolo nel 1531 in Napoli.

L' opera migliore del Parrasio a giudizio de' dotti è quella che porta per titolo : *De Rebus per epistolam quesitis.* Era essa divisa in 25 libri, che dopo la morte dell' autore, dal Cardinale Seripando fu data a stampare a Paolo Manucci, che avendone pubblicati i soli quattro che ora abbiamo, lasciò gli altri a suo figlio Aldo Manuzio, che, come sua fatica, li diede fuori, senza mutarne neppure il titolo.

Delle opere che scrisse pochissime furono stampate.

Abbiamo di lui: in Claudianum de raptu Proserpinae Libr. Com. — In Epist. Heroid Ovidii Coment. — Compendium Rhetoricae ex optimatis utriusque linguae auctoribus excerptum.

— Epistolas orationem, et annotationes in Ciceronis orat. pro Milone — Orationem ante praelectionem Epist. Ciceronis ad Atticum — In Horat. Flaeci artem Poet. Comment. — De Rebus per Epistolam quesitis

lib. XX—che il Barrio dice dovessero essere XXV—
Super Ovidii in Ibin Commendoriam.

— Super Ovidii Metamorf. Annotationes — Lucu-
brationes in Livium.

Esistono poi nella biblioteca di S. Giovanni a Carbonara i seguenti manoscritti — In Ciceronis Para-
doxa — Liber de viris illustribus — In Caii Balbi
lib. III in fol. — Praelectiones in auctores diversos—
in Caesaris·Commentarios.—In Valerium maximum—
Libellus de arte dicendi—In Epist. Cir. ad Atticum—
De Fragmentis Grammaticae — Expositio super primum librum Ciceronis de Oratore.

— Annotationes in L. Florum — Annotationes super Stati Sylva.

— Commentarius super elegias Tibulli — Comenta-
rius super satyras Juvenalis — Coment. super satyras
Persi—Comm. super Priores lib. IV Aeneid Virgilii—
Annotationes super tres libros Cornelii Taciti—Annotationes super primum librum odarum Horatii —
Annotationes super Valerium Flaccum —Tractatus de
Sibari Crati et Urbe Turio — Tiberi Epistolarum
ad varios amicos — Liber suorum poematum — Coment. super librum Virorum illustrium, cujus aucto-
rem putet esse non Plinium, sed Cor. Nepetem—Liber Poemetis super libros quos ipse in cattedris ex
posuerat — Apologia contra Furium — In Ausonii se-
narium annotationes.

— De Quaestionibus Rhetoricis.

Oltre alle citate opere voltò il latino Pausania So-
sipetro—ed il Carisio che furono pubblicati nel 1721.
Molte epistole e parecchie poesie di lui sono state rin-
venute dal diligentissimo Jannelli scritte sul Parrasio
col titolo: De Vita èt scriptis Auli Jani Parrasii Con-
subini: Philosofi saeculo XVI celeberrimum e Commentarium—Opera che fa onore al Jannelli e per la carità patria che lo animava a scriverla — e per le premure che ha messo in raccogliere e registrare tutto
ciò che tende a far brillare questo sommo ingegno
Cosentino de' tempi passati.

III.° Avendo parlato· della stampa e d'una accademia nel nostro paese, ragion vuole che facessimo cenno de' risultamenti di che presso noi furono accompagnate queste due grandi istituzioni; e per misurare con adeguatezza l' influenza ch'esse esercitarono all'ampliamento delle cognizioni e della coltura intellettuale de' Cosentini, e per conoscere quale rivolgimento avessero potuto operare nella vita politica de' nostri padri fino a tutto il secolo XV, vita non menata che su norma esclusivamente patria e tradizionale.

Non si può negare, che la stampa moltiplicando tra noi i monumenti più importanti della storia, e ponendoci nel caso di poterli comodamente considerare, grandemente abbia cooperato a quello sviluppo di dottrine e di elementi letterarii ch' erano in germe appo noi, e che aveano bisogno di coltura e di educazione e di cognizioni per svilupparsi.

Sotto questo rapporto, l' accademia Parrasiana concorrendo potentemente ad agevolare questo scambio d' idee e di opinioni, a cui largo adito avea dato la stampa, finì di compiere la nostra istruzione, e fino ad un certo punto d' utilissimi risultamenti fu madre.

Ma la stampa venendo meno alla sua originaria destinazione, indi a poco, lungi di farsi la conservatrice e diffonditrice de' monumenti storici antichi e contemporanei degni di vita e d'immortalità, si valse sovente della sua elettrica natura per divenire un arma politica in mano de' contemporanei; e quando ciò avvenne, ed un diluvio di scritti contrarii alla pubblica morale, ed al dritto de' popoli, ed atti a commuovere questi, sotto il pretesto bugiardo di farne l'utile, si diffuse tra noi, la stampa stette per farci perdere quella impronta d' originalità politica, che forma l' elogio più bello de' nostri padri; e poco mancò che non rendesse i Cosentini gli stupidi seguaci de' mestatori del secolo, senza una fede che li caratterizzasse, e scevri di principii e d' opinione propria.

Fin quì percorrendo gli annali di loro abbiamo potuto osservare: come non deferente mai questo popolo alla politica de' tempi universalmente seguita, e in lotta aperta con essa quando chiedesse il forzoso omaggio di lui; ed alla stessa concorde, quando vi trovasse il proprio tornaconto, si mantenesse saldo alle proprie convinzioni di libertà ed indipendenza; da oggi in poi sedotto dalle insinuazioni della stampa, raggirato ed aggredito da dottrine, che perchè nuove od universalmente seguite, lo stordivano ed abbarbagliavano: non potremo qualche volta non vederlo al seguito di quella corrente, che la cosa pubblica talora rovina, e tal' altra gl' interessi dell' intero paese travolge in naufragio.

Fino al secolo XV la nostra città chiusa allo scambio delle opinioni politiche, ebbe una fede tutta propria che non valsero a scrollare avversità di tempi, e forza di vicende. Costante e fedele a questa fede che avea ricevuto in retaggio da'Bruzi, o che meglio trovava il sostrato nella natura de'Cosentini, nati per respingere ogni giogo materiale e morale, in tutte l' epoche avea lottato per la difesa delle proprie convinzioni, e le difendea perchè conoscea di non potervi rinunziare. Dal secolo XV in poi, fu tempo che il suo programma talora alterossi — e che cedendo al fascino di nuove teorie sociali ad arte magnificate, i Cosentini smentirono se stessi abbracciando partiti contrarii ai loro interessi o meglio alla loro fede; onde a traverso a'secoli, se non sempre furono padroni del corpo, lo furono dello spirito, e non caddero come la maggior parte de'popoli italiani in una schiavitù materiale e morale.

Quello spirito d' imitazione e di servilismo che portò la stampa nella nostra vita politica, comechè non oltre i tempi di Campanella, che seppe ricondurre i Bruzii al programma de' loro padri; può dirsi, che avesse nelle lettere patrie condotta l' Accademia del Parrasio.

L'una e l'altra influirono, adunque, sulla nostra vita sociale — e l'una e l'altra fecero perdere al nostro popolo quel carattere di virilità, che lo distinse sin da' tempi più remoti.

Se prima della introduzione della stampa tra noi si fosse parlato di nobiltà, di aristocrazia, di sedile, mille ribellioni avrebbero fatto tacere le pretensioni degli ottimati, che intendeano privilegiarsi su' loro fratelli. La stampa parlò di fondazione di sedili in Napoli, in Capua ed in cento parti del Regno, ed il popolo Cosentino sopportò con indifferenza la prammatica del 1565 di D. Perifan di Rivera; che nella stessa città ad una parte del popolo dava il dritto di comandare, e ad un altro il dovere di servire.

Se prima dell' introduzione della stampa si fosse parlato d'Inquisizione, e d'istallazione d'un Tribunale così feroce in Cosenza, sarebbero stati polverizzati gl'inquisitori, e chi li avesse protetti. Essi, infatti, ebbero le male giornate; finchè i Cosentini consigliaronsi con se stessi; ma quando la stampa fe' loro conoscere che nello Stato Romano questa istituzione era universalmente ricevuta, che l' era con incredibile entusiasmo accolta in Ispagna, nelle Fiandre ed in tutti gli stati del Re Cattolico, si permise che Monsignor Costanzo la istallasse in mezzo a noi con incredibile danno del nostro paese.

Lo stesso spirito d' imitazione portò nelle lettere l' Accademia del Parrasio.

Se questa Accademia non fosse surta in mezzo a noi, che mise i Cosentini alla portata di conoscere che fosse di moda universalmente seguita l'imitare la letteratura greca e romana — e quindi nel caso di seguir la corrente, forse, con quella naturale tendenza che la letteratura avea al progresso, onde sarebbe progredita anche tra noi; e per forza della natura de'Cosentini eminentemente libera ed indipendente, avremmo potuto avere una patria letteratura sommamente nazionale, anzichè una servile imitazione dell' antica, che in sostanza non si raggirava in altro che a riprodurre figure e forme scevre di spirito, e per niente adattate a rappresentare la vita attuale.

Figlia e diramazione la nostra Accademia della Pontaniana, lungi dal proporsi un programma, che avesse un' efficacia reale sopra la vita, e ch' esercitasse una influenza sensibile su destini della patria e sulla società; programma, che avea cominciato a svolgere Dante colla Divina Commedia, e col Dante il Petrarca col suo Conzoniere ed il Boccaccio col suo Decamerone, generi di scrittura, che per la forma e lo spirito non riteneano nulla dell' antico; si propose per tema una cultura, che nello spirito e nella forma potesse gareggiare coll' antica — e con ciò non produsse che una letteratura senz' anima — e di parole; perchè non rappresentatrice della vita, non pittrice de' bisogni dell' umanità.

Gli è vero, che lo stesso Petrarca e lo stesso Boccaccio con quello intralciato girar di periodo, e con quello scrivere soventi in lingua latina, anco col loro esempio, spingeano il secolo a pregiare ciò che fosse antico; ma il difetto che s'imputa a' successori di questi grandi ingegni non è certo l' uso delle forme dell' antica letteratura; fu l' abuso che di queste forme si fece, e sopra ogni cosa quell' imprestare dall'antico financo il pensiero, copiarne il concetto, e scrivere come se si fosse esistito in que'tempi, con quelle idee e con quelle opinioni, che perchè intempestive ed esotiche, niuna influenza poteano avere sulla vita presente, niuna sullo sviluppo dell' umanitario progresso.

Presso le accademie del secolo XV, niuna esclusa, la letteratura cessò d' essere una scienza tendente a sciogliere il problema della società qual fu presso i Greci e Romani, e qual fu appo di noi, dietro il risorgimento delle lettere, e divenne un arte rappresentatrice de' tipi antichi artistici e letterarii. E perciò, nelle Tragedie e nelle Commedie di Coriolano Martirano non interesse sociale come in quelle di Sofocle e d'Euripide e d'Aristofane ch'egli imitava, non svolgimento di opinioni e di sentimenti proprii, non rappresentazione di moderne credenze, ch' informino quel dramma d' uno spirito affatto nazionale; ma cruda imitazione delle antiche forme e figure: vecchi spettri richiamati dal sepolcro per darci un arida conoscenza del pensiero passato — per metterci sugli occhi un fac-simile del modo come si vestiva presso i greci, e

11

romani; delle abitudini di questi popoli della loro credenza.

Lo stesso Parrasio con quel voler comentare quanti antichi autori gli venivano innanti, e con quello scrivere in una lingua che più non esistea, non era meno degli altri infatuato di questo spirito di servile e gretta imitazione.

Con ciò non vo' dire, che l'Accademia Parrasiana abbia nociuto alla nostra letteratura. L'ulcera che ammorbava il suo corpo, era la stessa che avea reso stecchite ed etiche le accademie tutte di quell'epoca: dico semplicemente: che se essa tra noi non sorgea, forse avremmo potuto avere una letteratura meno evirata: riconcentrati come eravamo a noi, con un mondo nuovo innanzi, con una natura fatta per sprezzare le pestoje, che spezzammo sotto il Tilesio, e coll'esempio di Dante, di cui migliaja di copie, so, che a quell'epoca circolavano pel nostro paese.

Che in quanto poi alla spinta, che essa diè allo studio de' classici, ed al gusto che insinuò tra noi per le vecchie forme, che, checchè sen dica, sono le preferibili, riuscito superiore ad ogni elogio: ed il merito degli accademici di cui ho abbozzato il ritratto lo prova. Inoltre, questa grande diffusione dello storico sapere—e le conoscenze de'tanti magnifici monumenti antichi, che prima d'istallarsi tra noi questa Accademia, s'ignoravano, furono da per sè stessi un tesoro inapprezzabile per le nostre lettere future, massimamente in quanto alla forma, allora che tra letterati si ripigliò il sentimento patriottico, e lo spirito della nuova letteratura potè vestirsi delle prische forme. Ripeto, che la pecca della nostra Accademia, era la pecca del secolo XV. Che anzi, se si volesse sapere in che rapporto in generale si trovasse la coltura intellettuale della nostra Accademia con quella di Napoli, Roma e Firenze, e sin dove si possa dire, che abbia gareggiato con esse nella palestra d'una servile imitazione, non si potrebbe far meno di ravvisarvi più che in ogni altra quello elemento d'indipendenza, che dà l'im-

pronta patria alla letteratura : indipendenza marcabi-
lissima nelle Rime del Tarsia, che scrivea in Italiano
quando tutti attaccavano gloria a dettar versi latini ;
e portava la robustezza Oraziana nella lirica petrar-
chesca , quando tutti si faceano un pregio di fare i
pappagalli del Petrarca.

Lo stesso Coriolano Martirano, nel suo Cristo, si di-
mentica d' Euripide e di Sofocle, e caccia sulla scena
una figura che non ricorda più vecchie tradizioni; ma
che à una significazione vivente , incarnata nella vita
attuale, che rapisce l' immaginazione, e modifica l'intelletto.

Parrasio, ancorchè più d'ogni altro all'antico attaccato, non potè non scrivere le Syllogae *De Rebus* per
*Epistolam quaesitis*, che si legge nel Tesoro Critico del
Grutero: opera in cui non trovi più inerzia di spirito, cieca deferenza alle antiche credenze ; ma critica,
ma analisi, una rivoluzione portata alle opinioni, alle
credenze vecchie, chiose che innovano , e che appunto
perchè innovano, sbalordiscono, sorprendono e finisco-
no per definirlo degno concittadino del Tilesio , e degno collega del Vico, se in tempi di maggiore eman-
cipazione letteraria nascea.

## CAPITOLO OTTAVO

I. Concessioni fatta a'Cosentini del Re Federico il 18 dicembre 1496—
e 1497—Morte di Carlo VIII—II. Luigi XII—Trattato tra il Cattolico e Luigi XII — Cosenza nella ripartizione del Regno, spetta al
Cattolico e viene elevata a capitale del Regno — Re Federico
parte per Francia, suol privilegi del 14 settembre 1499 e 31 dicembre — III. Privilegio del Re Cattolico dell' 8 settembre 1501
(1496).

I.° Ritornando alla politica , Federico d' Aragona
inaugurò tra noi il suo Regno con le seguenti grazie—
Confirmò tutti i privilegi i capitoli e le concessioni antiche di Cosenza e Casali — Decretò: Cosenza e Casali
continuassero ad appartenere al Regio Demanio — Che

essendo stato dal Gran Capitano affidato l'assedio del Castello a'Cosentini—e considerando, che i cittadini si erano smunti nelle finanze per sostener questo assedio—e si avean dovuto prestar denaro sulle gabelle del presente anno, prestito loro garentito da Nicola D'Amato, Presidente della Camera della summaria—considerando, che la città era stata distrutta dagli Angioini e Svizzeri, ordinò: che si rilascessero ducati 1000 a'Cosentini, e si escomputassero ne' tre terzi pagabili a Natale Pasqua ed Agosto sulle ragioni fiscali—Che il Castello di Cosenza si affidasse al Conte di Ajello ch'era stato il primo Barone del Regno a marciar contro i Francesi — e raccorre in Ajello e i Cosentini come proprî figli—Che i beneficii vacanti e vacaturi si concedessero di là in poi à soli cittadini, e non se ne potesse fare collazione a persone estere.—Ch' essendo la città mal ridotta in quanto a mura, ed artiglierie, toltole dagli Angioini, si rilasciassero a'Cosentini per due anni i pagamenti fiscali onde ristorarle—Che la Terra di S. Lucido comprata col danaro della Chiesa di Cosenza, non potesse esser mai ceduta a Barone.

Queste grazie furono concesse in Cosenza il 15 Dicembre 1496 e nel 1497 ordinò: che i Patrizî eligessero in ogni anno dal loro ordine un Sindaco, un Mastrogiurato, e sei Eletti; e quindi gli Onorati, dal loro lato, un Sindaco sei Eletti ed un Avvocato, che potea scegliersi tra Nobili ed Onorati.

Il popolo giubilò per avere acquistato un principe così buono; e la morte di Carlo VIII verificatasi in aprile del 1498 servì semppreppiù a fare sperare, che duratura sarebbe stata la pace del Regno, e per molto tempo non turbata la sua tranquillità.

II.° Fattostà, che a Carlo successe Luigi XII, e tra costui e Ferdinando ebbe luogo quello infame trattato, che valse a cacciare le nostre contrade in una guerra mille volte più desolante, e di funesti risultamenti alla nostra patria feconda.

Farò narrare al Cantalicio tradotto dal nostro Quattromani, le conseguenze di questo trattato, come quello scrittore, che ha tolto a scrivere specialmente di questo tratto delle storie di Napoli con una accuratezza senza esempio. Ecco come egli si esprime a pagina 31 del libro secondo delle Istorie.

« Intanto, il Re Cattolico veggendo, che i Francesi aveano fatto di grandi apparecchi, e che tornavano di nuovo ad infestare il Regno di Napoli, e che tutta l'Italia era in armi e scompiglio, e che il Re Federico era in molta confusione e travaglio, assolda nuove genti, e comanda al Gran Capitano, che se ne stia con le sue genti in Sicilia, infino a tanto che vegga dove hanno a percuotere così fatté minacce. Ma perchè l'uno e l'altro di questi Re era in timore e sospetto; quel della Francia, perchè non gli fusse chiusa l'entrata al Regno di Napoli; quel delle Spagne, perchè non gli fusse tolto quel Reame, che gli avea a ricadere, e ch'era stato acquistato con tante fatiche da' suoi Aragonesi: l'uno e l'altro per tor via le discordie, che potessero nascere fra loro, si uniscono insieme col Papa, e co'Veneziani a danno di Federico, e del Duca di Milano. E i patti furon questi; che il Re di Francia, e il Re di Spagna avessero a partirsi il Regno di Napoli, che si rendesse Cremona ai Veneziani; che il Duca Valentino sposasse una nipote del Re di Navarra, e che con l'aiuto dell'armi Francesche s'insignorisse della Romagna, e del Ducato di Spoleti. Partonsi il Regno i due Re; e il Re di Francia ebbe la Città di Napoli, e i felici campi di Terra di Lavoro, e l'Abruzzi, e la Ducea di Benevento: e il Re delle Spagne si ebbe la Calabria, la Basilicata, la Puglia, e Terra d'Otranto; e come Napoli fu capo dell'un Regno, così Cosenza fu capo dell'altro. Ma come, o Federico, ti perviene agli orecchi la novella, che di nuovo ti si muovono guerre, perchè non hai contezza niuna degli accordi, che hanno fatto fra loro i due Re in tuo detrimento; ti chiami segretamente il tuo caro e fedele Bernaudo, il quale pur allora era tornato dall'ambasceria della Francia, è comandigli, che vada al Gran Capitano, e che gli profferisca in tuo nome tutte le tue Terre, e Fortezze, e finalmente l'istessa Città di Napoli, purchè si disponga a darti il suo aiuto. Partesi il Bernaudo, monta in galea, e passa volando in Sicilia. Trova il Gran Capitano, e presentagli carta bianca in nome del suo Re, e promettegli, quando egli determini di favorire le parti di Federico, di porgli in mano ciò, ch' egli chiedesse. Così il Bernaudo ebbe due volte potestà di poter disporre di questo Regno a suo arbitrio. Ma che potea fare il Gran Capitano? o che potea egli rispondere a così fatte ambascerie? Si ristrinse in se stesso, e mostrò noja e dispiacere di non poter aiutare il suo Re Federico; e fece toccare con mano al Bernaudo, che ciò non era in sua potestà, perchè egli non potea muovere da Sicilia senza ordine del suo Re. Se il suo Re comanda, ch' egli vada a soccorrere Federico, vi andrà volentieri, e con ogni velocità, ed ingegnerassi con ogni sforzo di difender lui, ed il suo Regno, siccome ha fatto più volte; ma se gli viene ordinato altramente dal suo Re, egli è costretto di ubbidirlo. Come il Bernaudo ebbe così fatta risposta, o perchè anche avesse qualche sentore dell' accordo, che aveano fatto fra loro i due Re in rovina del suo Signore, conobbe, che non era di niun profitto nè al suo Re, nè a lui il consumare più il tempo appresso il Gran Capitano; e tornossene al suo Signore senza niuna conchiusione, e senza speranza niuna di aiuto. Consalvo come fu certo di quello, che aveano ordinato fra loro i due Re, ed ebbe i comandamenti del suo Signore di quel, ch'egli avesse a fare, mandò a rendere a Federico tutte quelle castelle, e tutte quelle fortezze ch' egli avea avuto in dono da lui. Ma il buon Federico mosso dalla sua innata cortesia, ridona di nuovo a Consalvo ciò, ch' egli gli avea donato, e comunque le cose avessero a succedere, volle, che tutte quelle terre fussero eternamente di Consalvo, e de'suoi successori.

Manda il Re Lodovico un esercito di mille lance, e di dieci mila fanti tra Guasconi, e Svizzeri, e buona parte d' Italiani, a prendersi la metà del suo Regno; ed i Capi furono Francesco Sanseverino Conte di Cajazzo, e Monsignor di Obegnì; e nell'istesso tem-

po invia un' armata per mare sotto Filippo Ravastano
di nazione Fiamengo, e Governatore di Genova, con
tre Carracche Genovesi, e molte navi, ed altri legni
di carico, tutte piene di fanterie. Marcia il campo
Francese alla destruzione di Federico, e di Napoli,
e trapassa come un folgore per tutta Campagna di Roma, e giunge senza contrasto alle mura di Capua.
Quivi erano le schiere ed il campo di Federico, che
era di trecento uomini d'armi, e di tremila fanti, e
di alcuni pochi cavalli leggieri, ed aveano per lor Capo Fabricio Colonna; i quali tutti aveano fermato nei
loro animi, o di morirsi in quel luogo, o di mettere
in rotta i Francesi, e di affogargli al Volturno. E
certo, che sarebbe riuscito a' nostri ogni disegno, se
i Francesi non fussero stati aiutati da Cesare Borgia
figliuolo di Alessandro, il quale, essendosi alquanto
mutata la fortuna, si accostava più alle parti Francesche, ehe alle Spagnnole; e se le molte genti forastiere, ch' erano ricovrate dentro Capua, non avessero
in quella notte ingannato Fabricio Colonna, ed aperto
una porta, e chiamato dentro i nemici, facendo accordi vani e di niun momento. Ma quelli miseri insieme con gli altri innocenti portarono la pena di
questa loro follia; perciocchè come un torrente, che
scende da' monti con grande empito, accresciuto dalle
soverchie piove, inonda i campi, e distrugge le biade,
o come un fuoco aiutato dal vento divora le messi e
le stoppie : così quella moltitudine crudele, e scossa
da ogni umanità entra in quella infelice Città, ed uccide tutti i miseri cittadini, senza far differenza di
età, o di sesso, o di condizione. Prendonsi i maschi,
e le femmine insieme, e sottopongonsi alla sfrenata
libidine de' soldati; le pulzelle infelici sono tratte dal
grembo delle madri, e sono spogliate della loro verginità. Appena alcune poche, che sono rifuggite ai
tempj, sono sicure di non essere contaminate e sozzate insieme con le altre; appena la pietà del Conte
di Caiazzo può difendere alcune famiglie; appena i
chiostri e le chiusure fanno scherno alle sacre Vergini : tanto è grande la insolenza di quei barbari. E

una verginetta fra l' altre, la quale io credo, che discendesse dal sangue di Lucrezia Romana , per non perdere il pregio della sua onestà , e per fuggire il nemico, che la seguia, si scagliò arditamente nel fiume, ed affogossi nell' onde. Ma questo non è da lodarsi, perchè fu più atto da Gentile, che da Cristiana. Fassi preda de'miseri cittadini, tolgonsi i loro arnesi, spezzansi i forzieri , e cavansene i tesori ; prendonsi i drappi preziosi , e le perle , e le gemme , ed i vaselli dell' oro e dell' argento, e ciò che si trova in tutta quella infelice Città. Ma i Barbari ardono di fame e di sete, ed il fiume Volturno corre tutto di sangue, ed insanguina i campi con le sue onde. E quei pochi, che campano da questo periglio , fuggono tutti a Napoli, e così impauriti ed atterriti, che ancor tremano della paura ; e trovano Federico in tanta confusione, ch' era quasi fuor di sè stesso, ed appena si sostenea in vita. Il quale come vide , che il popolo spaurito non facea i suoi comandamenti , e che non intendea di prender le armi per difendersi da' nemici , abbandona il Regno, esce da Napoli, monta in galea, e vassene con tutti i suoi ad Ischia, e pieno di angoscia e di mal talento. I Colonnesi, cioè Prospero, e Fabricio, due chiari lumi della famiglia Colonna, eransi ricoverati ad Ischia insieme col Re , e Giovanni Cardinale, i quali tutti erano a' servigi del Re Federico; e dopo di aver pianto lungamente le sventure del loro Signore , veggendo che le cose di quel Re erano senza rimedio, e non volendo passare in Francia con Federico, perchè Monsignor d' Obegnì avea arso Marino , e molte altre Terre de' Colonnesi, ed il Re di Francia favoriva i loro nemici, se ne passano al soldo del Re di Spagna , e sono assai amorevolmente accolti dal Gran Capitano ; ed hanno da quel Re molti onori e molte degnità.

Federico , veggendosi in estrema necessità, lascia Ferrando, suo figliuolo maggiore, alla guardia di Taranto, insieme con D. Giovanni di Guevara Conte di Potenza, e con Fra Leonardo Alessio della Città di Lecce, Cavalier di Rodi, e con molti altri uomini esperti

nelle armi ; ed egli monta in galea , lascia Ischia , e
vassene al Re di Francia , perchè muova tanta compassione in quel Re, che col suo aiuto e favore se ne
possa tornare a ripigliarsi i suoi Regni paterni. Ma
come giunse in Francia, fu ricevuto da quel Re con
assai poche accoglienze; e caduto da quelle speranze,
che si avea impresse nell' animo, conobbe assai tarda-
mente, e con suo gran danno, che il più de' Francesi
sono instabili nelle loro amicizie , e poco amatori del
dritto e del convenevole. Adunque il sottomettersi a
quel Re, e far più capitale di lui, che del suo istesso sangue , non gli fu di niuno giovamento in tanta
sua calamità ».

Prima che questo infelice Principe lasciasse il Regno
volle sanzionate ed approvate per privilegio i seguenti
capitoli.

Che nelle prime e seconde cause d' appello non potessero i Cosentini venir giudicati extra breve Foro
o giurisdizione di Cosenza : parificando i Cosentini
a' Vassalli de' Baroni , che aveano questo privilegio ,

Che i Cosentini potessero far veto di vettovaglie a
simiglianza de' Baroni , che hanno il dritto di farle
a' loro Vassalli — Ch' essendosi ritirati da Cosenza
quei di Castelfranco , che nella guerra de' Baroni vi
si erano rifugiati, i pesi fiscali si ragguagliassero ai
fuochi della Città—Che ove tra un mese non si ripa-
triassero i partigiani degli Angioini , e perdurassero
a porre zizanie tra Cosenza ed il Principe di Bisignano , e non ubbidissero al bando di richiamo al paese ; loro sia vietato di potere più rientrare in Città
senza regio premesso ; e loro si confiscassero i beni.

Che sia rilasciata al Demanio di Cosenza la difesa
Angharella fatta nella Sila del Re Alfonso per le regie giumente , e resti come sua proprietà, come lo fu
*ab antiquo !!!*

Che nella nuova elezioni Municipali essendosi eletti
otto membri del ceto de' gentiluomini , e quattro del
popolo, un mastrogiurato, due sindaci ed un notajo,
tutti del partito Aragonese , resti valida l' elezione ;
malgradochè fatta contro gli Statuti di Alfonso Duca di

Calabria, e questi cessati di funzionare, si bussolino ancora, e si chiamino sempre gli Aragonesi agl'impieghi e cariche — Che i Sindaci spendano ogni anno ducati cinquanta per fortificare la Città, e che ove non li spendessero fossero tenuti a pagar dal proprio detta somma — Che degli Ebrei non fattisi cristiani, quelli che perseverino alla loro fede, portino per segno di distinzione il *Tau* — Che niun partigiano degli Angioini abbia ad occupare cariche impieghi ed uffizi nella Città.

Questo Principe nello stesso anno il 31 dicembre ordinava : Che non ostante il Veto del Principe di Bisignano, potessero i Cosentini estrarre frumenti e vettovaglie dagli stati del Duca ; e si facessero pagare delle genti del Duca, ove contro di loro vantassero de' crediti ; e nello stesso anno il Principe si uniformava al Regio Decreto.

III.º Nella divisione intanto del Regno stabilito tra Ferdinando e Luigi, non si disse a chi dovesse spettare la Capitanata e la Basilicata ; e ciò fu il pomo di discordia lanciato tra questi due Principi, imperocchè ardendo entrambi di desiderio di venirne in possesso, si riaccese la guerra tra i Francesi e gli Spagnuoli, e l'Aubigny ed il Gran Capitano si videro nuovamente forzati in campo a misurar le loro spade.

Prima però che si venisse a rottura, Consalvo preso Reggio, si era cacciato nel cuore di Calabria occupando Cosenza. In tal contingenza, la Città che credea ubbidire a Consalvo per Federico, quando vide inalberato lo stendardo del Re Cattolico s'indirizzò al Gran Capitano pregandolo : Che volesse interporre l'opera sua presso sua Maestà Cattolica onde la terra di Sallucido antico Demanio della Chiesa, e dall'Imperatore Federico II a lei tolta, e ridonata — e quindi tolta nuovamente alla Chiesa d'Alfonso D'Aragona, e comprata da Pirro Arcivescovo di Cosenza per ducati 7600, e posseduta fino all'Arcivescovo D. Giovanni d'Aragona — e toltale a tempi di Ferdinando I, fosse restituita a' suoi leggittimi signori : tantoppiù che finora vi era tre concessioni in favore della

restituzione non eseguita—Che dal nuovo signore venissero confirmati tutti i privilegi Capitali e Grazie
concesse a Cosenza e Casali de' Re suoi antecessori.

Questo privilegio porta la data del 8 settembre
1501 — ed è il seguente :

« 1. Confirmatio omnium privilegiorum* et capitu-
« lorum, et presertim de gabella grasse et assise prout
« de preditto.

« 2. Quod concedentur immunitas functionibus fi-
« scalium per aliquos annos.

« 3. Quod cives et habitantes etiam Judei assecu-
« rarentur et non cogantur ad mutandum.

« 4. Quod concedentur immunitas passagiorum et
« fundacorum et aliorum jurium.

« 5. Quod concederetur demanium Cosentie et Ca-
« salibus in perpetum, et quod Xilianum et Motta ac
« Altilia et Grimaldum sint de Casalibus Cosentie.

« 6. Quod fiat bussula nova magistrorum Iuratum
« et Sindacorum.

« 7. Quod Vicerex faciat residentiam in Civitate ,
« et quod semper remaneat Auditor etc.

« 8. Quod possint constringi in curijs Civitatis de-
« bitores exteri, et etiam ratio criminis etc.

« 9. Quod cives et habitantes in Civitate non pos-
« sint extrahi etc.

« 10. Quod non fiant proibitiones pro extraendis
« victualis a territorijs Baronum.

« 11. Quod nemo Civium et Casalenorum possint
« iuberi etiam cum eorum animalibus sine salario.

« 12. Quod Cives et Casaleni sint immunes a pas-
« sagio, et de jure Carceris Castri etc.

« 13. De emptione Ferri et Azarij in fundaco et
« de corum pretio.

« 14. Quod quisq: consequantur ejus bona non ob-
« stantibus impetrationibus.

« 15. Quod impetrationes concesse revocentur etc.

« 16. Quod defense nove reducantur ad pristinum
« in Sila Cosentie.

« 17. Quod artisani non cogantur custodire vexil-
« lum in nundinis et exire in nundinas.

« 18. Quod officium assessoratus Cosentie reduce-
« retur.

« 19. Quod functiones fiscales solvantur tempore
« nundinarum, et Civitas numerantur.

« 20. Quod terra Santi Luciti restituatur Ecclesie
« Cosentie.

« 21. Quod concederetur immunitas civibus et Ca-
« salenis de solutione tareni in bajulatione Sile.

« 22. De solutione ducatorum rex secretis pro offi-
« tio baiuli uniuscuiusq: bajulationis.

« 23. Quod concedentur franchitea tar. xij solvi so-
« litorum in creatione sindicorum et magistrorum Ju-
« ratorum Casalium.

« 24. De juramentis prestandis matronis et hone-
« stis mulieribus in domibus.

« 25. Quod offitia assise Casalium sint Casalium etc.

« 26. Quod bona et beneficia restituantur de facto,
« sicut de facto spoliati sunt.

« 27. Quod assignetur sal pro certis annis prefatis.

« 28. Quod pro curia non fierent alie difense in
« Sila.

« 29. De pena fide et diffide in territorio nominato
« de li Pantoni.

« 30. Quod miles et armigeri non albergentur in Ci-
« vitate et Casalibus etc.

« 31. Quod quidam officiales preteriti stent sindi-
« catui.

« Capituli et gratie quali petono la Università et
« Homini de la Città de Cosenza et Casali allo illu-
« strissimo signor Gran Capitano, son queste videlicet.

« Exequatoria generalis Thesaurarij preinsertorum
« 31 capitalorum.

« Rex et Regina Hispanie ducesque calabrie et
« Apulie etc. Datum in Civitate Cosentie, octavo septem-
« bris 1501. Franciscus Sancez—Nicolaus de Amato ,
« de Mandato excellentis. domini Thesauraij generalis
« Joan Gartie Registratas 112.

## CAPITOLO NONO

I.° Rotta, intanto, la pace tra il Re Cattolico e Luigi di Francia, si risvegliarono in Cosenza le ire di parte; ed il partito Angioino ajutato dal Conte di Mileto ed i soldati del Principe di Salerno, alzò la bandiera della Francia.

Questo movimento verificatosi in Cosenza ebbe tosto un eco in tutta Calabria — ove il Cantalicio narra quanto appresso:

« Sono i Calabresi istigati e sollecitati da molti Baroni, che seguono le parti Angioine; ma èvvi dall'altra parte il fedele e valoroso Bernaudo, il quale ritiene in fede i suoi terrazzani, i quali erano già per piegarsi, se egli con la sua autorità non gli avesse fermati. Costui gli ammonia spesso e con lettere, e con voce viva, che stessero fermi e saldi nella loro fede, e che non facessero novità alcuna; che senza fallo la vittoria sarebbe dalla parte degli Aragonesi. Erasi il Bernaudo restato a Napoli, perciocchè non avea voluto seguire il Re Federico, quando egli se ne passò in Francia con non molto sano giudizio; sì perchè egli mantenne sempre intiera la fede agli Aragonesi, e non si era mai allontanato dalla divozione loro, come anche perchè non volea, che qualche malevolo avesse a sospettare, che il Re a suggerimento di lui avesse preso un partito così strano, e così dannoso a tutti i suoi affari; e maggiormente perchè avea sperimentato i Francesi, ed aveagli per uomini di picciola levatura , e per poco ricordevoli dell' amicizie , e di quel che promettono. Ma avendo riguardo al suo onore , avea fatto quella determinazione , che gli dettava il dovere e la ragione. Fermossi dunque a Napoli , e poscia se ne passò ad Ischia per essere di qualche aiuto alla Regina , ch' era caduta in estrema infelicità. Da Ischia si trasferisce in Cosenza, sua patria, perchè possa confermare tutti i suoi Cittadini nella divozione del Re di Spagna. Ma fu subito richiamato dal Gran Capitano , il quale gli pose in mano tutti i secreti del Re Cattolico ; e fu in molta stima ed onore così appresso lui, come appresso tutti i Signori della fazione Aragonese.

Mentre i nostri sono travagliati ed afflitti dalla guerra e dalla fame , ecco che vien da Sicilia D. Ugo di Cardona , uomo molto ardito, e di animo guerriero , ed accorto , il quale mena seco tremila fanti , e trecento cavalli. Costui come giunge a' lidi della Calabria, senza fermarsi pur un giorno a Reggio, se ne ne passa a far sua stanza a Geraci, detta anticamente Locri. E di là con una schiera di fanti eletti se ne passa ad assalire Onorato Sanseverino, Conte di Mileto , il quale se ne stava con le sue genti a Terranova, ed avea seco i soldati del Principe di Salerno, ed era accompagnato da Galeotto N. , e da un soldato Lombardo chiamato Spirito. Avvicinasi il Cardona verso la Terra , ed affrettasi di sopraggiungere i nemici ; ed i Capitani Francesi si accorgono, che le mura son prese , e che non hanno più rimedio di scampo , e slanciansi animosamente dalle porte, ed attaccano una crudel zuffa co'nostri. Ma combattono con poco felice fortuna , perchè come giunge D. Ugo , ed assaltagli per fianco, non altramente caggiono a terra, che caggiono le greggi o gli armenti, quando sono assaliti da' leoni o da' lupi; e parte di loro si nasconde ed appiatta, e parte si sparge per le campagne. Il Conte di Mileto si fa alquanto indietro , e fermasi insieme co' suoi , per azzuffarsi di nuovo co'nostri. Il Cardona l'incalza, ed inanima i suoi a seguirlo animosamente , e scagliasi fra'nemici, e pongli di nuovo in isconfitta; ed i Francesi si danno tutti a fuggire, e parte se ne prende, e parte se ne uccide, e parte ne scampa. Ma quello infelice Spirito non trovò luogo da nascondersi, e vi perdè la vita, e rimase senz'anima e senza spirito. E furonvi prese le insegne del Principe di Salerno, il che fu a lui di grandissima noia. Il Cardona avendo fugato e sconfitto i nemici, s'insignorisce di quella Terra; ma veggendo, che non era luogo da fidarsene, se ne passa a Castelvetere, detto anticamente Caulonia, ch'era più comodo e più sicuro. Partito costui, ecco di nuovo, che il Conte di Mileto se ne torna a Terranova, come uomo, che avea poca contezza delle cose del Mondo, e che non sapea prevedere come avessero a passare i successi di quella guerra.

Sopravviene poscia da Spagna D. Emanoello di Benavides, e mena seco una buona quantità di fanti e di cavalli. Costui come approdò a' lidi della Calabria, si ferma a Reggio, e senza metter tempo in mezzo, se ne passa a Seminara ad assalire il Conte di Mileto, il quale, siccome abbiamo già detto, si era di nuovo ricovrato a Terranova, e stavasene in quella Terra come nascosto ed assediato. Ma i Signori Sanseverini, e Monsignor Grignino corsero subito in suo aiuto, e camparonlo da quel periglio, e mandaronlo a guardare la Città di Cosenza, la quale, fuorchè la Rocca, era tutta in poter de' Francesi. Fassi incontro a costui il Commendator Gomesio Solisio, il quale avea cura dell'Amantea, e dàgli di molti assalti, e ponlo in fuga, ed uccide di molti Francesi, ed insignoriscesi di molti popoli, e di molti villaggi, e soccorre il Castello di Cosenza, ch'era accerchiato da duemila soldati Francesi fra fanti e cavalli; e posto i suoi alloggiamenti presso la Rocca, entra di notte tempo nella Città insieme con gli usciti di quella Terra; i quali, perchè aveano seguito le parti Aragonesi, erano stati scacciati e banditi dalla lor patria; e prendela senza molto contrasto. In questa guerra fu di non picciolo momento Francesco Bernaudo, uomo di valore inestimabile, e di molta esperienza nell'armi. Dopo questi successi, e così fortunati, i nostri ebbero un'altra vittoria, e in altre parti; e furono accresciuti di nuove glorie e di nuovi trofei. Perchè il Principe di Rossano, che tenea assediato dentro la Città di Cotrone Giovanni Pigniero Cavalier di Rodi, mentre vanamente si crede di poter occupare quella Città, rimane ingannato della sua folle credenza, e rapportane danno e vergogna. Perchè il Pigniero, come gli vennero in aiuto mille e dugento fanti, i quali gli furono mandati da Sicilia sotto la condotta del Commendatore Anguilara, uomo di molto senno, e molto ardito, fa spalancar le porte della Città, ed esce con grande empito, e mette in rotta i nemici, e parte ne uccide, e parte ne prende: e prende anche Belcastro, e ponlo a sangue ed a fuoco. Arde intanto il Principe di rabbia e di sdegno, ed apparecchia nuovi eserciti, e va incontro al nemico; e giunti ambidue presso al fiume di Tacina, fanno fatto d'armi, e combattono con molta ostinazione ed ardire. Ma il Principe porge al Pigniero nuova occasione di nuove vittorie, perchè fu rotto e sconfitto, e tornossene a' suoi alloggiamenti presso che solo, e spogliato dell'armi e d'ogni suo arnese. Così la fortuna cambiandosi ristora gli Spagnuoli de' danni, che aveano ricevuti, e con molto vantaggio.

Spaventata la Calabria di così strani accidenti, cerca nuovi ajuti da' Francesi, perchè senza nuove genti si diffida di potersi difendere. I Capitani Francesi, che sono in Puglia, e che tengono assediato Consalvo in Barletta, determinano subito di soccorrere i loro compagni in Calabria. Fanno dunque due parti delle loro genti; ed il Generale con la maggior parte dell'esercito si rimane in Puglia, e ponsi incontro al Gran Capitano; ed il valoroso Monsignor d'Obegnì con buona parte dell'altre schiere se ne passa in ajuto de' suoi, che stavano come assediati in Calabria. Sparsesi subito fama in quelle contrade, ch'era giunto un numero grande di Francesi, e ch'erano per por tosto fine a tante guerre. Ma i Capitani Spagnuoli, ch'erano dentro Terranova, e dentro Seminara, ebbero nuova di ciò, che la fama divulgava per ogni parte, e fanno subito pensiero di lasciar quelle Terre così aperte e così deboli, e di passarsene in luoghi più sicuri e più forti; e dai quali potessero comprendere, quanta fosse la moltitudine de'Francesi. Perchè se non fussero bastanti a tanto numero, si guardassero di venire alle mani con loro, e se sono pari, possano incontrargli e combattergli. Ma Obegnì ch'era d'ingegno sottile, e molto versato in così fatti mestieri, perchè i nemici non potessero comprendere, con che quantità di soldati, e con che ordine egli andasse per incontrargli, trapassa in silenzio, e di notte tempo, e per vie poco note e poco conosciute, ed in sul far dell'alba si appresenta a'nostri, ed assaltagli, quando essi erano per muovere il campo, e per andarsene. Sentesi dall'una parte e dall'altra un rumor grande di trombe, e le schiere Spagnuole sono da ogni parte abbattute dalle Francesi, perchè furono colte alla sprovveduta, e non erano pari di numero. Ma per tutto che siano di tanto spazio inferiori, pur nondimeno mostrano il viso a'nemici, e combattono francamente, ed in ritirandosi mostrano cuore ed ardire. Quì si mostra D. Emanuello di Benavides, quì Antonio di Lieva, e quì D. Ugo di Cardona e tutti insieme raccolti in un gruppo fanno contrasto all'empito di un tanto esercito. Ma D. Ugo come vede, che le compagnie Spagnuole cominciano a piegare, e che non sono per sostenere una tempesta così terribile, per campar sè ed i suoi insieme, scende da cavallo, e tagliagli i piedi, perchè i nemici non possano trionfare delle sue spoglie; e poi impugna animosamente la spada, e ponsi a difendere un guado, ed opponsi a'Francesi con molto ardimento, e segue in ciò i vestigj di Orazio Cocle, e trattiengli infino a tanto ch'egli si avvede, che i suoi sono posti in luogo sicuro. Ed egli trapassando per luoghi rotti e scoscesi, e per nevi, e per ghiacci, e fra mille perigli, ricovera finalmente co'suoi compagni alla Mottabufalina; e per riporsi in luogo più comodo e più forte, se ne passa a Geraci, perchè i Giracesi veggendo, che gli Spagnuoli aveano ricevuto così fiera percossa, non passassero a'Francesi. Ma questa vittoria non fu acquistata da'nemici senza sangue, ed il lor danno fu maggiore assai, che quel che vi ricevettero i nostri; perciocchè vi morì Monsignor di Grignì, uomo di molto affare e di molta stima, e molti altri Francesi de'primi e de' più stimati, e molta turba di fanti e di cavalieri; i nomi de' quali non sono passati alla memoria degli uomini. I Francesi insuperbiti di così fatta vittoria, se ne passano come trionfanti sul territorio di Cosenza; e prima mettono a ruba Paterno, e questo non per altro, se non perchè si era grandemente attristato della rovina degli Aragonesi. Ma Cosenza, che non avea nè mura, nè soldati che la guardassero, fu subito corsa da' Francesi, perchè il Commendatore Solisio si era allontanato da quella Città, ed erasi riparato all' Amantea, come in luogo chiuso e sicuro. Partesi Obegnì da Cosenza, e prende Nicastro, e Mileto; dove poco anzi erano stati assediati, e con non poca loro ignominia un buon numero de' Signori della fazione Angioina. Vassene poi alla Mottabufalina, e quivi si ferma; ed i nostri si ritengono molti mesi a Girace ».

Intorno alla presa di Cosenza operata da' Francesi, pel tradimento del Commendatore Solisio, oltre all'esposto, conosciamo: che Obigny saputo da Giacomo Sanseverino che ribellava la Calabria a favore de'Francesi, che il Commendatore Salisio comprato da lui, avrebbe ceduto dopo breve e finta resistenza il Castello, cacciossi tosto all' assalto di questo, spianando al suolo il quartiere della Motta, e non risparmiando nè sesso od età di cittadino che tra mani gli cadesse (1).

Concorsero co' Francesi a recar tanto danno alla Città il Principe di Rossano e Giacomo Sanseverino, Conte di Mileto, che favorivano le parti di Luigi XII nonchè i nostri concittadini istessi Nicola Caputo, Nicola Roger, Nicola Natale, Carlo Beccuti, Gaspare Co-

_____

(1) Il Guicciardini nel lib. III Cap. III parlando di questi fatti, dice: In Calabria della quale la maggior parte si teneva pe'Francesi, ritornò Consalvo, dove benchè da Aubigny fosse fatta alcuna resistenza, nondimeno ultimamente ridotto in Groppoli, essendo perduta Manfredonia, e Cosenza saccheggiata dai Francesi.

stantino, Domenico Cannaruto, Bernardo Calvello, Pietro de Clemente, di parte angioina, i quali, come coloro che furono i più danneggiati nella sommossa che i Ferdinandisti aveano fatto all' arrivo dell'Aubignì, ora, che ne aveano il destro, ne vollero la più cruda ed efferata rivincita.

Questa sconfitta, o per meglio dire, perdita degli Spagnuoli fu compensata ben tosto dalla rotta che essi fecero toccare al Conte di Mileto, e poscia al Principe di Rossano e ad Humbercourt, che militava con lui, e che restò prigioniero.

Riunitisi, intanto in Cosenza, attorno ad Aubigny il Principe di Bisignano e di Salerno, nonchè altri Baroni, diedero tal carica a' capitani di Ferdinando, che costui perdette tutte le Calabrie, e nel 1503 fu costretto a mandare nel Regno un' altra armata comandata da Portocarrero, a cui successe Andrada.

Però, la fortuna delle armi, che non fu mai costante, cessò finalmente d' arridere a' Francesi — e sul Garigliano perdettero tale battaglia da decidere la loro causa per infallibilmente perduta.

Col rovescio delle armi francesi, il partito spagnuolo si risollevò, e cacciati dalla città i cosidetti *Francescani* assediò il Castello, e lo costrinse a rendersi a patti — Preso il forte, fu affidato a guarnigione Aragonese, comandata da Aloisio Mudder. Temeva il Mudder, che l'opposta parte avesse a ripigliar quando prima la riscossa, ed a forte difesa volle apparecchiarsi.

L' evento mostrò ch' egli non si era male apposto; perchè col fatto risollevatosi il partito Angioino a false notizie di vittorie riportate da Obigny, piombò improvvisamente sul Castello, guidato da Carlo Giordano nostro Cosentino, che ritornava in patria da Francia, ove avea con molta bravura seguito quel re a replicate vittorie; piombò improvvisamente sul castello, donde il Mudder per non essere sloggiato fu costretto a far co' trabucchi molti guasti alla Città, e permettere che venisse smantellata S. Maria della. Motta (1).

II.° E però, l'Università di Cosenza il 13 agosto spediva, qual suo rappresentante, al Gran Capitano Bernardino Bernaudo per felicitarlo delle vittorie riportate e per dimandargli le seguenti grazie:

« Capituli e gratie le quali se domandano per l'U-
« niversità ed homini dell' Università di Cosenza, al-
« l' Illustrissimo Segnor Consalvo Ferrando de Cordu-
« va Duca di Terranova, Capitano, Vicerè, e Locote-
« nente generale de le Calabrie in lo Regno de Si-
« cilia citra pharum.

1. Confirmatio omnium capitolorum quatenus in possessione.

2. Quod concederetur immunitas decem annorum de functionibus fiscalibus.

3. Quod Hispani se non immiscant rebus Universitatis nisi ut aliis cives.

4. Quod commendator Solis non esset locumtenens civitatis et casalium.

« Expedite fuerunt presentia capitula per Illustris-
« simum D. Consalvum Ferrandum de Corduba, Du-
« cem Terranove et Sancti Angeli, Armorum Capita-
« neum—Viceregem et Locumtenentem generalem in
« regis et reginalis felicibus castris contra Cayetam
« 13 aug. 1503 — Consalvus Ferrandus. Io. Baptista
« Spinellus conservator generalis — Io. de Rufo —
« Dominus locumtenens mandavit mihi Bernardino
« Bernaudo capitolorum primo.

Conseguite le dette grazie, l' Università considerando che i Sacerdoti abbandonavano le loro chiese; e le prelature si conferivano più a forestieri che a preti diocesani; che il popolo veniva gravato d' ingiusti balzelli; che i soldati alloggiati voleano fatte le spese dai cittadini; gli albanesi Greci e Schiavoni non abitavano in terre murate; e volendo provvedere a tanti e tanti altri inconvenienti e disordini surti durante tan-

(1) Vedi Privilegi di Cosenza e Casali. Cronica di Cavalcanti.

te guerre nell' amministrazione civile e militare delle città; nonchè nell' ecclesiastica, per mezzo dello stesso Bernardino Bernaudo supplicò il Gran Capitano, il quale non fu restio ad accordare alla città, quanto era ne' voti di lei, ed aspirazioni.

Queste supplicazioni furono lette per Antonello Curto al Gran Capitano per parte di Bernardino Bernaudo; e vi rispose al modo seguente:

« Sua Illustrissima Signoria regratia la prefata città fedelissima, e voi Reverenti Illustrissimi spettabili e magnifici signori et sindaci del Consiglio dello ajuto lo quale accepta. In quanto alle supplicazioni e grazie addomandate, Sua Illustrissima Signoria, se contenta concederle tutte juxta le forme e tenore de quelle, e le ha fatte decretare come in fine di esse si contene per nome et parte delle prefate Maestà Cast. come loro Vicerè e locotenente generale.

« Presens copia extracta fuit a suo originali, et facta collatione, concordat de verbo ad verbum Antonellus Curtus ».

Come si vede dalla relazione fatta dal Curto, il Gran Capitano accettò l' aiuto ed i soccorsi che l' Università di Cosenza gli offerì. Ora, quali furono questi soccorsi?

I soccorsi de' quali fecero offerta i nostri avi al Gran Capitano furono d' uomini armati e di denari nella spedizione contro il figlio del Principe di Rossano, unico tra' Baroni del Regno, rimaso fedele ai Francesi, dietro tante sconfitte da essi sofferte, e la perdita diffinitiva del Regno di Napoli.

# CAPITOLO DECIMO

I. I Cosentini sopraffanno il figlio del Principe di Rossano; e chie-
dono al Gran Capitano in data del 23 maggio 1503 nuove grazie—
Il 19 giugno 1504 il Gran Capitano accorda altre grazie alla città — Altro privilegio accordato dal Capitano a'Cosentini in data
del 19 dicembre 1505 — II. Ferdinando il Cattolico viene nel Regno — Concessioni fatte a'Cosentini — Partenza del Gran Capitano—il Guevera, ed il Conte di Ripacorsa (anni 1504).

I.° Il figlio del Principe di Rossano, fu l'unico Barone del Regno, che rimase fedele a Luigi XII. Egli,
sopraffatto dalle forze Cosentine, succumbette—E perciò il 29 maggio 1504 i Cosentini fecero al Gran Capitano le seguenti proposte :

« Gratie demandate humilmente all'Illustrissimo signor D. Consalvo Fernandez Duca di Terranova et de
Santangelo Gran Capitano Viceré et Locumtenente generale in lo Regno di Sicilia de Ispagna, Utriusq. Sicilie Jerusalem etc. per li devotissimi vassalli—Università et homini de li Casali de Cosenza.

1. Confirmatio omnium privilegiorum et capitolorum
ac consuetudinum.

2. Quod revocentur impetrationes facte, et de nemo
non fiant nisi in forascitis.

3. De Proibitione victualium.

4. Quod concedatur sub annorum predictorum.

5. Quod excomputetur functionibus fiscalibus quedam
solutio facta regio castro,

6. Contro bajulos Sile.

7. Quod Bajuli non procedent in denuntionibus ge-
neralibus, nisi in specialitatis.

8. De confinibus territorio Sile et de pasculis ejusdem.

9. Quod locumtenens observet capitola, et privilegia
Civitatis et Casalium.

10. De Restitutione quorumdam bonorum, impetra-
torem et oblatorem hominibus casalium.

11. Quod locumtenens non cogat homines casalium ad portandum ligna.

12. Quod locumtenens non teneat Algo zerios et Servientes.

13. Quod facta semel munitione in castello si castellanus consumpserit reficeat de suo.

14. De solutione juris portelli Castri Civitatis Consentie.

15. Quod restituantur campane Casalis Grimaldi.

16. Quod Vicerex faciat observari Capitula ac privilegia.

17. Quod homines Altilie et aliorum Casalium non cogantur ad servitia personale sine salario.

18. Quod banna non vendantur sed exigantur per magistrum Camere,

19. De Penitentia infra triduum.

20. De Monisterio Pedatii Fratribus Sancti Dominici Concesso.

« Expedita fuerunt presentia capitula per Illustrissi-
« mum Magnum Capitaneum, Viceregem et Locumte-
« nentem generalem in Castello Novo Civitatis Neapolis
« die 28 februarii mensis Maii 1507—Consalvus Fernan-
« dus—Michele de Afflicto Locumtenens magni came-
« rarii—Joannes de Rufo — Bernardinas Bernardus—
« Capitolorum f. »

Urgeva, intanto, atteso il depauperamento delle sostanze civiche, che l'Università venisse esentata da'pesi fiscali per dieci anni—Che tutti, tranne il Castellano e la sua famiglia pagassero le gabelle della grascia—Che gli Ebrei abitassero separatamente dai Cristiani—Che per ragione di delitti i vassalli del Principe di Bisignano, e di Bartolomeo Olivares, Duca di S. Marco, fossero tenuti, ne' loro delitti a rispondere nei Tribunali di Cosenza — Che non si vietasse l'esportazione de' generi da' Baroni—Che gli uffiziali dessero conto, e soggiacessero alle conseguenze del sindacato — Che la terra di S. Lucido venisse restituita agli Arcivescovi di Cosenza a' quali era stata tolta—Che i Benefici dal Cardinale di Cosenza si conferissero a'clerici

Cosentini anzichè agli estranei—Che i Sindaci ed i Mastrogiurati si facessero per bussola—Che si adottassero
delle misure di rigore contro coloro che chiamati a
guardare il Castello , nol guardassero—Che gli uffiziali
del Governo venissero sindacati ne'loro atti— Che un
tal massimo Cervino di parte Angioina restituisse tutto
ciò ch' estorse all'epoca dell'invasione Francese — Che
il comendatore Solis restituisse i 300 ducati tolti a
mutuo de' Cosentini sotto pretesto di difendere il Castellano—Che si restituisse dalla Curia il denaro che
si mutuò da' cittadini.

E però, l'Università tornò a rivolgersi al Gran Capitano , il quale nel 19 giugno 1504 accordava le sopradette grazie—meno la revindica della terra di S. Lucido—« Expedita fuerunt presentia capitula per Ill. D.
« Magnum Capitaneum Viceregem et Locumtenentem
« generalem in Castello Novo Neapolis 19 Juli 1504—
« Consalvus Fernandus—Michele de Afflitto Locumte-
« nent Magni Camerari. Dominus Vicerex mandavit
« mihi, Bernardino Bernaudo—Joannes De Rufo ».

Volendo l'Università che il Luogotenente fosse corrisposto d' un condegno onorario , supplicò Consalvo,
perchè gli assegnasse quaranta once ; e però il 19 dicembre 1505 con questa supplica pregò il Gran Capitano ancora.

« Quod Locumtenens anno quolibat mutetur.

« Quod officiales stent sindacatui.

« Quod functiones fiscales exigantur per magnificum
« Tesaurarium ordinarium.

« Quod Curia caperet in se offitium Magistri Ca-
« mere.

« Quod non fiat proibitio victualicum. Expedita fue-
« runt presentia capitula per Ill. Fernandum Consal-
« vum et. in Castello Novo Neapolis 19 dicembris 1506.
« Solvat. tar. quinque — Loysius Agnosa Capitolorum
« primo.

II. Re Ferdinando il 1º maggio 1506 era venuto nel
Regno; ed in tal congiuntura, i Deputati della nostra
città, raggiuntalo in Napoli, ne aveano avuto la con-

ferma di tutti i privilegi—Un indulto per qualunque delittto o misfatto politico e privato, l'assoluzione di Nicola Natale, Nicola Roger, Nicola Caputo, Carluccio Beccuti, Bernardino Calvello, Giuseppe Jordani del delitto di lesa Maestà—la dichiarazione che le difese della Sila di Cosenza fossero di pertinenza de' Casali e Cosentini—l'ordinanza e l'abbandono dell'usura di due carlini a ducato per ogni mese, introdottasi dietro che mancarono i banchi, che in Città veniano sostenuti dagli Ebrei—l'abolizione del così detto dritto di portello ; onde avveniva che i Castellani esigessero 15 carlini da ogni carcerato che venisse tradotto nel Castello—nonchè l'abolizione della sferratura, onde accadeva che i carcerati dovessero pagare due carlini — nonchè l'abolizione della cerca nel mercato, onde succedea che si commettessero grandi estorsioni, sotto pretesto d'alimentare i carcerati.

I Deputati di Cosenza, però, non potettero ottenere nè che S. Lucido venisse restituito agli Arcivescovi ; nè che al territorio di Cosenza venissero reintegrati Figline , e Motta S. Lucia. Questo Re non dimorò nel Regno di Napoli che sette mesi. Egli partendo menò seco Consalvo di Cordova , per sospetti che i maligni gli aveano fatto concepire su di lui. Partendo , ci lasciò per Vicerè Antonio di Guevara, che resse il Regno per sedici giorni , e lo cedè a Bernardo di Villanova, Conte di Ripacorsa.

Ferdinando emanò diverse leggi atte a regolare gli studii. Lasciò inalterata la divisione dal Regno in Provincie—I Presidi continuarono a governare col titolo di Vicerè ; e soventi volte più Provincie ebbero un sol Vicerè. Accordò senza limiti titoli ed onori a' suoi sudditi. Introdusse nuove famiglie nel Regno. Tolse molte facoltà al Grande Ammiraglio—al Giustiziero — al Gran Camerario—al Gran Protonotario—al Gran Cancelliere—Introdusse la lingua spagnola negli atti politici—Fondò il Consiglio Collaterale , il quale era composto del Vicerè, Presidente, e tre Consiglieri. Questo Consiglio dava facoltà al Vicerè di far leggi prammatiche; e nel tempo stesso ne frenava l'autorità — Creò i Reggenti Collaterali—il Maestro delle Razze Regie—Richiamò in vigore i Montieri Maggiori — e stabilì i Procacci—Abolì l'uffizio d Gran Siniscalco—e creò l'Auditore generale dell' Esercito. Ordinò lo sfratto degli Ebrei dal Regno; onde anche gli Ebrei di Cosenza dovettero lasciare questa piazza.

# LIBRO DECIMOTERZO

——

## CAPITOLO PRIMO

1. Gli Ebrei di Cosenza—Loro cacciata—Il Banco de' Beccuti—Fondazione del Banco di Pietà, e sua storia — II. Privilegio del Re Cattolico del 13 ottobre 1509 — III. Edificazione e vicende del Monastero di S. Francesco di Paola—(Anni 1506).

I.º Gli Ebrei erano venuti, come dicemmo, in Cosenza nel principio del secolo decimoterzo, e sin dal decimo secondo si erano, prima in Cosenza, stabiliti nella cosidetta Giudeca, e poscia nel Cafarone; ghetto amplissimo detto allora *Cafarnao*. Crebbero in sì gran numero non solo in Cosenza, ma nel Regno tutto, che quando Giovanna II li tassò per un terzo di scudo a testa introitò tanto danaro da pagare le spese della guerra fatta in Asia pel riacquisto del S. Sepolcro. Mescolati con costoro quelli che vennero poscia da Spagna, sotto Ferdinando, divennero tanto numerosi, che avrebbero potuto popolare interi paesi. Dediti a prestar denaro con orribili usure, erano divenuti la rovina del Regno, e l'ulcera che rodea le sostanze de' nostri concittadini.

Il bando, quindi, di espulsione fu accolto con un giubilo indicibile per tutto il Regno. I loro mezzi, però, procurarono loro l'agio di ottenere dal successore di

Ferdinando, Carlo V, che potessero ritornare in certe città del Regno. Ma non ritornarono certo, tra noi; nè per molto tempo si trattennero in quelle città, che loro concesse Carlo V, imperocchè, resasi oltremodo scandalosa la loro usura, D. Pietro di Toledo li espulse diffinitivamente dal Regno.

Questa volta essi si raccolsero in Roma. Ma colla loro partenza, non si distrusse il male che si volea evitare. La mancanza de'banchi ch'essi tenéano in città, spinse i nostri concittadini ad aprirne altri di proprio conto, senza però modificarne le usure; e degli Ebrei imitando lo scrocco e le frodi.

Per arginare a tanto male, ad imitazione di Napoli che avea istituito un sacro monte di Pietà, affine di riscattare i pegni degli Ebrei — sovvenire a'bisogni dei poveri—e per togliere a'cittadini l'occasione d'imitare e superare gli Ebrei, i Confratelli dell'arciconfraternità del Sagramento, che furono: Ferrante Barone, canonico cosentino, Giampietro Cicala, Cola Britti, Marco Montone, per queste ragioni; e per abbassare il Banco de'Beccuti, istituzione particolare, creata prima per servire colla sua discretezza a frenare l'esigenze de' Banchieri Ebrei; e degenerata negli stessi difetti, istituirono il nostro Monte di Pietà, impegnandovi i Ducati 400, che la città aveva alla detta confraternità restituiti il 19 aprile 1564.

Il 30 giugno del 1566 i suoi assistenti ed amministratori ottennero dal Duca d'Alcalà i seguenti Capitoli e Grazie, onde raggiungere lo scopo della istituzione.

1. Il monte impresta danaro a' poveri gratis senza beneficio; ed impresterà su pegni.

2. Egli è creditore privilegiato, anco se si dice che le robe impegnate furono rubate.

3. I Governatori del Monte potranno vendere le robe impegnate di poca valuta senza l'assistenza del magistrato o altra solennità — restituendo al padrone il dippiù ricavatone.

4. Gli ufficiali del Monte non sono tenuti a' danni avvenuti senza loro colpa a' pegni.

5. Essi descriveranno i pegni, le forme date, e la restituzione fattane, per darsene il riscontro a chi riceve il danaro.

5. Perdendosi il riscontro, si deve restituire il pegno col danaro imprestato, sempre quando si desse da colui che sel riceve, la pleggeria di serbare illeso ed indenne il Monte.

7. Ogni lite che nascesse tra gli uffiziali debitori del Monte conoscesi da' soli suoi Deputati, salvo appello ad uno degli Auditori, che si troveranno in quella udienza.

Furono amministratori del Monte gli stessi confratelli vale a dire: per segretario del Monte l'onorevolissimo Andrea Giordano—furono revisori Capitano Aloisio Figline—Giannandrea di Ciaccio—e Notar Francesco Sergio.

Per Breve di Papa Urbano VIII spedito il 27 giugno 1635, ed eseguito coll'approvazione del vescovo del 7 aprile 1636, ottennero poter dare danaro a mutuo collo interesse del due e mezzo per cento all'anno.

Morto Fabrizio Gaeta, patrizio Cosentino, nel 1621, e lasciate gran parte della sua eredità al Monte, prese altre proporzioni ed una importanza, che per molto conservò: salendo alla cifra di ducati venticinque mila, giusta come risulta dal Maradei, per uno stato mandato dal Sanfelice a Roma sulla Chiesa Cosentina.

Fu esso con beneplacito dell'arcivescovo Costanzo posto in una grande camera accanto al palazzo arcivescovile.

Giuseppe Maria Sanfelice nel 1652 il tolse di là, ed allogollo nel palazzo arcivescovile, in un appartamento avanti quello del Vicario generale, ponendovi quello armadio di noce, che oggi vi si vede, i cassoni che vi sono e la balaustrate di tavole. Però di quest'epoca ne presero l'amministrazione i canonici; perchè dismessa la congregazione del Sagramento.

Da quel tempo l'amministrazione cessò d'essere laicale e divenne ecclesiastica; il Sanfelice il dotò de'proventi della campana ed ebbe altri legati.

Nel 1760 Piero Antonio Valente di Spezzano Grande supplicò il Re perchè il Monte fosse restituito a'Laici, ed all'Università di Cosenza che si unì al Valente nella petizione. I preti si opposero; si fece la causa, e si decise contro degli arcivescovi; e da quell'epoca lo amministrarono i secolari, eletti dal Comune.

Il 1774 essendosi tentato, un furto, Monsignor Cavalcanti, cosentino, fe' costruire una camera sopra la rimessa accanto alla scàla, e vel ripose, come oggi si vede.

Continuando i furti degli amministratòri del Banco, il capitale da ducati settemila scese a quattromila è salì poscia sotto un ottima direzione a ducati diciassettemila, detratte le spese fatte pel SS. Sagramento in un pallio ricamato in oro del valore di ducati 500, ed un ombrello del prezzo di ducati 91, ed altri oggetti come lampioni, stendardi ec.

Cessata l'amministrazione canonicale, passò come dicemmo, al Comune che ne tenne l'amministrazione sino al 1862, epoca in cui fu affidato alla Congregazione di Carità, nuova istituzione venuta tra noi colla nuova dinastia — Si compone questa congregazione di un Presidente ed otto membri eletti tutti dal Municipio, i quali vegliano non solo all'amministrazione del Monte, ma a tutti gli Stabilimenti di Beneficenza. Bellissima istituzione — degna dei tempi in che viviamo; e presieduta in Cosenza, fin dalla sua fondazione, dall'egregio e dotto Sacerdote Luigi Valentini, quanto liberale di sentimenti, altrettanto probo, onestò, energico amministratore, e di felicissima memoria pe' suoi concittadini, che immaturamente il videro tolto al numero de' vivi per morte improvvisa.

Questo Monte oggi fa prestiti sopra pegni d'oro e d'argento ed altri giojelli, all'interesse del quattro per cento.

Il suo patrimonio è come siegue:

| | |
|---|---:|
| Fondi urbani . . . . . . . . . . | 23709.00 |
| Rendita sul gran libro . . . . . . | 246.00 |
| Censi e Mutui . . . . . . . . . . | 23800.00 |

Attivi diversi . . . . . . . . . 46881.75
Valore di mobili . . . . . . . . 7441.00
Rendite complessive 1861 . . . . . 5442.33

Totale 107521.58

*Spesa annua*

Per imposte . . . . . . . . . 1275.83
Riparazioni e manutenzioni . . . . 71.00
Personale di servizio . . . . . . 1759.50
Beneficenze . . . . . . . . . . 1278.10
Culto . . . . . . . . . . . . 1212.95

Totale 5577.68

*Aggravii sul patrimonio*

Temporanei . . . . . . . . . . 127.50
Perpetui . . . . . . . . . . . 452.71
Spesa complessiva 1861 . . . . . . 4787.33
Annua media di persone benificate . . 15.00
Sussidio personale . . . . . . . . 595.90

5278.44

11.° Trascorsero tre anni quasi da che l'Università di Cosenza e Casali non era ricorsa al Re per ottenere l'esecuzione delle chieste grazie, e la concessione di grazie novelle. Essa vi ricorse il 13 ottobre del 1509 sotto il Viceregnato di D. Ugo di Moncada, chiedendo:

« 1. Quod pecunie civitatis super abundantes reponantur in banco de Beccutis.

« 2. Quod magistri actorum audentie et locum tenentis non exerceant in eorum baiulationibus.

« 3. Quod sindaci, magistri Jurati, assisitores et magistri actorum stent sindicatui finito anno.

« 4. De sindicis mictendis quomodo debeant creari, et de corum salario.

« 5. Contra non venientes ad parlamentum.

« 6. Quod vota dentur in scriptis.

« 7. Quod assisitores non habeant partem in ga-
« bellas nec publice, nec secrete sub pena.

« 8. Quomodo debet dari assisia.

« 9. Contra assisitores, et quod possint se accordare
« cum tabernarijs.

« 10. Qui et quales debent esse electi Regiminis.

« 11. Contra Castellanum pro jure carceris.

« 12. Contra magistros actorum exigentes inde-
« bitum.

« 13. Quod banna non venduntur, sed exiguntur
« per magistrum Camere.

« 14. Quod lina non possint abunari in fluminibus
« infra milio.

« 15. Contra immictentes vermes sericorum, et im-
« munditias in stratis.

« 16. Contra gabellotos carnis.

« 17. Quod litere directe universitati legantur in
« parlamento publico.

« 18. De introytibus monasterij de medio.

« 19. Contra venditrices in platea publica.

« 20. Quod litere universitatis scribantur in parla-
« mento publico, et cum voto enim electorum vel
« majoris partis et registrantur per notarium.

« 21. Quod de princeps deberent observari capi-
« tula, privilegia, et ordinationes Civitatis et Ca-
« salium.

« 22. Quod porci mandarini non possint detineri
« in Civitatem et per occidentes lucrentur quartum.

« 23. Quod revenditores non possint emere ante
« meridiem.

« 24. Quod quilibet admictatur ad accusandum tran-
« sgressores presentium capitulorum ».

III.° Poco dopo quest'epoca, e precisamente nel 10
febbraio del 1510, s'incominciò in Cosenza a fabbricare la Chiesa ed il Monastero di S. Francesco di
Paola per opera di Padre Bernardino di Cropalati,
compagno e confessore di S. Francesco. Il tempio s'incominciò là dove era l'antica Chiesetta di S. Maria
del Loreto, e vi posero la prima pietra Bernardino

Cavalcanti, come Vicario sostituto, Giantommaso Sambiasi, Agostino Longo, Giambattista Morelli e Giacomo Giordano.

Il terreno ove inalzossi il Monastero nonchè il largo che inseguito vi si formò dinanzi, fu ceduto gratuitamente a Padre Bernardino dalla famiglia De Matera, la quale poscia che il Monastero fu terminato offrì a' monaci il fondo così detto Paparelle di sua proprietà anch'esso, coverto di alberi d'olivi.

Siccome a molti frati ch'erano in Cosenza non garbava l'introduzione in città d'un nuovo ordine monastico, che col grande ascendente che già avea preso nel Regno, minacciava di oscurare tutti gli altri, tolsero di notte tempo e guastare quello che di giorno si edificava; e le cose furono così spinte, che riuscita inutile l'ordinanza del governatore D. Ugo di Moncada e dell'Arcivescovo Cardinale Borgia il 1514 il Provinciale dovette procurarsi un Breve da Leone X, col quale sotto pena di scomunica, si ordinò di rivelare tra venti giorni i distruttori del nuovo tempio. Nel 1553 si fece la piazza oggi detta del Plebiscito, dalla iscrizione che vi si pose dietro l'Unificazione d'Italia; togliendovi gli olivi per ordine di Andrea Maurigny, Preside di Cosenza, che il ricevette direttamente dal Governo. Il 27 settembre 1600, Monsignor Costanzo pose la palla con S. Michele Arcangelo sul campanile della Chiesa. Nel 1720 la chiesa fu intonacata, e vi si fece un Refettorio a volta, che cadde l'anno scorso 1863 e la colonna del Chiostro d'un sol pezzo di piperno. Nel 1565 vi fu stabilita l'infermeria, poggiandola sulla Congregazione del Salvatore: costruita ed istallata in questa stessa epoca da' fedeli della Città. Però nel 1754 fu tolta di là l'infermeria e fu allogata nelle antiche stanze del Provinciale — e dove era prima, fu eretto il locale pel Provinciale — Nel 1755 fu terminato il nuovo appartamento. In questo convento furono stabiliti gli studii dell'ordine. Fu soppresso il 7 agosto 1809, e fu eretto a Seminario.

Dato alla Provincia con decreto del 29 Dicembre

13

1814, quando questa ebbe bisogno del Monastero di Costantinopoli, di proprietà del Comune, lo permutò con questo convento nel 1820. Il Comune se ne servì per Padiglione militare.

Con decreto del 28 marzo 1823 vendeva il giardino del Convento al sig. D. Pietro Salfi di questa città. Il 12 gennaio 1807 l'Intendente chiedea al comune l'uso superiore del piano del Monastero per addirlo al servizio delle direzioni finanziarie; ed il 14 dicembre 1828 una consimile richiesta veniagli fatta dal Ministro degli esteri. Vi si allogarono, quindi, le cennate direzioni previo il pagamento al Comune dell'annuo pigione di Ducati 447 e vi stettero sino a tutto il 1854. Nel primo provvisorio cadasto il Monastero veniva, adunque, intestato al Comune per l'imponibile di Ducati 130 all' articolo 232 Sezione G. N. 1410 ed il Comune tolse a suo carico tutte le spese di manutenzione al proposito.

Il 22 marzo 1854 Re Ferdinando II di Borbone ordinava che si desse a' Paolotti una porzione delle loro vecchie case, provvedendosi diversamente a' bisogni del Comune. Il Sindaco protestava contro il decreto, consegnava gli armadi ed altri atrezzi del Monastero ai Padri. Il 20 luglio 1857 il Re in Quisisana ordinava che il resto del convento passasse ancora in mano ai PP. ed il primo aprile 1858, protestando sempre il Sindaco contro la illegale concessione, consegnavalo al correttore dell' ordine.

Il 1860 questo monastero venìa soppresso colla generale soppressione ordinata in quell'epoca, e la Cassa ecclesiastica veniva delegata a pigliarne possesso. La Giunta Municipale volendo far valere i proprii dritti di proprietà sul detto locale incaricò il Sindaco sig. Davide Andreotti, autore della presente storia, perchè avesse difeso presso il Governo i dritti del Comune — e scritte le memorie, la questione pende tuttavia indecisa.

Tra' nostri concittadini che si distinsero in questo Monastero trovo un Giovanni Rocchi nel 1514 provinciale e predicatore assai stimato — Nel 1593 un Gi-

rolamo Barone Provinciale , versatissimo nelle lettere
antiche — in detto anno un Isidoro Sambiasi peritissimo delle fisiche cognizioni—e due Cesario e un Sambiasi professori solerti di filosofia razionale—Nel 1596
un Anselmo Stochi professore di belle lettere, e conosciuto nella Provincia pe'suoi componimenti letterari,
che per altro non pubblicò mai — nel 1597 Vincenzo
Trocini, chiaro nelle dottrine teologiche.

A questo Monastero con ordine di S. Maestà del 22
aprile 1537 fu fatta concessione di sei tomoli di sale
annui delle saline di Altamonte e in difetto , d'altre
saline della Provincia.

Gregorio XIII con Breve del 20 marzo 1584 accorda ai preti un altare privilegiato di tutti i Santi al
quale non potessero servire che i soli preti secolari.

Ha il privilegio che niun dilinguente potesse essere
giustiziato dal ponte di S. Maria a detto Monastero—
Privilegio accordato dal Vicerè il 18 agosto 1608..

Ha il privilegio con data del 19 luglio 1580 di celebrare una messa al giorno nella cappella del Regio Palazzo, coll'elemosina di anni 36 perpetui.

Gode la quarta funerale concessa da Giulio II.

Nella chiesa di questo monastero l'altare maggiore
è dedicato a S. Maria del Loreto — Dalla parte destra
vi è una cappella col titolo di tutti i Santi ed altra
cappella col titolo della SS. Trinità — Ve n'è altra sotto il titolo della Trasfigurazione del Signore — altra
sotto il titolo di S. Caterina — altra sotto quello di
S. Michele Arcangelo — altra , sotto il titolo della
Presentazione della Vergine — L'altare consacrata a
S. Luca Evangelista — la nona del SS. Crocifisso — la
Decima è sotto il titolo di S. Giovanni Battista —
l'undecima sotto quello di S. Maria del Carmine —
la dodicesima sotto il titolo del Suffragio — la decimaterza non avea titolo la decimaquarta sotto quello
della Congregazione di S. Paolo.

Delle sopradette Cappelle, quella ov'è l'altare maggiore appartiene a Sertorio Duni del Casale di Rossano, cessionario di Ciro Battista Stocco—la seconda al
sig. Antonio Gervasi di Cosenza — la terza alla fa-

miglia Oranges, eredi di Mario d' Oranges — la quarta al sig. Ignazio Ricciuti di Cosenza — la quinta al sig. Diego Puglise di Cosenza — la sesta a Pompeo Cavalcanti — la settima a Pietro Vincenzo d'Abate di Rossano — l' ottava al monastero — la nona ad Orazio Rossi di Cosenza — la decima a Giuseppe Mungo di Cosenza — l' undecima a Mercurio Caruso di Cosenza— la duodecima alla Famiglia d'Amico di Cosenza — la decimaterza ad Ottavio de Matera — la decimaquarta a Pietro Antonio Auria Gulli di Cosenza.

Dalla parte sinistra dell' altare maggiore, vi sono I la cappella sotto il titolo della Purificazione, de'signori Caputi—la II sotto il titolo della Concezione , dei Della Valle—la III sotto il titolo dell' Assunzione, dei signori Firrao — la IV sotto il titolo di S. Lucia , de' signori Arnieri — la V sotto il titolo di S. Maria del Carmine, de' signori Garritano — la VI dedicata a S. Francesco di Paola, de' signori Fabio e Marcello Caputi — la VII sotto il titolo dell' Assunzione della Madonna, de' signori Perrelli — la VIII dedicata a S. Anna, de'signori Pugliese — la IX della famiglia Palma dedicata all' Epifania — la X della famiglia Grimaldi sotto il titolo di S. Gio. Battista — la XI della famiglia Lucente di Aprigliano dedicata all' Epifania— la XII dedicata alla Pentecoste , della famiglia Genovese — la XIII della famiglia Lupinacci, dedicata a tutti i Santi — la XIV della famiglia Garofalo dedicata all' Assunzione del Signore — la XV sotto il titolo della Natività del Signore , della famiglia Pascale — la XVI del Monastero sotto il titolo dell' Assunzione.

Oltre alle sopradette cappelle sono i seguenti sepolcri.

All'ala destra, entrando alla chiesa, sono 1° un sepolcro della chiesa — 2° altro della famiglia Torani— 3° altro di Gerbino — 4° altro di Arcuri Alessio di Pietro — 5° altro della Chiesa — 6° altro di Salfi Pietro fu Giuseppe — 7° altro de' signori Gramazio— 8° altro di Gervasi Domenico — 9° altro di Gagliardi Giuseppe — 10° altro di Matrangola Vincenzo—11° al-

tro di Saporiti Francesco — 12° altro di Saporiti sotto
la Cappella della Madonna delle Grazie — 13° altro
di Arnados e di Amantea — 14° altro de' signori Castellano — e poi il 15° dei Fabrizii — il 16° degli
Epaminonda — il 17° de' signori Martino.

Sono poi all' ala sinistra della Chiesa 1° Sepolcro
della Chiesa — 2° di Giardino — 3° di Morrone Matteo — 4° di Pastore e Caracciolo — 5° di Tarasi —
6° della Chiesa — 7° di Failla — 8° di Giangotti e
Milone — 9° dei signori Marini Serra — 10° dei signori Carbone e Greco di Nicola — l' 11° de' signori
Pugliese Luigi e Monaco — il 12° de' signori Pelusi —
il 13° de' Mazziotti — il 14° de' signori De Chiara —
il 15° de' signori Jannone e Menna — il 16° de' Gervasi di Saverio.

Oltre a ciò, entrando alla Chiesa, è una tomba
de' signori Orsimarsi — altra de' signori Ronchi vicino alla lapide grande di marmo—e nel Sancta Santorum avanti l' altare maggiore in *cornu epistolae* dei
signori Golia — nel centro de' signori Tirelli — altra
in *cornu Evangelii* di Gallo di Giuseppe.

Nella cappella di S. Anna sono — 1° la tomba dei
Rigio, ora di Arena e de Bartolo — 2° de' Barone —
3° di Marini di Francesco — 4° di Plastina e di Donato di Gennaro — 5° di Michele Amantea — 6° di
Menna e Furgiuelo — 7° di Politi — Nella Cappella
del Crocifisso 1° tomba di Campagna e 2° di Corigliano.

Nella Cappella di S. Nicola la prima di Trocini —
la seconda di Casini di Nicola — la terza di Infante — la quarta di Salerno — la quinta di Torano Salvatore — la sesta di Del Vecchio oggi Lepiani Alessandro.

Nella sagrestia picciola — la prima tomba è di Scaglione — la seconda di Guarasci — la terza di Campi-
longo — la quarta di Severini a sinistra però — l' altra di Cimbalo — la sesta di Cinelli — Dentro la sagrestia grande è la tomba con l'iscrizione della famiglia Menna.

## CAPITOLO SECONDO

I. Questione tra Cosenza e Cirenzia ed altri paesi intorno a' confini della Sila — II. In quale epoca furono chiamati i Domenicani in Cosenza per stabilirvi il Tribunale dell' Inquisizione — Sommosse popolari — III. Suora Arcangiola Ferrari — IV. Gli Agostiniani Zumpani in Cosenza — V. S. Maria della Motta e S. Maria de Medio Domini Aegidi si fondano nel monastero di S. Maria delle Vergini — Orfanotrofio (anni 1509).

I.º Ritornando alla storia diremo : che di questi tempi si riaccesero le risse, ch' ebbero effetto così funesto tra gli abitanti di Cerenzia Caccuri, Conte di Cariati ed i Casali di Cosenza su' confini de' vicendevoli territori prossimi alla Sila. E gli uni faceano scorrerie su' territorii degli altri, e questi percuoteano, uccidevano, ferivano i guardiani di quelli.

Ad istanza dell' Università di Cosenza, la causa fu portata dinanzi al Governatore di Calabria.

Si approfondì dal Vicerè: che questa questione era antichissima , e che i passati Giustizieri di Val di Crati e Terra Giordana , in linea di provvedimento provvisorio, aveano sempre ordinato: che fintanto chè il litigio non si fosse deciso nel merito, i territori controversi si assegnassero alla comunione del popolo ed agli animali delle parti litiganti. In tal rincontro l'Università richiese lo stesso provvedimento, sul riflesso che nelle guerre di Carlo VIII la città aveano perduto i titoli che comprovavano il suo dritto. Il Governatore facendo luogo alla dimanda di Cosenza, rimise le cose allo stato *quo* , finchè non si potesse con giusti titoli le pretese delle parti, ammettere o rigettare.

II.º Il nostro popolo per buona pezza occupato a guardare l' esito della causa di che abbiamo parlato , fu distornato dall' altra, che Fra Pietro di Pedace attitò contro quella Università presso il Tribunale di Cosenza.

Era fra Pietro un Eremita della Bagliva di Pedace, che fingendosi ispirato dalla Vergine, fabbricò in det-

ta Bagliva una Chiesa sotto il titolo di S. Maria di
Gerusalemme. Il povero uomo o perchè credesse d'ingannare i gonzi del suo paesetto, o perchè gliel'avessero data ad intendere, si spacciava come conservatore de' capelli della Madonna e di otto reliquie false ,
facendo ed operando con esse mille scene. Stanca l'U-
niversità di Pedace delle sue buffonerie , deliberò di
chiudere l' adito a tanti scandali, cacciandolo da quel
cenobio, e chiamandovi invece i Domenicani.

Fra Pietro, quindi, pose in causa l'Università sostenendo: che il Monastero fosse cosa sua, perchè a sue
spese fabbricato; e l'Università posesi a sostenere che
*no* ; perchè fatto a spese de' fedeli. Fra Pietro perdè
la lite; fu costretto a tacere; ma non finì così la cosa; perchè i Domenicani che aveano la mano principale negli affari dell' Inquisizione, presero argomento
da questa corbelleria , per chiedere a Re Ferdinando
il Cattolico l' introduzione d' un Tribunale d' Inquisizione in Cosenza; e ciò fu cosa, che pose lo sgomento
nel core de' Cosentini, e produsse non pochi disturbi
in Città.

Già si conosce, che da che Federico II promulgò la
terribile costituzione , *in consutilem* per distruggere i
Patareni, gli Arnoldisti ed altri eretici, nacque il costume , che da' Papi si mandassero degl' Inquisitori
nelle Provincie degli Stati d' Europa ; e si conosce
che costoro furono per lo più Domenicani, come coloro ch' erano segnaci di S. Domenico , cui la S. Sede
facea merito distintissimo per aver distrutto gli Albi-
sefi. Finchè vissero Federico e Manfredi non si permise che quest' inquisitori venissero di Roma ; ma
venivano addetti a questo ufficio i nostri stessi prelati; e per ciò che riguardava le accuse contro gl' imputati d' eresia , andavano esse conosciute da' Tribunali ordinarii. Gli Angioini per la prima volta permisero che venissero di Roma: facendo loro le spese ;
perchè anche gli Aragonesi rarisssime volte il consen-
tivano ; e quando vi aderirono non permisero che si
fosse eseguita condanna alcuna senza il regio assenso.
Ferdinando il Cattolico fu il primo che autorizzò la

S. Sede ad impiantare de' formali Tribunali inquisitorii nel Regno; valendosi di questa inclinazione nel Re Spagnuolo, i Domenicani, di terra Giordana ne chiesero l'impianto in Cosenza.

All'annunzio, adunque della terribile nuova, un brivido corse per l'ossa de' Cosentini. Riunitisi in generale parlamento co' Deputati de' Casali decisero di supplicare il Re: perchè volesse allontanare da Val di Crati e segnatamente da Cosenza città Regia tanta sventura. Però, la voce del nostro popolo non potè salire in fino al trono: stornata come fu dalle mene de' Domenicani. Il Decreto fu emesso, e gl'inquisitori già metteansi in viaggio per venire a stabilirvelo su tutte le norme che i regolamenti prescriveano. In questo torno, Carlo Cavaliere posto in cima d'una pertica il quadro di Ferdinando il Cattolico uscì per la Città gridando viva il Re, morte agl'Inquisitori. Bastò questa scintilla per destare un incendio, il popolo in massa si sollevò, e crescendo la ribellione ed infuriando sempreppiù, le masse si addossarono all'Arcivescovado ripetendo gli stessi gridi e le stesse minacce.

Era in quest'epoca Arcivescovo Francesco Borgia, allievo di Alessadro VI, e da lui creato Cardinale col titolo di S. Cecilia. L'arcivescovo si mostrò al popolo, minaccioso ed accigliato; ciò ruppe ogni argine alla continenza; ed assalito il palazzo arcivescovile e datavi la mala giornata, ritornò in piazza, ove per tre giorni si ripeterono sempre gli stessi gridi, e le stesse minacce. Tosto una processura si aprì contro il Cavaliere e consorti; ma il popolo non permettendo che pochi espiassero il fallo di tutti, piombato in un bel dì nelle carceri dell'arcivescovo, ne franse i cancelli, e via trionfante li trasse. Ferdinando allora per non entrare in maggiori brighe co' Calabresi, tagliò corto, e rivocato l'ordine, dispose che si passasse come inosservata l'una e l'altra vicenda (1).

III.º La debolezza del governo dimostrata in quest'ultima congiuntura, fu causa che Suora Arcangela

(1) Cronica Cosentina — Cronica di Rocchi.

Ferraro dell'ordine di S. Bennardo, stanca delle trappole de'preti, che le si davano a confessori, facesse la sua ribellione al monastero, proclamando la libera elezione de' confessori. Fu tosto scomunicata, e l'interdetto appiccato alla porta della Chiesa metropolitana. Saputasene la causa dal popolo, tosto ne operò la defissione—Gli agenti dell'Arcivescovo tornarono all'affissione, e bentosto le cose presero tali proporzioni, che, secondo che narra il Giannone, il Vicerè ordinò: che si procedesse con estremo rigore contro coloro i quali ardivano pubblicare qualunque scrittura o bolla di scomunica o interdetto venuto da Roma senza il placito regio.

IV.° A proposito di queste due sconfitte, che riportò Roma in Cosenza, e per essa l'Arcivescovo Borgia, è da sapersi: che questo prelato era successo all'ordinario della nostra Diocesi, Monsignor Lodovico Agnello, nobile Montovano, Chierico di Papa Alessandro VI, Governatore di Perugia, morto di veleno in Viterbo, nell'anno 1499. Era il Borgia Spagnuolo di Valenza, e creato Cardinale col titolo di S. Cecilia da Papa Alessandro, fu deposto da Papa Giulio II che con altri tre Cardinali il citò a comparire innanzi al Concilio di Pisa. Egli si trasferiva nella nostra Chiesa da quella di Trani, e moriva in Reggio di Lombardia, detto Reggio di Lepido, per distinguersi dal nostro Reggio, che portava l'aggiuntivo di Giulio. Nel 1507 permise egli che il frate Francesco del Casale di Zumpano introducesse in Cosenza la religione degli Agostiniani. Un monistero di quest'ordine si fabbricò nel borgo de'Pignatari, anticamente detto borgo della Stella, e propriamente attaccato alla Cappella di S. Maria del Carmine, ov'era stabilita una congregazione di questo nome, e che dal 1500 era stata assegnata a detti padri. Nel 1582 questa confraternita cambiò di titolo e si disse Congregazione di S. Maria del Soccorso: e ciò avvenne, quando stabilitosi l'ordine de'Carmelitani in Cosenza, occuparono la Chiesa ch'era un antica Grancia dell'Ospedale di S. Spirito di Roma, col titolo di S. Sofia. Questo Convento si rese celebre pe' religiosi di grido, che vi fiorirono, e tra costoro furono nostri concittadini: Antonio Anastasio maestro Provinciale versato nelle scienze esatte nel 1530 — Giacomo di Tarsia , perito nelle stesse nel 1539 — Daniele Mazzei peritissimo delle scienze filosofiche nel 1626—Pietro de Chiara, ornato di lettere e versato nella teologia , nel 1628 — Furono poi provinciali di grande grido per le lettere Guglielmo Mannesi , Guglielmo Vita , e Berardo Fusillo (1).

Il 1511 Monsignor Giovanni Ruffo succedea al Borgia. Era egli Forlivese e Nunzio , ed è colui che da Leone X venne spedito a Carlo V , di cui era stato Cappellano maggiore , in diverse ambascerie diplomatiche. Egli veniva tra noi dalla Chiesa di Bertinoro—fu ben veduto da Papa Adriano VI, e da lui, creato General Tesoriero, fu impegnato a diverse legazioni politiche. Governò la nostra Chiesa fino al 1527 e permise, che lungo la sua amministrazione tra noi si fabbricasse il Monastero delle Vergini.

V.º È risaputo come nella nostra Città esistessero a quest'epoca due monasteri di donne, uno detto di S. Maria della Motta , e l'altro di S. Maria De Medio Domini Aegidî. Essendo questi due monasteri picciolissimi , furono entrambi incorporati a quello di S. Maria delle Fontanelle di Mendicino dell'ordine di

---

(1) Nella Chiesa di S. Agostino esiste la Cappella del SS. Crocifisso della famiglia Paolillo di Napoli. Vi è l'altra di S. Nicola Tolentino con sepolcro, della famiglia de Rose — la Cappella della Madonna del Buonconsiglio con sepolcro, della famiglia Palazzi — la Cappella di S. Michele da prima dedicata all'Immacolata, della famiglia Gervasi fin dal 1518, e poscia a tutt' i Santi, quindi a S. Michele dietro l' incendio che subì il Monastero — la Cappella di S. Giuseppe, di Mazzei fu Luigi con sepolcro—la Cappella della Maddalena con sepolcro di Perrone; oltre a ciò un sepolcro vicino la cappella del SS. Crocifisso di Cosentini fu Francesco Antonio—altro vicino la Cappella di S. Nicola Tolentino di Manna Domenico — altro vicino l' altare maggiore in *cornu epistolae* di Milioti — altro vicino la Cappella del SS. Crocifisso di Alessio — altro in amisso alle navate, antico sepolcro de' Religiosi—altro tra la Cappella di S. Rita e di S. Raffaele di Loberto — altro tra la Cappella di S. Raffaele e S. Giuseppe, di Scrivano—altro vicino la porta della Congregazione di Tafura — altro dietro l' altare maggiore, di Grisolia.

S. Benedetto; e siccome i primi due erano dell'ordine cisterciense, se ne formò un solo d'ordine cisterciense sotto il titolo di S. Maria delle Vergini nell'anno 1517.

A quest'oggetto si comprarono le case di Francesco Favaro e nipoti, e le scuole de' Giudei, vicino le mure della Judeca, ch'era ove oggi è la contrada Richichi, e le case di Guido Sersale, e Ferrante Peluso. Due celebri maestri muratori di quell'epoca Pietro Celestre e Domenico La Cava furono incaricati della costruzione. Questo monastero fu comune a civili ed e nobili donne — e due donne di Mendicino aveano dritto a farne parte per le rendite del Monastero delle Fontanelle di Mendicino, assorbite da questo. Fu in seguito aperto alle sole famiglie nobili. Il 1809 fu soppresso, e vi si stabilì un Orfanotrofio. Nel 1840 abbattuto il giardino che vi era, fu addetto a piazza de' follari. Il 12 febbraio 1844 soffrì tali danni, che le orfane dovettero cercar ricovero nella Chiesa dello Spirito Santo.

Di questo monastero fa motto Matteo Guerra in una relazione diretta al Cardinale di Chiaravalle. Le orfane che raccolse nel 1811 vi passarono da S. Teresa, monastero di Carmelitani Scalzi soppresso all'epoca di D. Giovanni Danero, e fin da quel tempo addetto all'educazione delle orfane esposte. Altre orfane vi passarono dal soppresso monastero della Trinità il 1815, quando la Trinità fu soppressa, ed il monastero ridotto a case oggi in gran parte occupate dall'egregio farmacista sig. Francesco Torchiaro. Colle rendite che se ne ritrassero, e con quelle che avea il Convento si provvide al mantenimento delle stesse nel cennato Orfanotrofio. Quest'Orfanotrofio secondo il bilancio che ci è stato offerto, ha il seguente attivo e passivo.

*Attivo*

| | |
|---|---:|
| Rendita sul Gran Libro . . . . . . . | 16761.58 |
| Da fondi rustici . . . . . . . . . | 4824.06 |
| Da fondi urbani . . . . . . . . . | 3640.03 |

| | |
|---|---:|
| Censi e Canoni . . . . . . . . . | 16769.70 |
| Pensioni . . . . . . . . . . . . | 122.40 |
| Pel 2 1\|2 per cento che si rilasciano . | 52.28 |
| Entrate straordinarie . . . . . . | 61.29 |

Totale 42225.74

*Esito*

Lire . . . . . . . . . . . . . 42225.34

# CAPITOLO TERZO

1. Uomini illustri cosentini — Il Guerra — Francesco Franchini — Giovanni Tilesio — Il Negroni—Prospero Parisio—Antonio Telesio — II. Privilegi di Carlo VI concessi a' Cosentini — III. Guerra tra Carlo V e Francesco I di Francia — Simone Tibaldi tiene in Calabria pe' Francesi—Presa di Cosenza e del Castello per opera de' Corsi — Alarçone ripiglia l' uno e l' altro per conto di Carlo V — Concessioni di Carlo a' Cosentini suoi partigiani — (anni 1516).

I.° Il Guicciardini al libro III del Capitolo III, dove parla della presa e saccheggio di Cosenza per Aubigny, fa motto del nostro concittadino Guerra, che con ottocento cavalli si ridusse a Gaeta, e mantenne quella piazza salda alla divozione francese. Ma oltre del Guerra, le patrie carte ricordano in quest' epoca un Giovanni Tilesio—un Francesco Franchini—ed un Antonio Tilesio che non meno del Guerra recarono alla nostra patria lustro ed onore.

Fu Giovanni Tilesio, secondo che narra il Martirani, o meglio il Barone, perchè l'opera del Martirani è del Barone, di patria, Cosentino. Egli a dir del Toppi e del Fera fu espositore delle Rime del Petrarca. Però di lui niente non avanza ; e lo stesso Tommasini nel suo *Petrarcha redivivus*, motto alcun non ne tiene.

Francesco Franchini, poi, a dir del Tuano è quel nostro valoroso soldato Cosentino che seguì Carlo V alla spedizione d'Africa. Egli fu tenuto in gran pregio pel suo ingegno vivace ed elegante in poetare latinamente dal Giovio e dal Guidiccioni ; e fu molto stimato dal Caro, e da Paolo III, che lo creò Vescovo di Massa e di Piombino.

I suoi epigrammi si volsero a ferir prima Clemente VII, e poscia chiunque gliene desse ragione.

Generalmente, viene appuntato di soverchia licenza; ed il Tuano lo paragona ad Ulderico Hutten. Nel 1560, secondo il Moreri, la congregazione dell'Indice condannò i suoi Sarcasmi ed i suoi Epigrammi.

Egli fu dippiù poco onesto dicitore; ond' è, che ciò che di lui narra Gio. Matteo Toscano , non è il più bello elogio per un Vescovo cristiano.

Ebbe uno stile nobile e sostenuto; sempre epigrammatico, pieno d' immagini, come esigea il suo concetto di natura essenzialmente satirico ed analitico.

Ci lasciò un volume di poesie — un saggio di versi nella raccolta di Matteo Gapano, ed in quella del Grutero—e de'Dialoghi latini, sullo stile di Luciano. Dippiù abbiamo : Le geste di Carlo compiute in Africa ; ed a dir del Vanderlinden: un opera intitolata *De sanguinis missione*.

Giovanni Sersale, che fu Vescovo di Cariati nel 1505 fiorì pure intorno a quest'epoca. Egli successe in quella sedia vescovile a Martino di Legnano di Bologna, domenicano, che si rese celebre pel processo di canonizzazione del Calabrese Francesco di Paola. Fu il Sersale dottissimo in teologia, e protesse grandemente il Negroni, celebre pittore, che tanto le Calabrie onorò.

Fu il Negroni Cosentino, secondo il De Dominicis, l'Orlandi, Gio. Battista Grossi, e l'Origlia. Fu desso sopranominato lo Zingaro giovine. Nacque egli il 505 di bassi natali ; e da un pittore Cosentino di casa Savuto, trovato atto alla pittura, a questa nobilissima arte fu indrizzato ed istruito. Fanciullo, effigiava egli delle figure sulla sabbia col carbone, che meravigliavano chi le vedesse.

Tratto in Napoli in verde età, si perfezionò nell'arte presso Cardisco, calabrese anch'esso, e del Vasari anteposto ad altri dell' epoca di cui parliamo. Apprese il disegno presso del Gossurio ; ed in occasione dello arrivo di Carlo V fu col Sabatini chiamato a dare opera a varie pitture, che riscossero il plauso pubblico. Il De Dominicis l'Orlandi ed il Cavaliere Stagiani ci narrano le pitture delle quali egli arricchì varie chiese di Napoli. Ma ciò che lo fè venire in gran rinomanza furono i lavori di ristorazione alle fatiche dello Giotto in S. Chiara, e la famosa tavola esistente in Lucca, nella Chiesa della Croce , rappresentante la Vergine col figliuolo sotto una penneggiatura sostenuta da due angioli. Questo dipinto, secondo il Grossi, è condotto con tale unione di colori , e con tale intelligenza di chiaroscuro, che non ha pari. Del Negroni scrisse accurati cenni storici Carlo Maria L'Occaso nel giornale il Calabrese.

Nell'epoca della guerra tra Carlo Ottavo, e del Re cattolico fiorì Prospero Parisio, congiunto del Parrasio, che, per aver quasi per tutta la vita fatta dimora in Roma, fu da quel Municipio dichiarato cittadino romano. Dalla iscrizione lapidea posta sul suo tumolo in Roma—in Santa Maria degli Angioli alle Terme , appare chiaro ch'egli fu geografo e filosofo stimatissimo a'suoi giorni. Però, noi sappiamo, che meglio che geografo e filosofo, fu matematico celebre, e quel che più monta, uno de'ristauratori ed iniziatori più gagliardi dell'attuale Archeologia.

Fu militare — pugnò sotto Prospero Colonna , e si distinse assai nella battaglia di Curzolari , contro i Turchi.

Dalla Santa Sede fu più volte mandato ad amministrar giustizia nelle Legazioni, e nel regno di Napoli. L'epitaffio lo appella nuovo Bruto e Curzio; ciò che depone de'sentimenti non molto devoti alla tirannide ed alla dipendenza. Il monumento sepolcrale gli fu posto da'nostri concittadini Fabrizio Gaeta—Antonio de Prosperis—e Giulio Cesare Frangelli.

Fra tutti gli enunciati uomini illustri, qual cipresso tra'bassi viburni brillò Antonio Telesio, che nacque il 1482 in Cosenza, ove apprese lettere greche e latine, ed ove morì nel 1542—Insegnò belle lettere in varie

Università d'Italia e rettorica in Roma con un successo non visto ancora. Quivi protetto da Monsignor Gilberti, vescovo di Vienna, cui dedicò l'opera: *De coronarum generibus*, dimorò sino al sacco del Borbone sotto il Pontificato di Clemente VII. Si menò tanto rumore in Italia del sapere di lui, che poco stiè, è non andò a maestro di Filippo II Re, a cui era stato progettato.

Fanno l'elogio di lui il Gianne il Moreri il Giovio il Toppi il Gesnero il Bomarico, il Tiraboschi, e quanti han trattato della storia della letteratura del Regno.

A giudizio di tutti egli è da riguardarsi come uno de' più puri scrittori latini del secolo XV.

Veramente, il pregevole del Telesio sta nella purità della lingua—ed in un fondo di sentimenti, che rendono le sue opere concettosissime.

A giudizio del Quattromani, la *Fenice* del Telesio è uno de' più belli componimenti che possa scriversi in questo genere, e l'*Orphus* è opera così dotta, che lo stesso Quattromani ne restò maravigliato.

Paragonato ad uno de' più belli libri dell'Eneide, fu l'*Uronos*, componimento scritto sopra un viaggio da Milano a Napoli.

A dir dell'Aquino, la *Danae* piacque tanto, che fu stampata in Alemagna e Francia. Era dessa una tragedia come l'Orfeo in cui la lingua del lazio venia così bellamente scritta, che giudicossi potesse stare a petto della greca.

Oltre alle cennate cose, scrisse un'operetta intitolata *De coloribus*, ricordata dal Vanderlinden e dall'Amenta ne' suoi rapporti del Parnaso. Scrisse i Ciclopi—Galatea—gl'Idilli—i Carmi—l'Epistole ad Alessandro Caccia Fiorentino—e sull'assunzione al Ponteficato di Giulio De Medici—poscia Clemente VII.

II. Ferdinando il Cattolico cessò di vivere l'anno 1516 ed il Principe Carlo, Arciduca d'Austria, gli succedeva. Costui dopo tre anni, per la morte di Massimiliano chiamato anche all'impero riunì sul suo capo la corona di Germania e quella di Spagna, Napoli ed altri Regni.

Il Dottore Bartolo Bombini, qual Deputato della città
di Cosenza e Casali il 1 Maggio 1520 si presentava
all'Imperatore e chiedeva.

Ch'essendosi nelle guerre passate distrutto il Monastero di S. Maria della Motta, necessario al popolo, per
rinchiudervi le giovinette che si volessero dedicare al
culto divino, volesse sua Maestà a sue spese, rifare il
detto monastero ; e l'Imperatore decretava una largi-
zione a' Cosentini di ducati 2000 per rifabbricarlo in
altro luogo.

Chiedea il Bambini: che si fossero restituiti a Cosenza e Casali Carolo e Caronelli occupati da Francesco De Simone a nome della Regia Corte — Che tutti
i proprietarî della Sila fossero astretti ad uscire da essa,
e demolir le difese fattevi—E l'Imperatore rispondea
col solito motto—*Placet regie majestati.*

Che per Scigliano, ricomprato con grandissimo dispen-
dio dalla Città di Cosenza dal Conte di Martorano, per
reintegrarlo ne'Casali di Cosenza, disponesse: che i suoi
abitanti venissero alla Corte di Cosenza ; ed ove per
la distanza, non potessero trarvi, permettesse, che venisse amministrato da'cittadini Cosentini— Che il Castellano di Cosenza non potesse esigere nulla sulle
mandrie che si vendevano al mercato della Città o che
transitassero per Val di Crati. L'imperatore a tutte
queste grazie accordava il regio assenso.

Malgrado, però, le cennate ordinazioni, le usurpazioni nella Sila non cessavano; onde avvenne che il 1532
il magnifico Bernardino di Tarsia, e messer Giacomo
Palazzi raggiunsero l'Imperatore a Bologna supplicandolo per la reintegra de' tirreni Silani: cosa che fu accordata—e perchè tutti que' Cosentini che andarono e-
migrando in Catanzaro Belmonte Amantea Ajello al-
l'epoca delle guerre francesi, venissero dichiarati esenti
da' pesi fiscali, e potessero godere i privilegi de'cittadini di Tropea Amantea, e portar le armi per propria
difesa, e come partiggiani di Sua Maestà avere vigore
uffici o impieghi in Città.—Che i Cosentini co'Cosalesi
potessero celebrare la nuova fiera detta di S. Agostino, ch'era stata progettata con tutti i privilegi conces-

si alla fiera della Maddalena — Che il Castellano non potesse esigere dritto di portello — Che cagionando gravi danni a' cittadini il possesso della Bagliva della sila, tenuta dagli eredi di Messer Antonio di Alessandro di Napoli, ovechè si fosse venduta detta Bagliva, se ne fosse data la preferenza agli abitanti di Cosenza e Casali.

L'Imperatore concesse tutte le cennate grazie, ed a proposito dell'ultimo articolo dell'ultima petizione, rispose, che ove si fosse dovuta vendere la cennata Bagliva, si sarebbero prescelti i Cosentini. Or ciò involve nel Fisco dritto di proprietà nella sila? Niente affatto. Se il Baglivo della sila, non era altro che l'appaltatore dei dritti fiscali ossia de' dazi governativi sulla sila, la vendita o concessione di questa Bagliva, non era quindi altro che la concessione dell' appalto de' dazi, che gravavano sulla sila, come su tutto il Regno, fatto al D'Alessandro, e che i Cosentini chiedeano, ove il D'Alessandro cessasse di farne l' appaltatore.

III. L' Imperatore graziosamente aveva accolte le petizioni tutte de'Cosentini perchè è da sapersi, che nella guerra ferita ultimamente co'Re di Francia, si erano molto divoti mostrati alla sua causa.

Queste guerre scoppiarono tra l'Imperatore e Francesco I di Francia il 1528 per le vecchie ragioni, che la Francia credea vantare sul Regno di Napoli. Apertesi in quest'anno le ostilità, Francesco avea delegato Simone Tibaldi all'acquisto delle Calabrie; che ci venne con due mila uomini tra corsi e paesani. Combattea per l'Imperatore il Principe di Bisignano, che in tal torno forti ed innumerevoli ostacoli oppose alla marcia del Tibaldi, avendo a suoi capitani di guerra i nostri concittadini Francesco Matera, Bernardo Rocco, e Francesco Cicala; ma sopraffatto il Principe da' Corsi, e fatto prigioniero il principe di Stigliano ed il Marchese di Laino, che col Bisignano militavano per Carlo, con poderosa armata marciò tosto all' occupazione della regia città, ch'era Cosenza. I partigiani allora di Carlo V, disperando di poter resistere alle forze del Tibaldi, e de' nemici interni, che pel

14

Re Francese si erano pronunziati , e non volendo cadere in mano del vincitore, decisero d'abbandonare la città emigrando per Catanzaro , Belmonte , Amantea Ajello, giusta come si è veduto nel privilegio. Partiti i partigiani di Carlo, a' primi bandi di Tibaldi, la città insorse, e quando sulle rive del Crati comparve la vanguardia del Re di Francia composta di centoquaranta cavalleggieri, e cinquanta corsi, furono atterrati gli stemmi imperiali , ed il nome del Re Francese fu da pertutto proclamato.

Presa la città, restava il castello ch'era custodito da Adorisio Andreotti, capitan d'armi al servizio di Carlo, e sotto i comandi del principe di Bisignano. A questo milite Tibaldi intimò la resa ; ma venendogli risposto dalla guarnigione del castello a colpi di fucile, si pensò di minarlo, e non potendolo avere per occuparlo, distruggerlo per cacciarne gli Spagnuoli. Il castello, adunque, fu preso allo scoppio delle prime mine, che per altro non vi recarono che picciolissimi danni; la guarnigione capitolò a patti onorevoli ; ed il Capitano Andreotti in guiderdone del contegno osservato, fu da Carlo creato Barone di Ajeta e Tortora (1).

La presa del castello pose i Francesi nel primo possesso delle città , non solo, ma quasi di tutto Val di Crati. Di qui mosse Tibaldi con Alfonso Sanseverino Duca di S. Marco per assediare Catanzaro. Il duca Sanseverino avea avuto dal Re di Francia il Contado di Rende e Fiume Freddo ; per contrario , l' Imperatore Carlo avea promesso i detti Contadi ad Alarçone ove avesse debellato il Duca.

Alarçone quindi seguito da Fabrizio Pignatelli, come seppe la partenza del Tibaldi da Cosenza, mosse all'acquisto delle terre promesse, marciando a gran giornate sopra il Tibaldi, che disfatto , ritornò frettolosamente in Cosenza, donde per altro dovette tosto allontanarsi, presa come fu la città d'Alarçone d'assalto. Restava il castello, il quale, quindi a poco si arrese a

(1) Vedi Castig. op. cit.

patti che Tibaldi e sue genti potessero uscirne coll'o-
nore delle armi.

IV.° Ritornata la città in potere dei Spagnuoli, vi
rientrarono gli emigrati, e questi facendo valere i loro
meriti, come si è detto al 1532 ottennero da Carlo V
le concessioni di che si è parlato.

Durante il periodo di questa guerra e propriamente
nel 1528, dal Vicerè D. Pietro di Calon fu investito
della Baronia di Zinga e Massanuova, devoluta al fisco
per la fellonia di Giovanni Pipino e Ferrante Mater-
doni Cotronesi, Mario Abenante, nostro concittadino. Questo stesso il 1525 sotto il Vicerè D. Pietro
di Gonzaga avea ottenuto la Baronia di Casabona e Casali di Morelli, devoluti al fisco per la fellonia di Dio-
mede e Scipione Antinorio, che aveano partegiato per
Luigi III contro Ferdinando il Cattolico. Egli era Gran
Croce della Religione di Malta, e forse fratello di quel
Pietro Antonio Abenante, che da Carlo nel 1520 fu investito del feudo di Cirò e Calopezzati, nonchè dell'altro d'Ipsicrò in territorio di Catanzaro — Spedito in
principato Ultra in qualità di Preside — ed in seguito,
nel 1552 mandato da Carlo e dalla Regina Bona a
Rossano colla divisa di capitano d'armi, e con commissione di vettovagliare quella piazza: temendosi prossima un'invasione per parte de' Turchi.

Nella presente guerra oltre ad Adorisio Andreotti,
si distinse grandemente Pietro Andreotti, soprannominato l'audace, che secondo il P. Coronelli (1), ed il
Castiglione fu segretario di Papa Paolo IV negli anni
che seguirono 1555.

(1) Tom. III. let. A.

# CAPITOLO QUARTO

I. Chiesa e monastero de'Cappuccini — II. Entrata dell'Imperatore Carlo V in Cosenza — III. Carlo ordina che una terza chiave dell'archivio Comunale sia tenuta dal sindaco del popolo—IV. Epoca in che Cosenza cessa di pagare le gabelle della seta per la ricostruzione delle mura di Cotrone — Fiera della Maddalena— V. I due Gaddi arcivescovi Cosentini—Disturbi in Cosenza pel danaro addetto alla fabbrica di S. Pietro—Causa della chiusura dell'Accademia Parrasiana ristorata dal Telesio (anni 1534).

I. Tranquillizzatesi le cose della Provincia, i Cosentini, diedersi a tutta possa a compiere il Monastero dei Cappuccini, le cui fondamenta erano state gittate sin dal 1534.

Fu esso menato a compimento l'anno 1587 per l'energia che spiegò Enrico di Mojo nostro calabrese, che nel 1485 era stato eletto arcivescovo Severenate; ed inaugurato il 27 maggio, colla solenne apertura che se ne fece, ed il possesso che se ne diede a' Padri. La loro chiesa fu consagrata da monsignor Zaccone, vescovo di Strongoli, e fu alzata sulla vecchia di S. Maria della Motta. Questa consacrazione avvenne nel 1588, e fino alla soppressione, sull'altare maggiore di esso si vedea un quadro dell'Immacolata di Luca Giordano, che, all'epoca della detta soppressione, passò alla Cattedrale occupando uno degli altari nella Cappella del Pilerio.

Questo convento posteriormente fu accresciuto di altre braccia, edificate ove un dì fu la Cattedrale di S. Pancrazio nel 1590. Nel 1795 l'altare fu fatto di scagliola, ed il pulpito di noce, che oggi si conserva dalle Cappuccinelle.

Nel 1699 Padre Antonio Olivadi v'introdusse la festa dell'Addolorata, che monsignore Capece Galeota per renderc più pomposa, corredò della benedizione degli Abitini.

Nel 1806, destinato in parte ad ospedale militare, i padri indignati, lo abbandonarono in tutto. Nel 1813 fu addetto ad ospedale Quartiere. Nel 1824 il Marchese di Vallelonga, di casa Castiglione Morelli, ne ottenne la ripristinazione , facendovi nella Chiesa l' altare di marmo; e concorrendo in gran parte alle spese di ristorazione.

Il terremoto del 1854 vi fece dei danni gravissimi, che furono con molta edificazione del paese, rifatti da que' monaci, i quali si mostrarono in ogni epoca modello di santa vita , e di virtù evangeliche.

Oggi è soppresso al pari degli altri , con dispiacere de' poveri , che vi trovavano in ogni tempo ed in ogni ora ajuti e soccorsi alla loro fame e alla loro miseria.

La Chiesa da' Cappuccini è divisa in due ale, giusto l'uso di questi PP. ed è dedicata alla Immacolata Concezione. Conta sei Cappelle con altrettanti altari, dei quali il primo è dedicato al B. Arcangelo d' Acri—il secondo alla Vergine della Pietà—il terzo a S. Luigi Gonzaga—il quarto a S. Antonio di Padova—il quinto a S. Francesco Saverio — il sesto all'Addolorata. Appartengono: il primo a D. Luigi Pisani e D. Francesco Gallo—il terzo a Palermo Vincenzo, che vi à sepoltura—il quinto alla famiglia del Gaudio, che vi ha appiè la tomba—ed il sesto alla famiglia Caselli, ottenuto con bolla ponteficia del 1808.

II.º Soprarrivava, intanto, il 1539, ed il 7 settembre, giorno di domenica , Carlo V reduce dalla spedizione d'Algieri , dal Reggiano muoveva nel Cosentino, ed entrava in Cosenza da Portapiana per dietro il castello, scendendo per li Malisi, e varcando il Busento per un ponte che menava dinanzi l' Annunziata. Il seguivano il principe di Bisignano, il Marchese del Vasto, Pietro Luigi Farnese parente di Paolo III. D. Antonio d'Aragona ed Ernandez d'Alarçone Vicerè di Calabria.

Nel largo dell'Annunziata trovò 10,000 persone armate che furongli di grande gradimento. Fu alloggiato al palazzo di Lelia Sersali a' Padolisi. Sua Maestà rivolse molte domande a'Sindaci Ferrante Bernaudo dei Nobili, e Giovanni Pantusa, degli Onorati. Il Bernaudo si sbigottì; ma il Pantusa uomo di grande spirito, sod-

disfece a tutte le richieste dell' Imperatore, onde n'ebbe molte cortesie, favori, e l'aggregazione tra' nobili.

La Città e i Casali regalarono a Sua Maestà tremila
ducati ed un bellissimo cavallo.

Il martedì 9—partì per S. Mauro alla caccia, e di
là in Napoli—e poi in Roma, ove ricevè la corona (1).

In tal congiuntura, si alzarono molti archi e trofei
per la Città; e Bartolo Quattromani la decorò di molte
ingegnose e dotte iscrizioni.

L'Imperatore rimase edificato del modo come venne
accolto da' Cosentini.

Durante la sua dimora in Cosenza, dice il Manfredi,
non puossi adeguatamente significare sin dove arrivò
la magnificenza e la pompa delle feste Cosentine. E-
sistea sino a pochi anni dietro l'iscrizione che ricordava questo fatto, iscrizione che si trovava sur una bot-
tega aperta nel vecchio palazzo Sellia Sersali, oggi
Orfanatrofio.

III.º Arrivato, intanto, l'anno 1541, il 22 di maggio
il Sindaco del popolo, facea ostensivo all' Imperatore,
l'abuso invalso presso il Sindaco de' Gentiluomini, ed
il Mastrogiurato che aveano le chiavi dell' armadio,
ove si conservavano le carte, i privilegi ed il suggello
della Città, e che lo aprivano e chiudeano a loro piacere, fogiando carte, suppliche e petizioni a loro modo,
senza che nulla il popolo non ne sapesse, e senza esservi chiamato il rappresentante di esso. In detta
data ordinò l'Imperatore, che una terza chiave del
Municipale Archivio venisse consegnata al Sindaco del
popolo: e l'incidente non ebbe altro corso (2).

IV.º Intanto la Città gravata com'era di balzelli, e
trovandosi colle mura sfasciate e frante, non volle o-
mettere di supplicare Carlo V pel rilascio della ga-

---

(1) Belmonte—Memorie.

(2) Ecco i documenti: Carolus Quintus Imperatore etc.
L'Università di Cosenza tiene la sacrestia della maggiore Ecclesia
Cosentina dove stanno riposti li privilegi, scripture et sigillo de
essa, con tre chiavi delle quali una la tiene il Sindaco, l'altro maestro jurato, e l'altra che la tenga il Sindaco degli onorati — Datum
in civitati Cosentie Die XXXI mensis maji 1541 — D. P. De Toledo.

bella della seta, che venia disposta per la ricostruzione delle mura di Cotrone.

Fece conoscere l'Università all'Imperatore, che la costruzione delle mura di Cotrone era pure il bel pretesto, di che si servivano gli officiali per estorquere denari da tutte le città di Calabria; ma che in sostanza, questi veniano smunti alle loro finanze, e Cotrone niun utile ne risentiva. L'Imperatore in vista di queste considerazioni, ordinò che la gabella della seta de'Cosentini venisse da oggi in poi addetta al ristauro delle proprie fortificazioni.

Questo decreto dispiacque sommamente agli uffiziali della Camera della Summaria, e per vendicarsi de'gentiluomini che in pubblico Parlamento aveano fatta redigere la cennata petizione, tolsero a mettere innanzi altri dritti fiscali in forza di che il Governo avea dritto di dar la corda a'malfattori in un luogo all'aperto vicino al sedile de'Nobili; cosa che col fatto eseguì quando trattossi di darla a Nino Greco di Figline, ladro pubblico. Però la loro pretesa fu tosto smentita; perchè nel 18 ottobre 1551 l'Imperatore supplicatone dell'Università scrisse fortemente al Vicerè di Calabria che rimettesse le cose nello stato primiero; e le cose ben tosto ritornarono all'uso antico, con gran disdoro degli uffiziali, che si aveano assunto così brutto impegno.

Il 15 marzo di questo stesso anno la medesima Università deliberò: ch'essendo approvata dall'Imperatore la Fiera dell'Annunziata con tutti i privilegi che godea quella della Maddalena, e collo scopo che l'introito di questa nuova fiera si addicesse al ristauro delle mura dell'ospedale, che la bandiera della detta fiera sul primo anno, la portasse il più vecchio tra gli assistenti gentiluomini dell'ospedale, e nel secondo, il più vecchio tra quelli degli onorati — e così in seguito. Che la bandiera uscisse dalla Chiesa dell'ospedale, e girata pel viarocciolo, fosse collocata ed inalberata sopra la Chiesa dell'ospedale. Che uscita la bandiera, gli assistenti dell'ospedale prendessero l'amministrazione della fiera. Avea contrastata l'amministrazione suddetta al-

l'università D. Rodrigo di Mendozza, governatore di Calabria, che offeso al pari degli ufficiali della Camera
della summaria, della macchia di ladroneccio che l'U-
niversità avea dato presso l'Imperatore a tutti gli uffiziali del Governo, a proposito dell'abolizione della
gabella sulla seta, come già dicemmo, non ristava
un momento dall'avversare i Cosentini in ogni loro
intrapresa, e con dipingerli all'Imperatore Carlo come
fautori de' Francesi, e di chiunque nemico gli fosse.
Stanco una volta il popolo delle inique calunnie, decise finalmente di finirla con lui, e nel gennajo del 1552
assalitolo improvvisamente nel castello, il costrinse a
precipitarsi dalle mura del forte per salvarsi: cosa
che se gli riuscì, questa caduta non tardò per altro,
secondo che narra il Frugali, a fargli finire bentosto
la vita tra orrendi spasimi.

Al Mendozza seguì nel 1552 D. Giovanni Marullo,
e sotto questo Vicerè, la città ebbe a godere di tutta
quella pace che il Mendozza gli avea tolta.

V.º Intanto all'arcivescovo Niccolò Gaddi, che avea
seguito il Ruffo nell'amministrazione della nostra Chiesa, era successo dopo sette anni ossia nel 1535 Taddeo Gaddi, Cosentino anch'esso e nipote di Paolo, quale
Taddeo perchè di 16 anni, ebbe il solo titolo ma non
l'amministrazione della Chiesa. Gli fu questa concessa quando toccò gli anni 28, dalla qual'epoca in
poi si distinse per aver recato molti vantaggi alla stessa: ottenendo da Ranuccio Farnese Cardinal di S. Angiolo, a' suoi canonici il Rocchetto ed altri vestimenti
sulla moda de' canonici della Basilica Vaticana. Fu egli
nel 1557 da Paolo IV creato Cardinale col titolo di
S. Silvestro in Campo Marzio, e morì nel 1561. Non
debbo tralasciar di notare, che Antonio di Paolo Maggiori, pone come successore di Taddeo il Domenicano
bolognese Girolamo Gaspare Mizzarelli, ponendo che
costui tenesse dietro al Gaddi, fin dal 1552, e che dopo
sette anni di governo fosse rimpiazzato da Francesco
Cardinal Gonzaga. Ma debbo dire: che per quanto
abbia rovistato la patrie carte, non ho mai trovato questo Prelato, ciò che m'induce a supporre non aver mai

avuto il Governo di nostra Chiesa. Ritornando a Taddeo, non debbo omettere, ch' egli ebbe gran colpa in contribuire a' disturbi, che nel 1543 ebbero luogo in città per la riscossione del denaro devoluto alla fabbrica di S. Pietro.

Giulio II, per emulare la magnificenza di Re Salomone, concepì il progetto di fabbricare un tempio in Roma che fosse il più maestoso e magnifico del mondo. Non avendo, intanto, i danari di Salomone, volle crearne una sorgente, accordando indulgenze a chi dava; e come queste fallirono, ordinò: che tutti i legati ancora non riscossi s'impiegassero a questa fabbrica, e con essi i legati lasciati a'luoghi incapaci di ricevere. Istituì, quindi, un Tribunale che liquidasse tutti questi retaggi—coll'assenso de'Principi, diramò commessari di questo Tribunale per tutti gli Stati e le Provincie, ed in tal guisa aprì tal campo di litigi e di questioni, da venirne anco colla sola metà bastantemente la pace pubblica perturbata.

Questi commessari odiosi per l'ufficio che doveano disimpegnare, ed odiosissimi per l'energia e lo zelo che ci poneano, tra breve divennero i nemici del pubblico—e non altrimenti che altrove, questo stesso malumore svegliarono presso di noi. Venivano essi in provincia, preceduti da grandi cartelli d'avviso al pagamento—assistiti alla loro entrata dal suono delle campane—e seguiti da minacce di scomuniche *latae sententiae* a' notari che non rivelassero testamenti a favore dei luoghi Pii — agli eredi che non li dichiarassero—ed a quanti ne sapessero, che non venissero a denunziarli.

Spolverizzavano tutti gli archivi, e le schede notarili, citarono eredi di morti a secoli — e commisero più scempiaggini che per avventura non si crederebbe. Fra Leonardo Monaco Domenicano, venne fra noi con questa commissione. Non avendo a che aggrapparsi, e capitatogli in mano il testamento d'un tal Trocini, e che non avendo eredi chiamò a succedergli i Trocini di Cosenza co'quali era in istretta dimestichezza, dichiarò nullo il detto testamento, fe' tacere la Regia

Udienza, e mise tosto mano alla vendita de' beni dell' eredità. Posti all'asta, uomo del mondo non ci venne, e per rispetto a' Trocini, e per omaggio alla giustizia della loro causa, che venia così sfacciatamente calpestata da chi avea il dovere di far trionfare e la ragione e la carità. Fra Leonardo iterò la *subaste*; ma questa volta una stilettata cacciatagli nel fianco dal Trocini, fè terminare tragicamente la commedia; perchè mentre fra Leonardo cadde, avvenne che a stento fosse salvato dall'ira popolare che il minacciava: fatto che ingenerò tal tafferuglio di cui fu effetto il ferimento di parecchi tra gli aderenti del Trocini e dell' Arcivescovo Taddeo (1).

Questo fatto, intanto, che come qui, si era riprodotto presso che in tutti i luoghi, ove il Tribunale della fabbrica spediva i suoi commessari, non fu la sola conseguenza infausta, che tenne dietro a quel malaugurato progetto di Papa Giulio II.

Ricorderemo che prima d'istallare questo Tribunale, Papa Giulio si volse ad accordare indulgenze a chi desse: stimando con ciò far raccolta di moneta; e ricorderemo, che dell'abuso di queste, e dalla vendita che se ne fe' sotto Leone X Martino Lutero tolse argomento a levarsi contro i Pontefici — discutendo man mano tesi teologiche, che dibattute, impegnarono la Chiesa in un novello scisma.

Grande era la corruzione del clero in questi tempi, e la franchezza con cui dappertutto si censurava la Corte Romana, avea fatto confessare agli uomini più attaccati alla conservazione della Chiesa Cristiana la necessità d'una riforma. Lutero la proclama — crescongli proseliti tra' letterati e signori — la riforma si propaga — ed i popoli si sollevano a nome del puro Evangelo. Roma, intanto, scomunicava il Novatore; ma Lutero, bruciata la scomunica, si ride di Roma e della dieta di Worms che lo condanna — chiama Enrico VIII d'Inghilterra che lo contrastava: insensato, pazzo, Re di paglia, buffone da Berlingaccio, porco di S. Tommaso —

(1) V. Cronica di Cavalcanti e Rocchi.

appella teologastro e sciagurato sofista il celebre Erasmo—*asini parisienses* gli accademici di Parigi, e predi-
cando la crociata contro i Papi contro i Vescovi e contro
i monaci e quindi contro chiunque attentasse alle sostanze del popolo sul Reno, in Lorena, in Alsazia, nel Ti-
rolo, nella Corintia, nella Stiria, il popolo spinge alle armi, il quale così istigato sbalza da'loro posti i magistrati,
toglie le terre a'Vescovi a' nobili a' Monaci, proclama
il dritto dell' eguaglianza. Per queste ed altre mille
scene cosiffatte, il Vicerè D. Pietro di Toledo il 15 ottobre 1533 fece pubblicare prammatica colla quale ordinò; che i libri di teologia e di Sacra scrittura stampati da venticinque anni in qua non si ristampassero;
e gli stampati non si potessero vendere; e per timore
che nel Regno non si verificassero le stesse eccedenze,
il Toledo prendendo a sospettare di ogni istituzione
letteraria nel 1534 proibiva le accademie, e con essa
la nostra, ristaurata dal Telesio; e perciò detta Telesiana, secondo che vuole il Tenneman nel manuale della
filosofia.

## CAPITOLO QUINTO

### Bernardino Telesio — e sue Opere.

« Narra il Cantù: Allo scorcio del XVI secolo gl'Ita-
« liani ebbero gloriosi filosofi, ch' ei si compiacciono
« di contrapporre all' inglese Bacone , ed al francese
« Cartesio.
« Prima che Bacone ( dicono essi ) avesse guidato
« gli spiriti nella via dell' esperienza , e dell' indu-
« zione , prima che Cartesio avesse dato esempio
« d' un ardito razionalismo , l' Italia avea respinto ,
« con quanta forza mai si fece in appresso la ti-
« rannia d'Aristotele, e spianato nove strade alla co-
« noscenza comune. Non solo le scuole filosofiche di
« pura rinascenza comparvero primamente in Italia ;
« non solo il platonismo e l' aristotelismo , ristaurati
« alle fonti originali, rifiorirono ivi prima che altrove

« dopo la scolastica del Medio Evo, ma l' Italia pro-
« dusse la prima scuola di filosofia con carattere mo-
« derno; poichè a quella del Platonico Marsilio Ficino
« e del Peripatetico Pomponazzi seguì ben tosto quella
« del novatore Telesio. Dopo Telesio gl' Italiani non
« possono sulla via stessa altri citare con maggior pia-
« cere che Tommaso Campanella. Poco assai può dirsi
« della vita di questo filosofo passata la più parte in
« prigione. Nacque in Stilo di Calabria il 1568; pre-
« sto entrò ne' Domenicani, e fece il corso di filosofia
« nel Monastero di Cosenza, finendo gli studi verso
« l' 88, anno in cui compariva il libro del Telesio, e
» che questo medesimo morì. Il movimento però, che
« questi avea procurato imprimere alla filosofia, era
« già da parecchi anni dato; attesochè la prima parte
« del suo libro comparve a Roma nel 65—poi insegnò
« a Napoli con molto rumore, vi fondò una società
« filosofica o accademia Telesiana o Cosentina, durata
« un pezzo, e volta a combattere la filosofia aristoté-
« tica. Obbligato a lasciar Napoli per grave età, e per
« le persecuzioni de' monaci fedeli ad Aristotele era
« egli venuto a morire nella patria Cosenza, ed il gio-
« vane Campanella dovette naturalmente impressionarsi
« pel metodo e le idee del suo compatrioto : onde il
« 1591, a ventidue anni il vediamo farsi innanzi col
« primo suo libro—*Philosophia sensibus demonstrata* ».

Il Telesio non nacque il 1508; ma il 1509—da Giovanni Telesio ed Elisabetta di Tarsia. Ebbe in Roma
e Milano a precettore di greche lettere e latine Antonio Telesio suo zio, che fu posto tra' più colti letterati latini del secolo XV da'dotti dell' epoca e da posteriori.

In Padova applicossi agli studi filosofici sotto Girolamo Amalteo, e Federico Dolfino.

Perchè potesse menare a compimento il gran progetto di riforma che gli balenò in mente, ritirossi nel
solitario Monastero di S. Benedetto, rinunziando allo
Arcivescovado di Cosenza, offertogli da Papa Paolo IV
ove volesse farsi prete.

Sposò Diana Sersali, che di tre figliuoli il fea padre.

Stando in Cosenza riaprì l' accademia Parrasiana, chiusa colla morte del Parrasio l' anno 1534 come dicemmo, la quale secondo lo stile di que'tempi fu detta Telesiana dal suo Presidente.

Scrisse *De Rerum Natura juxta propria principia*—più : *De His qui in aere fiunt — De Terremotibus — De' Mari — De Colorum generatione — De Somno—De Febbribus — De fulmine* nonchè poche li reche.

E da molto tempo che si parla con elogio del Telesio; ma per quanto mi son potuto accorgere, pochissimi se ne han formato un concetto esatto, e perchè le opere del gran Cosentino son divenute rarissime, perchè non si conosce lo stato della filosofia all'epoca ch' egli tolse ad iniziare la grande Riforma.

E però, trattando della storia de'Cosentini, non posso non dilungarmi un poco su questo articolo del Telesio, che forma una delle gemme più brillanti, che ornano il crine della mia bella patria.

Chiunque ha scritto del Telesio, non ha omesso di dire, ch'egli fu il conquassatore dello scolasticismo — ch' egli rapì la filosofia al giogo aristoletico. A sentir costoro lo scolasticismo sarebbe stata filosofia non solo nociva alla scienza ed alla civiltà; ma all' una ed all' altra in aperta opposizione; e che Aristotele, lungi d'essere quel grande filosofo che fu, per lo meno fosse stato un tiranno del pensiero; un oppressore della ragione de' poveri mortali.

Veramente a sentir Bacone, che appella gli scolastici ignoranti della storia della natura e de' secoli, ed occupati in un lavoro di ragno (*tanquam aranea texens telam*) qua' docili servi del loro dittatore Aristotele (1)—a sentir il Vives, nell'opera *de Causis corruptorum Artium*; nonchè il Buhle nell' analisi della dottrina di S. Tommaso; ed il Cousin prima della scoverta del *Sic et Non* fatta nella biblioteca d'Avrances; gli scolastici non avrebbero fatto altro, che sacrificar la fede alla ragione — proclamare un misticismo che

(1) De augmentis lib. 1.

*fosse l' applicazione della filosofia come semplice forma
a servizio della fede* (1).

Ma niente di tutto ciò. La Scolastica nel suo generale risultamento è la prima sollevazione dello spirito
moderno contro l'autorità (2).

Non solo con opporre la ragione alla fede i filosofi
del medio evo scossero la certezza cattolica ; ma tutti
quelli che acquistarono celebrità nella Scuola, meritarono d'essere annoverati nel catalogo de'testimoni della
verità.

Così opinava il Cantù nella sua storia universale ,
così il Kant in trattar la questione degli universali—
prescindendo da Herder che riguardò lo scolasticismo
come generatore della logica moderna—e da Gervet
che dicea : che il genio moderno si era lentamente
preparato nel ginnasio della Scolastica. A che cosa era
adunque, riuscita la Scolastica all' epoca del Telesio ?
La risposta, emerge dalla storia la quale dice, che riuscì a creare quel metodo che ne' tempi moderni elevò tutte le scienze ad un' altezza dapprima sconosciuta ; a sollevare la ragione sovra la fede, producendo
due eresie: il panteismo e l'idealismo critico, dominanti
a vicenda nelle scuole ; entrambi convinti d'eterodossia ;
entrambi proclivi a sottrarsi ad ogni soggezione; a proclamare il disprezzo della Chiesa, e la rettitudine delle
loro conclusioni.

De Gerson in poi l' unità della filosofia e della Religione, con tanto ardire immaginata da Giovanni Sco-
to fu rotta; e dovettero scorrere quattro secoli , perchè Scelling fosse potuto scorgere a riproclamare l' i-
dentità di queste due scienze, e la comunanza del loro
impero.

Quest' era lo stato della filosofia all' epoca del Telesio.

Però, bisognava tuttavia, che filosofando non si fosse
fatta subitanea transizione da pochi oggetti sensibili e

(1) Cousin, Corso della storia della filosofia anno 1829.
(2) Saint Hilare—della logica d'Arist: tom. II. pag. 194.

pochi fatti particolari a proposizioni generali—che non
si fosse ricercato nella natura un maggior grado d'ordine di semplicità e di regolarità che non sia indicato
dall' osservazione—che gli studi speciali degli uomini
non pregiudicassero le loro opinioni, e se ne modifi-
cassero le individuali tendenze—che il linguaggio di-
venisse guida e governo de' nostri pensieri; e fossero
le parole, secondo Hobbes, non moneta degli sciocchi,
ma gettoni pe' savi — che la filosofia che sino a quel-
l'epoca avea preso molto da poche cose, e poco da
molte, osservando la filosofia empirica e la sofistica,
avesse smesso gli errori nati da dogmi delle diverse
suole—che l' influenza della vanagloria, le speranze vi-
sionarie la riverenza per l' antichità e pe' gran nomi
venisse alquanto mitigata—che la propensione ad in-
dagare solo le cose rare, e di cui non si può dar ragione, trascurando quelle che giornalmente accadono,
venisse assolutamente smentita; ed a tutti questi bisogni a tutte queste necessità cercò provvedere il Telesio: « Che vi aveva in Francia o in Inghilterra di sì
« avanzato quando Telesio vi apparve? Al più si po-
« trebbe citare il tentativo contemporaneo di Ramus;
« ma questi non attaccavasi ancora che all'arte di dis-
« sertare; e Telesio nel suo: *rerum natura juxta pro-*
« *pria principia* indicava già tutte le scienze naturali
« da studiare, secondo i principî loro proprî, e calpe-
« stando gli antichi pregiudizî.

Così di lui il Cantù nella sua storia universale; e più
giù: Tenneman ed altri storici della filosofia comparraro-
« no a buon diritto l' opera di Campanella a quella
« di Francesco Bacone, nato al tempo stesso, ma di
« nome assai più celebrato. Il parallelo può sostener-
« si. Entrambi uscivano, si può dire, dalla medesima
« scuola, avevano ricevuto il medesimo impulso; giac-
« chè Bacone scrisse sulla filosofia di Telesio. L' idea
« di seguitare i segreti della natura per via dell' in-
« duzione e dell' esperienza combinate non era stata
« prima di Bacone indicata da Telesio come metodo
« di scoperta? Allontanarsi dall'Aristotelismo, abban-

« donare nello studio della natura tutto quel cumulo
« di pregiudizî fondati sopra massime a priori , non
« è in parte il carattere di Bacone, ed insieme il prin-
« cipio della scuola di Telesio. »

Non a torto, quindi, gl' Italiani sentonó con dispîa-
cere le declamazioni di D'Alambert là dove dice: Bacone è nato nel seno della notte più profonda — del
Cabanî : Bacone apparve in mezzo alle tenebre ed i
barbari gridi delle scuole ad aprir nuova via allo spirito umano — di Voltaire : che non ci sia scienza ,
che da Bacone non fosse indicata; e quando si ripete
da' pappagalli della Repubblica delle lettere , che Bacone creasse la scienza moderna col sostituire al sillo-
gismo l'induzione. E pure il Telesio avea prevenuto Bacone; e pure Campanella non era che suo contemporaneo—e pure non era men vero che come questi, quegli
dal Telesio avean ricevuto l'indrizzo novello, e forse il
concetto che ne animò le opere. Gli è certo , che lo
stesso Bacone parlando del Telesio, non potè astener-
si dal dire: *De Telesio autem bene sentimus, atque eum
ut amatorem veritatis et Scientiis utilem et nonnullo-
rum placitorum emendatorem et novorum hominum primum agnoscimus* (1).

Ed il Tenneman parlando di Bacone: « Due grandi
« ingegni Bacone e Cartesio determinarono la dire-
« zione che lo spirito umano seguì per lungo tempo,
« per essi l' esperienza e la speculazione divennero le
« due sorgenti della cognizione. Questa direzione mos-
« sa dall'Italia. Bacone volle che l'intero edifizio delle
« umane cognizioni fosse inalzato non sopra concetti
« dedotti da raziocinî; ma sopra l' esperienza e l' os-
« servazione, mediante l'induzione, metodo tentato già
« *da Telesio* e da Campanella (2) ».

Or si domanda, come avvenga che di Bacone e Telesio , occupati entrambi al rinnovamento dello spirito umano; rifuggenti con pari ardore dalla Scolastica

(1) De Rin. ac Oring.
(2) Storia della Filosofia.

per entrare in vie nuove, l'uno oggi sia—tanto celebre, che di lui si parla come avesse aperto l'èra moderna— e dell'altro appena il nome si rammenta?

Una è la ragione secondo i dotti , e due secondo ch' io penso.

La prima perchè rarissimi gli esempi dell'opera del Telesio, non si sono potuti generalizzare; e molto meno da tutti studiarsi, perchè scritto in latino, comechè elegantissimo. La seconda, perchè Telesio, per quanto sforzo di genio abbia fatto per levare a nuovo l' edifizio da lui ideato , non uscì realmente dal limite del rinascimento.

Bacone giudicando del suo predecessore dicea: *Telesius consentinus, qui Parmenidis philosophiam istaurans arma peripeticorum in illos ipsos vertit* (1).

« Telesio, dice il Cantù, combattendo il Peripatismo « si valse delle sue armi stesse, e ristaurava una teo- « rica antica e facendosi discepolo a Parmenide inve- « ce d'Aristotele. »

In altri termini Telesio avrebbe saputo demolire ; ma non edificare. Ma l' è vero ciò ? Potremo noi coscienziosamente dir del Telesio , che mai nulla non avesse edificato ?

Ma gli è vero che il Telesio sia stato solo l' iniziatore di questo movimento, cui altri dopo di lui avrebbe dato quell'indirizzo, che di tanti risultamenti fu fecondo ? L'imperfezione è difetto che accompagna tutte le nuove creazioni , che non nascono giganti ; ma man mano si sviluppano. Fino ad un certo punto sta bene quel che dell' imperfezione del sistema telesiano si è detto ; ma se di qui voglia partirsi per dir ch' egli distrusse solamente , e nulla ricostruir non seppe, le son baje degli esteri, che vorrebbero abbelilrsi delle fatiche degl' Italiani senza nemmeno ringraizarneli !

La grande quistione potrebbe risolversi posto che una volta si decida s'egli fu ristauratore d'una vecchia dottrina riprovata dall' antichità, od autore d'u-

(1) De Augi Scient. III. 4.

na dottrina nuova, grandiosa, inarrivabile, ch' oggi forma il perno delle scienze naturali. Guardando alle parole, anzichè allo spirito dell'opera intitolata: *De rerum natura juxta propria principia*, non nego che chi vi vede una riproduzione del Parminide e dei suoi principî, mal non si appose. Ma chi penetrò nello spirito di esse, non può non contraddire a cosiffatte sentenze, che non offendono tanto il merito dell'autore quanto l'intelligenza di chi le profferia.

Si attribuisce a Bacone l'onore d'essere stato il primo ad inculcare il metodo sperimentale induttivo; e di avere ideato un albero scientifico che presenti le scienze e le arti come aggruppate ad un tronco comune. Falsa quest'ultima assertiva, perchè il nostro Calabrese Campanella che il precedette, propose una nuova maniera di classificare le scienze: difetto non suo se non potè portar l'opera a quel grado di perfezione che richiedea. Nè merito del Cancelliere d'Inghilterra se, trovata a metà la fatica, seppe felicemente a termine condurla. Falsissima la seconda, perchè in che starebbe il merito del Tilesio se gli si negasse questa primordiale sua gloria?

E che altro si ha nell'opera sua, se non vi si vede una serie tutta propria di fatti sperimentali dedotti col sussidio dell'induzione? Che altro, tranne fatti ammessi dall'esperienza? Che altro, fuorchè la scoverta d'una legge che, oggi perchè bene appresa, forma lo stupore dell'umanità, e che a'suoi tempi non capita, ebbe taccia di favola e di corbelleria?

Perdio, quando sento levare a cielo la scoverta della legge che regola gli agenti fisici a nostri giorni — farsi la matematica dimostrazione delle forze molecolari — e del sistema di gravitazione, e non mi si parla di Telesio che ne fu il primo il vero scopritore, bestemmio la fortuna degli uomini, che nelle lettere non corra diverso destino che in tutte le altri sociali vicende.

Il Tilesio dichiara nel suo proemio ch' egli non intende tôrre per guida nelle sue investigazioni che i sensi e la natura — e intanto, è Bacone l'inventore di quel metodo analitico che di tanti brillanti risultamenti è stato ferace.

Telesio sostiene che due siano gli agenti fisici, attivo ed incorporei l'uno, e l'altro corporeo ed inattivo; ed intanto, sono i fisici che lo seguivano, che trovavano nelle cose tutti agenti incorporei od imponderabili — e principio o materea corporea e ponderabile. Telesio chiama i suoi agenti incorporei Caldo e Freddo — dice: che il caldo governa tutti i corpi dilatando, il freddo restringendo; il caldo repellendo, il freddo attraendo — e intanto, è Newton, sono i fisici che il Tilesio seguivano, che scovrirono le forze molecolari l'attrazione universale.

Telesio sostiene; che il Caldo ed il Freddo, in ultima analisi, si fondano nel solo caldo — e intanto, sono i fisici posteriori, che scovrono la repulsione, non essere altro che la stessa attrazione in senso inverso.

Telesio sostiene che la luce, le tenebre, la bianchezza, la nerezza, la mobilità, l'immobilità non sono che de'fenomeni e qualità passive, non già principi agenti, come presso a'peripatetici; ed intanto, si dà ai fisici che lo seguivano il vanto di aver scoverto che i fenomeni presentati de' corpi siano cagionati d' agenti fisici o forze naturali.

Or quali sono appo la moderna scienza queste forze naturali? L' attrazione universale, il colorico, la luce, il magnetismo, l'elettricità; ed in una parola, l' Elettricismo, ch' è calorico, ch' è attrazione semplice, attrazione magnetica, ch'è luce.

E quali sono le forze della natura, secondo il Telesio? Il Caldo, ossia l' Elettricismo ch' egli chiama Caldo, di cui sono manifestazioni la luce, la mobilità il calorico, l' attrazione e tutti gli altri fenomeni di cui è produttivo questo sovrano imponderabile della natura.

Ciò posto, non so, se potrà dirsi: che Telesio non abbia saputo ricostruire — ciò posto, non so se potrà trovarsi Genio più grande di Telesio ne' tempi che furono e che corrono. La sventura del Telesio sta in esser letto da pochi, capito da pochissimi, non compreso a'suoi tempi da nessuno; perchè parlava di cose che riuscivano affatto nuove all'intelligenza comune: sta nel trovarsi oggi con una nomenclatura discorde da quella che la scienza ha adottata : colpa non sua, ma del tempo, che ad esprimere nuove idee non capì che dovea coniare nuovi vocaboli; colpa della famiglia Tilesio che tuttora tra noi esiste, che non pensò finora di ristampare l'opera del grande Cosentino e colla sua pubblicazione non diede l'agio alla dotta Europa di oggidì di apprezzare il vero merito di questo sovrano genio italiano , che non solo abbattè gli altari del peripato; ma meglio che distruggere, seppe creare, e creare un sistema, che comechè incompleto presso di lui , reggerà finchè starà la verità della scienza.

Bernardino Telesio cessava di vivere il 1588 all'età di settantanove anni, secondo lo Spiriti. Egli veniva sepolto nella sua tomba gentilizia. Però in questo stesso anno, come diremo, a suo onore, si riaprì l'Accademia , ove Gianpaolo di Aquino lesse l'orazione a favore dell'uomo singolare.

## CAPITOLO SESTO

Accademici Telesiani — Gio. Valentino Gentile — Venanzio Negro — Camillo Ferraro — Antonio Pantusa — Manilio Caputo — Pompilio Molli — Francesco Vitale — Francesco Muto — Lucrezia della Valle — Giammaria Bernaudo — Fabio Cicala — Peleo Firrao — Fabrizio della Valle — Francesco Gaeta — D'Amico — Francesco Arduino — Gio. Paolo d'Aquino — Antonio Quattromani (1546).

All' accademia di cui fu Presidente il Telesio , appartennero.

I°. Giovane Valentino Gentile , il quale nacque in Cosenza da Francesco ; e qui istruito nelle lettere e nella filosofia. Da Cosenza passò a Napoli, ove in qualità di maestro elementare insegnò grammatica. Quivi incoraggito dalle prediche dell' Occhino , a quelle novità teologiche che gli giravano per la mente , e che

avea cominciato a gustare sin da che era membro
della nostra accademia; nonchè stimolatovi dall' esempio che gliene presentava Giovanni Valdes spagnuolo
che, dopo il sacco di Roma, si era stabilito a Napoli: e
volendo dar mano all' opera sua , quando venisse in
cognizione di tutto ciò che nel suo proposito si pensasse da' novatori dell' epoca, deliberò di recarsi a Padova , ove col fatto si recò , ad ascoltare i discepoli
del Servet tra' quali contavansi il Blandrata l' Alciati
e Gribaldo da Padova. Con questi novatori venuto a
disputa, ben tosto si avvide, che al falso si opponessero, e ricercò di farsi capo di nuovo sistema. Urtò la
sua risoluzione la suscettibilità di Giovanni Calvino ,
che regolatore della Chiesa riformata , per gelosia di
merito , il citò a comparire all' assemblea di Ginevra
del 1558 in che si trattava di sottoscrivere il formu-
lario di fede da lui proposto. Certo, ch' il Valentino
non vi andasse, come col fatto co'suoi seguaci non vi
andò , sperava Calvino farlo condannare e correre la
sorte che poco prima era toccato al Servet, arso vivo
in Ginevra. Ma il Gentile vedendolo eretto a giudice
ed accusatore del Tribunale innanzi a che era chiamato, da uomo astuto, finse di riconoscere il suo torto,
gittò al fuoco le sue opere, e salvossi indi a poco in
Savoja , presso il suo primo nemico e poscia amico
Gribaldo ; di là recossi a Lione , ove pubblicò un' o-
peretta contro il simbolo creduto di S. Attanasio.
Però, come riuscì a sottrarsi a stenti della carcere che
vi ebbe—e da quello che parimenti incontrò in Roma,
ove si era ricoverato, tolse il divisamento coll'Alciati e
Blandrata, anco essi perseguitati, di recarsi in Polonia,
ove per altro, non dimoró che sino al 5 Marzo 1566—
epoca in cui Re Sigsmondo, nel parlamento tenuto in
Pinchzovin, lo sbandì del Regno. Trasse allora da Polonia in Moravia, ove saputa la morte del Calvino prese
speranza di ritornare in Savoja al suo amico Gribaldo.
Denunziato di questa nuova sua residenza da Volfan-
go Muscolo, Calviniano sfegatato, all'autorità di Ginevra, perdette il capo il 1566 sul patibolo, che corag-
giosamente salì : protestando che se molti apostoli e

Profeti e martiri avean perduta la vita per la Gloria
di Cristo, egli solo era il primo che avea l'onore di
morire protomartire della Gloria del Padre.

La sua dottrina distinta in varie protesi si legge
nella biblioteca degli Antitrinitari : e perchè noi potessimo giustamente, e senza spirito di parte valutar-
la — ne faremo l'esame quando esporremo le nostre
critiche considerazioni sull'accademia Telesiana in generale.

Appartenne ancora a questa accademia Giuseppe Venanzio Nigro, anch'egli come il Gentile, Cosentino,
anch'Antitrinitario, e come il suo concittadino profu-
go dal Regno. Fu egli, al dir del Cardano, egregio professore di greche lettere in Milano, ove pel pregiudizio e l'ignoranza de' tempi prese nome di celeberrimo
stregone. Perseguitato dalla Corte Romana come il
suo concittadino, emigrò a Ginevra; e da Ginevra, in
Polonia e Transilvania, ove facilmente morì. Di lui
non ci avanzano che due Epistole intitolate : *Josephi
Venantii Nigri Cosentini, ad Lismaninum Epistolae.*

II.° Del pari fu accademico, Camillo Fera, ancor Cosentino, dell'illustre famiglia di questo cognome. Scrisse egli in quarta rima, a dir del Toppi, la selva della
vita umana, opera nuova dilettevole ed utile stampata
in Napoli per Mattia Cancer, nel 1551 in quarto.

Il fu parimenti Giov. Antonio Pantusa, Cosentino
che poscia fu vescovo, secondo di Barrio, di Campagna
Felice — ossia di Lettera in Campagna. Intervenne al
Concilio di Trento e fu uno dei più acerrimi difensori
della Chiesa in quell'epoca di guerra portata a questa da mille punti. Morì il 1562, secondo che vuole il
Pallavicini nel lib. 17. Cap. 14 dell'Istoria del Concilio. Ci lasciò egli le opere col seguente titolo: *Joannis Antoni Pantusae Consentini, Episcopis Literensi
Theologorum sui temporis facile Principis Commentaria
in Epistolam ad Romanos* — Tre libri di opuscoli sopra materie teologiche, nel primo de'quali stavano registrati queste materie : *De Visibili Christi Ecclesia —
De primatu — Petri — De Sacrificiis veterum — De merito Christi — De meritis Sanctorum* — Nel secondo, eran.

comprese: *De libero arbitrio—De Contingentia rerum—*
*De Divina Provvidentia—De Originale Peccato — De*
*justificatione—*Finalmente nel terzo; *De Lege et Fide—*
*An gratia Fidei sit major gratia sacramentali—Cur*
*in Sacramento Poenitentiae imponantur opera satisfacto-*
*ria—De Spe—De paternitate Spirituali.*

Fu di quest'accademia il Cosentino Manìlio Caputo,
poeta elegantissimo, secondo il Zavarroni, e di lui fa
anche motto Amato nella sua Pantopologia; nonchè
lo Spiriti alla sua memoria, anzi, quest'ultimo parla
di due suoi sonetti inseriti nella raccolta in lode della
Castriota—e smentisce il d'Amato, che giudicò il Caputo
compilatore de' poemi in morte di Sigismondo Re di
Polonia, quando egli non ci ebbe altra parte che di a-
vervi inserita qualunque sua poesia.

L'Autore della tavola parlando di Manilio Caputo
dicea: « Che tutto quel tempo che può giovare a' ne-
« gozî lo spende nello studio delle belle lettere e della
« musica. Fu adunque egli cultore non solo delle lettere; ma dell' arti belle ancora.

Fu della nostra accademia Pompilio Mollo, comechè
nato a Montalto, e de' Molli che oggi tra noi esistono;
giureconsulto distinto nel 1550 e scrittore delle *Adno-*
*tationes breves super Regni Costitutiones* — Stampato
in Lugduni al 1558.

Vi apparteneva il Cosentino Francesco Vitale: che
scrisse: *Pro amplissimo Viro Fabricio Pignatello Mar-*
*chione Circlarae ec.—De Magistratibus Romanorum—et*
*Commentarium in librum Ciceronis De Legibus,* secondo
che narra il Toppi. Lo Spiriti trova elegante non solo
l'Orazione; ma un Elegia bensì scritta in latino. Di lui
parla l'Autore della Tavola con elogio.

Vi fiorì Gioan Battista Amico, nato in Cosenza il
1511—educato all' università di Padova—cultore delle
latine, greche ed ebraiche lettere—e conoscitore sveltissimo delle fisiche ed astronomiche scienze. Scrisse
costui seguendo le teoriche peripatetiche: *De motu cor-*
*porum coelestium,* descrivendo tutti i movimenti de'corpi celesti senza ricorrere, secondo che narra l'Aquino
nel discorso in morte del Telesio, per spiegarli a

que'movimenti denominati dagli astrologici eccentrici ed epicili, inventati dagli astronomi tolemaici, quando vollero conciliare la loro opinione della solidità de' cieli co' moti de' corpi celesti. Morì egli in Padova ucciso il 1538 in età di anni ventisette, e non appartenne alla citata accademìa, che nel solo anno 1537, epoca in cui per affari di famiglia dimorò un anno in Cosenza.

La sua opera va così intitolata—*Joannis Baptistae. Amici—De Motu Corporum coelestium.*

Sappiamo del pari esservi appartenuto Cosimo Morelli, di che il Sambiasi, nonchè Enrico Bacco, l'Ughellio, lo Spiriti, il Zavarrone ed il Manfredi fan ricordo come autore di leggiadre rime delle quali, per altro non esistono che que'sonetti e sestine che stanno nelle raccolte dell'Abate Acampora pubblicate il 1701, in Napoli.

Lucio Vitale, Cosentino, figlio dell'altro accademico Francesco Vitàle, fu ancora accademico Telesiano. Di lui ricorda il Rossi nella Tavola con belle parole—e di lui fa motto lo Spiriti, che lo appella poeta latino, comechè nello stile non corretto quanto il padre — di fantasia brillante—e padrone d'una fraseggiatura poetica tutta propria. L'Abate De Laude, nel principio della sua apologia all'Abate Gioacchino, cita alcuni versi di lui—ed uno elogio ben lungo ci è stato conservato nella raccolta del Monti — di cui lo Spiriti porta un saggio nelle sue Memorie.

Il fu ancora Francesco Muto di Aprigliano, filosofo che scrisse *Disceptationum lib. V. contra Calumnias Theodori Angeluti in maximum Philosophum Franciscum Petritium.* In questi cinque libri viene portato un esame su tutte le dottrine filosofiche dello Stagirita. Fu egli caldissimo partiggiano del Telesio — e compagno del Persio del Campanella e del Patrizio.

Fu dell'istessa società Lucrezia Della Valle, Cosentina, moglie di Gio. Battista Sambiasi, sorella di Fabrizio, di cui tra poco parleremo. Ella ebbe nell'Accademia il nome di Olimpia, secondo che si ricava da un sonetto di Fabrizio Marotta indrizzato e Sertorio Quattromani—Finì di vivere il 1602 — e lasciò molti figli. Di lei fan menzione Sertorio Quattromani, l'Aceti, il Zavarrone, lo Spiriti e quant'altri han scritto di cose patrie. Scrisse leggiadre rime in quarantadue sonetti una canzone tre sestine sei ballate ed un capitolo intorno alla natura d' Amore, molto dotto e platonico. In omaggio al valore poetico di questa donna riporterò il sonetto che pose in fronte alle sue rime—ricavato dalle memorie dello Spiriti.

Non colla fiamma dell' impura face
    Non collo stral che le vil alme fere,
    Il cor mi punse e accesemi il pensiere
    L' altero Dio ch' ogni durezza sface:

Ma con quel foco suo dolce e vivace
    Che tolse in pria dalle celesti sfere
    E con quella saetta, il cui potere
    Anche a' Spiriti gentil diletta e piace

Quindi egli avvien che dall' acceso petto
    Escon le voci mie legate in rima
    Per far palese la sua gioja altrui.

Santo amor deh non far ch' ove diletto
    Ebbi nel farmi a te ligia da prima
    Dica alfin, lassa me, qual son, qual fui.

Compose ella ancora un libro sull'eleganza della lingua latina, ed il titolo era : *De elegantiis latinae linguae a melioribus scriptoribus excerptis:* opera, che facilmente, a detta dello Spiriti, comprenderebbe la spiegazione de' luoghi più difficili di Plauto. Secondo il Gualtieri, avrebbe ella scritto ancora *De Arte Poetica.* Tutti coloro che han parlato di questa donna non sanno farne che il più bello elogio del mondo. Veramente dalla lettura del riportato sonetto, non può negarsi che un merito letterario distintissimo l'adornasse, e tale che se non potesse stare a fronte, secondo lo Spiriti, della Colonna, da lei per molto non si discostasse.

Continuando l'enumerazione de' citati accademici, ci occorre far motto di Giammaria Bernaudo, pronipote del chiaro diplomatico Bernardino Barnaudo, nostro concittadino, che fu marito di Elisabetta Beccuti— scrit-

tore di versi sullo stile del Sannazzaro, e tanto stuc-
chevole nel verso, quanto in prosa affettato. Di lui
ci resta un opera intitolata—Zotica di Giammaria Bernaudo—scritta per dimostrare gli zotici costumi della
sua prima moglie,. e perciò più spregevole.

Siegue al Bernaudo Fabio Cicala, ricordato più volte
e citato dall' Ughellio e da Enrico Bacco come dotto
filosofo cosentino.

Muzio della Cava vi appartenne, che scrisse: *De prae-.
gnantium desideriis, eurumque causis et affectibus—De
generationibus fabulosis, et de Sonnis Aristotelicis.* Non
avendo lette queste opere non potremmo dire nulla.

Gli tiene dietro l' altro accademico Cosentino Peleo
Firrao, scrittore d' elegantissimi versi italiani, di cui
fan bella prova due sonetti che si riportano dallo Spiriti nelle memorie, e che trasse dalle raccolte del
Monti, e dalle rime dell' Arduino.

Fabrizio della Valle tenne onorato posto ancora tra
quelli accademici. Egli era figlio di Sebastiano della
Valle e di Giulia Quattromani. Appare uomo di lettere e di versi in lode della Castriota, e perchè lo
accertano lo Spiriti, il Zavarrone, il Toppi e tutti gli
scrittori di cose patrie nonchè l'autore della Tavola—
morì in Roma ove visse molto tempo—e lasciò scritta: La spiegazione de' luoghi più distinti di Plauto —
Un volume di Epistole latine—La vita del Bembo tradotta dal latino del Casa — ed i Comentarî di Cesare
traslatati in toscano.

Giulio Cavalcanti fu non solo Accademico; ma filosofo telesiano di molta forza. Il Gualtieri e l'Aceti dicono, ch'egli avesse scritta la Vita e i Miracoli di S. Francesco di Paola; ed un intero volume di Rime. Gli è
certo, ch'egli fu pure poeta; perchè nella raccolta di
Scipione Monti si trova una traduzione di certi versi del
Telesio in forma di canzone.

Oltre a Giov. Batt. d'Amico, ebbe l' accademia Telesiana nel suo grembo ancora Francesco Antonio D'A-
mico—all'altro affine. Scrittore di versi così castigati,
che il Quattromani non sdegnava passargli i suoi per
averli riveduti. Di lui avanzano pochi sonetti, ed una

canzona esistente nella raccolta delle Rime dell' A-
campora.

Il Lombardi pone tra gli accademici anche Gio. Battista Arduino. Egli cosentino di nascita, sposò Isabella
Quattromani, che per immatura morte gli fornì l'occasione di scrivere belli versi. Lo Spiriti lo loda assai e
per gravità di sentimenti e per sceltezza di frasi, e purità di favella; comechè lo tacci di monotonia, causata
senza dubbio dall' uniformità del soggetto. Bellissimo
a dir dello stesso Spiriti è un centone tutto di versi del
Petrarca a forma di Capitolo. Di lui tengono onorata
memoria Paolo Reggio, il Cioccarelli, Giampaolo D'A-
quino, Enrico Bacco, l'Ughellio ed altri autori patrî. Ci
restano di lui—le *Rime* di Gio. Battista Ardoino in morte d'Isabella Quattromani—quel canzoniere costa di soli
cento sonetti.

Gioan Paolo D'Aquino de'nostri Aquino si conosce
accademico telesiano dal discorso od orazione in morte
del Telesio. Egli brillò negli studii di filosofia, e ciò
va confermato dall'Ughellio, nonchè da Enrico Bacco.
Fu cultore delle buone lettere, e delle scienze naturali—ed acerrimo sostenitore della filosofia del Telesio.

Finalmente appartenne all'accademia Sertorio Quattromani di cui in seguito cenneremo la biografia.

## CAPITOLO SETTIMO

### Considerazioni critiche sull' accademica Telesiana.

L'accademia telesiana surta adunque pochi anni dietro la morte del Parrasio, fu chiusa colla proibizione
generale decretata nel 1534, secondo il Giannone. Nè
qui si arrestarono i tristi effetti di quel malaugurato
progetto di Giulio II; perchè se con questa proibizione
si portò uno colpo positivo alle lettere, onde, nel mezzo di questo secolo, non abbiamo a memorare tanti letterati quanti probabilmente ne avremmo avuto a rasse-

gnare se la proibizione non si fosse cacciata fuori; avvenne dippiù, che l' Imperatore Carlo V, considerando i trionfi giornalieri della Riforma—e scorgendo essere l' affare più grave che non pensava, mostrò di provvederci con efficacissimi rimedii e segnatamente con un Tribunale d'Inquisizione all'uso di Spagna. Di questo per adesso non parleremo, per non allontanarci dal nostro proposito, ch'è quello oramai di fermarci sulla cennata accademia, per misurarne la forza scientifica e letteraria—l'utile che la patria ne ritrasse—e l'influenza ch'ella potette avere su destini della società cosentina.

Meditando sull'accademia Parrasiana, vi trovammo acuta intelligenza, molta erudizione; ma niuna critica. Vi vedemmo perciò meglio una letteratura evirata, che spiritosa; e non spiritosa, perchè non rappresentatrice della vita attuale, non espositrice de'bisogni presenti.

Sulla metà di questo stesso secolo non diversi, ma distinti succedeano due movimenti, religioso l'uno, filosofico l'altro; e l' attenzione che vi si fissò, levò a nuova importanza gli studi, incoraggì la coltura delle antiche lingue necessarie agli interessi della religione e della storica certezza: e quella letteratura, che prima si era riconcentrata alla sola imitazione dell' antico, ringiovanita dalle nuove idee, ripudiò le fredde reminiscenze e straniere prische memorie, acclamando il pensiero moderno come rappresentatore della vita attuale, e de' destini d'una società, che non vedea più limiti al suo progresso, ma stadio senza termine a percorrere nelle viste del proprio interesse e del proprio meglio.

In ciò stà la differenza tra il risorgimento della letteratura dopo il medio Evo, e la Riforma; in ciò la distanza del secolo XIV e principi del XV colla metà di quest'ultimo; e quella tra la Parrasiana, e Telesiana Accademia.

Ma l'utile che ne provenne non andò scevro del danno che segue ogni istituzione di cui si abusi. Ed abusossi del nuovo indrizzo che la letteratura in quest' epoca prese; e quel vilipendio troppo esagerato dall' antico, quel definir tutto per borra e pattume, per pregiudizio , quel volersi affidare in tutto al proprio senno , quel voler tutto compiere, nulla non tentare, senza misurarne la forza la difficoltà e gli ostacoli, generò una ribellione, un. subuglio una confusione d'idee e di concetti in mezzo a cui se grandi verità si proclamarono, grandissimi spropositi si sostennero.

Dippiù, quel bizzarro contrasto tra il passato ed il nuovo, onde in quello non si avea più fede, e di questo s'ignoravano i futuri vantaggi; quello spingersi verso l'avvenire in continuo acquisto di nuove cognizioni, mentre chè ancora si era al servigio delle vecchie scientifiche passioni, non potean non produrre quel mostro di pedanteria e di liberalismo letterario, di santimonia e di empietà, di errori e di verità che, come le altre, trascinarono la nostra accademia a sconfinati concetti.

Infatti, mentre Bernardino Telesio spinto dalla forza di tutto un secolo che caccia Colombo e Gama alla scoverta d'un mondo quasi tanto vasto quanto l'antico—Copernico e Klepero ad assegnar leggi al sistema dell'Universo—Rudio ed Harvey a rivelare quella della vita—Havriot e Vieta a perfezionare il linguaggio dell'analisi matematica—Cesalpino a Gesner a classificare le conquiste della natura—Galileo Napier e Stevin a stabilire l' equalibrio de'corpi, e a misurare le orbite degli astri; mentre Bernardino Telesio spinto dalla forza di questo secolo, strappa la scienza all' autorità, e sbalza gli idoli dalle scuole—e Gioanbattista D'Amico svolge la parallassi degli astri, dando bando a'tolemaici ritrovati degli eccentrici, e degli epicicli: Speculazioni che conducono la filosofia e l'astronomia a quella importanza di che oggi si circondano, Valentino Gentile, e Venanzio Negri della stessa accademia, varcano il limite fondamentale della riforma religiosa , che stava in abolire l'autorità papale, in subordinare il potere ecclesiastico al civile , ed in una parola, in rendere la Chiesa nazionale, sostituendo l'autorità della bibbia a quella del Papa , Valentino Gentile e Venanzio Negri varcando ogni diga, sostituivano all' autorità papale un Razionalismo che da'riformati non era meno abborrito che da'Cattolici: onde negata ogni suprema autorità, e proclamata l'individuale, si abbandonavano ad una corrente di opinioni che dallo impugnamento della papale infallibilità dovea menare a negar quasi la divinità di Cristo—e da filosofi riformatori, divennero antitrinitari, con che vò dire, mistici deliratori di opinioni che finivano con straziare l'intelletto ed empiere di scrupoli la coscienza. Per intendere appieno le vedute di questi due nostri filosofi, urge premettere quanto appresso.

Nei tempi che precedettero di molti secoli la riforma, noi vedemmo spesso come il mondo venne cavato dalle corruttele e dalla nequizia dalla virtù de' Pontefici, e dagli esempî de' Santi.

Credeasi che Dio, unica fonte d'ogni potestà, avesse commessa questa al suo Vicario in terra, che occupato della morale, avesse affidato il governo delle cose terrene all'Imperatore. *Cattolicismo e Sacro Romano Impero*, credeasi, che costituissero il mondo non più in arbitrio delle forze; ma in tutela delle idee, che piantavan dominî non per conquista o per nascita; ma per fede ed opinione.

Nei tempi che preludiarono la riforma, i Papi aspirarono ad un regno che non è di questo mondo; e gl'imperatori, di controcolpo, a far loro da tutori più che non fosse compatibile coll'indipendenza e colla dignità del padre comune de' fideli.

E però, le chiavi di S. Pietro furono desiderate non perchè schiudessero il Paradiso; ma perchè fossero di oro; e conseguentemente i Cardinalati, le Chiese, le prelature, davansi non in considerazione del merito; ma dalle famiglie, de' nepoti, degli amici: non pensandosi ad altro che a trarre il maggior vantaggio possibile delle vacanze, dalla rendita, dalle collazioni, e dalle tasse di Cancelleria. In tal torno, sursero i suffraganei dei Vescovi, che rimpiazzarono negli uffici ecclesiastici il Vescovo, spesso trasmutatosi in affarista, sovente in bravo, e spessissimo in Lyon e dileggino (1).

---

(1) **Vita di Alessandro VI, e Giulio II. Adriano VI.**

In questo stato di corruttela, i Re disdissero le prerogative di Roma—Odoardo III le ricusò il tributo—il Re Cattolico le si oppose—i Concili di Basilea e di Costanza, proclamaronsi superiori al Pontefice.

A questo stato di cose aggiungasi il trasporto per una civiltà affatto anteriore al Cristianesimo — l'alito del gentilesimo penetrato col Bembo, col Musso, col Sadoleto, col della Casa, con Ippolito d'Este nella corte Pontificia—Ronsard, Montaigne, Bodino, Macchiavelli, Erasmo, Marsilio Ficino, Pomponazzi, che onorano Socrate, Platone, e sostengono la mortalità dell'anima; e poi i nuovi bisogni ch' entravano coll' idee nuove—le letteratura che attingeva ad altre fonti che alle cristiane—il dubbio che surrogava la fede; aggiungasi le nuove scoperte artistiche e scientifiche a tutto ciò, e si avrà in abbozzo un ritratto delle cause che introdussero la riforma non solo in Calabria ; ma in Europa: riforma, che a dire il vero fu la reazione orgogliosa dell'analisi contro la sintesi,—della critica contro la tradizione, del giudizio contro l' autorità.

Infatti lo spaccio delle bolle d' indulgenze divenute pingue entrata dalla Romana Curia, commossero Martino Lutero (1) e lo spinsero *a fare il buco a quel tamburo,* secondo chè egli dicea, alludendo alla cassa piena di cedole vendute per tutta Germania da Giovanni Tetzel, domenicano di Pinna, per ordine dello Arcivescovo ed elettore di Magonza.

Bandita la guerra , le prediche e le dispute furpno rapidamente diffuse per la stampa; e bentosto Spagna i Paesi Bassi, e persino Gerusalemme vennero ingombri de'libri di Lutero e de' suoi sostenitori — Leone X lo scomunica, Carlo V lo proscrive , e l' elettore di Taringia toglie a proteggerlo—Carlostad vuol distruggere i resti del Papismo—Ulrico d' Hütten , scrive l' epistole *Obscurorum virorum* — lo stesso Concilio Tridentino confessa che Lutero in molti attacchi avea ragione (2) Goetz di Berlichingen, Nicola Storck, Pseif-

(1) Cantù Storia Universale—Vedi Guicciardini.
(2) Vedi Cantù Storia Universale.

fer nella Franconia , Munzer , Muhlausen e tutto la
schiera degli Anabbattista spingono ad eccedenze il dog-
ma di Lutero.

A questo movimento seguirono gl'impulsi che vi diè
Melancton, detto il Fenelon della riforma colla sua o-
pera *Corpus doctrinae cristiane* — Zuinglio nel 1519 —
Ecolampadio , i Sinergisti, Engelhard , Leon Giuda ,
Guglielmo Farel.

Calvino, giura di rifar la Chiesa, di compiere il sistema della fede giustificante. A Calvino tengono dietro Bolzc Ochino Biandrate ed una schiera innume-
revole che non vale ricordare.

La riforma però, non dedusse in altri paesi d'Europa
così rigorose conseguenze come in Cosenza—Infatti Lutero avea conservato molti dogmi e la Gerarchia, onde
non fece che diroccare l'ecclesiastica disciplina — Calvino dall'inerte regolarità del luteranismo, lanciasi alla
critica ; i teologi Cosentini compiono la doppia dissoluzione della gerarchia e della disciplina , proclamando l' autorità assoluta della ragione. E però , in
Italia ebbero più ascolto gli Antitrinitari capo de'quali
fu il Gentile—che i Luterani e i Calviniani, che quella doppia dissoluzione non compirono.

Seguirono al Gentile il Gribaldi , l'Alciato , l'Abate
Leonardo , il Paruta il Biandrata, Giulio di Treviso ,
Francesco di Rovigo , Venanzio Negro—Dario Socino
suo nipote Fausto; ed ecco la riforma arrivata all' e-
strema sua conseguenza.

Se adunque grandi germi di pubblica utilità si se-
minavano dalla Telesiana accademia , grandi elementi
di sovversione sociale contenne anch'ella in grembo,
che tendeano a rompere il legame tra l' uomo e Dio,
e posero l'individuale opinione come arbitra della politica delle lettere e delle azioni.

Veramente sotto il rapporto della politica, può dirsi
che questo spirito d' indipendenza non solo non sia trascorso, ma neppure abbia dati que'passi che spaventarono tanto Carlo V e Pietro di Toledo. Gli stessi accademici, per la maggior parte nobili, cercarono di consoli-
dare con nuovi decreti i loro vecchi privilegi di ca-

sta; e quando il Campanella si rese il campione della Riforma politica del Regno, non trovò un solo di tanti accademici che seguace gli si mostrasse, sia in segreto che in pubblico.

Alla domanda, adunque, in che ragione stia l' influen-dell' accademia telesiana sulla vita politica de' cosen-tini, io non saprei che rispondere, ovechè non volessi appieno negarla. All'altra poi, in che rapporto in ge-nerale si trovi la coltura filosofica della telesiana con quella delle altre accademie di questi tempi, e sin do-ve possa dirsi che le altre gareggino con essa all'eman-cipazione dello spirito umano dalle pastoje della sco-lastica, considerata nè saggi filosofici applicati alla teo-logia, nel ravvicinamento della filosofia alla teologia, nell'intima congiunzione della filosofia alla teologia, e nella separazione della filosofia dalla teologia, quarta epoca di lotta tra il nominalismo ed il realismo, ri-sponderei: che non potrebbe misurarsi questo rappor-to, perchè la nostra accademia fu la prima e l' unica in mezzo al movimento religioso dell'epoca, che attivò il movimento filosofico, introducendo nella filosofia quella rivoluzione che intera nella teologia portò.

## CAPITOLO OTTAVO

I. Congregazione del SS. Sagramento — Altra Congregazione del SS. Sagramento eretta in S. Nicola — II. Uomini illustri Cosen-tini — III. S. Maria della Misericordia — IV. Privilegio di Car-lo V del 16 luglio 1533. (anni 1520)

I.º Ripigliando il filo della storia è da osservarsi: che il 1539, regnando Carlo V si eresse in Cosenza la Congregazione del SS. Sagramento, nella vista, giu-sta la bolla 22ª di Papa Paolo III di associare il SS. Sagramento ogni qualvolta portavasi agl' infermi; e per tôrre via l' indecenza ed il poco rispetto che in detta funzione si eseguiva. Per questa costituzione, la Confraternita non soggiacea all' ordinario del luogo.

16

Nel 1607 D. Fabrizio di Gaeta chiese ed ottenne l'aggregazione di essa alla primaria e maggiore Arci-confraternita di Roma, colla partecipazione a tutte le indulgenze che godea con Bolla del 20 maggio.

A questa Congregazione è dovuta la compera della campana grande e mezzana della Cattedrale, giusta come risulta dal testamento di Notar Angelo Desideris. Nel 1733 tra la Città e l'artefice che dovea rifonderla, perchè rotta, fu rogato istrumento donde appare che detta campana costò ducati 416 e 85.

A questa stessa Congregazione dobbiamo, come dicemmo, un Monte di Pietà pel 1564, che pose argine alle scroccherie degli usurai.

Essa fu soppressa per opera dello Arcivescovo S. Felice nel 1652, non so se per mire d'impossessarsi del Monte, facendo passare quel Banco dall'Amministrazione Civile all'Ecclesiastica; o per ragioni che s'ignorano. Certo, che l'Università ed il signor Valenti queste ragioni fecero campeggiare innanzi al Tribunale misto, quando tolsero a chiederne la reintegra ai laicali.

Un altra Congregazione del SS. Sagramento fu eretta in S. Nicola da Monsignor Costanzo, anch'essa aggregata alla Minerva. Però venuta meno la prima, Monsignor Cavalcanti istituì la Confraternita della Vergine SS. del Pilerio per l'associazione — esente da processione.

II.° Il Regno di Carlo V ebbe termine nel 1555, quando questo principe stanco delle tante traversie cui soggiacque, rinunziava l'impero di Germania al fratello Ferdinando, e nel detto anno la Spagna, il Regno di Napoli, e gli altri Stati a Filippo II.

Le patrie croniche registrano nell'epoca dell'Imperatore come uomini illustri.

1. Emilio Bombini, cosentino, assunto al Vescovado di Umbriatico nel 1519, ove per molti anni amministrò quella chiesa con grande onore del suo cognome e della nostra patria.

2. Tiberio Cortese, rinomato giureconsulto cosentino, creato Vescovo di Lavello nel 1576.

3. Andrea Arduino, ch' emigrato da Cosenza , per aver commesso una briga, che gli attirò l' ordine di cattura, in Sicilia dove tolse a dimorare, fu da Carlo V delegato al disbrigo di gravissimi affari politici — e nominato Conservatore Supremo del Real Patrimonio in tutto il Siciliano.

4. Cesare Passalacqua, nominato da Carlo V Segretario delle R. U., con permesso di potere ammettere in quell' uffizio chi meglio gli piacesse. Uffizio lucrosissimo, che i Passalacqua tennero per 110 anni.

Conseguì tanto per aver servito con gran valore e fedeltà l' Imperatore , massimamente nella guerra coi Francesi — e per essersi distinto nella battaglia che decise della disfatta di quest' ultimi. Fu esso un di coloro che con D. Ferdinando d' Alarçon fu delegato alla guardia del prigioniero Re Francesco. Fu egli ancor colui, che tenne a proprie spese, nello interesse di Carlo una banda di soldati , quando si trattò dell' assedio di Catanzaro.

5. Fiorì sotto Carlo V Alessandro Gervasi, antenato degli attuali Gervasi di Cosenza a detta dello Amato, insignito dall'Imperatore pe'suoi meriti militari, e pel lustro recato all' armi imperiali , della croce di Cavaliere in data del 23 ottobre 1520 — Decreto confirmato nel primogenito della famiglia da Carlo VI il 17 marzo 1701. Ecco come si esprime l'Amato (1).

6. Si distinse sotto Carlo V Francesco di Tarsia, figlio di Giacomo, ch' educato all' armi fin dalla prima età, fu condottiere di mille fanti in Lombardia, fu Viceré degli Abbruzzi, e due volte Reggente della Gran Corte del Regno.

7. Nel 1530, secondo il Belmonte, riferito dal Barrio nell'assedio di Cotrone sotto Carlo si distinsero i

(1) Gervasia Gens, equitus usque decore a Carolo V Caesare et Ioanna per Alexandrum insignita anno 1520 23 octobre atque a di Carolo VI Imperatore semper augusto 1701-17 martii speciali diplomate confirmata; Comitatusque R. S. T. Tessere in persona Rochi Hieronymi tota posteritas redimita per eumdem Augustum sub die 2 agosto anno 1713 Neapolim primum , ubi originem traxit, dein Consentiam ubi incoletum etc.

quattro Duci Cosentini, Marco Arduino — Ferdinando Favari — Ferdinando Bernaudo — e Santo Guerriero.

8. Il 1530 morì il Beato Zaccaria di Cosenza, non so se più chiaro per grido di Santità che lo precedea dovunque, che per le dicerie che assistettero il suo seppellimento, nella cui occorrenza narravasi: che il beato Angiolo, parimenti Cosentino, sepolto da più anni nello avello ove volea tumularsi Zaccaria, come col fatto si tentò di tumularlo, si scostò dal punto dov'era per dar luogo al santo uomo — Ho voluto riportare questo fatto per debito di storico—senza assumerne risponsabilità; e perchè va narrato da Luca Wadingo (1) dal Barezzo (2) e dal Gonzaga (3).

III.º Sotto Carlo V il 1531 fu eretta da gentiluomini della Città una Congregazione sotto il titolo di S. Maria della Misericordia nel pietoso fine di servire ed accompagnare coloro che doveano giustiziarsi — e, mentre ch'erano in Cappella, di provvederli di ciò che loro occorresse, e finalmente fornirli di sepoltura nella propria Chiesa. A quest'oggetto i confratelli nel 5 ottobre del detto anno, per istrumento rogato da Notar Gianmatteo Rizzuto, comprarono le case che Girolamo Migliarese possedea dirimpetto il Convento de' Padri Domenicani; e perchè l'assistenza spirituale venisse scrupolosamente prodigata agl'infelici, si offerivano dodici sacerdoti tra i confratelli, che vestivano l'abito bianco, e portavano la croce al petto in segno di nobiltà.

Questa Congregazione resse, finchè non si fondò la Congregazione de' nobili nel Monastero de' Gesuiti. Passati qui que' fratelli, i cadaveri de' giustiziati tolsero a sepellirsi nella vecchia chiesa dell'Annunziata posta dietro del Carmine, ed i nobili usaron loro la debita assistenza uscendo da quest'ultima. Soppresso il Monastero de' Gesuiti nel 1767 questi confratelli sì

(1) Tomo II. — Barezzo lib. III.
(2) Lib. III.
(3) Lib. II.

riunivano ora in un luogo ed ora in un altro; ma per lo più nella Chiesa de' Teatini, finchè il 1793 non ebbero da Monsignor Mormile il possesso della Chiesa dedicata a S. Filippo e Giacomo fin dal 1411 da Cerretano de' Cerretani. Non è da tacersi intanto, che sullo spirare del decimottavo secolo, surse questione tra nobili e dottori sul dritto d'accompagnare al supplizio i condannati. Diceano i Dottori, che il dritto fosse loro, perchè nella fondazione della Congregazione, questa comprendea Dottori e Nobili — e che essendo stata soppressa la Congregazione de' nobili, colla soppressione de' Gesuiti, aveano perduto il diritto di partecipare a questo privilegio che aveano le due caste in comune nel paese. Diceano i Nobili, che il dritto fosse loro; perchè sibbene i dottori facessero parte della Congregazione di S. Maria, era osservabile, che questi dottori erano tutti membri di famiglie nobili, che all'epoca della soppressione degli avvocati pubblici, vennero riabilitati a prender parte nel nobile Sedile. La questione andò avanti, ed i Nobili prodottone reclamo presso il Re, ebbero il privilegio esclusivo di prestarsi a quest'opera pia. Comechè però da essi si ottenesse la Chiesa dei Ss. Filippo e Giacomo nel citato anno, pure, siccome essa sorgea nel vecchio cimitero della Cattedrale, non si rese officiabile prima del 1800, epoca in cui si benedisse. Nel 1826 vi si fece il sedile di noce, vi si dipinsero i quadri della soffitta, i due quadri accanto alla porta — e posteriormente vi si allogarono le due statuette di avorio, dono di un signore di Casa Majo, esprimente l'una un S. Sebastiano martire, e l'altra un Cristo alla colonna, opera del Buonarroti, di un pregio e di un valore inestimabile.

IV.º Ricorreva il 1533, ed il ventisei di luglio D. Pedro di Mendozza si ritrovava in Fiumefreddo, ove affari di Stato lo chiamavano. L'Università, profittando della vicinanza di questo alto Magistrato del Regno, gl'inviò Cesare Passalacqua che chiedesse le seguenti grazie per mezzo di lui all'Imperatore:

« 1. Quod quilibet solvat in gabella de la grassa.

« 2. De electione sindicorum, et magistri jurati, et
« confirmatio privilegiorum etc.

« 3. Quod observentur privilegia, et capitula ipsius
« civitatis et casalium.

« 4. De monasterio de suso.

« 5. De offitio assessoratus civitatis Cosentie.

« 6. De territorijs sile Civitatis et Casalium occu-
« patis per barones.

« 7. Quod non coltuentur montanee publice per
« septem miliaria.

« 8. De defensis occupatis in silva.

« 9. De animalibus campestribus dannificantibus
« in silva.

« 10. Quod Cives de Casalibus non cogantur per
« barones in prefatis causis.

« 11. Quod defense facte in sila destruantur et re-
« laxentur.

« 12. Quod magistri actorum non sint de eorum patria.

« 13. Quod non vendantur absentie magistris acto-
« rum, sed exerceatur per principales emptores.

« 14. Quod pro contumatia civili et criminali non
« solvatur nisi tari unum.

« 15. Quod banna non vendantur, et exequtiones
« serventur usque in finem anni.

« 16. Quod non fiant proibithiones in victualibus
« per barones.

« 17. Quod bajuli non possint fidare animalia.

« 18. Quod bajuli non possint facere exactionem,
« nisi prius constitio de anno, et stent sindicatui.

« 19. De distributione salis.

« 20. Quod non fiant inventaria nisi in delictis etc.

« 21. De Prothomedicis.

« 22. Quod concederetur franchitia quibusdam par-
« tialibus.

« 23. Quod Civibus Cosentinis concederentur quinq:
« officia anno quolibet.

« 24. Quod non dentur donativa quibusqumque of-
« ficialibus.

« 25. Quod in transitu animalium non solvantur
« passagia in terris baronum.

« 26. Quod bajulatio sile vendatur potius civibus
« q. aliis pro eodem iusto pretio.

« 27. De mundinis sancti Augustini Civitatis Co-
« sentie.

« 28. De solutione carceris Castri Civitatis Co-
« sentie.

« Carulus Quintus divina favente clementia Roma-
« norum Imperator semper augustus, Rex Germanie,
« Joanna mater , et idem Carolus eius filius Rex
« Castelle , Aragonum utriusque Sicilie , Hierusalem,
« Ungarie, Croatie, Dalmatie. etc.

« Datum in terra fluminis frigidi die xvj Julij 1533.
« Don Pedro de Mendoza, Jacobus Antonius de Fer-
« rariis auditor—Dominus gubernator mandavit mihi
« Cesari Passalacqua Segretario ».


## CAPITOLO NONO

I. Primo privilegio accordato da Flippo a' Cosentini — II. Quando
e perchè la Riforma s'introdusse in Cosenza — Tribunale dell'Inquisizione in Città—sue esecuzioni seguite a quelle degli Evangelici Valdesi di Guardia S. Vincenzo, S. Sisto (1555).


I° Filippo secondo inaugurava tra noi il suo regno
con riconfermare a Cosenza e Casali tutti i Capitoli
Grazie e Privilegi concessi loro da' Re ed Imperatori
suoi predecessori.

Nella collezione de' Privilegi, esiste questo documento, il cui sommario originale è il seguente :

« 1. Imprimis supplicano resti servita de novo con-
« cedergli tutte gratie privilegij et immunità concessoli
« per li Re antecessori etc.

« Item che ne Cosenza ne Casali siano molestati nel-
« l'allogiare.

« 3. Serventur privilegia sublato quovis abuso.

« Item supplicano et petino la detta Universita alla
« prefata Maiestà se degni gratiosa concedere, che circa
« gli accusati e denunciati, seu inquisiti de ditta Uni-

« versità se debba observar la consuetudine del Re-
« gno, quae incipit Humanitate de fide jussoribus.

« 5. Che si degni comandare ad ogni officiale mag-
« giore o minore, auditori, ed assessori de la provintia
« de Calabria et de particolare citatini, et lochi alla
« pena de mille ducati incorrendo et fisco Regio ap-
« plicanda, che non debiano fare, ne permettere si
« facciano alcuno gravamento alle loro corte sive ci-
« viliter sive criminaliter.

« 6. Item tanto attento le ragioni comuni, come
« per le Costitucioni, Capituli, et Pragmatiche del Re-
« gno per processo informativo non se po dare corda
« overo altro tormento, se prima lo accusato o vero
« l'inquisito non è inteso alle ragioni sue, et formato
« lo processo legittimo.

« 7. Ex processo informativo.

« 8. Come anticipatamente si pagavano le contuma-
« tie civili e criminali.

« 9. Che li offitiali non ponno essere della provintia.

« 10. Che non si possono donare banni contro i pri-
« vilegi de la Città.

« 11. De la gabella de la grassa.

« 12. Che ognuno paghi alla gabbella della grassa.

« 13. Et perche alcuni officiali, Castellano recusano
« pagare detta gabella si prega perchè nessuno ne ven-
« ga eccettuato.

« 14. Item perche non possano essere astretti fore de
« Cosenze per lo Vicere presente e futuro in le cause
« di appellatione, che ogni uno sia in libertà potere
« agere in le cause presenti criminali.

« 15. Che il Governatore faccia residenza nella Città
« di Cosenza.

« 16. Perchè da diversi anni in quà ritrovandosi li
« Governatori de la Provintia fora de la Cità de Cosen-
« za nel tempo di creare li mastri Iurati erano stati
« obbligati i sindaci ad andare da loro con molta spe-
« sa, e perciò si prega che li citatini non fossero più
« a ciò tenuti.

« 17 e 18. Che nella corte del Luogotenente non
« può stare caporale.

« 19 e 20. Che il Mastro giurato paghi l' affitto del
« luogotenente.

« 21. Che vacando l'ufficio di locotenente, il Mastro-
« giurato facci detto ufficio, et l'avvocato l'ufficio de le
« giudice.

« 22. Per qual causa il casale di Scigliano deve esse-
« re di Cosenza.

« 23. La confirmatione per l'uffi. di Scigliano.

« 24. Circa le robe che si portano a vendere nella
« Città.

« 25. Come non sono tenuti a pagar fundaco.

« 26. Circa l'ospedale della Città detto l'Annuntiata
« nova.

« 27. Non se possono ne debiano le robe de cita-
« tini de essi publicare excepto in crimine lese Maje-
« statis.

« 28. Che si degnasse ordinare lo spettabile guber-
« natore de la Provincia facesse emanare banni penali
« che quelli che anno occupato terreni del pubblico
« debba rilaxare detti terreni.

« 29. Perchè non ostante privilegio li terreni pre-
« fati non sono stati relassati.

« 30. Item per la numerazione di Cosenza.

« 31. Circa alcune imposte.

« 32. Perche la Regia corte abiti il palazzo di giu-
« stizia.

« 33. Circa l'officio di capitano da guerra si estinga
« in persona del capitan Mario.

« 34. Che non siano indebitamente vessati per di-
« versi aggravi dell' Arcivescovi Cosentini, e Vicarij.

« 35. Che si eligano al governo della Città lo Mastro
« Iurato et Sindaco la prima Dominca di settembre
« per bussola.

« 36. Che nesciuno possa per lettere intrare in ditte
« bussole de mastro Iurato et Sindaci.

« 37. Che il regimento non possono vendere le ga-
« bele.

« 38. Circa i sindacatori.

« 39. Del tessere delle sete.

« 40. De la grassa.

« 41. Circa la seta, etc.

« Datum apud Namptori curiam die quarta mensis
« Augusti, anno a nativitate Domini millesimo, quin-
« gentesimo, quinquagesimo, quinto 1555. Regnorum
« nostrorum anno secundo, El Rey. — Vidit Figuera
« Regio, et proprothonotario, et magno Camerario—
« Vidit Albertinus Regens—Vidit Porcius pro Tesora-
« rio generali—Dominus Rex mandavit mihi Consalvo
« Percio. In privilegiorum primo fol. 221. Solvit du-
« catos duodecim et si plus tenetur solvit in exequ-
« toris—Sayas pro taxatore. »

Conseguia Cosenza i cennati privilegi per opera di
Scipione Firrao, il quale cacciossi a supplicare il Re
nel cuore dell'Inghilterra una volta che l'Università
si accorse che il Mendozza non volea farne nulla.

II.º Dall'atto di rinunzia di Carlo V si vollero supporre smorzate le risse tra francesi e spagnuoli; ma
Paolo IV non solo non volle che la pace si conclu-
desse; ma a tutto uomo cercò inasprire gli odii vecchi,
chiamando alla conquista del Regno Errico II successore di Francesco I. E però si ritornò alle armi; e diverse battaglie furono combattute con varia sorte delle
parti contendenti.

Tanti danni cagionati all'Italia dalla prepotenza ed
avidità della Curia Romana — la riforma iniziata da
Martino Lutero e da'suoi discepoli, cacciarono anche tra
noi tale avversione per la corte papale, che diggià si
diffonde per Cosenza la dottrina degli Evangelici Valdesi, che pria riconcentravasi nella sola Guardia, ed
altri paesetti del Vallo; e si desiderava abbracciar la Riforma, già da Valentino Gentile e Venanzio Negri,
nostri concittadini spinta all'ultima sua conseguenza.

Ma perchè si possa apprendere bene questo tratto
interessantissimo della nostra storia, è uopo pigliare
l'esposizione da un'epoca più remota.

Sin dal 1340 i Valdesi cercando sicurezza e riposo
per aspri monti ed inospiti selve, pressati dal bisogno e non potendo più le sterili terre sovvenirli,
espatriarono, e chiesero sovvenzione alle foreste ed alle
vaste terre della Calabria, trapiantandovisi e dando

origine alla Guardia a Vaccarizzo. S. Sisto , la Rocca , Argentina , S. Vincenzo. Quivi tolsero a viver vita misteriosa e riconcentrata — e l'asprezza de' luoghi , la rozzezza della loro coltura per più tempo ebbero a garentirli dalla persecuzione dell'inquisizione e de' sacerdoti cattolici.

Ma crescendo il grido delle novità di Germania e di Francia per la riforma di Lutero, perchè potessero informarsi della nuova dottrina, spedirono de' pastori in Ginevra, che invitasser persone a trarre in Calabria, che venutevi, non solo riuscirono ad istruire i Valdesi nella nuova dottrina , ma far proseliti di questa in in molti altri paesi: come furono Faito , Castelluccia Cella, ed altre terre della Basilicata.

Valse a scovrire questi Settari fra noi un tale Antonio Anania di Taverna, che facendola da Cappellano presso lo Spinelli, Marchese di Fuscaldo, e Barone di Guardia, avendo contatto con quelle genti, si accorse della loro fede, che denunziò tosto nel 1561 in Roma al Cardinale Alessandrino Inquisitore Generale che poscia fu Papa Pio V.

L' Alessandrino commise allo zelo dell'Anania la riduzione de' Guardianeschi, nonchè degli altri Valdesi di Calabria.

L' Anania collegatosi a certi Gesuiti che si trovarono in Calabria, diedesi tosto alle impresa consumando tra loro prediche esortazioni e minacce; e quando vide che a nulla non riusciva , ricorse al Vicerè Duca di Alcalà, che credendo bastasse una severa vigilanza, ne scrisse al Vicario di Cosenza , come si rileva da una lettera riportata dal Cioccarelli nel tomo ottavo. Ordinava il Duca: che nelle cause de'carcerati della Guardia Lombarda imputati d'eresia procedesse con voto e parere di Berardino Santa Croce , cui avea del pari scritto. Ma essendogli stato rapportato , che le mezze misure erano tutte riuscite infruttuose, e che la setta semprepiù ingrandiva , ed insolentiva , spedì in Cosenza Annibale Moles Giudice di Vicaria con buon numero di soldati parte accolti da Napoli , e parte dai dintorni. Più spedì Caracciolo Ascanio a Cosenza il

1 Giugno 1561. Il Marchese avea riunito più di 610 fanti e 100 cavalli, ed alli 5 del detto mese partì per Guardia con ordine da comunicare al Marchese di Buccianico suo cognato, il che raggiunse. Recatosi il Ministro tra loro, fu mal ricevuto, perchè sottrattisi, dice il Giannone, alla sua ubidienza si posero in campagna, protestando di andar giulivi alla morte perchè avrebbero tosto goduto la grazia dal signore. E però si venne ad una guerra accanita, crudele, anticristiana, che spinse la Storia a porre la Guardia Lombarda tra la Roccella di Francia e Prato della Torre in Piemonte. Narra il Botta: che i preti ed i frati predicavano violentemente, un Valerio un Malvicino un Alfonso Urbano sopra tutti. Sforzavano il Valdesi ad andare alla messa, conformarsi agli altri riti della Chiesa cattolica, e chi non volesse, morte, carceri, confiscazioni. S. Sisto ne fu desolato—pochi se ne salvarono, e chi salvossi, andò ramingo pei boschi e per le selve. Le crudeltà di S. Sisto fer dare di piglio all'armi agli altri. Era duro superarli; e però il Duca d'Alcalà pensò valersi di Scipione Spinelli Signore di Guardia, il quale sotto colore di spedire nel castello che in Guardia avea continuamente de'prigionieri di guerra, tanta gente vi riunì, che poscia cavatanela ebbe, un reggimento con che piombò addosso a quegli infelici guardianeschi, orribile carneficina menandone. Un'testimone oculare narra: che ottantotto persone furono scannate dall'esecutore innanzi all'Inquisitore Panza in un solo giorno; e che più che seicento furono i suppliziati—(1) coprendo loro il capo con un mantello insanguinato, e i cadaveri di essi appiccati a de'piccoli sopra un raggio di strada di trentasei miglia, altro gran numero squartato, altro precipitato dalle più alte rocce di quegli alpestri luoghi — ed il rimanente torturato, tanagliato e moribondo spedito a morir nelle galere.

« Le seguenti lettere si trovano nell'Archivio Mediceo, e si ascrivono ad anonimo, che seguì Ascanio

(1) Cantù Storia Universale lib. XXV. cap. XXI.

Caracciolo nella spedizione contro i Riformati di Calabria :

S' intende come il signor Ascanio per ordine del
signor viceré era pronto a partire in posta alli 29
del passato per Calabria, per conto di quelle due terre de'Luterani che si erano date fuori alla campagna,
cioè San Sisto e Guardia. Sua signoria a Cosenza al
1 del presente ritrovò il signor marchese di Buccianico suo cognato, ch' era all' ordine con più di seicento fanti e cento cavalli, per ritornar a uscir di nuovo in campagna, e quella fare scorrere, e pigliare
queste maledette genti : e così partì alli 5 alla volta
della Guardia, e giunto quivi, fecero commissarî, ed
inviò auditori con gente per le terre circonvicine, a
prender questi Luterani. Dalli quali è stata usata tal
diligenzia, che una parte presero alla campagna ; e
molti altri tra uomini e donne, che si sono venuti a
presentare, passano il numero di mille quattrocento :
ed oggi che è il dì del Corpo di Cristo, ha fatto quelli
giuntar tutte insieme, e le ha fatte condur prigioni
qui in Mont' Alto, dove al presente si ritrovano. E
certo che è una compassione a sentirli esclamare, piangere e dimandar misericordia, dicendo che sono stati
ingannati dal diavolo ; e dicono molte altre parole degne di compassione. Con tutto ciò il signor marchese
e il signor Ascanio hanno questa mattina, avanti che
partissero della Guardia, fatto dar fuoco a tutte le
case ; e avanti avevano fatto smantellare quella, e tagliar le vigne. Ora resta a fare la giustizia, la quale,
per quanto hanno appuntato questi signori con gli auditori, e frà Valerio qual inquisitore, sarà tremenda ;
atteso vogliono far condurre di questi uomini, ed anco
delle donne, fino al principio di Calabria, e fino alli
confini, e di passo in passo farli impiccare. Certo che
se Dio per sua misericordia non move sua santità a
compassione, il signor marchese ed il signor Ascanio
ne faranno di loro gran giustizia, se non verrà ad
ambidue comandato altro da chi può lor comandare...

La prima volta che uscì il signor marchese, fece
abbruciare San Sisto, e presi certi uomini della Guar-

dia del suddetto luogo, che si ritrovarono alla morte di Castagneta, e quelli fece impiccare e buttar per le torri al numero di sessanta : sicchè ho speranza che avanti che passino otto giorni, si sarà dato ordine e fine a questo negozio, e se ne verranno a Napoli ». Di Mont' Alto, alli 5 giugno 1561.

« Fino a quest' ora s' è scritto quanto giornalmente di qua è passato circa a questi eretici. Ora occorre dire come oggi a buon' ora si è incominciato a far l'orrenda giustizia di questi Luterani, che solo in pensarvi è spaventevole : e così sono questi tali come una morte di castrati ; li quali erano tutti serrati in una casa, e veniva il boja, e li pigliava a uno a uno, e gli legava una benda avanti agli occhi, e poi lo menava in un luogo spazioso poco distante da quella casa, e lo faceva inginocchiare, e con un coltello gli tagliava la gola e lo lasciava così: dipoi pigliava quella benda così insanguinata e coltello insanguinato, ritornava a pigliar l'altro, e faceva il simile. Ha seguito quest' ordine fino al numero di ottantotto; il quale spettacolo quanto sia stato compassionevole, lo lascio pensare e considerare a voi. I vecchi vanno a morire allegri, e li giovani vanno più impauriti. Si e dato ordine, e già sono qua le carra, e tutti si squarteranno, e si metteranno di mano in mano per tutta la strada che fa il procacio, fino ai confini della Calabria; se il papa e il signor vicerè non comanderà al signor marchese che levi mano. Tuttavia fa dar della corda agli altri, e fa un numero per poter poi fare del resto. Si è dato ordine di far venir oggi cento donne delle più vecchie, e quelle far tormentare, e poi far giustiziare ancor loro, per poter fare la mistura perfetta. Ve ne sono sette che non vogliono vedere il crocifisso, nè si vogliono confessare, le quali si abbrucieranno vive ». Di Mont' Alto, alli 11 giugno 1561.

« Ora essendo qui in Mont' Alto alla persecuzione di questi eretici della Guardia Fiscalda, e Casal di San Sisto, contra li quali in undici giorni si è fatta esecuzione di duemila anime; e ne sono prigioni mille

seicento condannati; ed è seguita la giustizia di cento
e più ammazzati in campagna, trovati con l'armi circa
quaranta, e l'altri tutti in disperazione a quattro e
a cinque; bruciate l'una e l'altra terra, e fatte tagliar molte possessieni.

Questi eretici portano origine dalle montagne d'An-
grogna nel principato di Savoja, e qui si chiamano
gli Ultramontani; e regnava fra questi il *crescite,* come hanno confessato molti. Ed in questo regno ve ne
restano quattro altri luoghi in diverse provincie: però
non si sa che vivin male. Sono genti semplici ed ignoranti, e uomini di fuori, boari, zappatori; ed al morir si sono ridotti assai bene alla religione e alla ob-
bedienza della Chiesa romana ». Di Mont'Alto, alli 12
giugno 1561 ».

Intanto, il S. Officio in qualità di Commessario straordinario delegava Frate Vincenzo Malvicino perchè
in compagnia del Vicario Greco, finisse d'estirpare
l'eresia ed i pentiti riabilitasse.

Per quel che riguarda la Riforma proprio in Cosenza, contro l'asserzione affatto gratuita dallo Spiriti,
che in omaggio a'tempi in che scrivea, la negava perchè dovea negarla—deve sapersi:—Che quante volte le
idee riformatrici non vi si fossero introdotte dalle vicine terre di Montalto S. Vincenzo S. Sisto Guardia,
Oltrimontano, Rocca, Vaccarizzo, ove si erano stabilito fin dal 1340 i Valdesi; cosa impossibile attesa la vicinanza troppo pronunziata con la città, sarebbero bastate
a svegliarla i contrasti tra l'autorità politica ed ecclesiastica per la esecuzione della Bolla in *Coena Domini*—
la raccolta del danaro per la fabbrica di S. Pietro—la
devoluzione delle collazioni e de'benefici del clero Cosentino dati dagli Arcivescovi a' preti forastieri — la
rilasciatezza di questi de'quali, per tacere degli altri,
era un esempio Francesco Franchini, che reduce in
Cosenza, sua patria, coll'Imperatore Carlo V, che
avea seguito nella infelice spedizione d'Algieri, avea
scandalizzato il pubblico con versi che superarono le
lascive poesie del Cardinale Bembro e degli ecclesiastici
rimatori dell'epoca. Ma gli è notevole ancora, che la

prima pietra contro il papato, la scagliò in Cosenza
lo stesso Franchini, che parlando di Clemente VII
solea ripetere questo distico:

« Occubuit tandem Clemens, clementia tandem
« Nunc puto te Terris affore quae jam aberas.

Tenne dietro a lui negli attacchi al Papato Antonio
Ponto, che non si contentò di metterne in rilievo le
turpitudini passate, e di que' giorni; ma si scagliò
contro i preti e gli ecclesiastici tutti dell'epoca, e ne
pose in ridicolo le pretese, i costumi, la vita, gli sfar-
zi. Il disprezzo pel papato e per le fraterie non conobbe più limiti, quando Monsignor Giovanni Ruffo,
Arcivescovo di Cosenza, si fece ad applaudire agli epigrammi ed alle incriminazioni del Ponto, cui diresse
pubblica lettera, e lodandone col Vettori e co' novatori, il sapere, la oculatezza e l'indipendenza di spirito.

## CAPITOLO DECIMO

I. Arcivescovi Cosentini che appoggiano l'Inquisizione in Cosenza —
Istallazione del Tribunale inquisitorio in Città, e presecuzioni —
II. Marco Berardi e sue geste—III. Pietro Cicala Corsaro.

I.º Stabilitosi un Tribunale d'Inquisizione in Cosenza, ove il Malvicino ed il Greco dimoravano, in sul
suo primo esordio, fece incendiare le case di Francesco Barbiero, Sindaco del Popolo, che non potè prendere vivo, e preso poscia, arder lui stesso in mezzo
alla piazza grande. Dopo il Barbiero, fu fatto morir di
fame uno Stefano Negrini in prigione; e quindi impe-
ciati ed arsi vivi un Carlo Pascali, ed un Bernardino
Conte, entrambi preti nobili della Città; e dall'Arcivescovo mal veduti ed abborriti; perchè due tra gl'i-
stigatori presso all'Università de' reclami che queste
in diverse epoche avanzò a'Re ed agl'Imperatori contro gli abusi degli Arcivescovi, che conferivano le collazioni ed i benefici, contro ogni dritto e ragione a

preti forastieri, meglio che a' Cosentini e Diocesani—
A questo proposito, mi è dolce riprodurre le considerazioni del chiarissimo Luigi Maria Greco, anche come un tributo sentitissimo di stima ed ossequio verso
la sua memoria carissima.

Dice adunque il Greco, nel 5 volume degli atti del-
l' accademia.

« Ma vi son documenti da dedurre in lungo periodo
di tempo la esistenza della discordia e la causa di
essa fra gli Ecclesiastici Cosentini non solo, ma Casalesi eziandio: dal che lice inferire, di aver potuto tôrre alimento efficacissimo le fazioni.

Leggesi al n.° 8° di un Privilegio nel 1496 impartito dall' Aragonese Federico: « *Atteso in li tempi passati de li benefitii spirituali de la maior Ecclesia de
ditta Citta ne so stati provisti forestieri ; e per ditta
maiore Ecclesia essere frequentata multo dal populo; per
lo buon servimento de li preditti, quali so gentilhomini
et honorati citatini ; e per non poternose sustentare, la
incommenzano ad abbandonare: si supplica ditta Maiesta se degni de gratia speciale concedere ad ditta Università che de li benefitii vacanti et vacaturi in la pre-
ditta maiore Ecclesia de Cosenza non sine possa fare
collatione ad persone estere, ma se ne provvidano li Citatini medesimi, li quali serviranno de persona in ditta
Ecclesia, ec.* » L' origine del piato risale, come è chiaro per l' espressioni *in li passati tempi* ad un' epoca
certo non prossima.

Quel piato si rinnovella il 1504 nel n.° 8° d' un
Privilegio di Ferdinando il Cattolico sotto il viceregno
di Consalvo : « *Supplica essa Università V. I. S. li
piaccia ordinare et scrivere al Reverendissimo Cardinale de Cosenza che tutti i benefitii de la Diocese de
la ditta Citta li voglia fare conferire alli Canonici e
Preiti di ditta Citta et diocese, atteso che al presente li
conferisce alli servitori soi ; e li preiti che serveno la
Ecclesia de continuo sonno vacui de benefitii , li quali
per li antecessori citatini di essa Citta e Casali foro
fatti; e mo se li magnono li forastieri et homini che*

17

*non attendeno allo culto divino de ditta Citta: che quanno non sence provedesse li preiti che al presente attendeno alla Ecclesia, per inopia la abandonariano, et undariano cercando lo civo, e la Citta ne pateria* Tali espressioni significano certo aumento di sofferenze per l'ardente voto esposto e fallito sotto Federico ; significano àncora , comunque con riserba , cupa malcontentezza.

Nel 1507 si ritorna nel n.º 28º di un Privilegio dello stesso sovrano in su quella richiesta di beneficii: « *Ditta Citta e Casali fanno intendere alla prefata Cath. Maiesta come in essa Citta e Casali , la maiore parte de li preiti sonno senza benefitii e poveri per causa che li benefitii de la Diocesa Cosentina se conferiscono ad forasteri ; per il che ditte Ecclesie Diocesane ne sonno mal servite , atteso ditti preiti forasteri non vacano personalmente al servitio di esse Ecclesie : per tanto vostra Cath. Maiesta si degni provedere et fare opera collo Reverendissimo Cardinale de Cosenza che li benefitii ec: »*

Imperava il V Carlo , e de' non conseguiti beneficii lamentavano i nostri , facendosi istantemente a richiederli all' Imperatore , siccome appare da una lettera di lui del 1536, diretta al Cardinal Gaddi Arcivescovo di Cosenza : « *Don Carlos por la divina clemencia Emperador delos Romanos ec. . . . . Muy Reverendo in Christo padre Cardenal de Gadi nuostro moy caro y muy amado amigo: Por parte de la Universidad y hombres de nuostra ciudad de Cosencia y sus Casales nos hasido supplicato os mandassemos escrivir y rogar que por nuostro respetto toviessedes por bien de conferir los beneficios que vacaren enla dicha ciudad y sus Casales alos clerigos naturales de donde vacaren los dichos beneficios à causa que de ser conferidos a estrangeros los quales no residen enellos las iglesias son mal servidos y los perrochiales dellas mal tratados , y par que por muchos respectos tenemos ala dicha ciudad de Cosencia y sus Casales en muy special recomendacion muy affectuosamente os rogamos que per nuostro re-*

*specto tengays por bien de conferir los dichos benefi-*
*cios, ec.* »

Ora, se quei Prelati, a malgrado de' buoni uffizii
dei Reggitori del paese e de' Principi, i benefici di
Cosenza e Casali ai cosentini e diocesani solo per ma-
lanimo non impartirono, tornava molto difficile di non
esserne ricambiati ; troppo solendo pesare gli arbitri
di qualsivoglia autorità, lesivi dell' altrui potere, del-
l' altrui decoro, dell' altrui fortuna. Che se quei Prelati i benefici non accordavano giudicando i richiedenti
(il che, rispetto alla generalità, torna incredibile) incapaci di bene adempiere gli obblighi annessi ai benefici medesimi, la malacontentezza degli esclusi non dovea esser minore; chè incontra in vero assai di rado,
l' amor proprio convincere della incapacità propria,
anzicchè sforzare, più o meno, a pensare a lamentare
ad oprar contro l' erroneo giudizio, contro l' abuso di
potere de' funzionari.

E qui la malacontentezza avea una ramificazione ben
complicata ed estesa, avea un esasperamento non lieve dalla natura delle circostanze. I Prelati, sia qualunque il motivo onde si tenevano sordi, non potevano, più o meno, non avversare coloro che aveano a
tutt' uomo cooperato, e a tutt'uomo cooperavano ancora alla reiterata dimanda della mediazione sovrana. I
potenti in vero si tengono assai spesso tanto infalli-
bili, da riconoscere, se non colpa immensa, demerito,
in chiunque osasse giudicare e far credere altrui alcuno de' loro atti non buono appieno o fallace.

Ma potevano i chiamati ai benefici ; ma potevano
i loro delegati vivere non che benevoli, indifferenti,
riguardo a coloro ch' eransi virilmente opposti, e tutto
giorno virilmente si opponevano al loro inalzamento?
Poteano essi non dividire se non in tutto, almeno in
parte, l' amor di Prelati, onde ei si godevano a preferenza de' diocesani ? Grave malacontentezza ed estesa serpeva quindi in Cosenza, serpeva nella Diocesi
intera.

Vero è che io non ho in pronto documenti validi a

determinare sino a qual segno della influenza di malacontentezza cotanta si spinsero gli atti. Ma come
mai giudicare erroneo il supporre di aver malacontentezza siffatta contribuito potentemente a scuotere la
concordia, l' unità, l' ordine del paese? Come mai giudicare erroneo il supporre, di aver malacontentezza
siffatta operato non pure entro i limiti dell' ordine
chiesiastico, ma allargandosi eziandio per insinuazione
ed esempio nelle classi rimanenti? Chi può ignorare
che funestamente l' insinuazione, e l' esempio del sa-
cerdozio, sopratutto se tristi, ebbero ognora ed a preferenza ad esercitare un' impero sterminato, massime
sulle moltitudini incolte, siccome erano le nostre a
quei tempi?
Ma il fatto de' benefizî ricusati ai cosentini, ricusati ai diocesani non produsse solo malacontentezza, solo
scandali immediati: altre malecontentezze, altri scandali ebbero a derivare da quel fatto medesimo, rispetto al procedimento dei Beneficiati. Notiamo che
costoro le più volte non personalmente servivano, ma
si avvalevano di delegati: notiamo che i tenui redditi di ciascun benefizio dovevan quindi dividersi: notiamo che la tenuità degli emolumenti render quindi dovea, se non impossibile, rarissimo il caso di trovarsi
sacerdoti a livello del loro ministero sublime: notiamo, da ultimo, che per que' delegati dovea o manca-
re al tutto, o viziarsi la operosità cristiana de'Parrochi; operosità, la quale, sol quando venga esercitata
con perizia, con dignità, ne' singoli membri delle par-
rocchiali gregi esser può sorgente inesauribile ed unica di domestiche non meno che di cittadine virtù, veramente grandi, veramente generose, veramente puri-
ficatrici, veramente conciliatrici degli animi.
E sciaguratamente di tali virtù, non solo per la e-
sposta causa del male adempiuto ministero sacerdota-
le, vi fu penuria nel paese nel tempo compreso nei
sopra riferiti documenti; ma nei posteriori tempi e-
ziandio, per inadempimento del ministero medesimo,
sebben derivato da causa diversa.

Noi avevamo in Cosenza monaci Gesuiti, monaci
Domenicani, monaci Carmelitani, monaci Teresiani, mo-
naci Conventuali, monaci Francescani, monaci Riformati, monaci Cappuccini, monaci di Santa Maria degli Angeli, monaci Paolini, monaci Agostiniani ec.:
noi avevamo in Cosenza monache Cappuccine, monache Clarisse, monache delle Vergini, monache di Costantinopoli, monache, ec. Molto numerose, giusta
l'indole dei tempi, erano allora quelle famiglie. E la
Città nostra, tutto al più, quanto a' dì nostri trovavasi estesa. E la popolazione della nostra Città poteva allora esser minore, non certo uguagliar la presente.

Essendo quindi numerosi oltre il convenevole i Ministri del Santuario, quanto era facile la preva-
lenza dell'errore, o de' riguardi, o della venalità
nella loro ammissione, altrettanto tornava difficile
la piena osservanza della vera disciplina. Però la Religione si contaminava: e la contaminata Religione,
quanto maggiore era con que' Religiosi il contatto dei
cittadini, tanto più diffondeva i suoi vizî; pessimi tra
quali la impostura, la cupidigia, la superbia, l'invidia, l'ambizione, eccitatrici perenni di fazioni e
sventure ».

I rigori dell'Inquisizione in Cosenza, non si spie-
garono soltanto contro i preti e i cennati individui:

Un Pietro Cicala, dannato allo stesso supplizio che
il Pascali ed il Conte, evaso dalle prigioni arcivescovili, divenne il famoso Corsaro, che poscia desolò le
coste del Regno; un Marco Berardi, riuscito ad evadere parimenti, divenne Re Marcone ed il terrore de' Vicerè di quel tempo — *Le fiamme dice il Botta consu-
maron così in Cosenza, che a Montalto a chiunque venisse di eresia imputato. A chi veniva su per l'età
furono vietati i matrimonii da' sicarii dell'Inquisizione — crudeli anche contro le creature che non erano ancora venute al mondo —* E però stabilitasi l'Inquisizione a Cosenza a testimonianza di Botta e Beza

Barberini , e delle carte spagnuole , che ho sottocchi , il Greco ed il Malvicino allagarono la città di
prediche e di sermoni. Di Monsignor Gaddi, morto il
1568 , non meno zelante per l'inquisizione fu il Cardinale Francesco Gonzaga che gli successe.

Era questa la disposizione degli spiriti in Cosenza ,
assai pria del tempo che vi era venuto Giovanni Luigi
Pasquali, natìo di Coni, preparato al Ministerio evan-
gelico in Ginevra , destinato alla propagazione delle
nuove dottrine in Calabria, dagli Evangelici firmatari
nel 1561 del trattato di Cavour.

Narra Paulo Geymonat, ch'egli con savio ardore e
fedeltà compisse la sua missione pericolosissima ; ma
che in breve fu preso di mira, incarcerato dal Vescovo Cardinale Gaddi di Cosenza, mandato a Roma dove fu detenuto in umidi carceri del Castel S. Angelo,
assediato da' monaci, e posto ad ogni cimento. Le sol-
lecitazioni di suo fratello, l'amore alla sua fidanzata
rimasta in Ginevra non affievolirono l'animo suo, nel
giorno otto di settembre dello stesso 1561 egli udì la
sua condanna al convento della Minevra , e a' 9 fu
bruciato vivo sulla piazza del Castello e le sue ceneri
gittate nel Tevere (1)

A chiarimento di questo passo interessantissimo della nostra storia debbo aggiungere: che il Pasquali potè per quattro mesi trattenersi in Calabria e diffondere le nuove dottrine così, in Cosenza che in Guardia, Motta, S. Sisto, S. Vincenzo, Vaccarizzo, Rocca
Ferrandina, borgo Oltramontano , atteso il patrocinio
di Apollonio Merenda , prete Cosentino , che fu così
accorto e scaltro, dice lo Spiriti (2), da ingannare il
Cardinale Gaddi Arcivescovo di Cosenza , a cui servì
per molto tempo in qualità di Segretario — A proposito di Apollonio Merenda dice il Bernini: *In Calabria
vi fu quell' Apollonio Merenda , il quale dopo d' avere
infettate molte terre, e particolarmente la Guardia , S.*

---

(1) Crespin Histor. des martirs.
(2) Memorie degli scrittori Cosentini.

*Sisto e la Baronia del Castelluccio, accostatosi in Roma divenlò cappellano del Cardinale Polo* (1) accusato anch' egli quindi d' eresia, e condannato dall' Inquisizione.

Il Pasquali, adunque, trovò già semenzato il terreno in Cosenza; ma questa semenza non l' aveano quivi gittata i soli Francesco Franchini, Antonio Ponto ed Apollonio Merenda—Eravi stato Gioseffo Venanzio Negri, Cosentino anch'esso, che guasto, dice lo Spiriti, e sedotto da Gentile, suo concittadino, non solo abbracciò e predicò la Riforma; ma la spinse all' ultime conseguenze, amando di diffonderla nonchè in patria ed Italia, in tutta Europa, ove trasse, recandosi da Cosenza a Napoli, da Napoli a Ginevra, da Ginevra in Francia, in Polonia, in Transilvania.

Ma quegli che avea poi su di tutti gustato ed avea in Cosenza fatto gustare le nuove idee riformatrici, fu Valentino Gentile, anche nostro compatriota, che lungi d' apprendere le nuove conoscenze in Padova e Napoli da discepoli di Servet e del Valdes, lasciata Cosenza per non esservi arso vivo, giusto quanto di lui dice il Moreri : *Il se refugia a Geneve pur eviter la peine des feu dont il etoit menacè en son pays, pour fait d'eresie*, fu a Napoli ed in Ginevra, ove lo chiamava ancora il desiderio di conoscere Calvino : *Fama Calvinianae, ut ipse dicebat, eruditionis in primis permotus*.

Or se fosse vero quanto asserisce lo Spiriti, che in Cosenza non fosse mai penetrata la Riforma, come vi si sarebbe trovato il Gentile così protratto nell'eresia, da doverne fuggire per non esservi arso vivo ?

Di quanto depone il Moreri fa prova pure lo Spiriti, il quale dovrebbe dire la ragione onde avvenne che il Gentile, prima di recarsi a Ginevra si trovasse tanto inoltrato nell' eresia da dovere scappare dal proprio paese, per non esservi arso vivo. Se non fè tanti progressi in Cosenza quanti ne fece, come sarebbe stato possibile, che trovatosi di sbalzo a Ginevra a-

(1) Forno V. — Secolo XVI.

vesse potuto confondere nella Chiesa riformista Giorgio Blandrata da Salluzzo, Paolo Alciati da Milano, e Matteo Gribaldi da Padoa discepoli di Servet, che non tardarono a dichiararsi suoi scolari, da maestri ch'erano nella Svizzera ritenuti?

All'epoca, adunque, che l'Inquisizione scagliava i suoi fulmini su' Riformati di Guardia, S. Vincenzo, S. Sisto, non meno che in quelle contrade era in fiore la Riforma a Cosenza — È però l'Inquisitore Frate Vincenzo Malvicino, poscia che finì d'insanguinare i paesi cennati, di concerto col Vicario Greco, si diè all'opera per impiantare il Tribunale dell'Inquisizione in Cosenza (1).

Chiamato a succedere al Greco il Gonzaga, questi lo stesso anno, l'inquisizione affiancò, e crebbero gli orrori e le stragi. Erasi alquanto calmata la furia di questo orribile Tribunale sotto Tommaso Tilesio, successo al Gonzaga dopo quattro anni che costui stiè al governo della nostra Chiesa; ma sotto Flavio Cardinale Ursino, successo al Tilesio l'anno 1569, e sotto Andrea Matteo Acquaviva, che gli tenne dietro, dopo quattro anni quì trasferito dalla Chiesa di Venosa l'anno 1579, ritornò ad infuriare, e ad allagare di sangue la nostra regione. E però i fuorbandi furono così frequenti, divennero così frequenti le condanne, divennero così innumerevoli le persecuzioni indefesse le carcerazioni, che dal Val di Crati, a migliaja, gli accusati si cacciarono armata mano tra le selve, cercando quivi rinvenir riposo e sicurezza. Un orribile brigantaggio ne fu la conseguenza che finì di rovinare la provincia, e spingere le sostanze de' cittadini in un completo naufragio.

II.º Ordini sopra ordini partivano da' Vicerè perchè si fosse estirpata la mala pianta; perchè si fosse resa dagli ufficiali governativi la calma alla Provincia; ma la causa del brigantaggio stava nel Tribunale dell'Inquisizione, che facea mille proseliti al giorno a Be-

(1) Vedi Botta Storia d'Italia.

rardi ed altri capobanda, con quel terrore e con quel inquirire a dritto e a torto contro rei ed innocenti, contro i delittuosi riformisti, e i cattolici — contro uomini e donne, vecchi e fanciulli. Atterriti dal S. Officio, che comechè non autorizzato in Napoli, eseguiva e facea segretamente eseguire le sue sentenze anche nel Regno, gli scrittori dell'epoca, non han voluto trovar la ragione di quell' immenso brigantaggio calabrese in questo tribunale impiantato a Cosenza. Ma ora che la storia può dir le cose come vanno, e come sono andate, non arrossirà di divinizzare un Marco Berardi, ch'imprecato allora da chi temea e favoriva l' Inquisizione, il dipinse qual ladro di campagna, assassino da strada; quando invece egli è il rappresentante in quest'epoca del Genio Calabrese, docilissimo ognora ove si parli alla sua ragione, ribelle sempre, quando gli si voglia imporre la propria fede e la propria convinzione.

Marco Berardi, Mangonese secondo alcuni, e Cosentino secondo altri, cresciuto fin da fanciullo nelle vicinanze di S. Sisto, ove avea un podere di ch'era proprietario, di buon tempo s' era imbevuto della dottrina degli Evangelici, che quivi ed in que' dintorni trafficavano.

Dato in nota come sospetto all'Inquisitor Malvicino, fu interrogato, e persistendo nel proprio convincimento, fu chiuso in carcere, donde uscir dovea per provar la tortura, e poscia essere arso vivo sulla piazza di di Cosenza. Riuscì il Berardi insieme a Pietro Cicala, dell' illustre famiglia Cicala Cosentina, dannato alla stessa sorte, a spezzar i cancelli delle prigioni Arcivescovili — e cacciatosi nelle prossime selve della Sila, diedesi in sul principio a guardarsi la vita: e quando da'molti, che per la stessa ragione correano la campagna, si vide affiancato, risolse di ribellarsi al Governo, e proclamare l' indipendenza della Calabria dalla Spagnuola tirannide. Tutto vita e foco, pieno d'intelligenza e di ardire, nemico del nome Spagnuolo quanto attaccato a' suoi Calabresi confratelli, e però non

tagliaborse, non ladro, quale gli agenti della Inquisizione il predicarono per le chiese e per le piazze; ma
invasore delle sostanze altrui quando si niegasse il vit-
to a lui ed alla sua gente — propugnatore d'un principio politico ch'era il voto segreto di quanti amas-
sero la patria sotto il Governo di Spagna, ammiserita,
delapidata, distrutta — si mise bentosto non alla testa
d'una compagnia, d'una banda; ma d'un intero
esercito; d'un esercito forte di più che mille e cinquecento uomini : gente risoluta a tentar tutto, nulla
a non omettere purchè gli Spagnuoli dalla Provincia
si cacciassero, ed il Tribunale di Cosenza si potesse
abbattere.

Alzata la bandiera della ribellione, ad unanimità fu
da' suoi gridato Re, e di regie vestimenta ornato. Re
e soldato al tempo stesso, tolse allora ad espugnar castelli ad occupar paesi, ad esigere giuramento di fedeltà—proteste d'odio e di vendetta contro gli Spagnuoli e Papalini—promesse e soccorsi d'armi di danaro e cavalli per roddoppiare le forze proprie—i castelli occupati di presidio fornire. Giunte a questo termine le cose, pensò rendersi Signore di Cotrone la cui
posizione, e le cui fortificazioni, gli facciono stimar
quel luogo come ottimo per porvi il centro dello stato,
e stabilirvi il quartier generale. Alla testa di poderoso
esercito, cacciossi quindi sotto le mura di questa città
che immancabilmente avrebbe presa, se sbalordito il
Vicerè di questa occupazione, non avesse spedito contro di lui Fabrizio Pignatelli, Marchese di Cerchiara,
con seicento uomini di cavalleria, e tremila ed ottanta
di fanteria.

E pure ad una prima, seconda e terza battaglia cam-
pale, che il Pignatelli volle ingaggiare contro il Berardi ebbe sempre ad uscirne colle tempie rotte — e
e le masse del Re delle Montagne, anzichè scemarsi,
di numero crescevano e di ordine.

Perdutasi dal Governo e dal Pignatelli la speranza
di poterlo vincere in formali combattimenti—il Papa
toglie a scomunicarlo da Roma; il Duca d'Alcalà a

prometter grosse taglie a chi l'uccidesse, il Tribunale
dell' Inquisizione di Cosenza, ed il S. Officio di Roma
a promettere indulgenze plenarie a chi lo abbandonasse, il purgatorio a chi lo massacrasse , il Paradiso
a chi vivo il consegnasse alla forza. Un nugolo quindi
di spioni e di delatori, rapporta tutto al Pignatelli—
mille agguati gli sono tesi da' suoi stessi compagni—
Di questi, molti fidando alle promesse del Tribunale ritornano in casa, ove quietate le cose, ritrovano la morte
e la tortura; altri temendo dell'esito della impresa, emi-
grano e si cacciano chi in Sicilia e chi in Africa.

Man mano Marco resta solo con Giuditta sua donna.
Tratto a tanto, delibera di non sopravvivere alla propria sventura, e prega Giuditta che l' uccida. Però un
Tommaso suo compagno , ch' egli sapea prigioniero a
Cosenza, e che il raggiunse nella grotta ove s' era in-
ternato, dàgli speranza, che il suo partito potesse ri-
sorgere. Egli corre ad abbracciar Tommaso; ma Tommaso comprato dall'Inquisizione cerca scannarlo. S'in-
gaggia una lotta terribile fra'due; Tommaso cade spento
sul suolo e Marco allontanatone il cadavere col piede,
forma il diffinitivo progetto di finir per fame una vita
che gli era omai d' un peso insoffribile.

Narra la cronica del Frugali , che Marco non ebbe
modo a far sì che Giuditta lo avesse abbandonato al
proprio destino. Dopo molto tempo che in Cosenza si
diffuse la nuova della morte di questo bravo calabrese,
che del suo nome empì l' Europa tutta in que' tempi,
gli ufficiali del Governo tratti in quel luogo, rinven-
nero due cadaveri abbracciati, senza ferite nel corpo,
e senza che dir si potesse che di altro fossero periti.
Il corpo del Berardi fu condotto in trionfo a Cosenza—e deposto nel cimitero di S. Catterina, ove tutto
dì se ne vede lo scheletro con un cerchio di ferro sul
teschio , ed uno scritto sul petto col Motto *Marco Re
de' Monti.*

III.º Ma le tristi conseguenze dell' Inquisizione non
si limitavano a quanto abbiamo narrato solamente.
Evvi altro avvenimento a registrar , che non meno

dell' esposto tornò dannosissimo, non solo alla Calabria; ma al Regno tutto e forse all' intera Europa.

Dicemmo che col Berardi era evaso dalle prigioni Arcivescovili Pietro Cicala, patrizio Cosentino. Secondo che narra la cronica del Raimondi, costui malamente battezzato da certuni per Siciliano, e secondo il Muratori per Calabrese, quando fu Cosentino della illustre citata famiglia, avea da giovinetto appreso gli erudimenti sotto Venanzio Negri, compagno del Gentile, e di cui abbiamo altrove favellato come capo degli Antitrinitarî di quell'epoca. Spettatore delle stragi di Guardia, ed accusato di eresia in quegli stessi giorni in che fu giustiziato il Barbieri, Sindaco del Popolo, fu arrestato, e condannato ad essere impeciato ed arso vivo come il Conti. Riuscì ad evadere dalle prigioni, e si ricoverò a Messina, ove lasciata la madre, sospetta anch'essa all'Inquisizione, veleggiò per Africa ponendosi al soldo della Potenza Ottomana. I suoi straordinarî talenti il fecero ben presto salire a' più alti gradi dell' armata navale maomettana: finchè chiamato al comando della flotta, fu creato Ammiraglio col nome di Bassà Sinan o Assan Cicala.

Divenuto Ammiraglio d' Amuratte III fecesi da lui delegare a scorrere pe' mari d'Italia a fine di discentrare le forze de' cristiani contro Amuratte collegate. Con novantasei navi sotto il proprio comando, vi trasse il Cicala, e dove che approdar potette, portò la strage e la rovina; non risparmiando ad età o sesso, ove che Spagnuoli trovasse — non a persona del mondo, ove si parteggiasse per la Spagna e per Roma. Arso dallo spirito di vendetta che gli avea fatto abdicare la propria fede, e rompere ogni legame colla società, cacciossi come una furia sopra Reggio, la prese e la saccheggiò, sol perchè gli si dicea, che vi si trovasse l'Inquisitor Malvicino. Grande fu il numero de' preti dei frati de' missionari degli Spagnuoli, degli aderenti al Governo di Filippo e del Papa ch' egli cattivi trascinò in Africa al servizio del suo signore, e ad incontrare la Schiavitù e la morte. Si rese il flagello della Cala-

bria non solo; ma d' Italia tutta e di tutta la Spagna.
Gli è desso colui che, come vedremo, col Campanella
iniziatore di un movimento politico contro Filippo,
cercò portare l' ultimo colpo in Calabria alla potenza
Spagnuola. Su di costui, i di cui eccessi fecero rab-
brividire l'umanità, se non abbiamo elogi da prodiga-
re, non avremo certo biasimo da spargere. Il suo nome non è l' unico ed il solo che vada registrato dalla
storia negli annali di quegli esseri a cui la malvagità
degli uomini fece prendere un indirizzo affatto contrario a quello cui la natura e l' educazione l' avrebbero
chiamato.

# LIBRO DECIMOQUARTO

—

## CAPITOLO PRIMO

I. Abolizione della carica de'Dottori—II. Forma della municipale
Amministrazione in quest'epoca—Storia dei nuovi capitoli—III.
I capitoli di D. Perifan de Bibera (anni 1565).

I.º Risalendo ora al Cardinal della Cueva, a cui tenne
dietro D. Perifan De Ribera, Duca d'Alcalà, di cui
abbiamo veduto le ordinanze a proposito delle stragi
di Guardia, e contro Marco Berardi, diremo :
Che i Dottori di Cosenza oltre della prerogativa, che
acquistata aveano col privilegio del Duca Alfonso II di
poter liberamente intervenire nelle pubbliche adunanze,
tuttochè del numero de'50 consiglieri non fossero, riteneano un altro ufficio con diritto totale di privativa.
Era questo l'Avvocaria del pubblico, carica di grande importanza, per la mano, e total dipendenza, che
da essi si avea negli affari concernenti il pubblico interesse. Ed o fosse che fin da quell'ora tenuto avessero tale impiego uomini di mal talento, e suscitato-
ri d'infiniti litigj, al sommo dispendiosi per quel pubblico; o che gl'altri gentiluomini conoscendo di qual
peso si fosse la carica stessa, pensassero intieramente
abolirla sul pretesto, che togliendo l'Avvocato ogni
cosa a difendere, e promuovere delle liti, cagio-

navano gravissimi interessi alla Città , congregato-
si il pubblico general parlamento , non solo de' 50
Consiglieri, ma di tutti i Cittadini , si risolvè abolire
nell' anno 1558 la carica di Avvocato, e crearne una
nuova col titolo di Consultore. Per convalidare questa
determinazione si ebbe bisogno di ricorrere al Collaterale Consiglio, da cui si rimise l' affare al Preside
Provinciale. Avuta questi tal incombenza , scrisse al-
l'Uditor Pietro Antonio Panza, che congregando l' U-
niversità spiasse la volontà de' Cittadini se volessero ,
che l' Avvocato non avesse a votare nel parlamento ;
si bene eleggersi un Consultore, giusta l'esposto nella Supplica. Soggiunse però il Preside , *avvertendo-*
*vi sopra tutto, che si miri molto bene per l' indennità*
*de DD. poichè nel memoriale porretto a S. E. per il*
*Collaterale Consiglio, si è supplicato, che a'magnifici Dot-*
*tori si dovessero tutti gli altri onori , ed entrassero*
*al governo, come gli*altri gentiluomini, avvertendo, che*
*sia condizione , ch' esclusi che fussero per avventura li*
*detti DD. per l' Avvocazione non debbano lasciare l'uf-*
*ficio di Avvocato, se prima non saranno imbussolati, giu-*
*sta la forma, e tenore del preinserto Capitolo porretto*
*al Collaterale Consiglio, con partecipare di tutti gli al-*
*tri onori, secondo si è supplicato, perchè così n'è parso*
*di giustizia.*
Su questo proposito e su tal particolare, ecco qual fu
il Decreto profferito dell'Uditor Panza Delegato: ordinò egli , che i DD. si dovessero astenere dall' esercitare l' officio di Avvocato, *in regimine Civitatis dando*
*votum prout in praeteritum exercere soliti exstiterunt,*
*et quod dicti magnifici Doctores gaudeant , et gaudere*
*possint omnibus quibuscumque honoribus, praerogativis,*
*et praeminentiis, quibus gaudent, et gaudere quomodoli-*
*bet possunt, si et prout gaudent Nobiles Cives Civitatis*
*praedictae ad officia Sindaci de Nobilibus, Magisri Ju-*
*rati, Electorum de Nobilibus, et adsistentium, et omni-*
*bus, et quibuscumque aliis officiis, et praerogativis, et si*
*de novo contingerit caeteros Nobiles gaudere , et quod*
*dicti magnifici DD. pro concordia cedant liti, et causae,*
*dummodo quod hodie de voluntate ipsorum in gene-*

*rali parlamento ponantur , et imbussolentur in busso-*
*lis dictorum officiorum, et de his bussolis debeant exire*
*pallottae ipsorum Doctorum, quando eis fors contigerit,*
*ut infrascripti magnifici DD. praesentes, et congregati*
*ut supra incipiendo a mense Septembris 1559. si per*
*sortem eis, vel alicui ipsorum DD. contiget.* Ecco qual
nuovo sistema prese la Città di Cosenza nel fatto dei
Dottori. Essi contenti di venir ammessi nel busso-
lo degl' uffici de' Nobili , si disfecero di buona voglia dalla carica di Avvocato del pubblico, che prima
tenuta aveano : e per darsi una certa prova di tutte
le famiglie de'Dottori, che allora esistevano, si venne
nel decreto stesso a partitamente descriverne i nomi.
Si descrisse Giannandrea Sambiase, Sebastiano Caputo, Fabio di Gaeta, Gio. Domenico di Cava, Marcan-
tonio di Matera, Gio. Car. Andreotta, Sebastiano Longo, Giamberardino Bombino, Decio Durancia , Francesco Fera, Persio Bombino, Pietro Vincenzo Sambiase, Gian Paolo Monaco , e Fabbrizio Dattilo, i quali
si disse esser presenti : si soggiunsero parimenti i
nomi degli assenti Pietro Cicala, Gio. Giacomo di Mo-
dio, Sebastiano della Valle, Luca Sanfelice, e Claudio
Marzano. Si venne indi a dare una norma per l' elezione, e si prescrisse, che accadendo farsi nuova elezione, si dovesse tenere questa regola rispetto i Dottori, che cioè uno del lor casato, e famiglia si dovesse
bussolare nell' elezione del Sindaco , ed un altro in
quella del Mastrogiurato , al paro di ciò , che si co-
stumava pe' Nobili , dimodochè contenti i Dottori di
quanto loro si accordava, con questo tal nuovo stabilimento, non potettero da lì innanzi pretendere l'ufficio di Avvocato nel governo , il quale perciò rimase
totalmente abolito.

Si aggiunse una dichiarazione , che l' esercizio di
tali uffici non fosse che personale a' Dottori, e qualunque si siano altre persone estere della Città di
Cosenza , ancorchè Nobili , non potessero aver parte
in tali uffici , se non dopochè si trovassero con voti
uniformi ammessi tra il numero de' Cittadini, e ricevuti in que' tali uffici, ma che dopo il decennio della

ricezione di essi tra il numero de'detti Cittadini, *et de officio Syndicatorum neutrae partium inferatur paejudicium per praesens decretum, et generale parlamentum.*

II.° Or qual'era la forma dell'Amministrazione municipale in questi giorni a Cosenza.

Da quanto di sopra si è detto, emerge chiaro, che fino a quest'epoca non esistea in Cosenza nobiltà chiusa; e che per conseguenza l'amministrazione delle cose municipali non era in mano d'una classe privilegiata, dal resto del popolo separata e divisa.

In fatti, il Sedile non era proprio de' Nobili; ma bensì un luogo pubblico, destinato a trattare gl'interessi dell'intiera città. Nè potea essere un luogo privato; perchè le adunanze che vi assembrarono non erano assemblee di privati; ma *parlamenti generali*, ove si *andava more solito* — e ad *sonum campanae, seu ad bannorum.*

Pare poi evidentemente che quel Sedile non fosse chiuso; perchè dovea intervenirvi un Regio Ministro, che ivi presedea a nome del Re; affinchè quelle assemblee non degenerassero in conventicole perniciose allo Stato ed al pubblico bene.

Il personale stesso de' pubblici funzionari in quest'epoca depone di queste verità. Infatti, Girolamo De Donato, Sindaco Nobile, il nobile Giandomenico di Sorrento, e Gian Pietro Cicala, Sindaco *honoratorum civium* avevano il potere esecutivo della Municipale Zienda — Era avvocato Gianni Andrea Sambiase. — Giuseppe Abate, degli onorati cittadini, eletto dal popolo — e Gian Domenico Tosto, eletto dallo stesso, anch'egli degli onorati cittadini.

Fino a quest'epoca, adunque, il popolo ne' generali Parlamenti eligea 50 consiglieri, che poi scegliano gli ufficiali, a' quali veniva affidato il potere esecutivo dell'amministrazione.

Conoscendo, però, i Nobili quanto sarebbe per essi utile e vantaggioso che la pubblica azienda tra le loro mani si raggirasse, ed il pubblico peculio da essi si amministrasse, pensarono di formular certi capitoli, che comechè al pubblico vantaggio sembrassero indriz-

18

zati, erano manifestamente volti a mettere in loro potere la cosa pubblica.

L' Udienza Provinciale nel 1565 credè rimettere al Collaterale Consiglio questi nuovi Capitoli, che adottaronsi in un generale parlamento, all' oggetto riunito.

Il Consiglio Collaterale, considerando: che se questi Capitoli da una parte tendeano a mettere il buon ordine al governo del popolo Cosentino, dall'altra, tendevano ad introdurre in Cosenza una privativa, con chiudere la Nobiltà, e far sì che da'nobili soli quindi innanzi si reggesse la cosa pubblica, emise le seguenti ordinanze:

« Visto per noi il tenore de' presenti Capitoli, una
« colla lettera, che ne avete scritta, parendoci che
« detti capitoli fossero tutti necessari, e concernenti il
« duraturo buon governo di questa città di Cosenza,
« ci è parso per le cause predette confirmare, sic-
« come pel tenore della presente confirmamo tutti
« detti Capitoli, reservato però, il primo Capitolo, il
« quale lo rememettemo a questa Regia Udienza, e vi
« diremo: che dobbiate quanto in esso si dispone per
« allegare, come meglio vi parerà conveniente di giu-
« stizia ».

Il Collaterale Consiglio, adunque, non volle prestare il suo assenso alla prima parte del nuovo Regolamento.

Or, che cosa conteneva questo primo Capitolo? Eccolo:

*Primieramente si debbono scrivere in un libro grande tutte le famiglie nobili, che al presente godono la nobiltà, e quelli, che in detto libro sono scritti, possono dar la voce, e ricevere e non altri, e in detto numero non sia ammesso alcuno altro più per l' avvenire, e tutto col consenso di tutte le due parti che sono scritte in detto libro, di modochè, se più della terza parte di esse discrepasse, non si possa essere ammesso, ancorchè fusse numerato, e fatto cittadino.*

Prevedendo e temendo i Nobili che il progetto potesse naufragare innanzi all' Udienza, per due anni, non parlarono più de'cennati Capitoli. Scorsi due anni, ed avendo ragioni positive a sperarne l'approvazione dagli

ufficiali che reggeano in quel tempo la Regia Udienza , Bernardino Cavalcanti , Sindaco , produsse ricorso alla Udienza , e questa senza osservare , se oltre
alle famiglie date in nota per descriversi nel aureo
libro , in città altre n' esistessero che avessero egual
dritto; senza chiamar Parlamento Generale, per conoscere se que' nuovi Statuti fossero stati consentiti da
tutt' i Cosentini , quasi chè si trattasse di mandare in
esecuzione una determinazione già presa dal Consiglio
Collaterale, dispose: « *Viso Praedicto Capitulo quod re-
mittitur providendam Regiam Audientiam Calabriae, ac
habita super hoc matura deliberatione, stante quod totum
supplicatum tendit ad beneficium dictae civitatis Consentiae, fuit decretum quod dictum primum Capitulum observetur juxta ejus seriem continentiam et tenorem* (1).

III.° Questi nuovi capitoli furono i seguenti: *Illustris.
et. Mag. Viri, Reg. Consiliar, dilectissimi ec. ec.*

« Avemo ricevuto una vostra lettera con alcuni capitoli di questa Città di Cosenza, et Riforma per questa
Regia Udienza sopra il modo del creare gli ufficiali et
il Governo et il Regimento di detta Città del tenore
seguente :

« Primieramente si debbono scrivere in un libro grande tutte le famiglie nobili che al presente godono la
nobiltà; e quelle che in detto libro sono scritte possono
dar la voce et ricevere, et non altro.

« A detto numero non sia ammesso niun altro più per
l'avvenire, eccetto col consenso delle due parti che sono
scritte in detto libro; dimodochè se più della terza parte
discrepasse , non ci possa essere ammesso , ancorchè
fosse numerato e fatto cittadino.

« Appresso sarà necessario che tutte le famiglie le
quali sono salite a godere di dignità e di uffizii della
città sino ad oggi, dette famiglie , e ciascuna di essa
alle 25 del mese di aprile si debbono congregare tra
loro ed eligere uno di detta famiglia di venticinque
anni in su che a detta famiglia ed uomini di essa

(1) Fol. 147.

parerà più idoneo, e sufficiente a poter governare concorrendo la maggior parte delle voci.

« Degli uomini di detta famiglia quel solo intervenga
per. quell' anno il dì primo di maggio all' elezione e
nuova creazione degli ufficiali, e così come ne' susseguenti capitoli si contiene.

« In caso che gli uomini di detta famiglia in egual
numero di voci passino ad eliggere due persone di detta
famiglia per detta elezione e creazione, in tal caso i due
nominati si devono cavare in una bussola a sorte, e
quello che uscirà da detta bussola, resti ad interve-
nir al detto governo.

« Appresso detta famiglia, non per famiglia si debbono congregare nel seggio della città coll' intervento
d'uno degli Auditori; e congregati scrivere tutte le persone; e scritte si piglino tante ballotte quante sono persone, e tre di queste siano dorate, e sei d'argento, e
si mettono in una cassetta.

« Ciascuno de'congregati si deve stare al suo luogo,
e dopo un figliuolo con un cancelliero della città vada
attorno a dare a ciascheduno una ballotta estratta, e
quello a cui toccherà la ballotta dorata si abbia pote-
testà di nominare il mastrogiurato ed il Sindaco, e
quelli a' quali toccheranno quello d'Argento si abbiano potestà di nominare gli eletti. Di poi li tre che
avranno avuto le ballotte dorate eliggano due per uomo, uno all'uffizio del Sindacato, e l'altro all'uffizio del
Mastrogiurato, dimodochè quel tale che nomina non
sia della medesima famiglia neanche parente in secondo
grado; ed i nominati siano in tutto sei, tre per sindaci
e tre per Mastrogiurati.

« Che li sei co'quali toccheranno la ballotta di argento nominino tre per uno gli eletti, e che tutti siano
al numero di diciotto dal modo sopradetto, che non
siano della medesima famiglia nè parenti secondo grado.

« E dippiù fatta detta nomina si debba dare il giuramento per gli officiali per servizio di nostro signore
Iddio, di sua Maestà e beneficio della Città.

« Ognuno deve dare il suo voto senza rispetto di pa-
rentela amicizia, e d'odio; eligere persone atte ed ido-

nee a governare per lo detto servizio; e prima si debba
nominare il Mastrogiurato, appresso il Sindaco, e di
poi li eletti nel modo susseguente.

« Facciasi una cassetta spartita in due parti, in una
colla scritta del *sì*, e l'altra del *no;* e stando ciascheduno a suo luogo il cancelliere deve andare attorno
colla cassetta nella quale ognuno ponga la ballotta, e
quello che si aveva le due parti dalla ballotta sia ammesso all'uffizio che si favella tanto di Mastrogiurato
quanto di Sindaco ed eletto; essendoci alcuni di pari
ballotte si debbono bussolare ed uscire a sorte.

« Occorrendo che non si avesse le due parti si debbono li Sindaci e li Mastrogiurati pigliare di quelli che
avranno più voci; e quelli bussolare e farli uscire a
sorte, e se degli eletti si debbono bussolare secondo la
quantità che manca, come saria a dire ; manca un eletto
si debbono pigliare due di quelli ch'ebbono più voti,
ed imbossolarli, e farli uscire a sorte; e mancandone
due se ne pigliano quattro, e così nell'altri. Che siano
due parti di quelli che s'imbussolano con condizione
che tanto Sindaci che Mastrogiurati che non ove lo
tenga parte de' voti non possa essere imbossolato per
uscire a sorte.

« Che dal medesimo modo si debba fare del Sindaco
ed eletti degli onorati cittadini, dimodochè non siano persone artisane idiote, che siano eletti dichia-
rando che quando occorresse che uno de'nominati non
avesse la terza parte delle voci, che allora si debba
nominare altro, affinchè venga a dovere la terza parte
*ut supra*.

« Anco quelli che avranno da dare la ballotta abbiano
da passare venticinque anni, e detta ballotta abbiano
da farsi segretissimamente', non giurare in mano dal
Mag. Auditore, e nel detto ballottorio non ci siano
persone nate da illeggittimo matrimonio.

« Fatta l'elezione di essi non debbono amministrare se
primamente nella madre Chiesa oppure nella sessione non
giureranno in mano dell'uffiziale di ben governare pel
servizio di Dio sua maestà e della Città ; osservare e

fare osservare tutti i capitoli di essa città, e dato il giuramento, e sottoscritto nel libro, daranno principio al governo.

« Appresso per togliere gli odii, rispetti, ed ambizioni, e talchè li voti siano liberi, si debbono fare tanto nel creare detti assistenti Sindaci, sindicatori consultori e altra cosa colla ballotta segreta nella medesima cassetta del *sì* e del *nò* : e quello che dovrà uscire dall'uffizio ch'è proposto debba avere le due parti della ballotta, come avendole si bussolino, e due di quelle che avranno avuto più ballotta, e si cavino a sorte come sarà a dire; si propone l'assistente; e se in quello concorrerà più persone si debbono imbossolare le due che avranno pari e più voci, e così nel restante, purchè abbiano la terza parte *ad minores* della ballotta, e come è stato dichiarato di sopra menzionato Capitolo.

« Dipoi morendo il Mastrogiurato Sindaco ed Eletto in quell'anno, il Reggimento ordinario, quando fossero tutti di accordo li possono creare. Quando non si possono accordare si deve fare al modo detto di sopra.

« Dippiù non si possa fare parlamento o decreto che si voglia, dove non siano le due parti almeno dalle due ordinarie, e fantasia, si annullerebbe e lo cancelliero sia in pena di privazione scrivendo.

« Che quelli che governano non possono essere assistenti o sindacatori, o governare altri uffici nella città più di quelli che à ad attendere; ma debbono creare extra il reggimento.

« Egualmente circa le surrogazioni si debbono fare per la maggior parte del governo nel modo detto di sopra dove concorrono le due parti della ballotta od almeno due palle più; ed essendo pari si debbono imbussolare ed uscire a sorte.

« Dopo nel resto si debbono osservare tutte li Capitoli della Città in tal negozio del governo, e che non possono essere eletti due d'una famiglia, e che non si possa essere ammesso in quello uffizio che si è scritto se non saran passati tre anni.

« Anche le collette d'imposizioni si debbono riscuotere

da'Sindaci per cedola, con pena di pagare del loro se
non liquidano quelle partite che sono illiquidabili 'e
questo senza premio e salario alcuno.

«« E dippiù il mastrogiurato Sindaco ed Eletto, finito
l'anno debbano stare al Sindacato di tutti i decreti
fatti; e talchè le cose della Città siano bene amministrate,
e trovandosi male speso debbono pagare del loro.
Al detto Sindacato oltre i Signori creati dal Reggimento
abbiano ad intervenire lo avvocato Fiscale
della Provincia di Calabria, o altro uffiziale Regio.

« Finalmente, il Reggimento abbia a liquidare tutto
il tempo che amministri tutti i debiti della Regia Corte,
e non lasciarli in pendenti, a quelli che vengono
appresso, e non possa vendere gabella per l'anno da
venire; ma solamente la gabella dell'anno loro; ed
occorrendo necessità si debbono vendere per parlamento
generale ».

E visto per noi ec.
Datum Neapoli 19 mensis Sep. 1565 — D. Perifan.


## CAPITOLO SECONDO

I. Effetti del Decreto della Regia Udienza — Nuovo ricorso dei
Nobili al Collaterale Consiglio — La Udienza chiama in contraddizione
de' Nobili gli aspiranti alla Nobiltà — Petizione dei
Nobili indrizzata al Preside ed al Consiglio Collaterale tendente
ad allontanare dal Sedile gli avvocati de' paesi — Provvedimenti
dell' auditore Ermosa — Petizione de' Nobili a Filippo
II — Se il nostro Sedile fu aperto o chiuso — II. Libro
aureo ove vennero descritte le ottantotto famiglie nobili della
Città — Famiglie allistate in seconda Categoria, ed in terza —
(anni 1597).


I.º Il decreto della Udienza fu così contrario al pubblico
volere ed aspirazioni pubbliche, ch'essa stessa
in varii rincontri ammise agli onori della Nobiltà parecchie
famiglie, che nell'aureo libro non erano allistate,
e senza attendere che vi concorresse il voto delle
tre parti de' Nobili; e nel 1569 la Vicaria emise

varii decreti in opposizione aperta a quante co' suddetti Capitoli si era stabilito. E però, l'anno 1576 i nobili ricorsi al Collaterale Consiglio esposero: *Che gli anni addietro su d'un capitolo de' Statuti contenente, che niuno potesse essere aggregato nel libro della Nobiltà senza il consenso delle due parti de' nobili erasi dal Collaterale delegato l'affare all'Udienza, che profferito aveva il summentovato decreto, di cui ne inserirono la copia acciò si possa conservare* in futurum *e per corroborazione di esso dipendente dall'approvazione del Collaterale Consiglio supplica V. S. si degni far spedire osservatoria del detto juxta la forma e continentia di ditto decreto.*

Il Consiglio Collaterale, che una prima volta non avea voluto approvare il primo Capitolo, non volle approvarlo adesso, per non mettersi in contradizione con se stesso; e perciò rinviò l'affare all'Udienza per provvedere.

L'Udienza volendo questa volta far le cose con maggiore oculatezza, citò innanzi ad essa tutti que' signori, che si doleano perchè non ammessi a far parte del libro d'oro. Chiamò quindi e sentì in contraddizione Antonio di Vencia — Celso Molli — Persio Aloe — e di lì in poi ammise al libro chiunque dritto e ragione ne avesse.

Fu allora che la Città ricorse al **Preside**, col seguente memoriale:

« Crediamo che sia noto a **V. S. I.** come convene
« al beneficio universale che sopra ciò si provveda, a
« tal che questa povera Città sia ben governata, e non
« pretenda ogni uno per l'avvenire essere descritto in
« detto libro; ma solo quelli che realmente il merita-
« no. V. S. I. si degni provvedere conforme a detta
« supplica, che per l'avvenire non possa essere de-
« scritto o ammesso in detto libro delle famiglie dei
« Nobili, se non ci concorrono le due parti ».

Nel tempo stesso Antonio Passalacqua, Sindaco dei Nobili, comparve al Collaterale Consiglio ed espose:
« Che ogni persona che volea entrare nella Nobiltà
« facea un Ricorso all'Intendenza, e massime ogni

« dottore delli Casali , sotto pretesto di certo antico
« contratto che gli anni passati la Città fece con al-
« cuni DD. di dovere essi entrare alla nobiltà , vo-
« gliono tutti entrare non ostante , che ancora non
« abbiamo finito di studiare , e senza esserne cittadi-
« ni numerati fuochi, nè abitato alcuni anni, o vis-
« suto nobilmente, come il dovere richiede , anzi al-
« cuni padri ed altri loro parenti stando in esercizio
« ed in guardia del loro bestiame, e con facilità ogni
« giorno impetrano dall' Udienza, e da uno de' signo-
« ri Uditori, ch' entrino e si scrivono nel libro delle
« famiglie de'Nobili, per riparare al quale abuso es-
« si gli anni addietro fatto aveano lo Stabilimento di
« non potere alcuno aggregarsi senza il consenso delle
« due terze parti de' Nobili su di cui aveano pur an-
« che ottenuto favorevole decreto coll'Udienza al qua-
« le ogni giorno si contravveniva ».

Conchiuse, quindi, che il Decreto si fosse pienamente
osservato; e che per lo avvenire *senza il consenso della*
*maggior parte de' nobili non si potesse trattare d'aggre-*
*gazioni novelle.*

Il Consiglio Collaterale commise all' Uditore Ermosa la decisione sulla petizione de' Nobili Cosentini—il
quale Ermosa volle conoscere il voto degli altri Consiglieri, cui spedì il suo che fu il seguente:

« Citra praejudicium de'Dottori, che han fatto lettera
« all'Università avanti delle espedizione dell'infrascritto
« ordine processivo descritto il libro de'Nobili, si osser-
« vasse, qualmente il Decreto in la Regia Udienza fatto
« a tempo del Conte di Sarno, e, con voti di tre audi-
« tori che nessuno possa essere descritto in detto libro
« de' Nobili, se non avrà due parti de' voti, avendosi
« in prima proposto in pubblico parlamento, si a V.
« S. I. li parerà con li Signori Auditori, che si mo-
« derasse il decreto Antico dell' Udienza , e fare che
« bastasse aver la maggior parte delle voci , pur io
« saria di questo voto, atteso è difficile cosa ad avere
« tante persone ».

L' Udienza in vista di tal voto si uniformò al sentimento dell' Auditore Ermosa, cosicchè il 9 Maggio 1576 — si decretò:

*Che l' altro decreto dell' Udienza si osservasse juxta sui seriem et tenorem citra tamen praejudicium in praesentiarum litigantium cum dicte universitate pro praedicta caussa.*

L' Udienza avendo dichiarato che non intendeva recare il menomo pregiudizio a coloro che teneano aperta la lite per la loro aggregazione, col suo decreto, implicitamente dichiarò a tutti i futuri pretensori, che per mezzo de' Tribunali, potrebbero conseguire la chiesta aggregazione, ove ne avessero i titoli ed i meriti.

Inquieti quindi i Nobili, che non ostante lo statuto, giornalmente nuovi pretensori si faceano ad ottenere l' aggregazione per mezzo di formali giudizi, ricorsero nel 1576 a Filippo II, domandando, che con effetto si fosse mantenuta l' osservanza di quello, dimodochè senza il consenso di due parti de'Nobili non si potesse trattare d' aggregazione.

Fu tale affare rimesso al Collaterale per giustizia, il quale ne deputò il Reggente Ribera, che convalidò il decreto già fatto dalla Udienza.

Era in questo stato la cosa, quando nel 1681 giunse la Carte Reale di Carlo II che contenea la grazia del Sedile chiuso.

Questa Carta partiva dalle seguenti considerazioni : *Avendo veduto l' istanza de' supplicanti ed attendendo allo che rappresentano nello inserto memoriale S. M. ha stimato bene incaricare e comandare che provveda e dia gli ordini che convengono perchè si osservi la loro conclusione ch' espongono e tengono fatto e l' assenso sopra di esso ottenuto affinchè non si ammetta in avvenire alcuno di nuovo nel loro Sedile ; non ostante che abbia il grado di Dottore, o altra qualunque altra si voglia condizione secondo lo che supplicano.*

Questa reale ordinanza fu dal Collaterale approvata col seguente decreto : *Exequatur juxta illorum seriem continentiam ac tenorem.*

Qui finisce l'istoria del nostro Sedile con tutte le guerre ch'esso aprì tra nobili ed aspiranti alla Nobiltà. Esso fu Aperto sino a Carlo II. Chiuso da quest'epoca in poi.

II.° In conseguenza degli statuti di che abbiamo parlato, e sui quali il nostro Cosentino Agostino Caputo compilò un comento intitolato speciosamente: *De Regimine Reip. Civitatis Consentiae*, il Consiglio Collaterale delegò la Regia Udienza per la elaborazione del Libro, di cui è parola in detto regolamento.

Si formò quindi questo Libro, ove in prima categoria si allistarono tutte quelle nobili famiglie, che aveano presentemente il dritto d'essere elette agli uffizi municipali, ed a eligere; in seconda rubrica si descrissero tutte quelle cui si dava dritto d'aspirare agli accennati pubblici uffizi, producendo le loro ragioni tanto in petitorio che in possessorio; ed in terza classe, si posero quelle, che per illustri cariche coperte, meritarono d'essere considerate come rispettabili, se non nobili.

Andarono in prima categoria:
1. Abenanti di Cola Angelo
2. Amici di Gian Domenico
3. Amici di Vincenzo
4. Amici di Vincenzo Maria
5. Amici di Paolo il Vecchio
6. Amici del fu Girolamo
7. Andreotti di Giovanni Carlo
8. Arduini di Marco
9. Arduini di Andrea,
10. Arduini di Giovan Battista
11. Buonconti
12. Baroni del fu Antonello
13. Bernaudi
14. Bombini di Angelo il vecchio
15. Bombini di Cola
16. Bonconti di Taddeo
17. Boni del fu Lorenzo
18. Bonaccorsi

19. Cozza
20. Caputi del fu Sigismondo
21. Caroleis
22. Caselli del fu Salvatore
23. Caselli di Gian Antonio
24. Ciaccio
25. Cicala
26. Curati
27. Cava di Gian Antonio
28. Celsi di Gian Angelo
29. Dattilo
30. Donati del fu Angelo
31. Firrao
32. Ferrari
33. Ferrari di Epaminonda
34. Ferrari di Antonello
35. Filleni
36. Francia
37. Fera del fu Numerio
38. Fera di Gian Tommaso
39. Gaeta del fu Masello di Napoli
40. Garofali di Francesco
41. Carofali di Antonio
42. Garofali del fu Gian Nicola
43. Garofali di Gian Berardino
44. Gioacchini, o Giannocheri
45. Giovanni del fu Baldassarre
46. Longhi del fu Sebastiano
47. Longobucchi
48. Massari di Gian Battista
49. Marani
50. Migliaresi
51. Morelli
52. Matera di Gian Paolo.
53. Martorani
54. Mangoni
55. Monaco di Gian Paolo
56. Montalti di Gian Pietro
57. Manuardi del fu Nicola
58. Nigro del fu Antonio

59. Oranges di Decio
60. Parisio del fu Ruggiero il vecchio
61. Parisi del fu Tommaso , vecchio consigliere
del fu re Ferrante I°
62. Peluso del fu Gian Ippolito
63. Poerio del fu Edoardo
64. Pugliese del fu Prospero
65. Passalacqua del fu Cesare
66. Pantusa di Pietro Nicola
67. Pascali di Giacomo
68. Pellegrini
69. Quattromani
70. Rocchi
71. Rossi di Pietro Paolo
72. Sambiasi
73. Sersale della Motta
74. Sersale del fu Guido il Vecchio
75. Scaglioni del fu Tommaso
76. Spiriti
77. Schinosi
78. Spadafora del fu Gian Battista
79. Stocchi di Ferrante
80. Stocchi di Pietro
81. Stocchi di Giovanni
82. Santangelo
83. Sanfelici
84. Tarsia
85. Tarsia di alto
86. Telesio
87. Tosti
88. Toscani del fu Vittorio.

*Le case delle famiglie dei Nobili sono le soprascritte,
che hanno da godere gli officii nobili , e dar voce attiva, e passiva al criar degli officiali d'essa città conforme le provisioni regie, quali predette famiglie stanno descritte nel modo infrascritto avendo avuto l'ordine dello
statuto — non generando per l'ordine della scrittura nè
prerogativa nè pregiudizio nessuno presente per liste
ad essa Regia Audienza, acciocchè conforme a giustizia,*

*e alle persone predette de S. C. se avessero ad allistar.*
*e da descrivere nel presente libro* (1).

Furono allistati in seconda categoria :
1. Aloe di Marco
2. Aloe di Persio
3. Domenico d' Errico
4. Mojo di Stefano
5. Gaddi di Gian Antonio
6. Piscitelli di Gian Antonio
7. Serisanti di Pietro
8. Spina di Francesco
9. Giannochero d' Urbano
10. Toscani del fu Giuseppe
11. Mirabelli di Felice
12. Tarsia di Ercolino.
13. Tarsia di Cesare.
14. Valle.

In terza categoria furono poste le illustri famiglie che aveano in diverse epoche coperte cariche onorevolissime, che appartenevano alla piazza degli Onorati, le quali avevano il dritto di essere elette agli uffizi municipali· e di eleggere, ed esse furono :
Arena — Aiello—Belmonte—Basile—Blibbia — Bartolomeo—Benincasa Borrelli—Baldini—Balsamo—Cesariis—Cribari—Curti—Caracciolo—Cardiliis — Desiderio —De Grazia— De Chiara — Furgiuele — Ferrari — Filleni—Gervasi—Granato—Greco—Gasterio—Grezza—Jacucci—Lauro—Lupo—Luna—Macchia — Malizia — Martini—Madia—Martirano—Matta — Maderi — Nicastro — Orlandi—Petrone—Palumbo—Russo—Ricci—Ricciardi—Ruccio—Sergio—Sorrentino—Scataretica—Salfi—Tabulari—Torneselli—Torani—Volpe—Valle—Ventura.

(1) Crisconio Scrutinio della Nobiltà Cosentina.

# CAPITOLO TERZO

I. Contestazioni giudiziarie a causa dell' Aureo Libro—Aggregazioni ed allistamati novelli fatti dalla Regia Udienza —dalla Piazza de'Nobili—dal Consiglio Collaterale—II. Contestazioni giudiziarie a proposito del libro degli Onorati—Aggregazioni fatte dalla Regia Udienza—III. Locale dove si teneano i pubblici parlamenti—Stemmi gentilizi—Questioni con Capua (1565).

I.º Il libro de' nobili così redatto , diede luogo ad una serie sterminata di reclami per parte di quelle famiglie , che si credeano nel dritto di appartenere al Sedile, e alle quali era stato loro concesso il solo dritto di potere esperimentare le loro ragioni così in *petitorio* che in *possessorio* ; come per parte di tutte le altre, che non erano state poste nemmeno in seconda categoria , e che appartenenti un tempo al Sedile , e perdutone il dritto, per mutata residenza, ora, ch'erano ritornate in Patria chiedeano la reintegra.

Il detto Libro diede ancor luogo ad una serie più sterminata di lagnanze per parte de' Nobili, ch'erano in esercizio de'dritti politici, contro la Regia Udienza, che spesso ponea in prima categoria delle famiglie , che questi dritti non aveano, per non essere state regolarmente aggregate.

Infatti, la Regia Udienza aggregò ed allistò nella prima categoria.

Nel 1567 la famiglia Aloe di Marco.
    1567. Aloe di Persio.
    1567. Bernaudo d' Alessandro.
    1567. Spina di Francesco,
    1567. Domenici d' Enrico.
    1569. Gaeta di Giancola.
    1569. Gaeta di Giuseppe Antonio.
    1581. Giovanni di Michele,
    1584. Molli del fu Angiolo.
    1586. Pascali di Bartolo.
    1886. Pascali di Marcantonio.

La piazza de'Nobili, volendo dal canto suo far dritto alle famiglie , che prima d'una cambiata residenza , aveano appartenuto al Sedile, in generale parlamento, con due terzi de' nobili votanti, reintegrò le seguenti famiglie.

Nel 1576. Arnone d' Ascanio,
    1577. Alimena di Luzio,
    1586. Abenante di Angelo,
    1586. Favari di Felice,
    1583. Goffredo di Giannangelo,
    1594. Longhi di Camillo,
    1596. Preite di Francesco,
    1597. Rossi d' Orazio.

Il Collaterale Consiglio, visti gl' incartamenti di diverse famiglie escluse dalle liste delle ottantotto soprasegnate , con decreto suo aggregò.

Nel 1581. Sersale di Tiberio,
    1582. Sersale di Fabio,
    1582. Barracco d' Alfonso,
    1589. Majo di Stefano,
    1576. Arnone di Liborio,
    1598. Pellegrino di Gianbattista,
    1560. Jacini di Pietro,
    1588. Montalto di Tommaso,
    1589. Poerio di Francesco,
    1585. Longobucchi di Andrea,
    1558. Oranges di Tommaso,
    1570. Filleni di Paolo,
    1568. Beccuti di Camillo,
    1567. Domanico di Domenico,
    1595. Tarsia d' Ercolino,
    1580. Serisanti di Pietro,
    1574. Piscitelli di Giannantonio,
    1571. Toscani di Gian Paolo,
    1571. Vizza di Pietro,
    1574. Vela di Francesco,
    1590. Gaddi di Giannantonio,

1594. Mirabelli di Felice.
1594. Tarsia di Cesare.
1597. Giannoccari di Marco.
1566. Jordani di Filippo Antonio.
1561. Zurli di Pietro.
1570. Caputi di Gennaro.
1570. Salerno di Nicola.
1580. Poeta di Francescantonio.
1560. Loria di Ruggiero.
1574. Cozza di Gaspare.

II.º Il Libro redatto dagli Onorati diede del pari luogo a mille querele per parte di tutte quelle famiglie che aveano appartenuto alla Piazza degli Onorati, e per mutata residenza, aveano perduto il dritto di dar la voce: dritto che ora reclamavano essendo ripatriati. E però la Regia Udienza giudicando in possessorio e petitorio ammise.

Nel 1592. Albi di Giuseppe oggi Albi Marini.
1586. Balsamo di Pietro.
1560. Borromeo.
1585. Beltrani.
1594. Civitelli.
1583. Cuscinelli.
1599. Donati di Pietro.
1599. Fera di Pietro.
1577. Gualtiero.
1569. Garritano.
1577. Jordani di Carlo Luigi.
1577. Judice di Francesco.
1577. Lauro.
1576. Mojo di Domenico.
1596. Miceli di Francesco.
1577. Migliarella.
1577. Maderi di Giovanni.
1591. Mauri.
1591. Mauri Toscani.
1591. Parrilli.
1592. Piorelli.

19

1592. Rende.
1592. Russo.
1522. Scarfogli di Giuseppe.
1599. Sicoli.
1589. Troglise.
1589. Verri.

Il Libro degli Onorati, fu rifatto il 20 Gennajo 1580—e fino a questo giorno l'Albo presentava le seguenti distinte famiglie, atte ad essere aggregate al Sedile de' Nobili, ove avessero voluto produrre le loro ragioni in petitorio presso la Regia Udienza, o presso il Supremo Consiglio Collaterale.

Amantea.
Arnedos di Luigi U. J. D. a' tempi di Federico d' Aragona.
Alimena di Francesco Antonio U. J. D. in detto tempo.
Arena di Leonardo.
Albi di Giuseppe Antonio—Capitano Angioino.
Ajello di Giovanni — Capitano d' armi sotto Luigi II.
Barone di Giuseppe Antonio—Auditore nel 1420.
Belmonte — discendente di Pietro, Segretario della R. U.
Basile — discendenti di Nicola U. J. D. a' tempi di Federico d'Aragona.
Blibia.
Bosco di Antonio—Capitano a guerra in Amantea.
Bustiani.
Benincasa—discendenti di Rutilio.
Borrelli — discendenti di Carlo, Capitano d' armi sotto Consalvo.
Balzamo.
Borromeo—discendente da' Borromeo di Milano.
Bartolo—discendenti di Pietro U. J. D. nel 1560.
Cosenza—discendenti de'Cosenza, capitani d'armi sotto Manfredi.
Conforti—di Pasquale U. J. D. 1562.

De Chiara.

Caracciolo di Lelio—Capitano a guerra di Cosenza 1564.

Cardiliis.

Corigliano di Saverio U. J. D. 1510.

Cacchiuolo.

Cuscinelli—di Pietro, Sindaco del popolo.

Cosentini di Vincenzo.

Desiderio.

Donato di Nicola—Medico laureato.

Donati di Tommaso—Capitano de' Francesi.

Donio—discendenti d' Agostino.

Falbo.

Frugali.

Franchini — discendenti di Francesco — Capitano sotto Carlo V e Vescovo.

Furgiuele di Ottavio poeta 1520.

Flisco—discendenti di Flavio, poeta famoso.

Ferraro di Francesco U. J. D. 1520.

Fera di Camillo—*Scriptor celebris*.

Falco di Domenico e Giacinto.

Gervasi d' Alessandro—Cavaliere di Carlo V.

Grisolia di Michele.

De Grazia.

Creco di Gaetano.

Genise.

Guarasci di Sertorio—Capitano Angioino.

Gualtieri—discendenti Scipione scrittore.

Garritano di Silvestro.

Gasterio.

Grezzo.

Jacuzzi.

Jordani di Carlo Antonio U. J. D.

Judice di Nicola U. J. D.

Laino

Lepiani di Francesco, Capitano Aragonese.

Luzzi.

Landi.

De Luca.

Muto di Francesco—Filosofo distinto.

Macchia.
Malizia.
Maderi.
Martirani.
Martino.
Magnocavallo di Paolo Capitano Aragonese.
Matta.
Martini di Cola.
Martusi.
Maurelli.
Madia di Paolo — Governatore di Calabria.
Majo.
Muzzilli di Francesco Capitano a guerra 1502.
Mauro.
De Marco.
Nicastro.
Patrozza di Pietro U. S. D.
Pollastro — ... .. sindaco del Popolo.
Palazzi di Piero Antonio—Politico Sanese.
De Paola.
Perrone.
Palumbo.
Pandosio.
Pezzilli.
Del Pezzo di Luigi U. S. D. 1545.
Quintieri d' Ignazio U. S. D. 1540.
Russo.
Romano di Tommaso Sindaco de' Casali.
Bucci.
Ricci.
Ricciardi di Silvestro Auditore 1490.
Bende.
De Rose di Francesco U. S. D. 1480.
Sergio.
Sorrento.
Serra d' Aloisio — *dissertissimus in scienti a juris
antiqui.*
Scinti.
Schettini.
Sicoli.

Scarfoglio di Antonio U. S. D. 1490.

Scatarretica.

Salfi.

Scrivanì.

Tabularì.

Torniselli — di Pietro Auditore.

Duni.

Troglisi.

Volpe.

Valle di Pietro — Capitano Angioino.

Venturi.

Verri.

III.° A compimento di questa materia è uopo aggiungere, che il Sedile de' Nobili avea due Parlamenti. Il grande, dove intervenivano tutti i Nobili, ed il piccolo, dove intervenivano il Sindaco ed i sei Eletti.

L'Università composta delle due Piazze, avea anch'essa due Parlamenti, dove si discuteano gli affari pubblici. Il Grande, che si tenea nella Chiesa de'Ss. Filippo e Giacomo, ove intervenivano tutti i Nobili ed Onorati delle due Piazze; e il Piccolo, che si tenea nello Atrio del Seggio descritto, ove intervenivano il Sindaco, Mastrogiurato, Eletto de' Nobili, ed il Sindaco ed Eletti degli Onorati.

IV.° Non deve passarsi sotto silenzio ciò che in questo tempo intervenne tra l'Università di Cosenza e Capua in ordine alla precedenza de' Sindaci delle due città ne' Parlamenti Generali del Regno.

Si dibattè la questione presso i Tribunali competenti tra' Sindaci più insigni del Regno, e fu deciso: che i Sindaci di Cosenza sedessero immediatamente dopo al Sindaco e Deputati di Napoli.

Facea guerra all'Università di Cosenza quella di Capua; e memorie speciosissime furono scritte a pro dell'una e dell'altra.

Fra gli altri difese la Città e la precedenza di Cosenza Bernardino Bombini, secondo che si legge nella sua opera intitolata *Consil. Quaest. atque ec.*: ed oltre del Bombini, il Tassoni, che ne restrinse le ragioni in più capi, che furono.

1°. Che Capua non riconoscesse più lontana origine di Capiis, o del figlio di Enea; mentre Cosenza, all'epoca di Troja, era in fama e forza di Repubblica forte e potentissima.

2°. Che Capua co' suoi Casali non oltrepassi che di poco i 5000 ficochi; quando Cosenza co' suoi, superava i 10000, e poteva mettere sotto l'armi 4000 uomini.

3°. Che le cause spettanti alla nobiltà di Capua si decideano dal Regio Consiglio; mentre quelle della nobiltà Cosentina si decideano da cinque giudici Spagnuoli, come quelle della Nobiltà Napoletana.

4°. Che Capua fu vassalla di Barone vassallo, come risultava dalla vita del Conte Ruggiero; mentre Cosenza fu sempre Città libera, soggetta soltanto a'principi Sovrani, ed altre volte, Capo della metà del Regno.

Il Tassoni corrobora queste sue considerazioni riportandosi a' tempi di Federico, in che uno de' due Tribunali, a'quali, due volte all'anno, doveano portarsi le cause de' Giustizieri e Governatori di Calabria e Terra di Lavoro, fu eretto in Cosenza.

Fece dippiù marcare: che Cosenza nel suo Sedile e nel suo Libro numerava cinque Principi—cinque Duchi—otto Marchesi—ed otto Baroni—primarie famiglie del Regno, e quasi tutti de' Sedili Napoletani.

In questo rincontro furono prodotti i documenti e le carte giustificative della enunziata pretenzione; e però con le carte gli stemmi delle famiglie Nobili facienti parte del Sedile Cosentino, che quali li ho desunti dal Castiglione Morelli furono i seguenti:

GENTILITIA SCHEMATA FAMILIARUM, CONSENTIAE.

« Leo furvus cum obliquo balteo supercurrente puniceo, septenis Hydrae atris capitibus distincto, in ceruleo alveolo, Schema erat Familiae *Alimena*.

« Parmulae quadripartitae superiorem dexteram

cellulam auream, et imam laevam binae furvae occupant Aquilae; reliquas duas cyaneas, totidem Leones fulvi, Tessera gentilitia est Familiae *Abenanti*.

« Prasinum semper vivum marinum radicibus puniceis in aurata area, erat Familiae *Aloe*.

« Leo naturalis sui coloris, lingua exerta rubra, anteriori sinistro pede turrim faciens argenteam cum porta, et fenestra clausa pinnis promiscientibus, dextero vero ense sui genuini coloris extollens in area aurata, Icon gentilitia vetus erat Familiae *Andreotti*.

« Furvus accipiter volans sub quo balteus obliquus est aureus, in area cerulea, erat Schema Familiae *Amici*.

« Balthea obliqua aurea tria, totidemque punicea, est vetus Stemma Aquinatum: additi postea Leones duo semiargentei in area semipunicea, et e contra semipunicei in semiargentea; supra vero tesseraream parmulam Sol refulget aureus e pectore Doctoris Angelici desumptus, haec sunt insignia *Aquini*.

« In superiori scutarii semisse Aquila diademata expansis alis inspicitur; in inferiori vero Leo erectus, erat Familiae *Ardoini*.

« Sydera duo aurea in scutarii capitis semisse coeruleo, quem dividit truncus aureus substinens pendentem altero aureo semisse ternis ligulis nigellis venatoriam buccinam atratam, sunt Insignia *Barracchi*.

« Fascia aurea in ceruleo lumine cum stellula au-
« rea in scutario apice, erat Familiae *Arnoni*.

« Baltea duo aurea decussatim trajecta interjectis syderibus duobus itidem aureis in summa, et ima parte fulgentibus in area cyanea, Icon est Familiae *Bombini*.

« In superiori areae conchiliate parte sydera duo aurea, in ima vero fasciae undosae tres itidem aureae, erat Familiae *Baroni*.

« Fasciola purpurea quater pinnata super Griphum aureum in sapphirina area, Icon gentilitia est Familiae *Caselli*.

« Cantherius tesserarius aureus, è quo duo hinc inde emergunt leones fulvi, alter dexterum, alter lae-

vum respicientes latus in area cyanea erat Familiae
*Beccuti*.

« Argenteus Leo ter turritum Castellulum aureum
sustollens in areola ostro illusa, supra vero tesserariam
parmulam fuscus equus erectus inspicitur, Icon est
nostrae Familiae *Castiglione Maurelli*.

« Sol aureus in sapphirino alveolo, erat Familiae
*Bernaudi*.

« Punicae Cruculae sine numero in valvolo argenteo stemma est Familie *Cavalcanti*.

« Panthera induta nativis villis dextrorsum intuens, in cyanea parmula, erat Familiae *Bonaccorsi*.

« Aureus Leo erectus , seu exiliens , ac versus
dexteram se proripiens in parmula luminis cyanei ,
stemma est Familiae *Contestabile Ciacci*.

« Plinthides sexdecim quadruplici ductu ordinate in modum fascie auro litae , in alveolo ceruleo ,
erant Insignia Familiae *Bonconti*.

« Aureus Draco alatus in coeruleo Scutario, Icon
est Familiae *Curati*.

« Fascia tribus stellulis ornata, totidemque flam-
mulis in superiore scutarii parte positis, erat Familiae
*Boni*.

« In parmulae priore semisse cyaneo aurea duo
sydera cum palma coloris prasini, semissem alterum candidum occupante , est Icon gentilitia Familiae *Dattili*.

« Tres...... montes , in quibus Turris..... insidet,
erat Schema Familiae *Britti*. »

« Vitis aurea a dextero in laevum deorsum obre-
pens pampinis, et botris fecunda in sapphirini coloris
area , Tessera gentilitia est Familiae *Ferrai*.

« Superior ceruleus semissis capita humana aurata habet duo , quorum prius juvenis est , et Ephebi,
alterum vero barbati viri: inferiorem semissem aureum
caput occupat atrum tenaitum , erat Familiae *Caputi*.

« Circinus ferreus super montem aureum ternum
ternis insuper aureis stellulis circundatus, quarum una
in scutarii apice , relique hinc inde circa ipsum emi-

cant in cyaneo alveolo , Icon est Familiae *Ferrari di Epaminonda.*

« Balteus aurens a dextera ad laevam partem descendens in..... area, erat Familiae *Carolei.*

« Ferrarium de Epaminonda , Icon commune est cum Ferraris de Antonello *Ferrari di Antonello.*

« Montes aurei tres quinis aureis stellulis supra micantibus, in area cerulea, erat Familiae de *Cava.*

« Leo aureus super fasciam itidem auream currens in area luminis cyanei , Schema est Familiae *Francia.*

« Morus arbor prasina in argentei metalli alveolo, erat Familiae *Celsi.*

« Balteus sapphirinus ternis aureis stellulis a dextera in laevam vergens in area quadripartita, cujus superior dextera cellula , et inferior laeva argentea; reliquae ostro rubentes , Icon est Familiae *Gaeta delle Stelle.*

« Fascia .... tribus superpositis .... cicadis , erat Familiae *Cicala.*

« Area quadripartitae superiorem dexteram cellulam argenteam occupat Leo combyliatus, sicut, et inferiorem laevam: relique duae cinabro illusae tantum remanent, Icon est Familiae *Gaeta del Leone.*

« Familiae *Cosenza* insignia ignorantur : in Diplomate enim immunitatis Familiae nostrae legitur Gualterius de Consentia Miles , qui principem sedem Civitatis occupabat anno 1331.

« In sapphirini coloris area Leo aureus erectus dextrorsum intuens, anteriori pede tenens Leucoja rubra tria, Icon est Familiae *Garofali.*

« Balteus...... a laeva ad sinistram partem tendens , tribus distinctus...... conchulis , erat Familiae *Cozza.*

« Sapphirinus Balteus obliquus a dextera ad laevam partem tendens, ternis aureis liliis in area argentea , Icon est Familiae *Longhi.*

« Balteus...... erat icon *Jordani.*

« Cribum aureum in medio areae ostro litae' cum tessera Imperii , in apice scutarii argentei , erat *Crivelli.*

« Brachia duo ostro induta, quorum manus amico foedere parmulam prasinam junctim gestant in aureo aequore, sunt insignia Familiae *Mangoni*.

« *Domanici* insignia........

« Fasciae tres puniceae in area candidae, insignia sunt Familiae *Marani*.

« Aurea sydera duo circa obliquum balteum aureum, utrinque ter pinnulatim, in area coloris prasini, Icon erat Familiae *Donati*.

« Fascia sapphirina ternis aureis ornata conchulis, in argentei metalli area, leon est Gentis de *Materi*.

« Fascia coloris cerulei tribus conchulis argenteis distincta, in aurato alveolo, erat Familiae *Favari*.

« Argentea Luna in sinistrum latus inflectens, cornua super canteria duo itidem argentea, intra quae fulgent stellulae tres aureae in coesia parmula, Icon est Familiae *Merendi*.

« In superiori aureo semisse obliqua baltea duo purpurea, cum taenia itidem purpurea, parmulam secans, in imo Delphinus Argenteus in mare ceruleo, erat Familiae *Fera*.

« Leo aureus quinis aureis montibus insistens in area punicea, Icon est Familiae *Migliaresi*.

« Stellae aureae duae super auream fasciam, sub qua in ima parmulae regione micat una alia super truncum projectum aureum in area coerulea, est Icon Familiae *Parisi de Rugiero*.

« Stellulae aureae duae in apice scutarii cum fascia aurata, sub qua lilium vernat croceum, in area luminis cerulei, Icon erat Familiae *Filleni*.     .

« Leo aureus currens dextrorsum super aureum obliquum balteum, stellula aurea in apice scutarii, et lilii croceis tribus ita dispositis in area cyanea, Icon est Familiae *Pascali di Francesco*.

« Crux aurea, cujus capita trifida, et quasi florentia, omnino tamen teretia, in valvulo luminis cyanei, erat *Gaddi*.

« Balteus argenteus cum duobus aureis syderibus in superiore, et unum in infima scuti caerulei parte, Icon est Familiae *Passalacqui*.

« Aquila nigra alis expansis in parmula .... erat Familiae *De Giovanni*.

« Baltea duo aurea a dextra sinistram partem vergentia in area caerulea, addito tertio aureo, ostroque binis dentibus exarato, sub quo lilium vernat aureum, Icon est Familiae *Preti*.

« Tria argentea lilia , unum in caule prasini coloris , vernantia in ceruleo scuti alveolo , erat *Goffredi*.

« Toenia candida parmulam cyaneam dividens, ex qua dimidius aureus emergit Leo, subtus vero Capraeolum habet argenteum ternis ornatum rosis candidis ita dispositis, Icon est Familiae *Quattromani*.

« Columba...... super...... trimontium insistens , in superiori vero scutarii alveoli...... parte lilia....tria cum fasciola...... quater pinnata, erat Familia *Jaccini*.

« Brachiom purpura vestitum pinum viridem cum fructibus aureis gestans , in area argentea , erat insignia Familiae *Jannocari*.

« Pali tesserarii tres punicei in inferiore scuti aurei medietate, Insignia sunt Familiae *Rossi*.

« *Longobucchi* insignia......

« Taeniola punicea quinquies pinnata super fasciam itidem puniceam in argenteo alveolo , Icon est Familiae *Sambiasi*.

« Fasciae tres argenteae , ac cyaneae , erat Familiae *Loria*, ex qua strenuus, atqu; inclytus Dux ille Rugerius Compatricius noster.

« In scutarii alveolo bipartiti aureus Leo in dextera area parte cyanea, et in laeva punicea, obliqua baltea tria crocea, Stemma est Familiae *Scaglioni*.

« Fascia....... in scuti....... umbilico , in cujus superiori parte stella micat.........; in ima vero brachium......... vestitum gladium tenens in acio , cujus flammula refulget, erat Familiae *Manuardi*.

« Balteus aureus in area cyanea a dextra ad sinistram descendens, in cujus superiore parte stellula fulget argentea , in ima vero ejusdem metalli columna , Icon est Pamiliae *Schinosi*.

« Balteus........ a dextero ad sinistrum latus ten-

dens ternis dentibus exaratus,........ cum taeniola......
ter pinnata in scutarii apice........ erat Familiae *Martirani.*

« Baltea cyanea tria, ac aurea, a dextero ad sinistrum
latus descendentia, sunt Insignia Familiae *Serisali.*

« Balteus ut itidem ........ a dextera ad laevam
partem supra parmulam bipartitam........ cujus apicem
caputa coelestis genii........ alatum occupat; in inferiori
autem regione rosae duae........ circa balteum ipsum,
erat Familiae *Massari.*

« Brachium ferro vestitum ensem genuini sui coloris praeseferens in area ostro lita , Icon est Familiae
*Spadafora.*

« In mare Siren ........ atque ........ sydera tria
in superiori scuti parte........ micantia, erat Familiae
*Mirabelli.*

« Area ternos continens semisses; et superior quidem in dextera aurea cellula , Aquilam habet furvam a
sumdireptam, ac dextrorsum intuentem. In laeva caerulea, lilia aurea duo, unumque dimidiatum : inferior
vero semissis argenteus ternis cyaneis sublicis exaratus,
hac insignia sunt Familiae *Spiriti.*

« In area cyanea obliqua baltea conchyliata tria,
cum taenia........ superne , et in apice scutario........
stellula aurea in dextra latere , in laevo vero caput
candidum, erat Familiae de *Majo.*

« Gladii duo genuini sui coloris cum manubriis aureis decussatim commisi , cuspide deorsum vergente ,
cum tribus aureis liliis interjectis in inferiori scuti area
cyanea ; biceps autem Aquila furva superiorem occupans areolam auream, Insignia sunt Familiae *Stocchi.*

« Flamma punicea in argenteo alveolo , erat Familiae *Molli.*

« Scutulata parmula tessellulis aureis , et puniceis,
Stemma est Familiae *Tarsia.*

« Palus tesserarius cesius, ternis aureis liliis ornatus in argenteo alveolo , erat Familiae *Monaci.*

« Fascia aurea in sapphirini coloris alveolo , Icon
gentilitiae est Familiae *Telesi.*

« Sublicae Tesserariae puniceae tres in parmula argenteola, erat Familiae *Montalti*.

« Fascia aurea in arcum curvata in parmula; cujus prior semissis saphiro fulget, inferior vero argento, Icon est Familiae *Tirelli Casole*.

« Nummi Byzantini tres, ac deni aurei, in gyrum dispositi, inter quos in apice scutario caput est nigrum, in sapphirini coloris alveolo, erat Familiae *Nigro*.

« Leo puniceus, super ducte obliquo recte pariter puniceo, ternis aureis liliis ornato: stellulam itidem puniceam aspiciens in argenteo alveolo, Icon est Familiae *Toscani*.

« Parmula quadripartita super qua........ balteus a dextro ad sinistrum latus descendens, scutulis tribus distinctum, quorum secundum........ Leo........ primum, et tertium...... tasselluli...... occupant; in cellula dextera superiori....... et ima laeva inferiori buccinae.... duae venatoriae in angulis circa balteum ipsum; Aquila vero in cellula...... supra sinistra, altera in inferiori........ dextera, ambae........ cum scutulo.... super pectus stipula......... oblique dextrorsum virgato erat Familia de *Oranges*.

« Plinthides argenteae tres balteum ornantes cyaneum a dextero latere in laevum descendentem, ex aurea scuti pagina, Schema est Familiae *Tosti*.

« Supra aureum montem ternum ter turrita argentea Turris, in area coloris sapphirini, erat Familiae *Pantufi*.

« Area in semissem dirempta, cujus parte superiorem......... occupat Paschalis Agnus........ antico pede vexillum........ tenens; pars enim inferior coloris....... est illusa, erat Familiae *Pascali di Giacomo*.

« Scalae binae aurea decussatim catenula itidem aurea coniunctae, quarum dextera ascendit Leo, et Griphus, laevam aurati ambo argenteum librum dextris anticis pedibus tenentes, in cujus fastigio stellula aurea fulget, in cerulea area, erat Schema Familiae *Parisi de Tommaso*.

« Insignia.............. Familiae *Pellegrini*.

« Fascia crocea inter tria sydera , quorum duo in scutario capite , et uno in ima parmulae cyaneae regione, erat Familiae *Pelusi*.

« Cuspides cyaneae quatuor erectae in obliquo balteo aureo supra puniceam scuti areolam, cum aurea teniola ter pinnata in laevo latere, erant Insignia Familiae .*Piseitelli*.

« Balteus ceruleus obliquus in aurata parmula senis rosis puniceis, tribus in superiori, tribus in ima scuti parte positis, erat Familiae *Poerii*.

« Area in duas divisas , in cujus inferiori regione fasciae undosae quatuor, erat Familiae *Poeti*.

« Tenia........ alveum........ dividens , sub qua sublicae tesserariae........ tres, erat Familiae *Puglisi*.

« Turriculae latrunculorum tres argenteae in apice scutarii veneri coloris, totidemque obliqua aurea baltea, Insignia erant Familiae *Rocchi*.

« In superiori aureo semisse toeniola coccinea ter pinnata , in imo muricato petasi argentei quatuor in duos ordines divisi, erat Familiae *Santangelo*.

« Anates sex rostris , et cruribus mutilae, quarum tres puniceae sint in supero semisse argenteo , tres aliae argentea in semisse puniceo , Icon erat Familiae *Sanfelice*.

« *Serisali della Motta* communia tenebant cum Serisalibus viventibus insignia.

« Insignia.......... Familiae *Sirisanti*.

« Vepres aurea tribus aureis rosis florida, inter Leones duos adversos itidem aureos in veneto aequore, erat Familiae *Spina*.

« Aquila furva in supero semisse aureo , sub qua fascia est candida tribus puniceis syderibus ornata, in altero semisse Leones nigelli duo se ore mutuo respicientes , qui ante anticos , est posteriores pedes stellulas habent aureas duas in area cerulea, erat Familiae de *Valle*.

« Lupae sabulatae duae in aureo alveolo, erant Familiae *Vela*.

« Insignia........ Familiae *Vizza* ».

« Cuspides venetae plures in croceo balteo a dextero ad laevum descendente latus in muricata parmula, erant Familiae *Zurli* ».

## CAPITOLO QUARTO

1. Scissura tra gli Ufficiali Regi ed ecclesiastici a proposito delle decretazioni del Concilio di Trento—Rivolta del popolo Cosentino—La Bolla in *Coena Domini* in Cosenza—II. Peste del 1570 in Cosenza — (anno 1570).

1.° Sotto di D. Perifan de Rivera, oltre alle cennate novità, ebbero luogo nella nostra città i seguenti avvenimenti, che non potrei pretermettere.

Si desiderava universalmente un Concilio generale, che valesse ad abolire gli abusi di Roma— raffrenare quelli degli ecclesiastici—e la disciplina potesse regolare su norme oneste, quali al religioso stato si addicono.

E però, questo Concilio si tenea a Trento; ma disgraziatamente, lungi dal compiere la missione percui era stato convenuto, non ebbe altro di mira, che conoscere il potere temporale de' Papi e degli Ecclesiastici in generale; onde la Francia decise, che non si fosse eseguito—altri Stati seguirono l'esempio del Re Francese — e Filippo II di Spagna, che non volea di fronte urtare la Santa Sede, mentre in pubblico ordinava l'esecuzione nel Regno del concilio, segretamente inculcava al Vicerè, che non lo avesse eseguito in tutti quegli articoli che, portavano una lesione alle sue regalie, ed a' suoi sovrani dritti.

Ciò com' era notevole produsse un diluvio di piati, vicendevoli del Papa contro il Vicerè e Filippo, dei preti contro il Vicerè—e del Vicerè verso Filippo che lo avea posto in un bivio dal quale non sapea come uscire.

Il Duca d'Alcalà, intanto, ubbidendo agli ordini sovrani ordinò : che niuna cosa si eseguisse dal Potere Ecclesiastico senza il regio assenso. Ciò annullava di fronte il disposto del Concilio. I Vescovi ordinarono di non ubbidirsi il Vicerè, questi v' incalzò sopra ; e così si diè luogo ad una sfida tra uffiziali regi e gli ecclesiastici che spesso ebbe funestissime conseguenze.

Il nostro Arcivescovo pretendeva di potere incarcerare i laici accusati di concubinato in forza della decretazione del Concilio , ed in forza di questo stesso Concilio esigea dal Magistrato secolare braccio forte ; il Vicerè, secondo che scrive il Giannone, si oppose con tutto vigore a questa pretesa dello Arcivescovo, scrivendo all' Auditor Staivano il 12 Novembre 1568 e poi il 17 Aprile 1569 al Conte di Sarno, Governatore di Calabria , che non volendo l'Arcivescovo restituire i carcerati, facesse rompere ed aprire le prigioni Arcivescovili , e conducesse i prigionieri nelle carceri della Regia Udienza. Soggiugendo loro, che gli Ordinari non avessero altro dritto contro gli accusati oltre quello della scomunica.

L' Arcivescovo Flavio Cardinale Orsini resistè alla escarcerazione di diversi arrestati come concubinarî ; e l' Auditore Staivano si accinse ad eseguire gli ordini del Vicerè.

L' Arcivescovo ordinò : che si fosse chiusa la porta delle prigioni ; perciò , fu d' uopo menarla a terra a colpi di scure. Gran folla di popolo si agglomerò a questo fatto innanzi al palazzo Arcivescovile , e chi gridava Evviva al Duca, e chi allo Staivano. Trascorso da' gridi a' fatti, precipitossi nel palazzo ov' erano le prigioni e non solo i prigionieri tutti ne liberò; ma i servidori dell'Arcivescovo maltrattò e qualcuno anche ne ferì.

L' opposizione, intanto, incontrata dal Concilio alle sue decretazioni in tutta Europa, spinse il Papa a cacciar fuori la celebre Bolla *In Coena Domini* , che al potere de' Sovrani togliea quasi ogni giurisdizione.

Il Duca di Alcalà, allora, pronunziatamente vietò la pubblicazione della Bolla nel Regno ; ed avendogli il

Conte di Sarno, Governator di Calabria, scritto che in potere de' librai di Cosenza si trovavano molti esemplari della Bolla, e parte anche venduti, ordinò: che se ne facesse ricerca per le case e per le botteghe, e le detenesse presso di se; e gli spacciatori ne carcerasse e maltrattasse. Così fu fatto; e ben tosto Cosenza da un capo all'altro fu diligenziata dagli uffiziali Regi— e le Bolle confiscate fin dentro lo stesso Palazzo Arcivescovile.

Accaddero tutti i cennati avvenimenti sotto il Governo dell'Arcivescovo Ursino, il quale morto nel 1573—fu surrogato d'Andrea Matteo Acquaviva figlio del Duca d'Andria, trasferito qui dalla Chiesa di Venosa.

II.º Essendo egli al Governo della Chiesa Cosentina nel 1575, per la gran quantità di stranieri che da tutte parti convenivano in Roma, s'introdusse in Italia tal pestilenza da venirne Trento distrutto—Verona lasciata con pochi abitatori—Venezia coverta di cadaveri—Di qui, nell'anno che seguì, volata in Sicilia e nelle Calabrie, attaccò Cosenza con tal furia, che non ne perirono i soli indigenti e disagiati; ma i più ricchi e comodi, e co' cittadini i campagnuoli, e con questi non furono risparmiati neppure gli animali.

Incominciata tra noi il 1576, non terminò prima del 1577, epoca in cui surse il culto per la Vergine del Pilerio, culto del quale appresso discorreremo. In questa epoca a monsignor Acquaviva morto di peste in Roma' successe Fantino Petrignano, nobile di Ameria, che fu Maggiordomo di Papa Gregorio XIII, indi Nunzio in Napoli e Spagna, e poi Governatore di Perugia e delle Marche.

In questa sventurata congiuntura fu destinato il casamento del Loreto, piccola cappella ad un miglio di distanza dalla Città, e i caseggiati attigui per Lazzaretto; e le nobili dame Carlotta Zurlo—Vincenzina Jordani—Camilla Ciaccio—e Carmela Sambiasi ne tolsero la direzione.

Sotto di queste illustri quanto benefiche donne, si prestarono all'ajuto degli appestati le signore Ade-

laide Furgiuele—Beatrice Beltrani—Maria Gualtieri—
Elisabetta Cuscinelli—Vittoria Rende—Raffaela Sicoli—
Orizia Mauro—Laura di Tarsia.

Furono dall' Università deputati a padri assistenti
de' moribondi—Ettore Vela—Francesco Poerio—Pietro
Pugliese—Camillo Guzzolino—Nicola Serisanti.

I morti in Cosenza superarono i duemila e cinque
cento. Fra coloro che furono vittima del morbo ferale contavasi, Americo Cavalcanti, amato alla follia da
Beatrice Beltrani, ch' ebbe la forza di spirito di assis-
terlo agonizzante nel letto di morte ; e spento , colle
proprie mani calarlo nella fossa che gli fè scavare a
parte dietro il Loreto , e dove lasciò la vita per una
convulsione apopletica che l' assalì.

Era stato questo amore grandemente contrastato dalle
sua famiglia; perchè Americo Cavalcanti facendo o-
maggio alle idee del giorno, si era affezionato non poco
alla Riforma, ed alle idee professate del suo concittadino Valentino Gentile: e la famiglia Beltrani era troppo cattolica per potere aderire a nozze di questo genere. Il permesso da'genitori della Beltrani non si ottenne , che all' epoca della peste , e nel giorno istesso che il Cavalcanti fu dal morbo attaccato e condotto
al Lazzaretto.

## CAPITOLO QUINTO

I. I Carmelitani in Cosenza—Ospizio de'Trovatelli—II. Le Cappuccinelle—III. Commenda di S. Giovanni Battista Gerosolimitano—
Cavalieri di Malta—di S. Giacomo — di Calatrava—d'Alcantara ,
dello Speron d'Oro, di nascita Cosentini (anni 1578).

I.° Nel quinto anno del Governo di Petrignano, vennero i Carmelitani in Cosenza. In sul principio fu loro
assegnato l' Ospedale vecchio, ch' era una grancia del-
l'ospedale di S. Spirito di Roma, sotto il titolo di S.
Sofia, colla Cappella di S. Marco Evangelista, ov' era
l' antica Confraternita dell'Annunziata, luoghi che poscia si destinarouo per officine del Monastero.

Accresciutesi col tempo le rendite di questi PP. il
1756 sopra una nuova pianta fu edificata una grande
Chiesa con magnifica volta a stucco, e un altare maggiore, su cui si pose S. Maria della Bruna.

Questo convento fu soppresso nel 1783 ; e ripristi-
nato, non fu più abitato da'Monaci. Soppresso di nuovo
nel 1809, fu addetto a quartiere delle guardie provinciali.

Nel 1814 la Chiesa fu data all' Ospedale Civile, e
nel 22 Dicembre 1825 ne fu accordata la censuazione al comune di Cosenza per l' annuo canone di ducati 48.

Intervennero allo strumento di censuazione il signor
Ignazio Furgiuele, quale amministratore del patrimonio regolare de' beni ecclesiastici, giusta la lettera del
30 Maggio 1827—ed il signor Giuseppe Stocchi, Sindaco.

L' Istrumento fu stipulato il 14 Agosto 1827 per
Notar Manfredi. Questo censo del patrimonio regolare
fu in seguito ripartito tra l' Arciprete di Bonito in Ro-
tondella di Basilicata, dandogli ducati 25—ed il parroco di Cribari, dandogliene 23—per aumento di con-
grua, a' quali il Comune pagò fino al 1854.

Con deliberazione decurionale del 14 Giugno 1855,
il Comune cedette detto Monastero, che avea ottenuto
per addire a caserma militare, al Consiglio Generale
degli Ospizî, per uso di Ospizio de' Trovatelli, giran-
dogli il censo che pagava; e che rimase perciò a carico del detto Consiglio, restando approvata detta cessione con decreto del 7 Aprile 1850 sovranamente.

Or questo Ospizio de' Trovatelli è nel massimo fiore, per opera del bravo Direttore signor Renzelli, la
cui solerzia ed affetto al nobile nuovo Istituto ha attirato un concorso di meglio che cento alunni a questo convitto ; e mercè l'opera veramente patriottica
ed indefessa del signor Orsomarsi Giovanni, che iniziato l'impianto di questa casa di carità, di che tanto
avea bisogno il paese, in ogni tempo ne propugnò
gl'interessi—le rendite ne accrebbe—ed i regolamenti
ne diresse e sorvegliò.

II.° Fantino Petrignano nel 1585 rinunziò il Governo della nostra Chiesa a Silvio Passerino , nobile di Cortona ; e nel 1586 Giangiacomo Oliviero , prete di Cellara coll' assenso di lui gittava le fondamenta del Monastero delle Cappuccinelle, su' ruderi dell' antica rocca bretica , parte de'quali erano serviti alla costruzione del Monastero di S. Francesco d' Assisi.

Queste monache professano la prima regola di S. Chiara, colle costituzioni ordinate il 1434 in Cebenna di Borgogna, che approvate da Girolamo Castelferretti, provicario generale de' Cappuccini , furono stampate nel 1646 ad istanza di Suor Catterina di Soda—eletta nel 1610, religiosa distinta per morale ed intelligenza.

Nell' anno 1607 uscirono direttrici da questo Monastero Suor Francesca de' Scalzati , delegata a dirigere il Monastero di Montalto—Suor Petronilla di Cosenza, per dirigere il Convento di Tessano: e ciò con breve di Papa Clemente VIII.

L' anno 1628 a' 18 Febbrajo con un breve di Papa Urbano VIII Suor Angiola di Cassano andò a dirigere il Monastero di Cassano sua patria , e quindi quello di Corigliano.

La regola di queste claustrali importa, che non potessero superare il numero ventuno; che non potessero aver serve—non ammettere educande—che dovessero menar vita elemosiniera, e quaresimale—che dovessero dormire sopra una coperta di lana — che di lana vestissero — di celizî i fianchi tenessero recinti—non potessero parlare che tra loro e coi parenti in primo grado, e cogli altri, per l' intermedia persona dell'Abbadessa e della Portinaja—che ogni sei mesi si mutasse la superiora ; e finalmente , che le monache andassero a viso scoverto.

Questo Monastero esiste tuttavia, e riscuote il culto e l'amore di tutta la Città, che in ogni tempo vi trovò esempi di carità cristiana, di pietà sentitissima, e di benificenza superiore agli scarsi mezzi che lo sostengono.

Avrei a citare molti nomi famosi di monache , che in tempi diversi , vi lasciarono la vita in concetto di

Santità. Contentandomi di citarne i cognomi quali furono: Zumpini Castiglione, Zagarise, Labonia, Francella, Catrozza, De Roberto, e chiuderò quest'articolo ricordando al plauso de' posteri il nome d' Isabella Marsico , figlia del Barone di Lattaraco, Regina a S. Benedetto che fu un pretto modello delle claustrali, e morendo lasciò tal retaggio di memorie affettuose all' ordine ed alla Città, che questa stiè sulle mosse di promuoverne dalla S. Sede la beatificazione.

III.° Silvio Passerini morì dopo · due anni di Governo. A lui tenne dietro Evangelista Pallotta. Questo Arcivescovo sovrammodo galante, portato per le opere magnifiche, per la nobiltà, e gli ordini cavallereschi , fè tosto rifiorire in Cosenza la commenda di S. Giovanni Battista Gerosolimitano, stabilita nel 1428, e data in prebenda a Giovanni Rossi e Giuseppe d'Aquino, e quindi a Nicola Sambiase, che dimorava in Napoli col titolo di Ricevitore e Balio di Venosa.

Questa Chiesiuola nel 1839 era quasi diruta, ed in quel tempo ristaurata, oggi offre al pubblico il comodo della messa ne' dì festivi.

Dietro l' altare di questa Chiesa , esistea un elenco fino a pochi anni dietro, ove erano descritti i cavalieri di Malta e di altri Ordini, che furono di nascita Cosentini — Lo riprodurrò qui , come da quel Catalogo l' ho rilevato.

· Nel 1541 Gio. Vittorio Morelli—nel 1546 Francesco Majo—nel 1550 Marco Abenante—nel 1574 Bernardino Abenante Commendatore—nel 1574 Bartolo Parisio—nel 1576 Pompeo Abenante — nel 1578 Giacomo Tarsia—nel 1579 Filippo Longo Commendatore — nel 1579 Filippo Gaeta Castellano di S. Elmo—Ammiraglio generale delle Galere—Conservatore del Tesoro—Gran Croce e Priore in Messina—nel 1578 Gio. Batt. Abenante—nel 1578 Tiberio Migliarese—nel 1584 Antonio Parisio—nel 1590 Muzio Passalacqua—nel 1592 Maurizio Barracca—nel 1593 Paolo Parisio—nel 1594 Elisio Rocchi—nel 1595 Giordano Cavalcanti—nel 1597 Marcello Alimena — nel 1597 Pompeo Alimena — nel 1600 Alessandro Garofalo—nel 1601 Pellegrino Quat-

tromani—nel 1601 Giulio Firrao—nel 1609 Vincenzo
Cavalcanti — nel 1612 Carlo Firrao — nel 1619 Fra
Curzio Bombini inviato Ambasciatore della Religione
in Roma per la briga della Commenda insorta tra la
Religione e Roma—nel 1627 Raimondo Paoletti—nel
1631 Girolamo Matera—nel 1631 Decio Matera — nel
1634 Valerio Telesio—nel 1696 Scipione Firrao—nel
1656 Scipione Poerio—nel 1660 Giuseppe D' Aquino—
nel 1661 Ottavio Cavalcanti—nel 1661 Ottavio Ferrari
Comandante la galea caravacca — nel 1662 Fabrizio
Firrao—nel 1662 Domenico Firrao—nel 1662 Domenico Alimena—nel 1662 Lodovico Firrao — nel 1663
Lodovico Cavalcante—nel 1663 Luzio Alimena — nel
1664 Antonio Badolati — nel 1683 Gennaro Firrao—
nel 1688 Niccolò Sambiasi — nel 1699 Giovanni Alimena—nel 1699 Giuseppe Majo — nel 1699 Giuseppe
Guzzolini—nel 1699 Giuseppe Parisio — nel 1700 Fra
Giuseppe Majo Gran Croce—nel 1700 Francesco Majo—
nel 1710 Pasquale Maria Morelli — nel 1710 Pietro
Paolo Alimena—nel 1725 Francesco Parisio — A tutti
costoro aggiungasi nel 1846 Luigi Caselli, nostro contemporaneo, e degnissimo della Croce che il fregia.

Fu poi cavaliere dell' ordine di S. Giacomo istituito nel 1160 Cesare Gaeta — Cavaliere di Calatrava,
istituito nel 1158 Pompeo Sambiasi—Cavaliere d' Alcantara istituito nel 1177 Francesco Bernaudo—Cavaliere dello Speron d' oro istituito nel 1320 Francesco
Castiglion Morelli.

# CAPITOLO SESTO

I.º Per quanto Evangelista Pallotta avesse cercato
di farvi fiorire la Commenda di S. Giovanni Battista
Gerosolimitano—ed abbellire la Cattedrale, fabbrican-
dovi il coro dalle fondamenta, portando altrove le sacre reliquie, edificandovi in marmo il trono vescovile,
per altrettanto avversò l'introduzione de'Gesuiti in Città, secondo il P. Schinosi, nostro Cosentino, nella sua
Storia della Compagnia: introduzione, che fu propugnata
secondo il Sacchi lib. 4. N. 29. da P. Carlo Mastrillo
che vi fece quaresimale nel 1158 — e dal Preside Va-
zano.
Narra lo Schinosi, che le difficoltà non s'incontraro-
no nel Generale della Compagnia secondochè l'Ugbellio
opina; ma nel Pallotta, che stando a Roma dava orecchio
a'contrari consigli venutigli da Cosenza, ove l'Inferno a
dir dello Schinosi, indovinando le sue perdite dalla venuta de'Padri facea ogni sforzo per impedirla. Ma alle premure di. tutto un popolo che gridava contro il nuovo
Ordine, e di che il Pallotta era interprete, prevalessero
gl'intrighi di Gio. Battista Ardoino , Gio. Paolo Aquino, e soprattutto di Giammaria Bernaudo, e di Sertorio Quattromani che arrivarono a persuadere il Pallotta della necessità di loro in Città; ond' è che furono
invitati a venirci una seconda volta il 1589 — Altra
volta nel 1578 si era offerto loro il vecchio ospedale
che poscia occuparono i Carmelitani. Essi però prontamente il rifiutarono , come del pari i duecento ducati annui da prelevarsi da una sovraimposta su' generi dati a peso. Questa volta fatta loro migliore offerta vi trassero il 21 di Giugno dello stesso anno in
numero di due fratelli e tre padri, il capo de'quali si

chiamava Fulvio Butrio, e gli altri Giantommaso Sessa ed Ottavio Palmieri ; ed alquanto appresso Mario Sardo.

Come arrivarono, albergarono nel Palazzo Arcivescovile. Ma i Cosentini non perdonandola nè ad essi nè a'Nobili che chiamati li aveano, in onta tante pubbliche proteste e manifestazioni, si levarono a rumore, e corsi all' Arcivescovile Palazzo il circondarono di legna per appiccarvi il fuoco. Riuscì Giovanni Bannez allora Preside , o meglio di lui il Cappuccino Padre Lorenzo da Brindisi (1) predicatore del Duomo, e carissimo al popolo per la castigatezza de' costumi , di persuadere alle masse che i Gesuiti fossero in Città di passaggio , e con questa gentile mensogna stornò dal loro capo il fulmine della pubblica avversione. Svaporato quel primo nembo , potettero man mano passare ad abitare la casa di Giovannangelo Mangone sita sotto la giostra nuova, e faciente parte del Palazzo Arcivescovile, e nel 1590 aprir la Chiesa.

Era obbligo di questi padri di provvedere al pubblico insegnamento, e fu perciò, che divisero la materia insegnabile in tre classi: foggiando una scuola di rettorica , un altra di filosofia , ed una terza di scolastica e drammatica.

Non prima dell' 11 Febbrajo 1599, posero la prima pietra di quella Chiesa che poscia a Teatro fu convertita. Iniziossi quest' opera a' tempi di Monsignor Costanzo, che assistette a questa cerimonia, come alla iniziazione d' un Monastero tra quello delle vergini e di S. Chiara, a cui veniva attaccato il Collegio d'istruzione.

Nella Chiesa, l' altare maggiore fu dedicato a S. Ignazio, ed uno de' minori a S. Maria di Costantinopoli, e l' altro a S. Francesco Saverio. Vi foggiarono sei Cappelle sfondate; ed istituirono nel Collegio due Congregazioni , l' una de' Nobili , dedicata alla Beata Vergine Annunziata dall' Angelo ; e l' altra degli Artisti, alla Vergine Assunta; l'una e l'altra erano a fi-

(1) Vedi Sacchini Actis Beatis.—Gravina Domenico.

nissimo stucco , e l' una e l' altra di bellissimi quadri ornate.

Distingueasi la Cappella de' Nobili per gli esercizî spirituali , che con gran concorso vi si teneano nella prima ed ultima settimana di Quaresima; del pari che quella degli Artisti per l' elemosina di pane che più volte all' anno portava a' carcerati.

I Gesuiti uscirono di Cosenza quando furono cacciati quasi da tutta Europa per Bolla di Papa Rezzonico.

Il 20 Novembre, adunque, del 1767 il Capitano Michelangelo Palochi con forte numero di armati, a due ore di notte, assediò il convento, e comunicato a'padri lo sfratto , li strinse nella mattina del 21 a dirigersi per Paola, ove trovar doveano i loro confratelli di Calabria, e per recarsi al quale luogo d' imbarco, veniano assegnati loro due carlini al giorno.

Il Caporuota a nome del Governo prese possesso del Monastero e de' beni, e venduti i mobili all' asta pubblica , ne devolse l' utile a favore del Regio Erario. Il Monastero fu ristaurato nel 1769 a regie spese; ed un' Università vi si fondò sulle rendite di altri conventi provinciali egualmente soppressi.

Oltre alle scuole regolari, vi si stabilì la Normale, la quale cadde quando i possessori di detta scuola non furono più dal Regio Erario pagati.

Quest' Università divenne Collegio Reale nel 1809 ; e nel 1819 in questo Collegio fu trasportata parte della gran libreria di S. Domenico, donata da'Principi Francesi al Collegio, e che fu allogata là dove era la Congregazione degli Artisti, oggi sala ove si riunisce l' Accademia.

Nella Chiesa venne costruito un teatro su pianta dell' illustre filosofo Calabrese Vincenzo De Grazia , che nel 1853 col ritorno de' Gesuiti fu demolito.

Oggi soppressi nuovamente i Gesuiti, vi è il Liceo Ginnasiale che offre tal personale insegnante da potere gareggiare col migliore che si trova in qualunque Città d'Italia.

II.° Il 1588, sotto lo stesso Pallotta , ed epoca del

Vicariato di Vincenzo Frassia, e del Presidato di Francesco Carafa , fu dichiarato clausura il Conservatorio dello Spirito Santo ch' era stato fondato fin dal 1513, collo scopo di allogarvi le orfane, ed impararvi le arti muliebri.

● Uscivano queste una volta la settimana per la Città chiedendo l' elemosina , e tra quel che raccoglieano dalla pietà de' fedeli, e dalle loro fatiche tiravano innanzi la vita.

Finchè fu Conservatorio , vegliarono alla manutenzione del locale, ed all'amministrazione della casa le maestranze le quali, bisogna dirlo, nella nostra Città; non vi è caso in che si siano mostrate degeneri da quella nobiltà di sentimenti che le ha sempre contradistinte.

Dichiarato clausura fu addetto al ceto civile, ed accolse non solo monache, ma numerosissime educande. Infine, era il Monastero che sta pel ceto civile, come quello delle Vergini pel nobile , poscia che il civile ne fu escluso.

Per causa ignota , imcendiatosi il 24 Febbrajo del 1729 , le monache passarono a Costantinopoli , e la Chiesa fu data a' fratelli di S. Filippo Neri. Quest'ultima piccola ed infelice , fu rifatta ed allargata nel 1839, epoca in cui si ripartì in due navate con quattro cappelle e vi si allogò l' Organo.

Nel 1859 per alluvione del Crati, che devastò tutto il quartiere dello Spirito Santo , cadde la volta della Chiesa che fu tosto rifatta.

In questa Chiesa avanti il Sanctà Santorum è un sepolcro pertinente a' padri Trinitari di S. Filippo Neri.

Due anni prima ch' Evangelista rinunziasse il governo di questa Chiesa a Giovanni Battista Costanzo , ossia nel 1589, fondò il Seminario costituendogli una rendita di ducati 700, provvenienti da' soppressi Monasteri e delle porzioni de' Parrochi.

Nel 1811 eretto il palazzo Arcivescovile ad Intendenza della Provincia, il Seminario seguì la sorte della casa Arcivescovile; e siccome fu disposto che questa passesse in S. Francesco di Paola, ivi trasportato si sarebbe il Seminario, se la ritirata de'Francesi si fosse, più tardi che non fu, verificata.

Compiva questo stabilimento il nostro Arcivescovo Pontillo con allargarlo di due camerate necessarie al comodo degli alunni.

L'Arcivescovo Evangelista fino agli ultimi momenti che fu tra noi, ci diè argomento di amarlo, e di ricordarne con stima sentitissima la memoria.

L'ultime premure di questo egregio Prelato si estesero con incredibile unzione a ristoro de' danneggiati dell' alluvione del 1590—In questo anno, nel mese di ottobre fu il Crati così gonfio, e posesi in tale piena, che rotti gli argini, penetrò per l'intera Città, sepellendo quasi il quartiere dello Spirito Santo e S. Agostino sotto la ghiaja che vi lasciò, e salendo quasi fino alla piazzetta dell'Erbe, il che val dire, quasi sotto la Giostra. Incredibili ed incalcolabili furono i danni che ne risentirono i cittadini, come i campagnuoli. Ma il dolore de' primi non era paragonabile alle perdite de'secondi—per le morti che tra loro non furono, e che in Cosenza furono a centinaja.

Evangelista dopo quattro anni di governo rinunziava come dicemmo a favore di Gioan Battista Costanzo. Parleremo di lui in seguito; mentre l'ordine cronologico ci forza ora a ritornare alla nostra Accademia, che da Sertorio Quattromani riaperta, tornava a far rifiorire le lettere nel nostro paese.


## CAPITOLO SETTIMO

I. Sertorio Quattromani — L' Accademia Telesiana prende il nome d'Accademia Cosentina — Membri dell' Accademia Cosentina a quest' epoca (anni 1588).


I.° Qualche anno prima della morte di Bernardino Telesio avvenuta nel 1588, si riapriva l'Accademia Telesiana cogli stessi componenti di che altrove abbiamo

parlato , e forse con maggior zelo che prima non di-
mostrò. Nel 1588, morto il sommo Cosentino, ne prese la direzione Sertorio Quattromani , cui era stata
affidata dallo stesso Telesio negli ultimi anni di sua
vita. Sotto la costui presidenza l' Accademia cessò dal
dirsi Telesiana, e prese il nome di Accademia Cosentina, sdegnando il Quattromani che assumesse, secondo
che volea Gio. Paolo d'Aquino, uno di que' tanti nomi allegorici, ma sempre bizzarri e capricciosi, di che
tutte le società letterarie di que' tempi erano use a
servirsi.

Fu il Quattromani distinto poeta, diligente critico.
Fu figlio di Bartolo Quattromano ed Elisabetta d' A-
quino, e nacque in Cosenza il 1541. Tratto di buon
tempo a Roma — e da Roma a Napoli, il suo valore
critico gli procurò la stima de' due Manucci, dei Vecchietti, del Caro, del Bencio, del Rota, del Pisàni,
del Tancredi, del Giasolino, e specialmente del Manzo,
e del Cavalier Marini che dalle lettere scritte al Marchese della Villa fè lucidamente intravedere in quel-
l' alto concetto era tenuto in Italia questo nostro illustre Cosentino.

A lui dotato d' un gusto raffinatissimo in materia
di lettere massimamente italiane , altro difetto non è
addebbitabile, che quello d' essere stato un pò troppo
vanitoso, onde non v' era scrittore da Dante a Giammaria Bernaudo, che non sferzasse senza rispetto alla
opinione, e alle bellezze dell' opera che giudicava, che
dove erano in ragione affatto opposte delle poche pecche che vi erano, avrebbero dovuto frenarlo nell' a-
sprezza del giudizio.

E però, per questo suo costume narran l'Egizio ed
il Moreri ed il Capeccio ch' egli fosse poco ben veduto
da' letterati del tempo. Egli intanto oltre ad essere ottimo critico , e tale che l' Amenta il dicea ultimo e
primo critico che abbia avuto l' Italia , fu al dir del
Crescimbeni filosofo Telesiano, e compendiatore della
filosofia del suo maestro: qualità che il Marchese Spiriti vorrebbe negargli. Veramente , io mi asterrò dal
confutare lo Spiriti per ciò che accenna sullo spirito

d' impostura di questo scrittore ; perchè veggo bene
che il Marchese ha voluto far la vendetta di tutte le
vittime del Quattromani incrudelendo sulla memoria
di lui.

Quel che veramente è un torto del Quattromani è
l' elogio che fa di Giammaria Bernaudo e delle cose
di lui. Finchè avesse voluto lodare il Bernaudo per
gli obblighi che a lui avea, sta bene ; ma portare a
cielo il Bernaudo, e malmenare la Gerusalemme del
Tasso, è fallo imperdonabile, e la storia non può non
tacciarlo d' adulatore e d' ingiusto.

Fra le opere del Quattromani lo Spiriti trova com-
mendevole a preferenza la sposizione delle Rime del
Casa; ma in verità, a me sembra che il Marchese questa volta il lodi per cosa di cui sarebbe il nostro ristauratore dell' accademia non degno di lode. Non finisce lo Spiriti, e l' attacca finalmente di plagio — e
vorrebbe che il Coppetta venisse dal Quattromani in
certi suoi sonetti rubbacchiato. Noi considerando che
questi due autori spessissimo attinsero i loro concetti
alla stessa fonte, non vediamo nulla di straordinario
in una coincidenza di espressioni, in cui alla fin fine
si ridurrebbe tutta la simiglianza tra il Coppetta ed
i Quattromani.

L' Egizio che di questo Cosentino scrisse la vita,
narra: che tra le opere di lui fosse un poema intitolato la Cosenza, e dice che il manoscritto ne sia stato
portato in Ispagna dal Reggente Valero, e che quivi
era perito coll' incendio della costui libreria. L'Egizio
però s' ingannava, perchè Cosenza era un opera in
prosa italiana, che al dir dello Spiriti a'suoi dì si con-
servava dal signor Vincenzo Quattromani di Napoli.
Scrisse egli e pubblicaronsi per la stampa ; le lettere
colla traduzione del IV dell' Eneide — La filosofia del
Tilesio rifatta in brevità dal Montano accademico Cosentino—La traduzione de' versi di Cantalicio in prosa
italiana—La sposizione delle Rime del Casa—La traduzione della poetica d'Orazio—Il trattato della Meta-
fora—Annotazione e Parafrasi alla Poetica di Orazio,
le Lettere.

Scrisse, inoltre, le seguenti opere di cui parte son perdute : Discorso della bellezza del Petrarca — Discorso de' luoghi tolti dal Petrarca d' altri autori — Trattatello in che si dimostra che il Petrarca prepone le lettere all' Armi — Spiegazione del Petrarca sino al sonetto : *Giunto mi a' amor fratello e crude braccia.* Dichiarazione di alcuni luoghi di Plauto — Annotazioni sopra il Dante — Sposizione di Demetrio Falereo Ermogene e Longino — Volgarizzamento della Poetica di Aristotele — Trattato della famiglia Quattromani — Accrescimento al libro di Bembo della lingua Toscana — Sestine — Canzoni — Sonetti — Satire—Introduzione alla filosofia Telesiana — Critica del Tasso—Epigrammi Orazioni, e Satire latine e toscane sopra Orazio Flacco—Avvertimenti di materia incerta—A compimento di questo cenno dobbiamo aggiungere che appiè del Barrio esistono : *le animadversiones in Gabrielum Barrium.* Cessò egli di vivere il 1603.

Oltre a' menzionati membri dell' Accademia Cosentina, di che facemmo picciol cenno parlando della Telesiana, da ch' essa si riaprì sotto il Telesio , e passò poscia sotto la direzione del Quattromani appartenne a questo nobile Consesso.

Celso Molli, de' nostri Molli, esistenti oggidì in Cosenza. Fu costui commendato filosofo, lodatissimo naturalista , e più che naturalista, medico rinomato, e poeta epigrammatico. Egli scrisse: *De mortis sporadibus, eurumque curatione , de curatione Elephantiasis,* e molti epigrammi de' quali però non avanza che quello in lode della Castriota e l' altro in favore dell'Arduino. Le due prime opere si conservavano dal Reggente Serafino Biscardi , che vi attaccava tanto merito da farlo decidere a pubblicarle, cosa che non sappiamo se siasi verificata. A formarci poi un esatto giudizio del merito di questa accademica, basti il considerare, che quel Quattromani , che di tutti disse mal fuorchè di Giammaria Bernaudo, non si fa sfuggire occasione per elogiarlo, e dichiararlo il primo professore in medicina che a' suoi tempi esistesse. Dalle lettere del Quat-

tromani appare, che il Molli avesse davuto scrivere varî
discorsi, e trattati di medicina. Viene egli lodato dal-
l'autore della Tavola, e secondo me, non gli si dovrebbe fare altro appunto che quello di avere impu-
gnato la patria di Valentino Gentile nella lettera invia-
ta a Stanislao Rescio ambasciadore del Re di Polonia
in Napoli. Valentino Gentile per essere professatore
di principî erronei, non cessa d'essere una delle più
grandi patrie celebrità, che Cosenza abbia avuto ed
abbia. È poi in materia di opinioni filosofiche e religiose, non è disprezzabile chicchessia, per quanto strana
e capricciosa e bizzarra fosse la fede che professi—Appartenea a quest'Accademia Giacomo di Gaeta, che fu
giureconsulto poeta e filosofo Telesiano. Ci avanzano di lui un Madrigale ed un Sonetto, inserito il primo nella raccolta del Monti, tra le rime dell'Ardoino
il secondo.

Appartenne a quest'Accademia Giantommaso Martirano, nipote di Bernardino e Coriolano, e dicesi che
sia stato insigne filosofo e mettemico, e che avesse
scritto. *De speculo comburente—De practica Arithmeti-
ca et Geometrica demonstrata—De Mechanica.* Il tutto
va rapportato dal Barrio, nonchè dal Quattromani,
che correge al proposito, un equivoco nato pel modo
come va compilato il cenno del Barrio sul Martirano
Vi appartenne Luigi Rossi—di cui avanzano un sonetto ed un epigramma latino di pochi versi.

Ne fè parte ancora Gio. Francesco Scaglione an-
ch'egli Cosentino, Comendatore de' Riti della Gran
Corte della Vicaria e di parecchie Prammatiche del
Regno — diligentissimo giureconsulto e ricordato con
onore da'contemporanei. Vi appartenne Lelio Sersale,
secondo il Rossi, versato nelle greche e latine lettere.
Di lui abbiamo tuttavia un sonetto nella raccolta del
Monti.

Ne fu membro ancora l'altro giureconsulto Lodovico Riso, e rettore delle due accademie napolitane. Di
lui fan bel ricordo il Toppi ed il Zavarrone — Scrisse: *Orationem et elegias* — sotto il titolo: *Ne filius pro
patre conveniatur.* Vi appartenne ancora Gio. Battista

Sambiase di cui ci resta un madrigaletto inserito nella raccolta del Monti, scritto in latino. Era egli marito di Lucrezia della Valle.

Fu membro dell'accademia Bernardino Bombino, ·giureconsulto anch'esso, nostro accademico, finchè dimorò in Città , e per vicende che s'ignorano, non fu chiamato ad emigrar da Cosenza nella quale epoca brillantemente esercitò la legale professione in Venezia Roma e Ferrara. Egli oltre ad essere versatissimo nella giurisprudenza, fu filosofo di merito non comune — e scrisse come giureconsulto e letterato—*Consilia et Conclusiones ad diversas causas*—Discorsi intorno al Governo della guerra — *Repetitiones aliquot in tit. De Verb. Obbligat*—*De Historia Calabrie* ed altre operette ch' esistono presso gli eredi. Di lui fan bella ricordanza Agostino, Caputo, Filippo, Pascale, Scipione, Teodoro il P. Coronelli, il Toppi, lo Spiriti, il Zavarrone ed altri.

Non essendo stato possibile, malgrado che abbia fatto pregare l'attuale Vescovo conservatore di queste opere, di leggerle: rapporterò il giudizio dello Spiriti il quale narra: che per quanto il Bombini maneggi bene la materia che tratta, per altrettanto non ha leggiadria: rozzo e barbaro è nella dizione: cosicchè egli non vide che da questo autore possa uscir cosa che dir si possa mezzanamente buona.

Vi appartenne, comechè per poco, e come corrispondente Tiberio Cortese, nostro concittadino, creato Vescovo di Lavello, e ricordato dall' Ughellio come giureconsulto famoso, nonchè dal Toppi nella sua Biblioteca. Di Francesco della Valle abbiamo le poesie stampate in Roma nel 1618. Fu leggiadro e fiorito poeta italiano stimato dal Morini e dal Bruno—ma però un pò tronfio come il secolo portava.

Ne fè parte anche Giacobbe Puderico, filosofo e dotto medico, che scrisse: *Opus necessarium An venatum corpus in vita et post mortem dignoscetur.—De lapide ferreo ab aere lapso deque ejus generatione et caussa.*

Ne fe' pure parte Marcello De Bonis — poeta elegante e medico egregio Scrisse: *De Catarticis medica-*

*mentis deque recta purgandi methodo Dissertatio.* Viene egli ricordato con molta lode dallo Spiriti, dal Zavarrone , dal Pisani , da Giulio Gianpaolino, e dal De Quintilis.

Ne fu membro Augustino Donio nato a Cosenza, anch'egli celebre medico a dir del Vanderlinden, scrisse: *de Natura Hominis Libros duos:* opera molto commendata da' suoi contemporanei. Vi appartenne Marcello Firrao, secondo il Rossi e lo Spiriti , poeta filosofo ed astronomo. Di lui abbiamo due sonetti, uno nella raccolta del Monti, e l' altro tra le rime dell'Arduino.

Claudio Migliarese anch' egli Cosentino in qualità di corrispondente, mentrechè facea da Procuratore dell' ordine de'Gesuiti, fu dell' accademia. — Scrisse: *De Votis Societatis cum Expositione Extravagantes ascendente Domino Gregorio XIII:* opera che però non vide mai la luce.

Francesco Antonio Rossi, il raccoglitore delle lettere di Sertorio Quattromani , ed il pubblicatore del IV dell'Eneide, libro lamentato dal Quattromani, fu ancora membro di questa accademia. Scrisse egli *De Arte metrica libellus* che, al dir dello Spiriti, vien assai lodato da Quattromani dal Toppi dal Nicodemo dallo Sfera. Appartenne a quest'accademia Alfonso Marzano, di cui dice il Toppi : che fu buon teologo e buon filosofo, e nella lingua greca a pochi pari ; ammirabile per la santità de' costumi , di lui abbiamo pochi versi latini nella raccolta del Monti.

Appartenne a questa accademia Gio. Carlo Andreotti nato in Cosenza d' Ascanio ed Alfonso Camigliano , e sposato in prime nozze con la Camigliano , ed in seconde colla Cozza poetessa leggiadra nel 1558.

Fu egli riputatissimo Giureconsulto—ed Avocato della Città nel 1564 — Secondo alcuni è l' autore dello scrutinio della nobiltà cosentina — Fu egli , a dir del Morelli, cavaliere dell'onorata milizia di Carlo Quinto, e Barone di Ajeta e Tortora ; e secondo che appare da un diploma, riportato dal detto Morelli, dottore nell'uno e nell'altro dritto per decreto di Carlo V. Tandem Joannem Carolum ob nimiam in legali facultati

21

excellentiam, idem Carolus Caesar ex certa scientia, et Imperiali authoritate per illa tantum vice privilegis, quibus fruuntur Romana Curia, Patavina Papiensis, Neapolitana, Parisiensis et quaecumque alia Gymnasia Generalia hac tenus facta et creata derogando, doctorem in utroque jure creavit.

Scrisse : *Roberti Regis edicta commentarium*, opera della quale il Bisceglia ha tolto tutte le sue argomentazioni per provare l'inesistenza di questo Editto, ed un sonetto che scrisse, perchè appaja com' egli sentisse in quell'epoca in cui si accapigliavano tanto i nobili per sublimarsi sulle altre classi del popolo.

Fu membro di questa accademia Flaminio Parisio—professore di dritto Canonico in Roma, e sotto clemente VIII Vescovo di Bitonto. Scrisse : *De Relignatione beneficiorum* — stampata una volta in Italia colle note del Duclos.

Come si vede sotto Sartorio Quattromani l' accademia Cosentina, anzichè degenerare dall'indrizzo che le avea dato il Telesio, non solo in esso perseverò ; ma intendendo semppreppiù a trasformare le scienze, rappresentatrici dei bisogni della vita attuale, i suoi membri si occupavano per la maggior parte a coltivare le legali, e le naturali ; e perchè la legislazione complicata di que' tempi avea bisogno di dotti giureconsulti che gl' interessi della società garentissero e perchè l' gnoranza in cui era giaciuta la medecina, massimamente nella nostra regione, richiedea che si fosse a sollievo dell'umanità meglio coltivata ed approfondita.

E però, se si volesse fare un confronto delle tre accademie : Parrasiana, Telesiana e Cosentina, per conoscere in qual rapporto stia l' una in riguardo all' altra per l' utile effettivo che la società ne ritrasse, io non saprei non dare la preferenza a quest' ultima, sul riflesso che se la Parrasiana diede la spinta primiera alla coltura de' buoni studi—e la Telesiana incominciò a distrigare il pensiero umano dall'autorità dell' antico, mettendolo nel caso di potere uscire a nuove speculazioni, nè l'una nè l'altra applicarono i loro disegni così da vicino alla vita attuale quan-

to quella del Quattromani: che fu il primo semenzajo
di quanti medici e chirurghi classici cacciò fuori inseguito la nostra provincia, e di quanti giureconsulti
in appresso l'onorarono, che come ora così per lo passato mantennero il nostro Foro ad una altezza di sapere, che non fu mai superato non dico in Calabria
ma forse in tutto il Regno.

## CAPITOLO OTTAVO

I. Istallazione d' un Tribunale in Cosenza ed un altro in Reggio —
II. Disarmo del Castello—III. Chiese di S. Nicola—S. Stefano—e
S. Lorenzo—e S. Maria della Sanità—Monsignor Costanzo—IV. I
Minori Osservanti Riformati in Cosenza — V. Prima vendita dei
Casali di Cosenza per ducati 40000 fatta dal fisco a Cosenza
(anni 1586).

I.º Dicemmo che l'accademia Telesiana, divenne Cosentina sotto la direzione del Quattromani nell' anno
1588—Ora, è da sapersi, che due anni prima, vale a
dire nel 1586—si era scemata l'autorità e la giurisdizione del Governatore della Calabria: imperocchè creati
due Presidi, invece del Vicerè, uno di essi si era posto a Cosenza e l'altro a Reggio, donde amministravano
l'azienda del paese calabro in due sezioni diviso. In quest' epoca, essendosi fatto osservare a Filippo II che
mal si amministrasse la giustizia con un sol Tribunale in una sola provincia, che comprendesse tutte le Ca-
brie; il Re con sua carta reale del 14 novembre 1582,
avea ordinato al Duca d'Ossuna, che dividesse il Tribunale e ne allogasse uno in Cosenza ed un altro in
Montelione.

Ma perchè ciò non garbò mica al Duca di Montelione, con sua Carta del 24 giugno 1584 ordinò: che,
si stabilisse in Reggio. Però, ciò non si eseguì che
nel 1586, epoca in cui fu tra noi Preside Francesco
Carafa, Marchese di Campo, che molto protesse la cennata accademia.

Non dobbiamo tralasciare di dire: che in vista di

questa nuova divisione tetritoriale, l'Università di Catanzaro avanzò petizione al Re ; perchè il Preside di Cosenza, fosse rimosso da quella residenza, e venisse istallato in Catanzaro. In questo torno, Sartorio Quattromani scrisse a nome dell'Università di Cosenza il 12 settembre 1585 una epistola al Duca di Sessa, ambasciadore di Spagna a Roma; perchè interponesse i suoi buoni uffici presso il Vicerè del Regno perchè Cosenza continuasse ad essere la Capitale di questa Calabria. La lettera si trova nell'epistolario del Quattromani; e sortì tutto l'effetto desiderato; perchè col fatto il Preside non fu traslocato da Cosenza.

II.º Sottto il Marchese di Campo fu disarmato il Castello, deperito qual era, non più adatto a far da fortezza; e perchè i progresssi dell'artiglieria e dell'arte sulle fortificazioni lo rendeano, oggimai, affatto inutile all'offesa ed alla difesa.

III.º Altro incoraggiatore dell'accademia Cosentina, fu Gio. Battista Costanzo, seguito al Pallotta nel 1591. Il Costanzo è quel desso, che sotto pretesto d'essersi perduto l'antico regolamento di tassa per gli atti della Curia, un nuovo ne fè foggiare, in virtù del quale le antiche tariffe di molto furono superate.

Costui sin dal suo esordire, stabilì tre Parocchie che furono: S. Nicola—S. Stefano e Lorenzo—e S. Maria della Sanità.

Fondò quella di S. Nicola il 2 settembre 1603, e ne diede il possesso ad Annibale Martucchi, e fondolla nell'odierna Chiesa di S. Nicola, ov'era una cappella col titolo dello stesso santo. Egli indusse i fratelli di questa congregazione a porre sull'altare maggiore il tabernacolo, e nel 1506 per contentare i fratelli v'istituì l'Arciconfraternita del SS. Sagramento coll'aggregazione alla Minerva di Roma, che fu soppressa nel 1783, epoca in cui la Chiesa fu data al Parroco senza rendite. Nel 1789 ad istanza del parroco Leonetti, le fu concessa anche la rendita. Nel 1812 per essere passato il parroco a S. Domenico, questa Chiesa fu donata a'fratelli dell'Annunziata, i quali nel 1813 vi formarono un cimitero. Ripristinati i Domenicani, il Parroco ritornò a S. Nicola, ed i fratelli al Carmine, donde erano venuti. Nel 1814 combinatisi i detti fratelli col Parroco, ritornarono, come risulta da istrumento analogo; e la Cappella dell'Annunziata del Carmine fu abbandonata, ed oggi serve di tomba a' projetti ed a giustiziati.

Fondò la Parrocchia di S. Stefano e Lorenzo nel borgo de' Pignatari vicino al ponte, donde tolta per gli alluvioni del Crati, fu posta nella Chiesa dei Tentani.

Stabilì quella di S. Maria della Sanità nella Chiesa, che negli anni 1600 aveano lasciato gli spedalieri, di S. Giovanni in Portapiana, che demolita dal tremuoto del 1185 — rifatta, ed abbattuta dal tremuoto del 1795, fu dal Parroco Mazzuca, cosentino, antenato degli attuali Mazzucca, ristaurata con aggiungervi una Cappella nella sagrestia, ed un sepolcro in *cornu epistolae* dell'altare maggiore, proprietà dello stesso Mazzucca, e Dodaro.

IV.° Questo Arcivescovo permise ad Antonio Firrao, Barone di Mottafolona, che comprasse dalle monache di S. Chiara il loro vecchio Monastero di S. Maria Maddalena per addirlo a Casa de' Riformati.

Questi vi vennero, e nel 1663 vi fondarono una nuova Chiesa e nuovo Convento, ed in memoria del benefattore in *cornu epistolae* ed in *cornu evangelii* collocarono due mezzi busti, uno de' quali ricorda Antonio Firrao, e l'altro Cesare della stessa famiglia.

Nel 1798 questi frati furono assai travagliati dal Governo per aver preso parte attivissima alla congiura di Campanella. Nel 1837 epoca dolorosissima in cui Cosenza fu assalita dal colera morbus, il Monastero fu addetto a Lazzaretto, ed il Giardino a Camposanto.

Vi sono oggi i frati dello stesso ordine, e la Chiesa porta il titolo di S. Maria di Costantinopoli.

Presenta essa due navate, e vi sono le seguenti Cappelle e Sepolcri. Cappella di S. Pasquale con Sepolcro di Salfi di Vincenzo—Cappella di S. Giovanni Battista con sepolcro di Spada di Nicola — Cappella del-

l' Immacolata con sepolcro, di De Chiara fu Antonio—
Cappella della Vergine della Lettera, di Greco figli di
Vincenzo—Cappella di S. Giuseppe nel muro esterno,
di Greco figli di Nicola — Cappella di S. Francesco ,
d' Assisi, di Giacomantonio — Cappella di S. Pietro
d'Alcantara—di Caruso fu Luigi—Cappella di S. Antonio, di Furgiuele, eredi di Serafino Ferrari—Cappella
di S. Pasquale, di Stocchi di Giuseppe—Cappella del-
l' *Ecce Homo*, di Porto Saverio.

Nella navata della Chiesa, sotto il pulpito, sepolcro
di Corigliano di Francesco—altro avanti la Madonna
della Lettera, di Lepiani figli di Luigi—altro nel centro, de' frati— Cappella di S. Filomena , di Arbitrio
Rocco — sepolcro vicino a quello de' frati , di Cip-
parrone — altro, di Cosentini di Michele — altro a sinistra entrando, di Barracco—di Carusi di Lelio l'altro—altro di Vitari Domenico , avanti la Cappella di
S. Antonio—altro di Arnedos—altro di Passalacqua—
altro di Gentile fu Giuseppe.

Oltre a ciò, in un picciolo sfondo in direzione dello
altare maggiore , esistono due altari , l' uno dedicato
al Pilerio, e l' altro all' Immacolata. I quadri de' detti
altari sono tutti in tela, e belli , comechè d' ignoto
autore son quelli che rappresentano S. Francesco d'Assisi, e S. Pietro d' Alcantara.

Notevole è ancora il quadro soprapposto all' altare
maggiore, esprimente la Vergine di Costantinopoli, al
cui piè si veggono effigiati i martiri minoriti delle Calabrie. Degno di attenzione è ancora il quadro che
sta nella sagrestia esprimente un S. Bruno.

De' nostri Cosentini , si distinsero in questa casa
de' minori osservanti riformati—Nel 1689 Bernardino
Albi , della distintissima famiglia Albi , che non volle
appartenere mai al Sedile, malgrado chè i nobili tutti
gliene esibissero l'aggregazione, provinciale di Calabria
Citra, e mastro di belle lettere, di grande riputazione
nell' ordine.

Nel 1696 Marco Casini , professore espertissimo di
Dommatica—nel 1705, Giuseppe de Matera, mastro di
mattematica — nel 1714 Sebastiano Menna, professore

commendevolissimo di filosofia — nel 1727 Benedetto
Furgiuele leggiadro cultore delle muse, e della bella
letteratura (1).

Prima della istallazione di quest'ordine in Cosenza,
de' nostri Cosentini, in altre Case, si erano distinti
nel 1618 Giovanni Passalacqua, egregio quaresimali-
sta—nel 1640 Bernaudo Cosimo, dottore in teologia e
scienze esatte.

V.° Soprarrivava intanto il 1596, e sotto il Viceregnato di D. Enrico di Gusman, Conte di Olivares, le
strettezze finanziarie della Spagna si ridussero a tale,
che non bastando sopperirvi con nuove imposte e nuovi
balzelli, si ricorse, come tante altre volte era avvenuto
sotto i Re spagnuoli, alla vendita de'titoli e delle decorazioni, e non bastando neppure tutto ciò che se ne
ritraea, all'alienazioni delle terre che fossero di regio
demanio. Del pari che a molte altre Città del Regno
fu notificato a Cosenza il progetto di vendita di Castiglione Zumpano Lappano Rovito Celico Spezzano
Grande Spezzano Piccolo Pedace Pietrafitta Aprigliano
Donnici Figline e Mangone Rogliano Carpanzano Altilia Grimaldi Paterno Dipignano Tessano.

A questa notizia l'ira dell'Università di Cosenza e
quella de' Casali per poco non li cacciò a pigliar
le armi. Si tenne gran parlamento nella Chiesa Cattedrale di Cosenza, ove intervennero i sindaci e gli
eletti di tutti i citati paesi—e parecchi sindaci propo-
sero come mezzo onde sottrarsi alla prossima schiavitù feudale, il ribellarsi dal Governo e chiamare il
Re di Francia nel Regno, o darsi al Papa, che a Filippo II riputavano ostile per opposizione presentata
da' suoi viceré nel Regno alle decretazioni del tridentino concilio, e della Bolla in *Coena Domini*.

Prevalsero, però, in quest'assemblea le proposte mo-
derate de' sindaci Cosentini, i quali fatto conoscere a
quella gente esaltata: che presso un Governo avido di
denaro, tutto si sarebbe col danaro aggiustato, indus-

(1) Vedi Fiore op. cit. et. Barrio — Aceti—Cronica del Frugali—
del Serrao—Cosentina—di Rossi.

sero il Parlamento a proporre in linea di transazione al Conte di Olivares il pagamento di ducati quarantamila, mercè qual somma, il venti dicembre del 1596— l'Università di Cosenza e Casali si affrancarono dal giogo feudale, che loro veniva minacciato.

Si stabiliva, adunque, con questo contratto ove si costituì il detto Conte, e l'Università di Cosenza e Casali, rogato da Notaro Angelo De Martino : Iº Che a nome di sua Maestà Cattolica si promettea che Cosenza e Casali in perpetuo si sarebbero ritenuti nel Regio Demanio; e che in qualunque tempo e per qualsivoglia causa, ancorchè urgentissima, non se ne fossero potuti separare 2º che i Casali non si fossero potuti vendere ed alienare in ogni tempo, ostando il presente contratto , che ne stabiliva la compra per parte degli abitanti di Cosenza e Casali.

Questo fatto ch'ebbe una risoluzione diversa di quella che in sul principio non si credea , svegliò siffattamente lo spirito pubblico contro il Governo , che fin da quest' epoca il nome di Filippo II divenne odioso a'nobili della Città, odiosissimo al popolo, che cominciò a congiurare come scrollare un potere che ad altro non serviva che ad ammiserirlo , e quel ch' è peggio a riserbarlo alla schiavitù. Le Logge Massoniche non contribuirono poco allo aumento di questo malumore ; perchè in quest' epoca cambiarono d'indirizzo, e voltesi alla politica, ben presto diedero un primo saggio della loro nuova fede nella congiura del Campanella, della quale tra poco favelleremo.

Intanto Filippo II , finiva di vivere ; ed il 2 di Dicembre del 1798 si celebrarono l'esequie nella Cattedrale con gran lusso. Si celebrarono con fasto l'esequie più ringraziar Dio, che avesse loro tolto di dosso un Principe della cui amministrazione tanto danno avea risentito il Regno, che per amore allo stesso.

Monsignor Costanzo ne lesse l'elogio, il quale v'intervenne col capitolo e col Preside Conte di Macchia Auditori e i sindaci Marco d'Amico ed Antonio Gervasi. Narra la cronica Cosentina, che la Chiesa fu parata a lutto , e che un magnifico catafalco sostenuto da colonne in velluto nero a fasce dorate sosteneano il piano superiore sormontato da un Angelo vestito di bianco. Sopra i pilastri erano degli angeli a rilievo ; e le armi della casa di Spagna vi formarono un trofeo. Vi fu grande illuminazione a cera , e vi furono molti versi scritti da que'nobili,, che in lui deploravano la caduta di un Principe , che grandemente avea contribuito a inalzare la nobiltà: senza pensare ch'egli col magnificare i nobili , avea voluto introdurre la scissura tra' popoli: onde avveniva che poscia potesse renderli vittima del potere inquisitoriale , e venderli come animali, come col fatto era avvenuto, se l'accortezza de' buoni non avesse neutralizzato quel colpo portato alla libertà ed indipendenza de' Bruzi con un contratto, che se potè perturbare le loro finanze, valse pure a non renderli schiavi d' un loro simile.

## CAPITOLO NONO

I. Il Palazzo de' Tribunali—II. Uomini illustri Cosentini—III. Sinodo Diocesano del 1596.

1.° Il Governo di Filippo II non fu che una serie di sciagure pel Regno e per Cosenza. Sotto di·lui il popolo perdè i dritti politici col Regolamento di D. Perifan di Rivera. Sotto di lui la Corte di Roma stabilì un Tribunale d'Inquisizione in Cosenza , che rigettato prima, ed accolto quando l' animo de' cittadini si trovò diviso per l'enunciato regolamento, empì di strage e di sangue le città. Sotto di lui orribili alluvioni devastarono la città, ed immense vittime fecero. Sotto di lui nel 1595 i bruchi rovinarono le campagne e prepararono una carestia di generi per tutto l'anno 1596, e 1597—Sotto di lui il Sinodo provinciale del 15 maggio 1596 ove intervennero i Vescovi di Martorano S. Marco Umbriatico e Cariati, infierì sulle condizioni anormali de' cittadini, e richiamò in vigore i decreti del Concilio Tridentino e della Bolla in Coena Domini. Sotto di lui si ferì la guerra in Fiandra, ove i Cosentini capitanati da Scipione Andreotti, secondo che afferma il Barrio, furono massacrati e decimati: senza che venissero compianti, perchè avidi di libertà in casa propria, si erano spinti a portare il servaggio nell'altrui—Sotto di lui nel 1570 Giovanni Antonio Gerace, di Spezzano Piccolo, denunziando al fisco gli usurpatori della Sila, aprì quel varco di usurpazioni allo stesso, di cui tuttora riportiamo i panni laceri—Sotto di lui Pietro Belcarceri fu incaricato di raccorre per testimonianza le prove della proprietà di Cosenza e Casali sulla Sila, che un possesso immemorabile rendea sacra ed inattaccabile: fatto che provocò la verifica di D. Rodriguez de Vero, e che semprepiù complicò e manomise i dritti dall'Università— Sotto di lui lapidi che desolarono le nostre campagne nel 1557—invasioni turchesche che allagarono di stragi le calabre coste—Siccità così straordinarie, che non ricevono riscontri ne' tempi andati — balzelli dazj imposte, minacce alla libertà politica — alla costituzione antichissima del Bruzio. Peste spaventevole. Di lui altro non ricorderemo con soddisfazione che il Palazzo de' Tribunali, comprato dal Fisco nel marzo 1558 sotto il Governo di D. Pietro Uries, Baglivo di S. Eufemia. Per notaro Arnone del Casale di Rovito fu rogato l'atto in cui si costituirono gli Auditori Alvisio de Nasca e Pietro Antonio Panza rappresentanti il Fisco, ed il sig. Antonio Arnone proprietario venditore. Questo palazzo era stato incominciato da Bartolo Arnone e fu proseguito d'Antonio suo fratello. Il prezzo della vendita fu stabilito per ducati ottomila, a condizione che ducati mille si fossero passati in contanti all' Arnone del Fisco, e ducati mille da Regi Casali, da escomputarli loro su ciò che annualmente doveano pagare al Castellano per la manutenzione de'carcerati casalesi in detto Castello, e che il resto de' ducati seimila venisse estinto a ducati mille all'anno su'proventi fiscali. Vuolsi però che di questi ducati seimila poche centinaja fossero pagate; perchè accusato lo Arnone qual falso monetario, oltre ad esserne condannato alle deportazione, gli furono i beni confiscati, e quindi il credito che vantava sul regio erario co'beni. In onore del vero, debbo osservare, che l'accusa di falso monetario data all'Arnone ha potuto essere un bel ritrovato del Fisco, per esimersi dall'obbligo di soddisfare al pagamento residuale, che pure era l'assorbente. Ed io approvo assai questa lezione somministratami da una giudiziosissima cronica patria ; perchè sono tutte note le male arti del Governo di quest'epoca : onde nella viste d'un infame interesse, si calpestavano le più sacre leggi di giustizia.

Questo palazzo sorgeva al lato sinistro di quel Caseggiato che nel 1523 sotto Carlo V si era cominciato a fabbricare dal Governo per allogarvi la Regia Udienza, che siccome non si vide mai venire a termine , formò oggetto di quella petizione che i Cosentini drizzarono a Carlo V nel 4 agosto 1555. Si chiedeva in quella congiuntura all' Imperatore, che per compiersi l'incominciato palazzo , si stornassero le grana cinque per ogni libra di seta imposte per le rifazione delle mura di Cotrone.

Fino a quest' epoca è chiaro che la residenza della Regia Udienza non fu nell'odierno palazzo.

Costa poi dalle croniche, che pria che quivi passasse, la Giustizia si reggea nella casa di Gismonda Sersale, attaccata all'attuale Collegio de' Gesuiti , e propriamente là dove oggi termina il fabbricato del Liceo Ginnasiale ,. nelle contrada che si dice Archi di Ciaccio, e che allora si chiamava la Piazza.

Nell'attuale palazzo, in un muro della sala d'entrata è l' iscrizione che depone dell' epoca della sua fondazione.

La ringhiera ch'è all' appartamento di levante vi fu costruita dal Preside Alfonso Filomarino nel 1647 col bastione di rinforzo.

Il vecchio Archivio soggiacque all'incendio, che vi appiccò il popolo in tempo della proclamazione dell' Infante di Spagna Carlo di Borbone.

Nel 1747 le donne che vi erano detenute appiccando il fuoco al cancello di legno che le chiudea , procurarono l'incendio a buona parte dell' edificio.

Nel 1754 fu ristorato l'intero fabbricato dal Conte Mahony, Vicario Generale della Calabria e Regio Castellano di S. Elmo. I quattro bastioni che vi sono, furono fabbricati il 1758 da D. Pietro Bioy Barragan Governatore delle Calabrie.

Nel 1847 fu fortificato come oggi si vede.

II.º Prima di chiudere questo Capitolo non possiamo non fare onorevole menzione di Giulio Pignatelli Governatore di Calabria nel 1564 — che secondo che narra il Campanile nel foglio 191, distrusse il brigantaggio, che avea sparso la costernazione nell'animo de' nostri maggiori, e la rovina nella loro sostanze.

Non possiamo egualmente tacere di Alfonso Barracco, i cui meriti politici gli valsero la reintegra al Sedile, e tali considerazioni per parte de' Re Spagnuoli, da porlo nel caso di comprare il feudo di Lattaraco dal Principe di Bisignano—Nè possiamo obbliare Tiberio Barracco suo figlio, Abate di S. Maria d'Altilia, pei suoi meriti presso la Regnante dinastia, fornito del dritto di creare il Sindaco, ed eletto nel Casale di Correa.

Di Francesco Longo Cosentino, Presidente dell'Abazia della Matina, soppressa il 10 Novembre 1570 — ed Abate provinciale per quattro volte dell'ordine Cisterciense, rinomato per le opere che scrisse in opposizione alle dottrine di Valentino Gentile.

Di Orazio Giannuzzi Savelli, nostro cosentino e non d'Amantea, come per alcuni si vorrebbe, il quale scrisse un'opera intitolata *De Ludo Latrunculorum* Stampata a Torino il 1597. Dico ch'egli fu cosentino, perchè Cosentino fu suo fratello Scipione Avvocato fiscale in Cosenza, zelantissimo magistrato—nel 1594 spedito a Rossano per commessione del Vicerè, Principe della Miranda, a ridurre all'ubbidienza i Rossanesi che si erano ricusati di consegnare le patrie artigliere a que' di Cariati, che ne aveano avuta la concessione in quell'epoca in che si temevano turchesche invasioni da quelle parti.

Dico ch'egli fu cosentino, perchè cosentino fu Fabbrizio, fratello di Orazio e di Scipione: il più bell'or-

namento del foro napoletano e letterato esimio, secondo
che narra Giovan Battista del Thoro, parte II folio 515.

Ed a questo proposito, a trionfo del vero, mi giova
ricordare che questi Giannuzzi Savelli sono precisamente antenati di quelli che oggi decorano il nostro
paese: ricordati da Cesare Orlando nel vol. 1 pagina
159, come divisi in due rami: possessori del feudo di
Cerenzia col titolo di Principe, di quel di Petramala
col titolo di Barone, e di Enna Gugliemina, come
appare dal Diploma d'investitura.

Elia D'Amato, Gabriele Posterario, lo Zavarroni ed
il Gualterio parlano di questa famiglia, che secondo il
Sansovino sarebbe una diramazione de' nobilissimi Savelli di Roma (di origine Cosentina (1) che all'epoca
delle guerre aragonesi avrebbero seguite la bandiera
dei Principi di Aragona.

Veramente, non ci è ombra di dubbio, che la celebre famiglia di Roma non si sia spenta, e che viva
tuttora ne' Savelli di Napoli, la cui esistenza non solo
viene affermata dal Sansovino scrittore accuratissimo;
ma del Morerì ancora.

Narra il Sansovino, ed attesta un antico documento
del 1440 che Giannozzo Savelli romano emancipò suo
figlio, il quale prese servigio sotto i Re Aragonesi, e
che questo figlio e i suoi eredi per distinguersi da' Savelli di Roma, venissero detti i Savelli di Giannozzo—
e quindi i Giannozzi Savelli. Che poi i nostri Giannozzi Savelli, fossero questi Giannozzi Savelli, va provato
dalla permanenza de' feudi che quelli ebbero nelle loro famiglie, che come provano l'identità della signoria, provano ancora la identità della famiglia.

Onorevole menzione merita ancora in questi tempi
il nostro concittadino Vincenzo Ferrari, prima Decano
in Rossano, e poscia vescovo di Bisignano; e di là
trasferito a Monte Peloso nel 1770, prelato di tal bontà di costumi, che era divenuto proverbiale, secondo
chè può leggersi nella Zotica di Giammaria Bernaudo—
e di mente così elevata da essere in diverse funeste

---

(1) Vedi Storia de'Cosentini vol. 1.

calamitose congiunture proclamato il Salvatore di Bisignano e di Monte Piloso.

Onorevole menzione merita il nostro concittadino Francesco Monaco, eletto Vescovo di Martirano, e consagrato da Monsignor Costanzo e da Vescovi di Nicastro e Belcastro nella nostra Cattedrale il 14 aprile 1592.—

L'altro nostro concittadino Aloiso Cavalcante, Vescovo di Nasso, venne dietro al Sacchi nella Cattedrale di Bisignano nell'anno 1563 — ove non restato che un anno, fu sostituito da Martino Terracina. Merita ricordo Battista Britti, che da Sisto V fu mandato ambasciatore al Presto Gianni, nella quale ambasceria finì la vita. Merita ancora memoria Gregorio Caselli dell'attuale famiglia Caselli, dotto in teologia e filosofia dommatica, asceso al Vescovado di Mileto il 1545 e sostituito dal De Rusticis in virtù di rinunzia fattane— ed in un con lui l'altro nostro concittadino Matteo Guerra Vescovo di Fondi, trasferito nel 1576 nella Chiesa di S. Marco, famoso in teologia, ed uno dei più chiari prelati che si distinsero nel Concilio di Trento.

Degno di memoria è ancora Gaspare del Fosso di nobile famiglia Cosentina, il quale teologo del Sacro Palazzo, promosso alla Chiesa di Scala e di Calvi, fu da Filippo II nominato alla metropolitana di Reggio. Egli per quanto fu mal sofferto da Papa Paolo IV per altrettanto fu ben veduto da Pio IV, dal quale fu destinato al Concilio di Trento, ove grandemente brillò e lasciò nome di sveltissimo e dotto Prelato. Ritiratosi dal Concilio celebrò tre sinodi provinciali, due in Reggio ed uno in Terranova, in cui cercò di stabilire l'osservanza de' decreti conciliari. La Città di Reggio ebbe molto a lodarsi della sua amministrazione come colui che bruciata la Cattedrale da' Turchi, la ristaurò — introdusse nella Chiesa il rito romano, tralasciando il Gallicano — e sovvenne grandemente la popolazione nella carestia del 1590 e 91. Oltre a ciò vi stabilì un seminario, un Monte di Pietà — e di molti monasteri fu il ristauratore ed il riformatore—Morì nel 1592. Il suo sepolcro fu profanato dal Cicala, che avendolo avuto contrario all'epoca del suo processo, ne aprì la tomba e le ceneri al vento ne disperse.

Fiorì di quest'epoca Antonio Gervasi, che nel 1595 ebbe pei suoi meriti letterari e politici, l'ufficio di Credenziere di Filippo II.

Fiorì di quest'epoca Vittorio Cast. Morelli cavaliere di Malta, che fu capitano di 300 fanti, e comandò la galea maltese detta S. Michele, colla quale compì grandi imprese, e fece grandi battaglie navali a pro della sua religione, secondo che narra il Bosio—Fiorì pure, Pietro Paulo Panunzio, che fu Abbate Commendatore del Monistero di Pietrafitta donde uscì S. Ilario. Di questo Monastero fu nel 778 di Cristo Abbate, Ubertino d'Otranto.

## CAPITOLO DECIMO

1. Congregazione del Salvatore— di S. Crispino e S. Crispiniano — II. S. Maria degli Angioli — III. Origine del culto per la Vergine del Pilerio.

1.º Al II Filippo succedeva il III ed intanto, perdurava a governare la nostra Chiesa Gio. Battista Costanzo, di cui bisogna registrare i fatti prima che ad altre narrazioni si venga, per non perturbare l'ordine cronologico che ci abbiamo fatto una legge di scrupolosamente seguire.

Questo Prelato, adunque, nel 1599, ossia un'anno dopo ch'era assunto al trono Filippo III di Spagna, ad imitazione de' Sartori, che sotto il governo dell'Arcivescovo Telesio nel 1563 aveano eretta una congregazione col titolo del Salvatore, permise a' calzolai che un'altra n'eriggessero sotto il titolo di S. Crispino e S. Crispiniano in una casa diruta pertinente all'Ospedale, che a quest'oggetto comprarono.

Vi foggiarono una Chiesa col titolo di S. Maria di Monferrato, e vi officiarono sino al 1860, epoca in cui attaccatasi briga in detta Chiesa tra una signora della famiglia Gervasi ed altra della famiglia Ricciuti, l'Arcivescovo l'interdisse, ed i fratelli passarono nella Chiesa di S. Rocco di fresco edificata per causa della peste, con porre sull' altare maggiore che vi si alza un quadro che fu opera di Ottaviano Cortese.

II.° Questo stesso Prelato un anno prima che lasciasse di governare la nostra Diocesi, concesse all'Ordine di S. Francesco d' Assisi un antica Chiesa sotto il titolo di S. Maria degli Angioli che si amministrava dal Canonico Fabrizio Rossi Cosentino.

Nel 1650 crebbe talmente di frati e di credito che si sentì potentemente il bisogno di allargare le dimensioni del Convento.

Questo stesso anno morto per peste Girolamo Giannuzzi Savelli, de' parenti di lui che il fecero sepellire nella Chiesa di questo Monistero, si ebbero questi Padri tali largizioni, da potere nel 1656 non solo allargare la Chiesa, ma dare al Convento quelle proporzioni che oggi conserva.

In quell' epoca in uno de' muri esterni era l' immagine della Madonna degli Angioli; e narra una vecchia tradizione che per esserle stata tirata una pietra sul volto, dall' orecchia della Vergine sgorgasse sangue, che tutto il popolo se ne levasse a rumore—e che di là tolta, venisse allogata nella Chiesa in un' apposita Cappella.

Questo Monastero fu soppresso il 1787, epoca in cui i mobili, e gli attrezzi sacri in parte passarono alla Chiesa dello Spirito Santo, ed in parte a S. Maria di Portapiana.

In processo di tempo la Chiesa si convertì in giardino, ed il Monastero a case abitabili, che oggi il sig. Pietro Salfi ha addetto a case coloniche.

De' nostri Cosentini si distinsero in questo Monastero nel 1638 Clemente Salfi, provinciale, e professore di Dommatica e di Scolastica — nel 1699 eletto per breve di Papa Urbano VIII a maestro Provinciale Bonaventura Cavaliere di Bucita, che fu versatissimo nelle latine e greche lettere.

Nel 1669 Pietro Goffredo, professore di filosofia — nel 1714 Girolamo, Abate maestro provinciale in teologia e scolastica. Fu poi Ministro provinciale Antonio Bosco, sacerdote ornato di lettere greche e latine.

Quest'istesso Prelato è colui, che il 1603 volendo mettere più a vista del pubblico il quadro di quella Vergine, cui nella peste del 1576 si attribuiva il miracolo della cessazione di quel morbo desolatore, il fe' appiccare ad uno de' pilastri della navata maggiore della Cattedrale: fatto che procurò a questa Madre di Dio il nuovo titolo del Pilerio, che in processo di tempo, non divenne uno de'raggi meno splendidi della sua corona.

III.° Dicemmo nel Capitolo antecedente, come nel 1575, per la gran quantità di stranieri, che da tutte le parti convennero in Roma tal peste s'introducesse in Italia, da venirne Trento distrutto, Verona lasciata con pochi abitatori, e Venezia coverta di cadaveri; e dicemmo ancora, come di Sicilia passata nelle Calabrie nel 1576, di qui partita non si fosse prima del 1577, decimando crudelmente la popolazione cosentina, e non arrestandosi che quando le case furono per la maggior parte chiuse, per non avere i defunti successori cui tramandassero i proprii retaggi — e quando questo morbo passato dagli uomini a' bruti, di loro macello minore non menò che degli uomini fatto avea.

Narra il Frugali che in tal congiuntura, a fedele che devotamente pregava a piè del quadro ov'era dipinta la nostra Vergine del Pilerio, parve, che sulla gota della Immagine tal macchia fosse apparsa, che molto del gavocciolo pestilenziale ritenesse. Istruitone tosto il Vicario che tenea le veci di Monsignor Acquaviva, partito per Roma, e conosciutosi che il segno era nuovo, e che col fatto esprimea il gavocciolo della peste, gran rumore si fè dal popolo sofferente, per sentirlo definito come miracolo, ed in grande speranza si mise che il morbo bentosto avesse a cessare. In vero, l'avveni-

22

re, continua il Frugali, confirmò l'aspettativa pubblica, mentre da quel dì non solo non si videro nuovi attaccati dal morbo ferale; ma quelli che contagiati languivano, tosto risanarono; e que' che sul letto dell'agonia aspettavano disperatamente la morte, tra breve non solo morte non ebbero; ma vita sana e migliore che pria non vissero.

Divulgatosi questo avvenimento pe' Casali, uomo non fuvvi, che a questa Vergine non traessé a raccomandarsi; e narra la cronica anonima, che ho sott'occhi, che persona di que' paesi non le si raccomandò, che la grazia prestamente della pronta guarigione non ottenesse.

Prodigio così singolare non potè non procurare alla Vergine della Cattedrale il titolo di Protettrice della Città, che perciò a lei fu dato, togliendosi all'Immacolata, che da tanti anni il godea.

Essendo angustissimo il loco ove questa famosa immagine trovavasi, il 1603, secondo che narra il Longo canonico Cosentino contemporaneo del fatto, Monsignor Costanzo, come dicemmo, nel tolse, ed appiccollo ad un pilastro della navata maggiore; pilastro che dal suo nome fè pigliare la denominazione alla Vergine di Vergine del Piliero.

Continua a narrare il Frugali, che sotto Monsignor Costanzo si avanzò di tanto la divozione per questa Immagine, che il detto Prelato pensò di toglierla nuovamente dal pilastro ove posta l'avea, ed allogolla sull'altare maggiore—e che il 17 di aprile 1607, crescendo sempreppiù l'entusiasmo ed il culto per questa Vergine, si pensò d'incoronarne il quadro: fatto che fu compiuto dietro una brillantissima festa, che il Costanzo diede nella Cattedrale, e una più brillante processione, in cui intervennero tutte le Confraternite della Diocesi, il Clero, il Capitolo, nonchè le due piazze con quanto popolo si accogliesse nella Università di Cosenza e Casali. In tal rincontro, il quadro fu portato sovra nave fatta d'erbe sempre vive— e la corona da' Canonici su vassojo parimenti di erba contestato di fiori.

Consimile festa, proporzionata però al progresso dei tempi rinnovò Cosenza il 12 giugno 1836. In quell'epoca, magnifici apparati decorarono principalmente le pareti esteriori del tempio , sulla cui porta maggiore allogossi l'Effigie della Vergine sotto ricco padiglione, fiancheggiato da un lato dallo stemma dell'Arcivescovo , e dall'altro di quello del Capitolo—Scendea nel mezzo una iscrizione latina, che invitava il popolo alla festa, ed in tutta la prospettiva brillavano de' quadri trasparenti, che conteneano motti. alla cosa allusivi. Non lungi finalmente dal tempio sorgea un magnifico obelisco di analoghe iscrizioni ne' quattro lati fregiato.

L'interno del tempio, dice l'estensore di questa descrizione, offriva una serie d'iscrizioni latine, greche e francesi, che si leggeano affisse lungo tutte le colonne delle arcate, dalla volta delle quali pendeano sette fanali, e dagli archi laterali delle lumiere, che, tra mille e mille cerei che illuminavano il tempio, offrivano uno spettacolo veramente maestoso.

L'Immagine della Vergine stava su d'un aureo piedistallo sopra de' balaustri posti all'ingresso del Coro. Si aprì la festa col suono di tutte le campane della città, e co'replicati colpi di mortaletti, che invitarono il popolo al solenne Vespero, che fu preceduto , dice l'autore di questa narrazione, da una erudita Orazione inaugurale del Rettore del Seminario Nicola Canonico Golia.

La mattina del 12 le autorità tutte della Città ed il popolo invitato nuovamente dal suono de'sacri bronzi, e dal saluto che il Forte rendeva alla Vergine, si cacciava nuovamente nella Chiesa, ove dall'Arcivescovo Pontillo furono benedette le due corone di oro gemmato—ed oro elegantissimo. L'Omelia fu letta tra gli applausi di tutto un pubblico, che non si aspettava di meno dal suo degno Prelato. Seguì all'Omelia l'incoronazione, l'omaggio che a nome di Cosenza le presentava il Sindaco Vincenzo Maria Barone Mollo : uomo troppo dal popolo amato, e rispettato per delegarlo ad essere l'interpetre de' suoi voti.

Seguì dopo ciò la processione, che fu oltremodo
condotta con decoro e devozione; e fu ammirevole la
Città per essersi ad un trattto damascata, e le sue
strade in un baleno coverte de' più fraganti fiori, che
a turbini piombavano sull' Immagine che la città vi-
sitava.

Per tre giorni prolungossi questa festa, che grandi
luminarie resero la notte più brillante del giorno, che
le musiche sempreppiù allietarono, che fuochi ar-
tificiali resero vieppiù ammirevole, che giuochi pubblici resero popolare, che più maritaggi portarono la
situazione in case indigenti e povere, e che l'Accademia Cosentina raccomandò a' posteri co' suoi poetici e
prosastici componimenti.

Il 1836, pe' tipi del nostro egregio tipografo sig.
Giuseppe Migliaccio, pubblicossi una raccolta di componimenti, scritti per questa ricorrenza, che secondo
ch' io stesso ho veduto comprende: un discorso del-
l' Arcidiacono Giovanni Costantino, oggi Vescovo di Venosa—un Omelia dell' Arcivescovo Lorenzo Pontillo—
un discorso di Luigi Maria Greco — allora segretario
perpetuo dell'Accademia Cosentina—un breve discorso
d' apertura di Vincenzo Maria Mollo — un Inno dello
stesso Mollo — una Canzone di Francesco Stefanizzi—
un Carme di Luigi Gervasi — un Inno popolare di
Filippo Barberio — un Ode di Vincenzo Colosimo —
un Ode del citato Luigi Gervasi — un Inno di Tommaso Politi—un Inno di Francesco Saverio De Santis—
un Inno di Antonio Lupinacci — un Vaticinio di Vincenzo Giannuzzi Savelli — Stanze di Davide Console—
un Inno di Francesco Vollari — un Ode dello stesso
autore — un Inno di Bernardino Giannuzzi Savelli —
un Inno di Baldassarre Giannuzzi Savelli — un Ode
di Giuseppe Marini — un Ode d' Ignazio Collice —un
Inno di Pippo Collice — una Canzone di Carlo Panca-
ro — un Ode di Pasquale Bonanno — un Inno di Gabriele Caracciolo — un sonetto di Saverio Basile —
un sonetto di Bernardo Basile — un sonetto di Giuseppe Pastore — un sonetto del Domenicano Padre La
Rosa — un sonetto del Domenicano Padre Oriolo—un

Epigramma di Giovanni Leonetti — Versi di Giovanni
Console — Visione di Luigi Maria Greco — Canto di
Vincenzo Maria Greco — Inno dello stesso autore —
Inno di Gaetano Gallo — Sonetto di Luigi Politi —
Ode di Saverio Quintieri — Canto ncalavrise di Luigi
Gallucci — Hymne Sacre di Filippo Barberio—Hymne
di Cesare Astone — Carmen di Michele Abruzzini —
Ode latina di Saverio Giannuzzi Savelli — Ode latina
di Angelo Jannotta — Ode latina di Santo Cardamo-
ne — Ode latina di Giuseppe Pastore — Ode latina di
Carmelo Calvelli — Epigramma latino di Saverio Basile — Epigramma latino di Bernardo Basile — Epigramma latino di Luigi Barberio — Epigramma latino
di Domenico Capocasale — Ode alcaica di Gennaro
Sommario — Epigramma latino di Francesco Cappa-
relli — Epigramma latino di Luigi Zicarelli — Epigramma latino di Luigi Console — Epigramma làtino
di Francesco Bonanno — Iscrizione latina di Camillo
Caruso — idem di Giuseppe Curcio — idem di Pasquale Manfredi — idem di Giovanni Donato — idem di
Ferdinando Scaglione — Iscrizioue italiana di Clemente Vitari.

É osservabile in questa raccolta che due terzi degli
scrittori di che si orna, sono Cosentini — e che dove
più dove meno brilla quel genio letterario, che gover-
nerà mai sempre chi nacque nella terra che il Crati
parte, e il Busento bagna.

Contro questo miracolo scrisse Carlo Botta nella
Storia d'Italia—ed a sostegno di esso l' erudito Saverio Giannuzzi Savelli, già Vescovo di Gravina.

———

# LIBRO ·DECIMOQUINTO

—

## CAPITOLO PRIMO

I.º La dimora tra noi di Monsignor Costanzo va contrassegnata d'avvenimenti troppo importanti, perchè potessi così presto sbrigarmi di lui.

Egli è quello stesso che, secondo la Cronica Spagnuola che ho sottocchi, e che conservo, venne fin dal principio del suo governo, non altrimenti che il Gaddi, incaricato dal S. Officio di Roma di svellere l'eresia nella sua Diocesi non solo, ma nell'intera Calabria: accordandogli pieni poteri, missione che, fedelmente questo Prelato per ventisette anni che stiè tra noi, a-dempì con spedire missionari e predicatori in tutti gli angoli delle tre Calabrie — Gesuiti e Domenicani dappertutto — fulminando scomuniche contro i contumaci — pene spaventevoli contro i renitenti — la confisca de'beni e la morte contro gli ostinati.

A questo scopo tenea guernita la Curia ove avea stanza il terribile Tribunale, di che egli era Presidente, di sedici cursori armati, accordatigli ancora dal

S. Officio di Roma, e dalla Regia autorità del III Filippo. Oltre alla cennata Cronica , rilevasi tutto ciò dalle carte del Cardinale Beza Barberino , decano del Collegio del S. Officio.

Con questa missione anticristiana a disimpegnare , contro gli eretici, e gl' imputati di stregherie, fe' cose da far raccapricciare ed inorridire i più benevoli posteri (1).

(1) Lo Spiriti nelle sue memorie, ed il Quattromani, che scriveano in tempi difficilissimi, negarono la Riforma in Cosenza. Ciò bastò perchè chi venne dietro di essi, ciò affermasse senza la menoma ombra di dubbio. In prova che nè lo Spiriti, nè il Quattromani dissero il vero; e che trattandosi di storia , i fatti non si possono distruggere , riporterò i brani , delle seguenti croniche.

Cronica di Rocchi di Montalto dallo *Spagnuolo tradotta* : Tra i settarî di Pietro Valdo, che nell'anno 1170 apostatarono « dal cattolicismo ec. furono i Calabresi della Diocesi di Co-« senza. Tra tutti i più ostinati erano quelli di Guardia. Essi « furono squartati, impiccati, precipitati dalle montagne da D. « Salvadore Spinelli. Intanto, il S.Officio spedì in Cosenza suo « commessario frate Vincenzo Malvicino, perchè in compa-« gnia di Monsignor Vicario procedesse contro i delinquenti , « e riabilitasse i pentiti. De'quali fe bruciare le case di *Fran-*« *cesco Barbiero* nel 1561, il quale Barbiero era Sindaco del « popolo; e si condannarono molti altri a diverse penitenze,. « secondo gli ordini del S. Officio. Intanto, siccome si vedea « che l' eresia non cessava, il S. Officio delegò il Vescovo Co-« stanzo di Cosenza a sterminarla. Fra 27 anni che resse la « Chiesa di Cosenza, osservò egli esattamente la sua missione. « Per ordine del S. Officio tenea la Curia formata a S. Officio « con 16 cursori armati , accordati dal S. Officio di Roma e « permessi da' ministri di Sua Maestà ec.

*Cronica del Frugali*—25 gennaio 1596 fu in Napoli impiccato il prete D' Ottavio Gullo, carcerato in Cosenza il 1594 nella Chiesa e condotto alle carceri.

7. 1 settembre 1596 Monsignor dissagrò D. Ottavio Furgiuele prete, ed il 7 dicembre del detto anno lo fece trascinare, e prima impiccare e poi bruciare

1600 Dissagrò Fra Silvestro Domenicano e mandollo in galera.

A questo proposito vuolsi sapere , che col risorgimento delle arti e delle lettere , nel modo stesso che in Italia venian compagni molti deliri, e più degli altri funesta ed universale la credenza a relazioni immediate tra l' uomo e gli esseri soprannaturali , così in Cos·nza si era, col risorgimento delle lettere patrie , rinvalidata la credenza alla magia , ossia alla violazione di tutto l' ordine morale e fisico. Nuova recrudescenza del paganesimo.

1603 Fece arrotare per la città quattro uomini del popolo accusati di eresia valdese.

9. Settembre 1603 fece arrotare tre uomini del popolo, uno impiccare altro bruciare.

8. Settembre condannò ad essere bruciati **Martino de Angiolo** e Domenico Ricci—che fuggirono dalle carceri la stessa notte.

1607 Un tale Scopanella fu frustato perchè spogliava i morti per fini di magia.

1607 si fece l' autodafede della strega Laudomia Mauro.

*Carte di Beza Barberini* tradotta dallo Spagnuolo — e delle quali uno stralcio esiste allegato alla cronica di Bosco.

25 Gennaio 1596—in Napoli fu bruciato D. Ottavio Gullo prete di Laurignano, e i suoi discepoli in Cosenza.

7. Settembre fu bruciato il prete D. Ottavio Furgiuele e la sua cameriera, servitore e cinque de'suoi seguaci.

8. Dicembre 1599—Furono impiccati cinque accusati d' essere stati istruiti dal segretario dell' Arcivescovo Gaddi, Apollonia Merenda; tra' quali due della corte dell' Arcivescovo.

1600 fu carcerato e condannato Fra Silvestro, e sei donne sue penitenti.

1667 Laudomia Mauro istruita dal Venanzio Negri fu brucita viva ec. ec.

*Cosco e Pesce*—al supplimento del Capo 1° a pag. 257—Apollonio Merenda, Venanzio Negri e Valentino Gentile oltre Guardia S. Vincenzo S. Sisto empirono dal loro veleno Cosenza, e provincie limitrofe.

*Antonio Sarno* — Apollonio Merenda depose di avere spacciato segretamente il libro di Calvino le Istituzioni, non solo in Cosenza e Calabria; ma in Mantova Trento Verona ec.

Il *Bernini*—Apollonio Merenda infettò molte terre tra cui Cosenza, e specialmente la Guardia la Baronia del Castelluccio ec.

Essa si manifestò in due forme — scientifica e vulgare. Conservatosi traverso al medio evo quello impasto di dottrine indiane-egizie-greche-ebraiche, che costituirono il neoplatonismo, avvenne, che come col rinnovarsi del sapere spiegò vigor novello in tutta Europa, onde un Rosenkreutz Cornelio Agrippa Cardano Della Porta Parè di Leval Pomponazzi un Paracelso si videro far ricerca con una frenesia quasi indicibile dei tre maggiori beni del mondo, ch' erano, secondo essi, salute, oro e verità; così tra'nostri Cosentini vidersi invasi dallo stesso fanatismo e dalla stessa frenesia Apollonio Merenda Venanzio Negri, ed Ottavio Furgiuele, e con essi quanti aveano avidità di scienza e di potenza, che, certo, non eran pochi. Successe, quindi che come altrove sin un Odoardo II volle aver l'oroscopo del Cardano, e Francesco I, Carlo V, Enrico VIII, e Margherita d'Austria si disputarono Cornelio Agrippa; e credettero all'astrologia financo un Campanella, un Fracastoro, un Ticho Brahe e le più specchiate notabilità del tempo; così anche in Cosenza, non era uomo o donna che a questi tre non credesse, che alle stregherie di Ottavio Gullo di Laurignano, di Martino De Angelo Cosentino, di Domenico Ricci anche Cosentino, e di Fra Silvestro e delle Maga Laudomia non aggiustasse piena fiducia.

Il fanatismo per le stregherie da molto tempo occupava le menti del nostro popolo; ma in niun' epoca come nel cinquecento la fede ad asse fu devoluta con massima forza e vigoria, secondo che attesta Fra Bernardo da Como, zelante inquisitore, per la cui opera più centinaia ne furono incarcerate ed arse vive.

Già Papa Innocenzo VIII fin dal 1484, avea fulminato di severissima bolla le stregherie e gli stregoni; onde gl'inquisitori forti di questa bolla e delle ordinazioni, di Massimiliano I, in pochi anni, ne mandarono a morte quattrocentotto—nel 1459 centinaja ne furono trucidate nelle Fiandre — in Isvizzera in tre mesi, ne furono condannate cinquecento — tacendo delle migliaja che insanguinarono la Spagna e la

Francia. Dinanzi a tanto numero di processi e di vittime la sola Italia non avea che confrontare ; e pure nella sola Como nel 1485 l' inquisitore ne bruciò quarantuno , e Bartolomeo Spina asserisce , che oltre a mille in un anno vi si processarono.

L' inquisizione in Cosenza non volle , quindi , mostrarsi da meno che l' era in altri punti della Penisola, e i membri della inquisizione aveano diggià avuto manoscritto il codice del Gesuita Martino Del Rio , che poscia vide la luce nel 1599 e con quel libro, che fè più vittime , a dir del Manzoni, di quante fatte ne abbia qualunque conquistatore , la nostra città fu tosto coverta di stragi legali, che non valsero ad infrangere le dette elocubrazioni di Francesco Frugali, canonico Cosentino , ch' ebbe il coraggio di scrivere contro quel libro, rendendosi in Cosenza, ciò che altrove si era reso il grande Federico Spee, Gesuita anch' esso; ma tanto dal Del Rio lontano, quanto il vero dal falso (1).

Era questo lo stato delle scienze occulte e della magia in Cosenza; e perciò il 1594 Monsignor Costanzo, cui era stata affidata l' esecuzione della legge Del Rio, dissagrò D. Ottavio Gullo , e dalla Chiesa condotto alle carceri, e da qui a Napoli , quivi il 25 Gennajo 1596 fu fatto impiccare — il 7 Settembre di questo stesso anno 1596 dissagrò D. Ottavio Furgiuele , ed a' 7 Dicembre dello stesso anno arruotato per la Città prima il fe' impiccare , e dopo bruciare — Il 1600 dissagrò il Domenicano Fra Silvestro , e mandollo in galera per dieci anni. Il 1607 fece arruotare per la Città quattro uomini del popolo accusati di eresia Valdese — ed uno di essi ne fe' impiccare — Il 7 Settembre dello stesso anno , ne fe' arruotare tre altri , uno de' quali fu poscia impiccato, ed altro arso vivo. L' 8 Settembre di questo stesso anno condannò ad essere arsi vivi Martino de Angiolo e Domenico Ricci ,

(1) Questa opera confiscata dal S. Officio fu dannata al fuoco, come arma che rendeva illegali l'esecuzioni dello stesso.

che si salvarono evadendo dalle prigioni inquisitoriali la stessa notte (1).

Narra lo stesso Frugali , donde abbiamo tolto la detta notizia, che nel 1607 il S. Officio ordinò : che si fosse frustato un tal Scopanella, che per fini magici spogliava i morti—e che intorno allo stesso tempo, si fosse fatto l' Auto-da-fè della famosa strega Laudomia Mauro, che alla magia era stata da Venanzio Negri direttamente istruita.

II.° Cooperava a rendere più feroce il Tribunale il pieno, favore che gli accordava D. Lelio Orsino de'Duchi di Gravina, che tratto tra noi come Preside, colla, facoltà speciale di purgare la Provincia dal Brigantaggio e da'falsi monetari, appoggiava il Tribunale in tutte le sue eccedenze , perchè da' favorevoli rapporti di questo salisse semppreppiù in grande estimazione del Monarca di Spagna e della S. Sede.

Quest' ulcera della società finì di vivere, la Dio mercè, ai 19 Settembre 1603, dopo che tenne il Presidato per un mese e ventisette giorni ; e narra la Cronica del Frugali; che alla nuova della sua morte fu tale la gioia che invase i petti de' Cosentini, che la Città diedesi a fare profuse luminarie , ed i carcerati a plaudire e batter le mani : cosa che indignò tanto l'Arcivescovo, suo degno collega, che ordinò, che de'prigionieri chi avesse così insultato alla memoria dell'Orsino, venisse martirizzato dagli stessi servitori di lui; ond'è che penetrati que'manigoldi tra quella nere bolge, tanti ne posero alla tortura e martirizzarono , che in capo alla mattina seguente venticinque detenuti spirarono l' anima tra gli spasimi più crudeli , ed un numero forse maggiore di questo , seguì quando prima i già spenti compagni al sepolcro. Maledizione a questo mostro, che commetteva la più orribile scelleraggine, per far rispettare la memoria d'un uomo esecrato dalla terra e dal cielo.

Dico che fu esecrato anco dal cielo ; perchè narra la stessa Cronica, che alla morte dell'Orsini una tem-

(1) Cronica del Canonico Frugali.

pesta che non avea riscontro a memoria degli uomini , impediva , che il cadavere si fosse condotto alla
Chiesa; e stando finalmente per entrarci, cadde, e poco
stiè che non fosse trascinato dalla lava: dando, inzac-
cherato qual ne uscì, un quadro esatto di quell'animo
di fango che in petto chiudea !

In seguito alla morte di Orsini il 25 ottobre dello
stesso anno 1603, due accusati di luteranismo furono
condannati ed arsi vivi poscia che furono per la Città
trascinati.

Il 1604 fu trovata la testa di Francesco Longo, patrizio Cosentino, sospetto di socinianismo con un car-
tello sul fronte sulla *Pompola*.

III.° Non potremmo chiudere questo capitolo, senza
stenderci per un poco sopra Apollonio Merenda e Venanzio Negro, nostri concittadini, che tanta parte ebbero negli avvenimenti narrati. Fu Apollonio Merenda
di Paterno , antenato de' nobilissimi nostri Merenda
che là da Cosenza trapiantaronsi—e fu Giuseppe Venanzio Negro antenato de' Nigro di Grimaldi , che di
quì colà si sono domiciliati.

Era stato Apollonio segretario del Cardinale Gaddi,
Arcivescovo di Cosenza finchè dimorò in Calabria ,
secondo il Bernini al tomo 4—e Cappellano del Cardinale Polo, quando passò a Roma. Fu egli discepolo
di Lodovico Pasquali Piemontese , quando il Pasquali
fu da Calvino spedito in Montalto Guardia e Vaccarizzo ed altri paesi a predicarvi la Riforma. Fu egli
scoverto al Tribunale d'Inquisizione, secondo che narra
Antonio Sarno, nell' opera intitolata *frutto dell'Inquisizione* , verso il 1588 — e fu allora che confessò che
non solo avea diffuso il calvianismo per la Calabria ;
ma la magia ancora. Fu egli condannato a perpetuo
carcere, ove morì , poscia che si disdisse de' suoi errori. Fu egli colui che fece circolare per le Calabrie
il libro delle istituzioni di Calvino , che ebbe tanta
premura di leggere e meditare ; e colui che scrisse
l' opera: *De Beneficio Christi*.

Fu sacerdote di costumi integerrimi—ed un ingegno
così brillante, che sorprendea lo stesso Calvino. Cre-

desi, ch'egli coltivasse la magia, meglio per piacere, che perchè vi aggiustasse fede. Veramente, non puossi credere che un uomo così chiaro per la sua dottrina in que' tempi di generale Riforma, volesse tener dietro con sincerità alle corbellerie del Cardano, che non poteano trovar seguaci che ne'ciurmadori, e ne' zotici.

Venanzio Negro poi è quel compagno del Gentile di cui abbiamo dato un cenno biografico parlando degli accademici Telesiani. Costui, di merito non al Merenda inferiore, alzò tal grido in fatto di conoscenze magiche, che secondo lo stesso Cardano, viene riputato come uno de' più illustri stregoni d'Italia.

Corroborata la stregoneria dall'appoggio di questi due grandi uomini, com'era naturale, la magia fece grandi progressi tra noi.

IV.º L'Auto-da-fè della Mauro mi conduce a parlare di un altro fatto, che lieve perturbazione non recò alla pubblica pace della Città.

Ferrante di Gaeta, patrizio Cosentino, di gran credito, avea una figliuola di cui nè la Cronica del Frugali nè l'anonima ci trasmettono il nome, di una bellezza maravigliosa—e più che di beltà, ornata e rivestita d'una dote poco comune in que' tempi. Di costei innamorossi Curzio Cavalcanti, altro patrizio Cosentino; e perchè dalla Gaeta corrisposto non veniva, si volse alla strega Laudomia Mauro, che tal filtro le ordisse, che mal suo grado all'amore di lui la guidasse. La Mauro pose al fuoco la conca magica, ed estrattone il desiderato filtro, diè ad intendere al Cavalcanti che la cosa fosse bella e fatta; e che altro egli ora far non dovea, che trarre alle case del Gaeta, tirarne fuori la giovine, e torla a consorte come più desiderava. Il Cavalcanti udito ciò, · non pose tempo in mezzo a deliberare; ma fatto buon numero d'armati, assalì la casa de'Gaeta, e la donna a viva forza ne strappò.

Questo attentato all'onore d'una onestissima fanciulla, ed al domicilio d'un cittadino, pose il parentado de' Gaeta a rumore, che prese le armi, ingaggiò col Cavalcanti e con chi per esso tenea tal guerra per cui molti furono i feriti e gli uccisi da una parte , e molti dall' altra.

Di conseguenza a questo fatto , che per più giorni tenne la Città in disturbo , Curzio Cavalcanti fu imprigionato a Palazzo , la figlia del Gaeta in casa del Tesoriere; e Laudomia Mauro scontò sul rogo la pena della sua ciurmeria.

## CAPITOLO SECONDO

I. Congiura di Tommaso Campanella — Cosentini che vi prendono parte — II. Tumulti in Cosenza per la gabella delle frutta (Anno 1603).

I.° L'aver dovuto seguire il Costanzo per la missione ch'ebbe dal S. Officio di Roma, ci ha fatto trascurare de'fatti, che per ordine cronologico debbono essere registrati non appena succede l'esaltazione al Trono di Spagna di Filippo III. Dico, adunque, che il Conte di Lemos, creato Vicerè sotto il nuovo sovrano, arrivò in Napoli nel Luglio del 1599—e dico, ch'egli ebbe tosto campo a mettere le mani in affari assai torbidi ed intrigati, per la congiura ordita in Calabria da Tommaso Campanella , che all' intero Regno pensava mutare affatto l' ordinamento politico.

Era il Regno di quest' epoca del tutto in preda all' estorsioni degli ufficiali governativi , che per via di balzelli capricciosi , di dazi non autorizzati , di donativi che forzavano ad erogare , smungeano le sostanze de'privati, e le provincie del Napoletano in uno stato di estrema miseria cacciavano. Era oltre a ciò la Calabria tutta desolata dal S. Officio di Roma, che diramava la persecuzione contro rei ed innocenti , contro buoni e tristi: e ciò accrescea il malumore , le genti forzava a menarsi in campagna—e la provincia a soggiacere a tutti gli orrori d'un brigantaggio feroce, indomabile , perchè misto l' elemento fanatico a quello delle rapine. Dippiù, le traversie fisiche cui accennammo alla fine del passato capitolo con gli alluvioni, i bruchi, le carestie, le pestilenze, aveano talmente alienato dal governo i popoli del Calabrese massimamente, che tranne pochi nobilucci cagnotti sempre del potere assoluto, tutti desideravano novità—e tutti ambivano la caduta d' una dinastia che così aspro governo facea di loro, e della loro sostanza.

Pe' nostri Cosentini e Casalesi concorrea a rendere gigante il malumore l'ultimo tratto che loro giuocò il Governo con quel maledetto tentativo di venderne l'autonomia a qualche Barone, che largamente volesse spendere. E però lo spirito pubblico si volse a novità — d'innovazioni cominciò a parlarsi nelle Logge massoniche, e ben presto la riforma politica divenne il tema del discorso più gradito presso tutte le classi del nostro popolo.

Calcolate le forze de' tempi che gli correano sopra, Tommaso Campanella, uno de'pochi Geni straordinari che produca madre natura, abborrente non meno degli altri dallo sgoverno Spagnuolo—nemicissimo d'ogni legge che tentasse ad inceppare il pensiero ch'egli proclamava libero come l'Aquila — odioso verso qualunque dottrina, ch'esigesse armonia di fede religiosa, ch'egli volea libera ed indipendente in libero ed indipendente stato, si fe' l'iniziatore di questo movimento politico universalmente desiderato; e perchè meglio potesse trarre al suo partito le ignoranti masse, si spacciò come l'Emissario del cielo, da Dio spedito a riformare l'umanità spiritualmente e politicamente. Tre mali estremi, dicea l'illustre Calabrese, io vengo a debellare: *Tirannadi—Sofismi—Ipocresia*. Ciò posto, tolse ad insegnare; « che la società è un ag- « gregato di liberi fatti ad immagine divina — che la « vera sovranità appartiene a Dio, che l'uomo è so- « vrano condizionato, seguendo le regole che gli ha « poste il creatore—che l'uomo non può signoreggia- « re sull'altro se non per ingegno naturale, o per « grazia divina; imperocchè per la forza regna il Re « degli animali—che è ingiusta la schiavitù d'uomo ad « uomo—che fondamenti di sovranità non possono es-

« sere che virtù, sapienza ed amore; che perciò la ti-
« rannia è signoria senza fondamento naturale — che
« non è vero quel che dice S. Pietro, che dobbiamo a
« chi si trova essere soggetti; imperocchè se così fosse,
« non ubbidiremmo all' ingegno ch' è raggio divino ;
« ma de *jure* ad ogni facchino.

« E parlando del Re Spagnuolo: Che non è capace
« di governare un imperio chi non è capace a governar
« se stesso; ch' essendo egli ingiusto, ingiusti erano i
« suoi ministri ; che gli Spagnuoli si servivano della
« religione come arte per dominare; che i primi mo-
« venti del popolo doveano essere l' onore, e l'amore
« per la propria indipendenza ».

Con questi proclami e programmi nel tempo stesso
Gio. Battista Pizieli, Fra Dionisio Ponzio, Fra Pietro
di Stilo, Fra Domenico Petroli con più di venticinque
frati domenicani del Convento di Rizzoli per mezzo
de' confessionili , nelle conventicole segrete, nelle Logge
massoniche ove s'introdussero, tolsero a predicare: Che
gli Spagnuoli erano usurpatori del Regno ; che i Re-
gnicoli per tante collette , balzelli ed imposte erano
costretti a pitoccar per le strade ; che i ministri di
loro scorticavano i poveri, facean mercato dell' onore
delle donne, e del sangue de' cittadini; che bisognava
tenersi pronti perchè in un determinato giorno potessero tutti i popoli di Calabria insorgere ; che il numero de' congiurati era stragrande, tra cui erano Prelati, Vescovi, Baroni ed intere università—che all' uopo
il castello di Cotrone sarebbe stato consegnato agl'in-
sorgenti.

Ed in vero, i Campanellisti non diceano il falso, mentre si cava dal processo ordito contro il Campanella
e consorti , che furono più di trecento , che tutti gli
Stilitani e Casalesi faceano parte della cospirazione ; vi
parteggiavano Catanzaro, Squillaci, Nicastro, Girifalco,
Taverna, Tropea, Reggio, Cassano , Castrovillari , Cotrone, Terranova e tutta l' Università di Cosenza e Casali.

Eranvi a parte i Vescovi di Nicastro, Melito, Gerace,
Oppido; e promettea appoggiarli colla sua flotta Pie-

tro Cicala Cosentino, allora Bassà Sinan, al servizio di
Amuratte III di cui, come abbiamo veduto, tremendo
era l' odio contro la Corte di Spagna — indefinibile
l' abborrimento alla Sede Pontificia ed al Tribunale inquisitorio.

De' nostri Cosentini che vi sposarono parte più attiva furono: Anselmo Stocco, ex provinciale Paolotto—
Cesare Sambiase, provinciale de' Paolotti in Puglia—
Bonaventura Cavaliere, Ministro provinciale riformato;
e de' nostri borghesi i sindaci delle due Piazze , Mario d' Amico , ed Antonio Gervasi, il Mastrogiurato
Mario Bombini , il consultore Antonio de Vencia e i
cittadini , Muzio Sersale , Marco d' Amico , Francesco
Cosentino, Filippo Parisio, Mario Ponzio, Filippo Longo e sovrattutti Antonio Serra , il primo economista
d'Italia, di cui in fine del presente capitolo.

Fu questa congiura che avrebbe potuto salvare il
Regno svelata a Luigi Xavera avvocato fiscale di Calabria da due Catanzaresi Biblia e Lauro: per il che,
il vicerè spedì tosto in Calabria lo Spinelli , che improvvisamente i capi ne imprigionasse — e l' ordine
nella provincia rimettesse.

Accompagnossi lo Spinelli co' due ajutanti di Campo Marco Antonio Conti, ed il cosentino Tiberio Ferrari Epaminonda, secondo che si ricava dal cenno storico del De Rosis su Rossano, coll' aiuto de'quali gran
parte de' congiurati imprigionò , e lo stesso Campanella catturò in punto che stava per imbarcarsi.

Passati che furono gl' imputati in mano del potere
giudiziario tutti furono torturati — e parte condannati a morte : quale di essi fu sventrato—fuvvi chi fu
tenagliato—e chi finalmente o squartato—o trascinato
alla coda de' cavalli—o arso vivo.

De' nostri concittadini pochi sopravvissero alla spa-
ventosa tortura , che loro ne' modi più barbari applicossi. Però a molti fu tagliata la testa, ed altri miseramente sventrati, dovettero soffrire, che oltre agli spasimi della morte, i loro visceri venissero da'corvi man-
giati. In quest' epoca fu chiusa per la seconda volta

23

l' Accademia Cosentina, della cui riapertura appresso parleremo.

Dopo l' esposizione del programma Campanelliano, può di leggieri conoscersi quanto ingiusti siano stati il Giannone ed il Botta in giudicar del Campanella in quelle loro opere, di cui su questo articolo, quella del secondo è una fedele copia della prima. Ma il Botta avrebbe dovuto riflettere, che il Giannone scrivea sotto l' influenza del Governo Spagnuolo, e comprendere bene, che nel Giannone non potea essere tutto oro quel che da lui si dicea quando si trattasse di questa dinastia. Già non è la prima volta, che il Botta imbocchi le cose così come gli vanno raccontate, senza analizzarle, e senza vagliarle. Noi avremo agio di vederlo più d' una volta sciorinar fanfaluche nella storia d'Italia, che non fa seguito a quella del Guicciardini — ed allora potremo convincerci, che come profondamente sbagliò giudicando di cose quasi a lui contemporanee, massimamente sbagliar potette quando si fece l'espositore di fatti, che di gran lunga da'suoi tempi si allontanavano.

II.° Il 19 ottobre dell' anno 1601 moriva intanto il Conte di Lemos, ed a lui succedeva D. Giovanni Alfonso Pimentel di Errera, i cui rigori nell'amministrazione della giustizia passarono in proverbio.

Dichiarati nemici oramai i Cosentini degli Spagnuoli, e di tutto ciò che di spagnuolo ritenesse, avvenne, che come si seppe il tumulto di Napoli per la gabella ultimamente imposta sulle frutta, furibondi essi in questo stesso 1603, corsero all'officina del Gabelliere, ed infrantane la porta, bruciarono tutte le carte che di gabelle trattassero.

Il Preside in sul principio cercò di signoreggiare il tumulto; ma come parecchi colpi di fucile furongli tirati, stimò meglio ritrarsi colle sue genti: cercando piuttosto fortificarsi nel proprio casamento, che correre tutto il pericolo d' essere assalito dalle masse infuriate. In tal torno, il popolo assaltò le case di Attilio Bombini, mastrogiurato, ne prese le carte e le bruciò: ignorando

che il Bombini si fosse salvato su' tetti de' contigui
casamenti. Di lì, caricossi sulla casa del Consultore O-
razio Guerra, che volendo tentare di sedare l'aggres-
sione, fu di casa strascinato in piazza grande, e quivi
da mille colpi massacrato.

Questo avvenimento bastò perchè gli uffiziali della
Regia Udienza si dessero a fabbricare un processo politico, che non avesse limiti. Vi fu complicata quasi
l'intera Città : i cittadini non vollero rispondere del-
l'ingiusta accusa , ed un brigantaggio più rumoroso
di quel di che si è fatto già motto , tosto ebbe a di-
lagarsi per le nostre campagne. Fu allora che il Vicerè si vide nella necessità di spedire in Cosenza D.
Lelio Orsino de' Duchi di Gravina , colui che venu-
tovi, come vedemmo, divenne l'amico e l'aiutante delle
nequizie dell'Arcivescovo Costanzo — e che morto dopo mesi e giorni, fu cagione colla sua morte di far
perdere la vita a 25 infelici , che spirarono l'anima
sotto i martirii , che loro fulminarono la ribalderia
del Costanzo, e la ferocia del servidorame dell'Orsini.

Costui, adunque, come rilevo dalla Cronica del Frugali il 5 agosto 1603 bel bello ed in arrivando ne fece tosto torturare , tenagliare , impiccare , sventrare,
squartare ventuno! — Il 23 dello stesso mese ne fè
perire ne' cennati barbari modi altri tredici—E quindi F. L. che non ho potuto interpretare, fece passare
per la ruota e tenagliare — il 13 settembre altro ne
fè impiccare, altro trascinare , altro arrotare — il 20
dello stesso , quattro trascinare , uno tenagliare , due
arruotare , ed uno impiccare ; e procedendo di questo passo , tra le sue e le vittime dell'Arcivescovo, empì di sangue questa misera e desolata patria !

Morto l'Orsini come sappiamo , il Consigliero Palermo tosto il rimpiazzò. Il quale venne in Cosenza
e prese alloggio in S. Francesco. Degno collega del-
l'Orsini, giunse il 29 ottobre, ed il due novembre ne
fece trascinare due — il 9 trascinare ed impiccare un
altro, il 29 novembre tenagliare altre due — e due

ancora nel 1604 a' 20 luglio. Con questi due ultimi finivano le impiccagioni de' Cosentini.

A lui però siamo debitori della distruzione delle due terribili bande, che infestavano le montagne della marina, e quelle della Sila : guidate la prima, da un tal di Belvedere, e la seconda, da un certo di Spezzano Grande, che senza avere del Re de' Monti l' ingegno e l'ordine, cercavan di emulare a più non posso il famigerato Marco Berardi.

## CAPITOLO TERZO

I. Il Montalvo spedito ad esaminare la questione della Sila — Contratto tra i Deputati de'Casali ed il Fisco — Protesta de'Cosentini contro questo contratto— II. Accademia de'Costanti e suoi membri (Anni 1609).

I.° Avendo l'energia del Consigliere Palermo distrutte, come dicemmo, le orde che scorrevano le campagne commettendo misfatti e delitti, rifiorì l'agricoltura , e coll' agricoltura risvegliaronsi le sopite questioni tra l' università ed i proprietarii occupatori della Sila. Il Geraci, che stava a guardia delle operazioni di quest'ultimi, e che avea giurato di rivendicare a Cosenza e Casali i loro dritti, nel 1609 fece nuove rimostranze a Filippo III ; per la qual cosa si conferì tra noi D. Bernardino Montalvo, Presidente della Camera, per riesaminare la questione, o meglio per devolvere l'utile de' nostri litigi al Fisco. Fatto sta, che il Montalvo, letti i nostri privilegi, di leggieri si persuase che il Fisco non avesse nulla da pescare in questi torbidi, stando ogni documento, ogni ragione a favore della Città di Cosenza e Casali. Egli quindi ordinò, rendendo omaggio alla giustizia, che non fosse permesso tener difese nella *Sila dei Cosentini*; e ritrovando delle difese nella Sila badiale, che rimanesser saldi i jussi della Chiesa e del Monastero di S. Giovanni in Fiore.

In una parola egli non fece altro che riconoscere le decretazioni degli Svevi Aragonesi ed Angioini : restringendosi ad ampliare i pascoli , ed inducendo i Deputati de'Casali, sotto promessa della futura garentia delle terre universitarie, che facessero una cessione al Fisco di quelle occupate da' Baroni su' confini della Sila. E qui grande errore commisero que'Deputati, che il 7 novembre del 1609, colla assistenza di un Auditore della Regia Udienza, deliberarono di cedere al Fisco le loro ragioni su' tenimenti occupati da' Baroni e dalle limitrofe Università , colla condizione di potervi soltanto andare a legnare e pascolare : colla quale deliberazione diedero al Fisco un dritto di proprietà su que' territori ch' esso non avea, e che fu come il primo passo che questo diede verso quella usurpazione violenta, che poscia affatto consumò.

In tal rincontro , non è da tacersi che Cosenza non volle intervenire al contratto ; e che l' astinenza, e la protesta di questa città, ch'era la principale della Confederazione, a quel Capitolato , mentre che rende nullo il contratto, pone nel caso la città di reclamar, quando che sia, il suo dritto e le sue ragioni sù quei territori da' Casali ceduti sotto il meschino pretesto, che ciò si facesse per ricompensare il fisco delle spese fatte per decidere in tante occasioni le questioni tra l' Università di Cosenza e Casali, e gli occupatori dell' agro Silano.

Dichiarossi nondimeno in quel contratto da' Deputati di Casali, che la detta rinunzia non dovesse comprendere la terra occupata a' confini da' Cosentini , e Casalesi ; e volendo togliere di mezzo ogni equivoco, specificaronsi le terre rinunziate al Fisco, che furono quelle occupate dal Barone di Rose , dal Principe di Cariati , dal Barone di Caccuri , dalla Baronessa de' Cotronei, e dalle Università di Longobucco, Rogliano, Campana, Cerenzia , Policastro , Zagarise , Mesuraca Taverna.

Questo fatto impolitico, pregiudizievole agl' interessi di Cosenza e Casali , comechè i Cosentini non vi comparissero, anzi, comechè acremente se ne fossero protestati, sciolse la consociazione tra Cosenza e Casali, stabilita fin da' tempi di Ruggiero I.

Protestavano i Cosentini, ch'essi non intendeano venire a concessione alcuna: e non presenziando all' atto solenne di cessione, riconfermato da' Deputati in presenza dell' Auditore Alberto Pecorelli, e tutti gli eletti e Mastrogiurati de' Casali, caricarono di villanie e d' ingiurie i Deputati de' Casali trattandoli di gonzi e di babbei. Questi ch' erano più animati dallo spirito di vendetta contro i cennati Baroni e le descritte Università usurpatrici, che dal desiderio di non pregiudicarsi in avvenire, sosteneano : che purchè le patrie terre non l' avessero occupate il Principe di Carlati, e la Baronessa de' Cotronei, se le avesse prese il diavolo. Ed il diavolo col fatto se le prese ; perchè il Fisco non appena potè, in nome proprio, litigare, diede tosto mano all' opera, e le conseguenze ne furono fatali non solo a' suddetti feudatari ed Università usurpatrici ; ma a Cosenza e Casali non meno : perchè quegli man mano usurpò il suo, e ciò che suo non era ; e queste perdettero ciò che aveano ceduto, e ciò che ceduto non aveano.

II.º Volendo oramai dar termine agli avvenimenti a' quali prese parte principale Monsignor Costanzo diremo, che come molto male tornò dalla dimora di costui al nostro Arcivescovado per le crudeltà, che sotto il suo governo il S. Ufficio di Roma fe' commettere, servendosene come d' un satellite ; grandi vantaggi ne trassero le lettere, di cui egli fu caldissimo protettore, ed utile maggiore l'Accademia Cosentina, che chiusa per la cospirazione del Campanella, non altrimenti riaperta si sarebbe s' egli tutto l' impegno sposato non vi avesse.

E però, il 1608 epoca della riapertura, egli ne fu da' preti accademici proclamato principe, ed in onore del suo mecenate, l'Accademia prese il nome de' Costanti : nome che per lunghissimo tempo conservò. In tal torno, ebbe questa il suo segretario, i suoi censori, e l' emblema che consisteva in un disco, in cui erano effigiati i sette calli, ed una luna crescente col motto: *Donec totum impleat orbem*. Fuori poi del disco leggevansi le parole : *Nobilissimus ordo Consentinus*. Fu membro di questa Accademia Giuseppe Gervasi, a dir dello Amato—*Sanguine et titulis eminens Virgilium et Troquatum vernaculo metro traduxit nondum luce donatum tametsi concupitum*.

Furono membri di quest'Accademia i seguenti nostri Cosentini: Paolo Bombini, nato il 1575, ed entrato nel 1592 nella Compagnia di Gesù, ove si rese chiaro così nell'arte Oratoria, che nella Poetica, e donde uscì lettore di teologia e dommatica. Lesse filosofia nel collegio Romano, e caduto in sospetto de'Gesuiti, che volesse promulgare il sistema telesiano, di che era caldo seguace, fu tolto a quella cattedra , e fu invece allogato nello stesso Collegio in quella di Teologia, ed interpetrazione della Scrittura. Ovechè però fu chiamato ad insegnare, brillò sempre pel. suo impegno e per la vastità delle sue dottrine. Scrisse un orazione nel funerale di Margherita d'Austria—un orazione nel funerale di Cosimo II Granduca di Toscana : orazione recitata a Roma innanzi a Paolo V—orazione recitata in Roma nella Cappella Pontificia il giorno della pentecoste— *Vestigium Gynnasii Romani quali ornatu exceperit venientem ad se Scipionem Cardinalem Burghesium — Vitam et martirium . Edmundi Campioni Soc. Jesu—Breviarum Rerum Hispaniarum ab Hispania reviviscente Enneadem primam Enneadem vero secundam, et Hispaniam Austriacam—Orationem funebram in funere Filippi III.—La vita di S. Ignazio Loyola*.

Ottavio Caputo fu socio corrispondente dell'Accademia , ed ordinario dell' accademia Napoletana, diretta dal Marchese d' Anzi. Di lui non abbiamo altro che pochi componimenti inseriti nelle due raccolte fatte per l' esequie di Filippo II, e per quelle di Margherita d'Austria.

Giovanni Antonio Palazzo fu accademico ancora. Fu egli conoscitore profondo di leggi—e versatissimo nello studio della politica e della storia: però poco felice e purgato espositore delle dottrine.

Il fu tuttora Vincenzo Via, filosofo e teologo appar-

tenente all' ordine de' minimi. Costui fattosi in Roma
seguace del Campanella, della cui filosofia era caldissimo ammiratore, come il suo Maestro, cercò sempre
di uscire a nuovi e non conosciuti concetti. Scrisse un
libro intitolato *De carne abstinenti Disputatio* : opera
dotta ricordata dal Cornelio ne' suoi Comentari alla
divina scrittura, e che fece molto romore. Si tratta,
ch'egli provava che Cristo e i Santi si erano sempre a-
stenuti dal mangiar carne. Ciò dispiacque a Sacerdoti
di quell'epoca che lautissima vita menavano, e massimamente a' Gesuiti. Fu però, che il Gesuita P. Francesco Lanovio, tolse a dimostrare che gravi danni sarebbero provenuti alla Fede, se si fosse adottata per
vera la notizia del Via. Il Via si vide allora nel caso
di difendere la propria opera ; cosichè pubblicò a
quest' oggetto : *Crux omnium religiorum asperiòrque
minimorum* : opera che gli fece molto onore.

Scipione Pascali fu anch'esso accademico Costante.
Scrisse le Rime—Poche Poesie latine—Un'Orazione per
l'interdetto di Venezia—un altra contro i Principi Cristiani per la guerra contro il Turco—ed una Lezione
sopra l' lagrime agli accademici degli Umoristi. Fu
questo autore cosentino dotato di sana critica e di cognizioni non comuni. Fu egli iniziato negli studi delle
lettere in Cosenza, ed in quello delle leggi in Napoli.
Però, abborrendo da quest'ultimi, che non fecondava-
no la propria inclinazione fatta per le lettere diedesi
queste a coltivare, e perchè avea bisogno di trarne,
un utile, lasciò Napoli, ove nulla non fruttavano, e
toccò Roma—Quivi fu plaudito accademico degli Umoristi, e creato Referendario dell'uno e l'altra segnatura. Salito al principato di Mantova, dal Cardinal Gonzaga suo protettore, fu inviato in Ispagna dal Duca di
Mantova a chieder soccorso contro il Duca di Savoja.
Ritornato in Italia, in guiderdone della compiuta missione, fu creato Vescovo di Casale. Quivi dimorando
scrisse in latino la storia della guerra del Monferrato.

Finì di vivere di età non vecchia. Fu assai stimato
da'suoi contemporanei; ed è marcabile, che comechè di
una scuola opposta nel poetare a quella dal Marini,

fu da costui grandemente stimato, e da Gaspare Sciop-
pio non meno con belle parole ricordato.

Fu membro stimatissimo di questa Accademia Maurizio Barracco, ricordato dal Toppi nella sua Biblioteca. Ha egli il vanto di aver calzato con successo il
socco in un'epoca in cui la commedia italiana era perfettamente bambina. Abbiamo di lui un volumetto di
varie commedie stampate in Napoli il 1615 presso Domenico Castaldi in ottavo. Ingegnossi l'autore di seguire i precetti aristotelici in ordine all'orditura della
sua comica tela: e forse per esservisi troppo attenuto,
avvenne, che fu poco felice nello scioglimento dell'a-
zione. Fu desso Cavaliere di Malta reputatissimo nel-
l'ordine Gerosalimitano; e non v'è scrittore patrio, che
non si faccia un pregio di allogarlo tra gl'illustri calabresi per conoscenze letterarie e filosofiche.

Ne fè parte ancora Francesco d'Amico, Teologo della Compagnia di Gesù, in Aquila ed in Napoli ove lesse
con gran successo. Fu egli in Gratz, città della Stiria,
per cinque anni cancelliere di quella accademia che
quivi fiorì, secondo che attesta Alllegambe. Di là
passato in Vienna, per altri nove mesi vi fu Prefetto
Generale degli Studi nel Collegio di Vienna d'Austria,
e morì in Gratz il 1631. Pubblicò il *Cursus Theologi-
cus*, del quale furono posti all'Indice i due trattati:
*De justitia et de jure*, perchè troppo piccanti di proba-
bilismo secondo lo Spiriti. Dell'opera sua si fe' grande
smercio dalla Compagnia — e grandissimo, vuolsi che
fosse l'utile che la stessa ne ricavò, la quale per altro, dice lo Spiriti, non cessa di ricordare ed onorare
l'Amico come uno de'più belli ingegni che abbia mai
sempre avuto.

Fu ancora dell'accademia de'Costanti Flaminio Monaco, che scrisse, additiones ad decisiones Sacri Regii
Neapolitani Consilii—Sul codice—e la Giunta alle de-
cisioni raccolte d'Antonio Capece. Fu egli avvocato
nel doppio dritto in Napoli, ed ebbe nome d'ottimo
legale—e di profondo giureconsulto.

Onorò ancora quest'accademia Flavio De Flisco o-
ratore e nobile poeta, secondo il Toppi. Leone Al-

lacci narra , ch'egli fosse scrittore di Carmi e di Prose nell'una e nell'altra lingua, e che avesse scritto la
Sirena, Epitalamio nelle nozze di D. Taddeo Barberino ec. e la relazione delle pompe funerali fatte dal-
l'accademia degli Umoristi di Roma — e la Vottellina,
poema eroico satirico comfco. Altre opere di lui vengono accennate da Michele Giustiniano in *Scriptis Li-*
*guris.*

Fè parte di questa accademia Paolino Giordano, di
cui l'Amato scrisse quanto siegue:

*Paolinus jordano Serephici Istituti Reformatorum ra-*
*rae et excellentis eruditionis monumenta composuit ita-*
*lico idiomate sui aevi historias continentia Stylo Senten-*
*tiisque praeclara.*

Appartenne all'accademia Agostino Caputo, colui che
tolse a comentare il regolamento di D. Perifan De
Rivera sotto lo specioso titolo: De Regimene Reipubli-
cae tractatus fertilis.

Ne fu membro ancora Filippo Pascali, che scrisse: De
Viribus patriae potestatis. Fu egli rinomato Giureconsul-
sulto — auditore provinciale — Giudice delle Gran Corte della Vicaria — e Consigliere della Camera di S. Chiara. Fu egli amato dal Conte di Lemos, e stimato assai
da Filippo III.

Vi appartenne Muzio della Cava, che dice lo Spiriti : fosse redattore di un volume di notizie sulla
città di Cosenza , che noi malgrado le mille premure
fattene per averlo, non abbiamo mai potuto leggere.

Ne fu membro Pietro Catroppo, che scrisse: De Fa-
miliis Cosentinis, secondo che narra il Sambiasi presso
l' Aceti, e scrisse lo Zavarrone.

Vi furono ancora Girolamo Rocchi, e Bartolommeo
Pascali. Fu quest'ultimo figlio di Filippo Pascali — stimatissimo giureconsulto napoletano — ed autore di più
allegazioni in carta volante — Il Rocchi poi a giudizio
del Marchese Spiriti, vuolsi che non solo ebbe onorato
luogo nell' accademia Cosentina ; ma che avendo fatto
dimora in Napoli ed in Roma per poco tempo, si con-
ciliò la stima di molti letterati della sua epoca , tra
quali primeggiarono l' Allacci ed il Crescimbeni. Di

costui omai non ci avanza altro che un sonetto di risposta ad altro di Francesco della Valle.

Girolamo Sambiase appartenne ancora all'accademia de' Costanti. Questi divenuto domenicano, fu maestro in filosofia e Reggente degli studì del Convento dei nostri domenicani.

Scrisse, un ragguaglio di Cosenza e di 21 famiglie nobili, che vide la luce in Napoli il 1839.

Francesco Sambiase congiunto di sangue al citato Girolamo, appartenne ancora a quest'accademia. Fu egli della compagnia di Gesù, e celebre nella propaganda della China, ove finchè visse l'Imperatore Zunchin fu stimatissimo—ed ove dopo la morte di lui, venuto in gran benevolenza di Unquanc successore del defunto Zunchin, fu ricolmato di onori, e da questo Imperatore spedito ambasciatore a' Portoghesi per chiedere soccorso per parte della China contro la invasione de' Tartari. Morì in Pechino nel 1649, e fu sepolto in un sepolcro di cedro tra' Principi del Regio sangue. Scrisse in lingua cinese: *De anima vegetativa et razionali — De Somno et de Pictura*, che si conservano dalla Compagnia in Roma—Vi appartenne Pietro Soda, che scrisse dialoghi e discorsi in materie diverse senza la lettera R.—cosa veramente per altro ridicola.

Tiberio De Luca ne fe' parte ancora. Egli è l'autore delle Chiave d'Oro che apre speditamente la porta alla Grammatica, libro di cui si fecero dieci grandi edizioni in pochi anni, al dir del Toppi, senza parlare delle altre, che ebbero luogo inseguito. Egli fu pria sacerdote regolare, e poscia Domenicano tra' quali ottenne, secondo lo Spiriti, di leggere Teologia. Fu uomo così chiaro d'ingegno come di costumi morigerati.

Michele Marra fu il traduttor dell'opera comica del Caldora intitolata *Con chi vengo vengo*. Fan ricordo di lui lo Spiriti, il Toppi ed il Zavarrone.

Niccolò Gerardo fu giureconsulto e poeta. Scrisse La Celinda, opera poetica ricordato dallo Zavarrone nella sua Biblioteca.

Gio. Battista Sersale, fu dell'ordine de' predicatori. Scrisse: I Pensieri santamente politici indirizzati al

mantenimento delle repubbliche delle anime cristiane.
Fu quest' opera a dir dello Zavarrone in IX libri divisa. Accompagñollo di due epistole una diretta ad A-
lessandro VII, e l'altra a Pietro Tommaso Sersale suo
nipote, Bacalare dello stesso ordine.

Giorgio Marra al dir di Gior. Domenico Mauro, fu
dottore nell'uno e nell'altro dritto, predicatore esimio
e Teologo sveltissimo. Egli finchè il Morelli non stiè
a Roma, non fu in patria di permanenza, vi si stabilì
quando questi ci venne Arcivescovo. Scrisse il Martirio
di Giorgio — ed i Trionfi di S. Giorgio Martire. Egli
con Michele sono cosentini della famiglia Marra, ora
trapiantatosi in Lappano.

Filippo Rocchi fu teologo dell'ordine de' Minimi.
Scrisse il *Sebastiano—il memoriale dell'estremo giudizio*
Commedia sacra — *In obitu Thomae Campanellae phi-
losophorum Maximi Orationem — L'Agnese.* Di lui far
onorevole menzione il Toppi l'Aceti, lo Zavarrone, lo
Spiriti ed altri patri scrittori.

Manilio Plantedio, che compendiò la storia del Guicciardini, napoletano d'origine—e ch'ebbe la cittadinan-
za cosentina nel 1567.

L'accademia de' Costanti aperta nel 1608—fu prese-
duta da Monsignor Costanzo fino al 1617, epoca in cui
successe al Costanzo nell'Arcivescovado Paolo Emilio
Santoro, nobile Casertano, nipote di Giulio Santoro Cardinale. Come di leggieri si è potuto osservare, i componenti in gran parte di quest'accademia furono frati
de' diversi ordini, che esisteano in Cosenza. Costoro scrivendo sotto la pressione d'un epoca che favoriva l'inquisizione, che perseguitava ogni novità intellettuale
come attentato a'Dommi religiosi e politici—elocubran-
do sotto la presidenza d'un Arcivescovo, che fiacccheggia-
va la crudeltà d'un Orsini e d'un Palermo—che si dichiarava Satellite sfegatato del Tribunale inquisitorio—
lavorando infondo a chiostri, ov'era delitto nominar
Telesio Campanella, ed era prescritto, che non dovessero menomamente così nell'insegnamento che nella i-
struzione allontanarsi da una filosofia affatto scolastica, era di regola, che non avessero fatto nulla di buo-

no. Fu di conseguenza che iniziata l'accademia così
male del Costanzo, verso la metà del secolo decimosettimo arrivasse a tale stato di fiacchezza, da non a-
vere più spirito, che la facesse sembrar viva, qual vi
divenne all'epoca dello Schettini, di cui abbiamo detto
altrove qualche cosa. Vero è, che tra'membri di quest'accademia qualcuno cercò deviare dall'indrizzo che
il Costanzo le avea dato; ma se ciò avvenne, fu perchè, chi tentollo, non dimorò più in patria, e cercò
di altra terra ove potesse dar libero corso a proprii
pensieri.

## CAPITOLO QUARTO

I. Il Preside Saluzzo incaricato di decidere la questione della
Sila — Il De Campo succede al Saluzzo — II. Tumulti in Cosenza per la tosatura delle Zanoette e per la mancanza delle
vettovaglie — III. L'arcivescovo Santoro — Il Monastero della
Trinità — Giulia Dattilo fonda il Monastero di Gesù e Maria (1623).

1.° Intanto che Monsignor Costanzo si affaccendava
a pingersi tra noi or come Leone X ed or come un
Nerone — e che la maledizione de' buoni raccogliea,
e l'elogio de' tristi e de' gonzi, ritornavano presso il
Fisco a dibattersi le questioni sulla Sila, ed il 1613
la Regia Camera fu incaricata di rivedere ciò che a-
vea fatto il Montalvo nel Monastero del Patiro: e colla Regia Camera il Presidente Saluzzo, che venne tra
noi coll'avvocato Fiscale Girolamo Natale.

Instava notar Giovanni Antonio Geraci, che il Montalvo avesse conservati nel possesso la maggior parte
degli occupatori della Sila — e gridava e chiassava
che il Governo dovesse rimuoverneli, tantoppiù che
a questo prezzo i Casali gli aveano ceduto le proprie
ragioni sulle terre Silane occupate da' Baroni e da varie Università.

Il Saluzzo che in tutto questo zelo del Governo in
ubbidire al Geraci avea intraveduto il vero scopo, che
in appresso si svelò apertamente; e dispiacendogli una
usurpazione per parte del Fisco così violenta, nella

sua coscienza , prima di dar mano all' opera , scrivea da Spezzano Grande a Simone De Mazzei, avvocato del Foro Cosentino.

« Difendetevi, perchè in avvenire vi mancherà l'oc-« casione d'impegnarvi alla difesa d' un affare così « rilevante, applicatevi per ora alle prove de' fatti con-« facienti alla vostra difesa; esibite di grazia i vostri « privilegi, le scritture, gl' istrumenti , e producete i « vostri testimoni. Questo è il tempo propizio in cui « senza vostro interesse potete fare ciò che vi incom-« be ». Si trattava adunque di spogliare i Cosentini?.. Appunto, perchè il Governo togliendo le terre a' pro-prietari occupatori non intendea più devolverle a bene dell' Università, ma dichiararle di Regio demanio.

La difesa de' Cosentini fu scritta e fu presentata. Nel tempo stesso essendosi accorto il Baglivo della Sila D. Mario Oranges , che la Corte revindicando le terre dalle mani degli occupatori , non intendea resti-tuirle all' Università di Cosenza e Casali ; ma dichia-rarle di Regio demanio : oppose che come il Fisco si era spogliato di tutti i suoi dritti sulla Sila con a-verli concessi alla famiglia Oranges in *burgensaticum*, ogni ragione esigea, che tutto il profitto di questo di-battimento, dovendo andare a beneficio del Fisco, an-dasse invece a beneficio dell'Oranges, che n'era il ces-sionario.

Essendo vera la cessione del Fisco ad Oranges , la Regia Corte si trovò imbrogliata ad agire perchè non avea azione per poterlo fare. Vi fu un momento di oscillazione , e però il Fisco diedesi tutta la premu-ra per ottenere da D. Mario Oranges la vendita della Bagliva , che posteriormente ottenne per ducati otto-cento annui sopra le esazioni fiscali di Paola e Fu-scaldo.

I Deputati intanto di Cosenza e Casali insisteano perchè tutte le reintegre si fossero fatte nel demanio pubblico de' Cosentini , e producea le loro ragioni il loro procuratore Nicola Francesco Cajati. In questo partiva per Napoli il Saluzzo , e delegava al disbrigo della questione il De Campo. Innanzi a costui Cosenza dedusse e fece esaminare le proprie ragioni ed i testimoni di Corigliano, Paola, Tarsia, Luzzi.

Deposero costoro : Che ogni persona di Cosenza e Casali si era sempre servita delle produzioni tutte della Sila. Che nella Sila aveano fatto sempre de' seminati ed altro, senza chiederne permesso ad autorità che sia — Ch' essi in ogni tempo si servivano del legname dell' agro-silano per covertura delle loro case ed impalcature ed altri usi — ed infine, che se a Cosenza e Casali si togliesse la Sila, si morirebbero di fame, non avendo dove andare per seminare.

Essendo le ragioni dell' Università risultate tali da riuscir tetragone a tutti i colpi ed attacchi del Fisco, questi adottò l' espediente di aggiornar la decisione, malgrado le proteste caldissime che il procuratore di Cosenza scrisse il 1615.

II.° Agitandosi in Cosenza questa controversia, e trovandosi esausto il regio erario, scontenti i popoli, non garentita affatto la pubblica sicurezza, venne nel Regno in rimpiazzo del Conte di Benavente, D. Pietro De Castro, Conte di Lemos, sotto di cui non s'immegliò lo stato delle cose. Nel 1616 gli successe il Duca di Ossuna, il quale comechè si sforzasse di far bene, punto non vi riuscì per le guerre da cui fu travagliato il Viceregnato. Lo seguì il Cardinale Borgia nel 1620—e quindi il Cardinale Zapatta, che mostrò bella indole, e grande impegno di cattivarsi la pubblica amorevolezza. Ma la penuria de' generi di prima necessità si facea al suo tempo sentire potentemente nel Regno, ed indi a due anni si mostrò così aspra da far dare alle furie le masse indigenti. Le vettovaglie presero de' prezzi favolosi ; ond' è che chi molto danaro non avesse, veniva costretto a perir di fame. Si aggiunga a tutto ciò, che le monete, dette Zannette, per opera de' tosatori, si erano così impicciolite, che non importavano di là della quarta parte del loro valore: cosa che grandemente minorava i mezzi come acquistare i generi.

Il popolo di Napoli, che non guardava a considera-

zioni di sorta , e che la carestia , e la tosatura delle
Zannette imputava al Governo , tra perchè permettea
l' estradizione de' generi per l' estero , cosa che affa-
mava l'interno; e perchè non avea mai prese delle misure energiche contro i tosatori delle monete, tumul-
tuò — del quale tumulto giunta notizia in Cosenza si
imitò l' andamento, sollevandosi il nostro popolo contro il Preside De Sangro, che allora Regea la provincia, e non castigava i tosatori, e contro l'Arcivescovo
che vedea il popolo perir di fame, e non apriva i suoi
magazzini che di generi riboccavano.

Vi vollero parole, minacce ed ingiurie per spingere
questo prelato , che di quest' epoca era Emilio Santoro, a cedere alle premure del popolo. Ma finalmente i magazzini furono aperti, e se l' Arcivescovo perdette il grano, guadagnò altrettanto nella vendita che
ne fece ad un tratto , ed a' quel prezzo che meglio
volle imporvi.

III.º L' Arcivescovo Santoro di cui abbiamo parlato
era uomo fornito di lettere , ma avaro e gretto. Egli
resse la nostra Chiesa fino al 1623 , epoca in cui fu
chiamato in Urbino. Prima però della sua partenza
per la nuova Diocesi egli sollecitò da Papa Urbano
VIII il Breve per la regola de' Benedettini della Trinità che si ottenne con data del 16 marzo 1626.

Buonangelo e Girolamo Riccardo di Cosenza fondarono questo Monastero, col dritto di potervi intervenire le donne delle famiglie degli Onorati, ed il privilegio di non poterne far parte le donne de' Nobili.
La dote delle monache fu stabilita a ducati quattrocento, e vi fu prelevato il dritto che i fondatori potessero gratuitamente mandarvi le loro donne. I due
fratelli fondatori cedettero questo loro dritto a Maurizio Coscinelli Barone della Scala , il quale , poscia il
cedè a Serafino Cortese, e suoi eredi maschi come si
leggeva nello istrumento stipulato da Notar Giuseppe
Genise l' anno 1628.

Nel 1750 furono trasferite in questo Monastero le
orfane che prima erano nel Rifugio. Nel 1815 fu sop-

presso, riducendosi il Monistero a case abitabili, che
sono le case oggidì di Tucci e Torchiaro : e dando-
sene la rendita all'Orfanotrofio.

Sotto questo stesso prelato fu fondato il Monastero
di Gesù e Maria da Giulia Dattilo nelle case di sua
esclusiva proprietà.

Giulia Dattilo era figlia di Roberto Dattilo, Marchese di S. Caterina, e Maestro di Campo, secondo il
Giannone, del Duca d'Alba, nominato Capitano Generale nella guerra che si accese tra il Duca di Savoja
e la repubblica di Genova pel Marchesato di Zuccarello. Ella fu educata alle lettere da Anselmo Stocco,
che fu uno de' complicati nella congiura del Campanella, e che fu salvo da'rigori dello Spinelli per intercessione di Giulia e di suo padre Roberto presso
il Re—Comechè istrutta molto nelle greche, e latine
lettere, per modestia non volle appartenere all'accademia de'Costanti, malgradochè ne ricevesse frequenti, e ripetuti inviti — Oltre al Monastero da lei fondato, fu donna che placò spessissimo le turbolènze del
paese — e che spinse Roberto a proporre al Vicerè,
che perdonasse a tutti que' banditi che volessero pigliar le armi nella cennata guerra. È quindi a dritto
una delle più belle figure dell' epoca sua nella nostra
Città.

Questa caritatevolissima donna Cosentina introdot-
tevi le monache nel 18 aprile 1621 vi fè nominare
Abbadessa suor Margherita Nardi, e stabilì a 250 ducati la dote di ciascuna claustrale.

Questo Monastero fiorì fino al 1809, epoca in cui fu
soppresso, ne furono devolute le rendite a prò degli
Stabilimenti di Beneficenza. Non dobbiamo omettere che finchè fu in vita ammettea educande a pensione di 25 ducati annui e sei tumoli di grano. Intanto, soppresso che fu, avendo il Comune bisogno
d'un Conservatorio, ove potessero accogliersi le donne,
che volesser menare vita ritirata e claustrale, il chiese al Governo e l'ottenne.

Vi fu perciò eretto un Conservatorio, che accogliea
vergini maritate e vedove alla pensione di ducati 25

annui e sei tomoli di grano se vergine , e di trenta senza spese cibarie se maritata o vedova.

Intanto , siccome nel 1819 da' Cosentini si chiedea la ripristinazione delle monache di Costantinopoli, soppresse parimenti il 1809, ed il Monastero di Costantinopoli si trovava occupato dal Comune, che vi avea foggiato un alloggiamento militare, fu dal comune ceduto alle monache il Monastero di Gesù e Maria , in cambio del convento di Costantinopoli, di loro proprietà, addetto dal Comune all' uso anzidetto.

Passarono le monache di Costantinopoli a Gesù e Maria nel 1824 , epoca in cui il quadro che oggi è sull' altare maggiore della Chiesetta di Gesù e Maria, fu tolto dalla Chiesa di Costantinopoli , oggi addetta a Prefettura.'

Il Conservatorio o Monastero di Gesù e Maria soffrì gravissimi danni dal terremoto del 1854, anzi potrebbe dirsi, che ne venne distrutto. Ma, mercè la saggia amministrazione delle monache che tuttora vi sono, fu ristaurato in gran parte.


## CAPITOLO QUINTO

I. Monastero di Costantinopoli — Uomini illustri Cosentini — Antonio Serra — II. Morte di Filippo III — Tumulto in Cosenza per la carestia delle vettovaglie — Donne illustri Cosentine— (anni 1616).


I.º Correndo l' anno 1602 dice il Fiore, che da Fra Pietro di Cassano, a spese di Cesare Sersale , Principe di Castelfranco, fu eretto il Monastero di Castantinopoli, che secondo che io credo, fu lo stesso che nel 1710 fu ristorato, meglio che fondato dall' Arcivescovo Brancaccio alla Giostra — Vuolsi , che col Sersale avessero contribuito a questa opera Vincenzo Bombini, Muzio Passalacqua e Saverio Donato.

Fu Vincenzo Bombini, a dir del Gualtieri e dello Aceti, poeta graziosissimo , e da testimonianza di quest'ultimo, vuolsi, che il Donato fosse *philosophus eruditione cospicuus.*

Era Muzio Passalacqua cavaliere gerosolimitano, e Capitano di fanteria nelle Spagne di molto grido, e poscia Cavallerizzo de' principi di Savoja.

Filippo III lo nominò Prefetto delle cacce del Regno e Montiere maggiore. Indi a non molto, Emmanuele Filiberto nominollo Generalissimo dell'armata di mare, e Capitano di fanteria in Sicilia.

Intorno a questo tempo fiorì tra' Minoriti Francesco Molli, filosofo ed oratore non comune. Fu desso figlio di Fabio Molli, e nipote di Pietro ed Antonio, tutti e tre valorosi giureconsulti. Questi due ultimi Molli il 15 settembre del 1616 ottennero da Filippo III la conferma del privilegio ricevuto nel 1607 col quale i Molli venivano *in perpetuo* dichiarati famigliari del Re di Spagna, e suoi commensali (1).

Fiorì ancora di questi tempi Fra Curzio Bombini, cavaliere gerosolimitano, che nel 1619, venne delegato a derimere la questione sorta tra Roma e Malta, in quanto a' dritti sulla Commenda di Cosenza. Fiorirono di quest'epoca i fratelli Gio. Battista e Girolamo Vecchietti, celebri viaggiatori, che illustrarono i monumenti antichi de' luoghi da essi visitati, e massimamente le statue o le medaglie del Musco Napolitano. Gio. Battista morì in Napoli l'anno del 1619, e Girolamo in Roma.

Su tutti costoro, qual maggior astro, brillò Antonio Serra, di cui scrisse giudiziosamente l'Accademico Cosentino Luigi Menna di felicissima memoria; perchè rapito alle lettere ed alla patria, quando n'era divenuto mezzo efficacissimo di lustro ed onore.

Antonio Serra, secondo, che rilevo da una vecchia cronichetta manoscritta, nacque in Cosenza il 15 aprile 1501 da Lodovico Serra che come vedemmo, fu giureconsulto esimio in questa Città, e si rese chiaro per la sua *Speculationes novae* che, pubblicò nel 1538 —

_____

(1) Vedi diploma originale che si conserva dalla famiglia Molli.

Diretto dal padre agli studi legali, ed a quelli del dritto, si dedicò ben presto allo studio economico del Regno : studio che lo stato deplorabile delle finanze sembrava esigere da chiunque sentisse amor di patria e palpito nazionale. Cercando il Serra di consacrarsi anima e corpo al vantaggio della patria, non tardò quindi di profferire il suo materiale concorso al ·Campanella che non si fè molto pregare per accettarlo ; come pure, stimando che le dissestate finanze del Regno non si potessero immegliare senza seguir principî nuovi in fatto di economia, cominciò a vagheggiare il piano di un opera al proposito, che per altro non fu estesa prima che venisse detenuto in Vicaria, e pubblicata prima del 1613. Secondo le cennate cronichette, la sua educazione per raffinata che apparisse dall'opera sua istessa, ei non la ricevè che in Cosenza, e da suo padre, che non solo nelle leggi; ma benanche nella filosofia e nelle mattematiche dovette addestrarlo. E veramente pare, che non potesse dirsi altrimenti, mentre leggo altrove ch'egli all'epoca delle congiura del Campanella era in Cosenza—ed insieme a due Sindaci arrestato, venisse in Napoli spedito quando fu forza, che tutti gl'imputati Cosentini colà si recassero per conoscere qual destino loro venisse designato. Fallita la cennata congiura, fu egli adunque detenuto in Vicaria, ove diede forma alla sua opera che intitolò. *Breve trattato delle cause che possono abbondare li Regni d'oro e di argento dove non sono miniere, con applicazione al Regno di Napoli.* Quest'opera classica, che malgrado le ingiuste considerazioni dell'economista Ferrara, contiene i germi primitivi di quella Economia politica che oggimai è di tanto utile all'umanità, e che sconosciuta a' Greci ed a' Romani non si vide balenare che in qualche pezzo di Senofonte, d'Aristotele, di Calumella e di qualch'altro scrittore latino, senza che avesse nulla di scientifico, non mancò d'avere ancora i suoi detrattori in coloro che avrebbero voluto rapire all'Italia ed alla nostra patria il vanto di essere stata la culla di questa grandiosa scienza. Infatti il Say, nel suo trattato d' Economia politica, comecchè non taccia che il Serra fosse il primo scrittore che abbia fatto sentire il valore produttivo dell' industria , il critica come colui che riguardasse le sole materie d' oro e di argento come fonti della pubblica ricchezza; ed il Culloh in un articolo della Enciclopedia Britannica: che il Serra si fosse solo occupato di monete. Questi appunti sono falsi falsissimi; perchè se.i citati scrittori avessero letto l' opera del Serra, avrebbero veduto che non le sole monete; ma l'industria, il commercio, le arti, il lavoro le leggi, da lui vennero riputate come scaturiggini di pubblica ricchezza. E però contro di loro opinando il Galiani, nell'opera della Moneta, non si peritava di collocarlo nel grado del primo e più antico scrittore della scienza politica economica , dando alla nostra Cosenza questo vanto finora ignorato , d' essere la produttrice d'una Scienza così benefica alla società, aggiungendo che il Serra fosse il Melun de' Francesi ed il Loke degli Inglesi, e per ripeter le sue parole: superiore ad ambedue per aver vissuto tanto tempo prima ed in un secolo di tenebre e di errori. Del Serra tessea accurato elogio nel 1802 , Francesco Salfi pubblico professore di etica e logica nel Ginnasio di Brera — In tempi meno infelici, dicea il Lombardi , l' opera del Serra avrebbe dato un grande impulso a' progressi degli studî economici; ma in quelli pur troppo calamitosi in cui comparve fu ricevuta con indifferenza e ben presto obbliata—Le revindica di tanta gloria è dovuta, come dicemmo, al Galiani ed all'egregio Abate Salfi, nostro concittadino , che avutane una copia e comunicatala a Pietro Custodi , fu da costui ristampata nella raccolta degli economisti Italiani.

II°. Filippo III successo al secondo , cessava di vivere il 31 marzo 1621. Sarebbe egli riuscito buon Re se fosse stato men corrivo a fidarsi di tali consiglieri, che formarono la ruina della casa reale e de' sudditi. Governarono per lui quattro Vicerè il Regno, e l'amministrazione in questa vicenda fu così mal diretta , che tra il cadere del secolo XV ed il primo biennio del secolo XVI tutta Calabria di concerto con altre

provincie congiurò di ribellarsi: ribellione ch' avrebbe
avuto un eco positiva in Cosenza , e che non potè
portarsi ad effetto per gl' indugi de'capi, e per l'operosità del sospettoso governo.

Era a capo di questa congiura Tommaso Campanella, di cui già notammo in questa congiuntura e le
geste, e le opere.

Al III Filippo tenne dietro il IV. Ascese egli sul
trono all' età di 19 anni , e durante un regno di 44
anni amministrò per nove vicerè. Primo tra essi fu il
Duca d'Alba, che ad oggetto di arginare al disordine
che avea cagionato la tosatura delle zannette, e l'abolizione di esse, causa per cui molti proprietari possessori delle stesse erano caduti in estrema mendicità, e
i banchi si trovarono con un vuoto di più milioni ,
impose una nuova gabella su' vini ch' entravano nella
città , e moderò i prezzi de' cambi , con che pose il
Regno nel caso di potere in qualche modo respirare.
Ma per una scarsissima raccolta di viveri, che si ve-
rificò nel 1624, e per timore della peste che spopola-
va la vicina Sicilia , ritornò lo stato ad alterarsi , e
collo stato Cosenza, che per arginare a' mali della carestia più volte minacciò di prendere le armi contro
del Preside , che all' annona non pensava , e contro
l' Arcivescovo che i propri magazzini non apriva alla
vendita — Narra la Cronica di Rocchi: che in questa
crudele vicenda , lodevolissima fosse riuscita la condotta delle principali signore Cosentine , le quali posero in pegno presso il Monte di pietà tutti i loro
giojelli, perchè col danaro ricavatone potessero acquistar generi presso il Principe di Bisignano, come sollevare i poveri di Cosenza e Casali, che a torme giravano per la città—Siccome è dovere della storia se-
gnalare quelli esempî così belli di carità cittadina of-
frirono al pubblico intero, citeremo i nomi — di Giulia Dattilo, già da noi conosciuta, e più che vecchia in
questo tempo, e dopo di lei quelli di una Emilia Caselli—un Isabella Epaminonda—di una Diana Andreotti—una Rosa Sambiasi—una Virginia Furgiuele—una
Clementina de Martino — una Teresa Aloe. Malgrado

però gli sforzi di queste nobili donne, e le largizioni di Francesco De Chiara, e Vincenzo Greco, la fame sempreppiù infuriava, cosicchè in un bel dì, il popolo assaltò i magazzini dell'Arcivescovo, e tolse a viva forza quel grano ch'egli a paga concedere non avea voluto. Ciò produsse una processura, di cui fu effetto la punizione di Antonio Rijo, Francesco Mazzei, e Lucio Trombetta, che furono condannati alle carceri, e per voto della Università dal III Filippo assoluti.

## CAPITOLO SESTO

I. D. Roberto Dattilo, — Ignazio Barracco ed il suo Poema la *Geru-*
*salemme Perduta* (anno 1633).

I.° A colmare la misura del malcontento e del dispiacere che il pubblico sentiva per le cause accennate nel capitolo precedente si aggiunse la guerra, che si accese tra il Duca di Savoja e la Repubblica di Genova pel Marchesato di Zuccarello, per dirigere la quale, dice il Giannone, il Vicerè prese al suo servizio il maestro di Campo D. Roberto Dattilo, Marchese di S. Caterina, figlio del sergente maggiore D. Alfonso Dattilo, e divenuto celebre pel valore dimostrato nelle guerre delle Fiandre, secondo lo stesso Giannone, nonchè nelle guerre della Valtellina (1).

Per sostenere la cennata guerra, fu conceduto il perdono a tutti i malfattori e banditi, che andassero ad arrollarsi sotto le bandiere del Dattilo; ma mancando i mezzi, provocò il Duca un altro *donativo*, che finì d'indisporre il nostro popolo.

In questa guerra ebbero non picciola parte, oltre al Dattilo, gli altri nostri concittadini Rodrigo del Rio, e Flaminio Gervasi, che fu dotto nell'uno e nell'altro dritto, siccome appare dal decreto di dottorazione del Duca Alcalà nel 1633. Fu Rodrigo discendente di quello Al-

(1) Giannone Storia Civile del Regno.

fonto, che sotto il Re Cattolico fu comandante degli
squadroni Sivigliani nello acquisto di Granata tolta
a' Mori—ed egli comandante sotto il Duca d' Alba in
detta guerra. Morì sotto le mura di Scilla con un colpo di falconetto mentre osservava la trincea, ed oltre
del Rio e Gervasi vi prese parte attivissima l'altro nostro Cosentino Ignazio Barracco, l' autore finora inco-
gnito del celebre Poema la *Gerusalemme perduta*, che
tuttavia inedito, invola al serto letterario della nostra
patria una delle più belle frondi.

A proposito di quest' opera , ci facciamo un pregio
di riportare per intero il giudizio di uno tra' primi
storici della letteratura italiana, Abate Francesco Saverio Salfi , anch' esso Cosentino , che cosi nè discorre. « Altri poeti ammiratori del Tasso , come
« Lalli , pensavano che bisognava cercare argomenti
« degni d'istorica epopea nelle sventure di Gerusalem-
« me. E perciò un Napoletano Francesco Potenzano
« cantò la distruzione di questa città : opera che co-
« mechè poco applaudita , non impedì ad un altro
« poeta napoletano come lui di celebrare la perdita
« che i cristiani ne fecero novant' anni dopo ch' era
« stata conquistata da Goffredo. Di questo poema non
« si è fatta pubblicazione , ma si conserva il mano-
« scritto in Cosenza nella Calabria Citeriore. Io non
« potrei resistere al desiderio di dirne motto , meno
« pel suo merito particolare, che pe' ricordi patri che
« in me risveglia. Io era giovanissimo quando lessi
« questo poema , che la famiglia Greco alla quale le
« lettere sono tenute per grandi benefici riguardava
« come uno de' titoli più preziosi della sua ricca
« biblioteca. Erasene valutato il merito , e parecchi
« biografi e sopra ogni altro il Marchese Spiriti ne
« aveva fatto menzione. Conta senza dubbio quest'opera
« delle pecche ; ma quali ch' esse siano , non la ren-
« dono indegna di prender posto tra le altre che han-
« no ottenuto maggior plauso che per avventura non
« doveano sperare.

« L' eroe del poema è Leopoldo d' Austria , che il
« poeta fa arrivare un pò tardi ed inutilmente al soc-

« corso della Città Santa assediata e minacciata dai
« Turchi. Vi hanno azione i maghi ed i demoni ; ed
« è più che singolare ch'essi combattono pe'cristiani.
« In fatti, Argilla cristiana e maga nel tempo stesso,
« opera a pro loro molto di più che l'Arcangelo Mi-
« chele, che da Dio ne avea avuto confidata la difesa.
« Plutone ne commette ad Aletto la loro rovina, e que-
« sta Furia riveste tutte le forme ed impiega tutti i
« mezzi che crede conducenti a farle compiere siffatta
« missione. Ella sprona il soldano a marciare contro
« Gerusalemme, l'armata pagana si caccia dinanzi, e i
« cristiani per respingerla ne vengono a parecchie sor-
« tite. In tal torno, si sviluppano sempreppiù aumen-
« tandosi, i diversi incidenti che affrettano o ritarda-
« no lo svolgimento del poema. Noi indicheremo qual-
« cuno di questi episodi.
« Ardelia Amazone dell'armata del soldato battesi
« in una sortita con Armilla giovane cristiano ed il fe-
« risce; ma punto di pietà, il trasporta nella sua tenda
« ove ben tosto quella commiserazione si muta in amore.
« Intanto la maga Argilla per la forza de'suoi incantesimi
« costringe Aletto a servire a'Cristiani, per la qual cosa
« molti si ritirono dal campo inimico, e molti guerrieri
« pagani vittime dell'incanto di lei si battono senza cono-
« scersi. Altrove il Buglione vedendo il pericolo di Geru-
« salemme si raccomanda alla Vergine perchè gli giun-
« gano notizie de'soccorsi che attendea d'Europa ;  e
« la Vergine ottiene dall'Eterno che l'Arcangelo Mi-
« chele conduca Acrisio in Italia. Acrisio quì precede
« la celeste sua guida sotto la forma d'uno stranie-
« ro, passa in mezzo all'armata nemica, e s'imbarca
« per l'Italia, costeggiando il Regno di Napoli, l'Ar-
« cangelo l'istruisce di ciò ch'esso racchiuda , co-
« me più interessante e come più curioso; ed il poeta
« coglie questa occasione per porre in rassegna i ti-
« toli di gloria della Calabria. Egli fa soprattutto men-
« zione della piccola città di Paola ove nascer dovea
« Francesco l'eremita ; dell'antica città di Cosenza
« sua patria, e degli uomini che in essa maggiormente
« per le lettere si distinsero.

« Acrisio nella sua traversata s'incontrò in Leo-
« poldo d'Austria che muovea al soccorso de'cristia-
« ni. Questo generale avea ricevuto dall'Arcangelo le
« istruzioni per giungere senza ostacoli a Gerusalem-
« me. In arrivandovi, pone il piede in un giardino
« incantato ove Argilla detenea parecchi guerrieri pa-
« gani. Questa maga informata de'pericoli della Santa
« città, volle trarvi. Vi fu ricevuta con trasporti di
« gioja·dagli assediati. Leopoldo intanto attacca tosto
« l'inimico; ma colpito d'una freccia viene obbligato
« a ritirarsi. I cristiani allora ritornano all'attacco
« che sarebbe loro tornato funesto se Argilla non
« avesse spiegata contro del nemico tutta la potenza
« della sua arte. Per altro non fu questa la sola volta
« che l'armata dovette la propria salvezza a questa
« maga, che pe' suoi servizî merita infine d'essere
« battezzata, per la qual cosa divenne un modello di
« virtù evangeliche.
« Malgrado gli sforzi de'cristiani, Iddio non volen-
« do derogare a'propri immutabili decreti, ordinò a
« Sibilla Regina di Gerusalemme di consegnare la
« città sgombra di forze al soldano. Ma non per que-
« st'ordine e dall'una parte e dall'altra furon minori
« i combattimenti le morti ed i tradimenti. Ermando
« Cristiano forma il piano d'una sortita, e commette
« l'imprudenza di confidarlo ad Eugenia sua prigio-
« niera. Questa vinta dallo zelo per la propria reli-
« gione, assassina Ermando, vestesi degli abiti di lui,
« esce di Gerusalemme e cacciasi a prevenirne il Sol-
« dano. Nel tempo stesso Leopoldo dispone di dar
« termine alla guerra con una singolar tenzone. Or-
« monte presentasi per battersi con lui, e ne perisce.
« Ma ciò non ostante questo duello non decide di nul-
« la. Armilla che avea meritato l'amore d'Ardelia
« esce di città per sapere se il soccorso che si a-
« spettava da'cristiani fosse da Europa giunto. Egli
« s'avviene in Ardelia che nol riconoscendo battesi
« di nuovo con lui; l'uccide, e quando si accorge del-
« l'errore si suicida e gli cade a fianco. La morte di
« questo guerriero giovinetto raddoppia il furore de'pa-

« gani contro i cristiani ; ond' è che il soldano per
« impedire la ruina di Gerusalemme, ne intima la resa
« agli assediati. Leopoldo costretto ad abbandonar la
« città, sarebbe stato massacrato traversando il campo
« nemico se l'Arcangelo Michele non l'avesse sottratto
« a' colpi di esso avviluppandolo in una densa nube.
« Quest' Arcangelo che altra volta guidò Acrisio in
« Europa , toglie a guidarci lo sventurato Leopoldo.
« Egli da principio il conduce sul monte Gargano ,
« ove s' inalza il suo tempio, e quivi in uno specchio
« misterioso gli fa vedere il suldano che s' impadro-
« nisce di Gerusalemme.

« Fermiamoci per un momento sopra un Episodio
« di questo poema, che altra cosa non comprende che
« la biografia dell'autore. Acrisio guidato da Michele,
« approda in una isola ove rinviene un naufrago in-
« felice. Acrisio e l'Arcangelo cercano di consolarlo,
« e lo invitano perchè volesse porli addentro delle
« sciagure di lui. Costui si chiama Ottavio ed è l'au-
« tore del poema, il quale loro narra che sia nato a
« Cosenza nella Calabria. Narra che le lettere e so-
« prattutto la poesia si aveano attirato il suo amore;
« ma che la severità del padre, ed i mali trattamenti
« d'una madrigna costrinserlo due volte ad abbando-
« nare i patri lari. Ne mosse dapprima in Napoli ,
« e di là in Roma, ed in altre città d'Italia. Quivi
« non potendo trarre la vita da' lucri che gli fornisce
« la poesia, e disgustato della professione di avocare
« le altrui cause, fu obbligato a percorrere la carrie-
« ra delle armi. Servì nell' armata del Duca di Sa-
« voja contro Genova, e trovossi all' incendio di Ca-
« sale, ed all'altro di Ferrara, imbarcossi sulla galea
« che Toscana spediva contro i Barbareschi , e cac-
« ciossi fino ad Egitto. Dopo tanti viaggi che non gli
« tornarono di utile alcuno, ritornò a Cosenza in
« mezzo alle muse. Noi pensiamo che qui l' autore
« incominciasse o ripigliasse il suo poema. Egli spe-
« rava migliorarne in condizione , dedicandolo al Vi-
« cerè D. Giovanni d' Austria , della cui più lusin-
« ghiera accoglienza gli avea fatto vaticinio l' Arcan-

« gelo Michele. Ma come questo Vicerè non restò che
« pochissimo tempo in Napoli, è probabile che l' au-
« tore non potesse-profittare della protezione di lui,
« nè aver l'agio di poterglielo presentare. Potrebbe
« stare ancora che fosse morto prima 'd' aver dato
« l'ultima lima all' opera. Null' altro non si sa di
« lui che questo soltanto, e che fiorisse verso la metà
« del secolo decimosettimo, dopo la rivoluzione di Ma-
« saniello, di che fa egli menzione in una de'suoi canti.
« Oscuro non vi è meno il nome del quale egli non
« lasciava altro che le lettere iniziali **F. B. P.** nel
« manoscritto che io ho letto.

Ma per queste lettere iniziali bene interpretate , e
per quando saremo per porre sotto la considerazione
de' critici, avremo tal fascio d' argomenti da non poter dubitare della fatta scoverta , ove non si volesse
ad ogni costo spargere ombre su di tutto , cosa che
avverebbe meglio per vezzo di far lo scettico, che per
rendere omaggio alla verità.

Perchè , limpidamente possa farsi la luce su di un
articolo così interessante , è mestieri che preceda
ad ogni argomentazione un cenno biografico d'Ignazio
Barracco , perchè come in un quadro se ne veggano
gl' identici riscontri con que' tratti che troviamo nella
vita dell' autore del poema.

Ignazio Barracco nascea a Cosenza il 16 aprile 1610
da Francesco e da una giovinetta di casa Oranges, che
tramontata innanzi sera, non lasciava altro pegno del
suo amor conjugale al superstite marito che il fanciullo Ignazio. A dieci anni costui cadea sotto i rigori d'una madrigna, ch' era certa signora di casa **Do-**
nati, sposata da suo padre in seconde nozze, che come
ereditiera, se colla sua ricca dote fu la ristoratrice della
decaduta fortuna de' Barracco , altrettanto altiera ed
insolente addivenne , e massimamente verso l' orfano
Ignazio che con buggiarde accuse rese odioso al padre ,
e costrinse a fuggir di casa , e cercare in Napoli di
che trarre innanzi la vita. In Napoli Ignazio applicossi ad avocar cause; ma come debil utile ne ritraea,
ingaggiossi come soldato nella milizia che il Duca di

Savoja Carlo Emmanuele arrollava contro del Feria, che con ventimila fanti e duemila cavalli movea al soccorso di Genova. Prese egli parte all'assedio di Verrua, rocca intorno alla quale si affaticarono lunga pezza Francesi, Savoiardi, Spagnuoli e Tedeschi, gli uni per difenderla, gli altri per prenderla; trovossi tra que' napoletani che furono alla difesa della Valle di Vraita; e deposte l'armi dietro questa campagna, ritornò in Napoli a farla da Giureconsulto. Deputato spessissimo da nobili Cosentini a patrocinare la loro causa presso l'Ognatte e D. Giovanni d'Austria, amico di lui addivenne pe' favori che ne ottenne a prò de' suoi clienti. In patria non fu che due o tre volte, e l'ultima, quando era decrepito, e per assistere al Sinodo Diocesano da Monsignor Brancaccio convocato. Morì di anni 97 — e precedette di poco nel sepolcro suo fratello Diego, che lasciava la vita di anni 86 — Fanno onorevole menzione di lui Fabrizio Castiglion Morelli che nell'opera *De Patricia Consentia Nobilitate* lo ricorda come, *iurisconsultus disseritissimus*, l'Aceti che nelle annotazioni al Barrio lo dice: *Philosophus Mathematicus celebris* — il sinodo Diocesano che lo pone tra' consultori—e l'albero genealogico che lo dichiara *D. U. J. M. Stren. Vraita et Verrua.*

Tornando ora al nostro assunto: Che `Ignazio Barracco avesse la capacità intellettiva di scrivere un poema, va deposto dal Morelli dallo Aceti e dal Sinodo citato, che lo appellano Giureconsulto ed Oratore fecondissimo, filosofo celebre, matematico distinto, letterato chiarissimo.

Che Ignazio sia stato milite, lo dice l'albero genealogico là dove l'appella *miles strenuus in Vraita et Verrua.*

Che il fatto d'armi di Vraita si compisse tra le genti del Duca di Savoia, ed il Marchese d'Axelles generale francese, e l'assedio di Verrua fosse sostenuto da Francesi e Savoiardi, e combattuto da' Spagnuoli e Tedeschi è cosa che va deposta dalla storia.

Che Ignazio sia stato l'amico di D. Giovanni d'Austria si desume da' favori che ne ottenne pe' nobili cosentini nel 1648, quando nel nostro paese rumoreggiava ancora il turbine delle civili discordie.

Ciò posto, se l'autore del poema fiorì verso la metà del secolo decimosettimo, secondochè avvisano lo Spiriti, il Zavarrone e gli altri patri scrittori—ed Ignazio Barracco nella metà di questo stesso secolo, secondo gli atti di nascita e l'albero genealogico, ed il Sinodo citato, ombra di dubbio non dovrebbe restarci ch'egli fosse l'incerto autore dell'opera che tanto pregiamo.

Ma provano questa verità ad esuberanza il trovarsi l'autografo logoro e lacero e ridotto a soli quattro canti colle intere correzioni in potere de' signori Barracco da un secolo e mezzo—il trovarsi sovra un cartonaccio che lo covre una iscrizione che dice : *Versi d'un antenato di Barracco*—il provano le lettere iniziali I. B. P. poste nella copia che si conserva da' signori Greco, che dicono Ignazio Barracco Patrizio, aggiuntivo usuale alle firme dei tempi passati , e che serviva a contraddistinguere il soscrittore per la qualità più eminente sociale che rivestiva: senza che mi faccia peso l'iniziale I interpretate per F dallo Spiriti e dal Salfi, come quella che nel corsivo majuscolo a penna generalmente si confonde coll' F, e perchè riscontrata le mille volte coll' F dell' autografo ad essa perfettamente si rassomiglia. Per altro l'autografo colle correzioni in potere de' Barracco involve una concreta presunzione che a qualcuno della famiglia si appartenga. E comechè questa ragione , che non farebbe gran peso e senza altro appoggio, diventa poderosissima quando si vede accompagnata da tante altre , siccome si è veduto, a noi pare con tutta certezza, che potessimo congratularci cogli eredi Barracco di una scoverta, che tanto onora la loro famiglia , e pregare il signor Maurizio, caldeggiatore delle lettere , e protettore di esse, che voglia farci vedere impressa l'opera con tutto quel lusso che essa merita e che il gusto di lui saprà dettare.

Riepilogando adunque quanto si è detto—e sottoponendo allo esame de' critici, come in uno specchio, i dati tutti di riscontro che ho rilevato in questo confronto, ripeto, che l'autore della *Gerusalemme perduta* sia Ignazio Baracco.

1. Perchè Cosentino l'Incerto — Cosentino il Barracco.

2. Perchè l'Incerto fioriva sulla metà del secolo decimosettimo — ed il Barracco verso la metà ancora di questo secolo.

3. Perchè l'Incerto ebbe una madrigna che lo alienò dal padre, e lo trasse ad uscir via di casa — ed il Barracco ebbe una madrigna che lo calunniò col padre e lo spinse, a fuggir di casa.

4. Perchè l'Incerto tratto a Napoli, cercò menarvi la vita avocando cause — ed il Barracco tratto in Napoli, cercò vivervi facendo l'avvocato.

5. Perchè l'Incerto fu membro d'una famiglia di ristrette finanze — ed il Barracco era membro d'una famiglia decaduta dalla sua primiera opulenza per aver venduto a pochi anni il suo feudo di Lattaraco.

6. Perchè l'Incerto prese servizio col Duca di Savoja, e fu nella guerra contro Genova — ed all'assedio di Casale ec. ed il Barracco prese servizio col Duca di Savoja contro Genova e Casale; trovandolo strenuo milite a Vraita e Verrua, campagne, che a queste vicende han rapporto.

7. Perchè l'Incerto fu amico o almeno sperava di divenire amico di D. Giovanni d'Austria — ed il Barracco il fu come fan presumere i favori che ne ottenne pe' nobili Cosentini suoi clienti nel 1648.

8. Perchè l'Incerto deposte le armi ritornò in Napoli a fare il Giureconsulto — ed il Barracco di ritorno dalla milizia, fece l'avvocato in Napoli, secondo che tutti i patri scrittori attestano.

9. Perchè l'Incerto dice: che non fu che un pajo di volte in Cosenza — ed il Barracco non vi fu che pochissime, rilevandosi dagli atti del Sedile, e da'capitoli di S. Maria della Misericordia, ove il suo nome non mai si legge, quando quello de' suoi fratelli consanguinei vi si vede in ogni sessione.

10. Perchè finalmente, le iniziali apposte alla copia del Greco dicono Ignazio Barracco Patrizio.

11. E perchè, non è a caso, che da un secolo e mezzo l' autografo colle correzioni si trovi in potere de' signori Barracco, meglio che in tutt' altra mano.

## CAPITOLO SETTIMO

I. Nuove gravezze in Cosenza per nuovi donativi — II. Nuova vendita e ricompra de' Casali di Cosenza del 28 febbraio 1631.

I.° Ritornando agli avvenimenti ch' ebbero vita sotto il IV Filippo, dirò: che nel 1626 avvenne tal tremuoto in marzo per Napoli, ed in Aquila e per le provincie meridionali del regno, che Catanzaro e Girifalco ne vennero quasi distrutti, qualche paese della nostra provincia interamente rovinato, e Cosenza non poco danneggiata , massimamente ne' casamenti che addossavansi al Pancrazio. A dissestare semppreppiù gli spostatissimi interessi de' nostri Cosentini contribuì la quota che Cosenza dovette erogare nel donativo di un milione e duecento mila ducati che , il Duca d' Alba ottenne dal Baronaggio e dalla Università , e l' altro che per sè medesimo ordinò di settantacinquemila ducati. Ma le miserie del tempo non si arrestavano qui. Timori di peste e d' invasioni turchesche teneano agitato lo spirito de' popoli — i briganti che infestavano le campagne ne dilapidavano le sostanze meglio del Governo—il governo padroneggiato da'favoriti del principe poco si curava dell' angustia de' popoli, e pensava raccorre denaro, e dove non riuscisse a far denaro, nuove gabelle e nuove imposte ordinava; vendea interi paesi e città intere; si aggiungeano gravezze alle sete, al sale, all'olio, alle carni, a'salumi, alle carte da giuoco, all' oro, allo argento filato , alle carte bollate , a tutti i contratti di prestito, e finalmente si progettò la vendita di quegli stessi Casali che sotto Filippo II, come vedemmo, furono comprati dall' Università di Cosenza per la cifra di ducati quarantamila.

II.° Se questo progetto che infrangea il contratto

del 1596, tradiva la buona fede, recava un colpo mortale alla santità de' trattati dispiacesse al nostro popolo, non è a dubitarne.

Pure perchè niun paese del Regno se ne scosse, e tutti quelli che corsero la stessa vicenda o si sobbarcarono all' infeudazione — od avendone i mezzi, se ne riscattarono ; l' Università nostra con quella de' Casali, mercè lo sborso d'altri ducati cinquantamila, ricomprò nuovamente la libertà di migliaja e migliaja di cittadini, che il Governo non avea niun dritto per vendere come schiavi ; ed un secondo istrumento ove si costituivano D. Ferdinando Cesare Erriquez de Rivera, Duca d'Alcalà e Francesco Antonio Barracca Sindaco de' Nobili di Cosenza , ed i due giureconsulti Cesare Caputo ed Ottavio Capisciolto , fu stipulato in riscatto di questo mercato, che discreditava oltre ogni credere il governo , e degradava spaventevolmente i governati.

Però, questa volta i nostri avi non furono come la prima molto corrivi ad erogar somme senza circondarsi di quelle cautele, che sembravano e legali e logiche ; comechè sotto un regime governativo di quella fatta, era inutile sperar cautele, e contrattar garentie, quando avea per principio la frode, per norma il tradimento.

Stipulossi adunque nel 28 febbraio 1631 che i Casali di Castiglione, Lappano, Zumpano, Rovito, Celico, Spezzano Grande, Spezzano Piccolo, Pedace, Pietrafitta , Aprigliano , Donnici, Figline, Mangone , Rogliano, Carpanzano, Attilia, Grimaldi, Paterno, Dipignano Tessano , venissero per sempre ritenuti nel regio demanio — che si rettificasse l' istrumento di transazione stipulato da Notaro Angelo De Martino il 20 dicembre dell' anno 1596 — che questo istrumento s'inserisse in questo nuovo atto—che a maggior cautela , ed in linea di nuova concessione si offrissero a sua Maestà Cattolica altri ducati cinquantamila —che questa somma si pagasse meglio per desiderio di far cosa grata al Principe, che ne avea bisogno per fare argine alle spese della guerra, che travagliava il Regno, che perchè si volesse corroborare la già citata transazione, che dovea riguardarsi come confirmata — che questo secondo pagamento di ducati cinquantamila si facea a condizione espressa che , in caso di contravvenzione per parte del Governo, doveansi da questo restituire i ducati cinquantamila coll' interesse dal dì dello stipula dell' istrumento alla ragione del sette per cento — che questa somma si fosse pagata in due dande, l'una nel 6 del mese di marzo dell' anno 1631 in ducati quindicimila, e l'altra in ducati venticinque mila nel mese di maggio — avendosi di già il Vicerè incassati gli altri dieci mila dal banco di S. Giacomo, e dalla Vittoria con giro de' procuratori Cesare Caputo, ed Ottavio Copisciolto—che per questo pagamento siano restituite e mantenute nel Regio Demanio non solo l'Università di Cosenza e Casali, ma anche il Casale chiamato S. Giovanni in Fiore, di fresco costruito nel territorio di Cosenza — che però, per qualsiasi causa ancorchè urgentissima e privilegiata , o per conservazione dello Stato o per bene della Repubblica, o per motivi di pace, non si possono vendere, alienare, obbligare, pignorare le sopradette Università che da oggi sono legate, vincolate , incorporate al Demanio ed alla regia Corona — che per questo istrumento le citate università non possono neppure concedersi al secondogenito di Sua Maestà quando egli non fosse l' erede del trono — che sia irrita nulla e di niun effetto qualunque concessione in termini contrarî al presente stipulato — che i cittadini delle dette Università di Cosenza e Casali abitanti e che abiteranno in essi universalmente e particolarmente per qualsivoglia causa, istrumento, obbligazione, crimine, delitto commesso, tranne i delitti di lesa maestà, cresia e falsa monetanzione non possano essere chiamati e rimessi fuori il Tribunale del Governatore , ancorchè fossero citati presso la Regia Udienza, la Grande Curia della Vicaria, o sacro Regio Consiglio.

Il cennato istrumento rivestito di tutti i solenni voluti dalle leggi , rogato da Notaro Massimino Passari in Napoli, tranquillò grandemente lo esagitato spirito del nostro popolo, che già avea cominciato nelle riunioni massoniche, non altrimenti che a tempi di Campanella, a dimenarsi, ed a studiar il modo come potesse trarsi di dosso un governo da cui non potea che aspettarsi un avvenir sempre peggiore.

## CAPITOLO OTTAVO

I. Giulio Antonio Santoro — Isabella d' Urso — Il Monastero della Pietà — II. I Teatini in Cosenza — III. Monastero della Trinità — IV. Terremoto del 1635 — Le Scuole Pie — Il Rifugio — V. Il Conservatorio per le figlie del popolo — S. Maria del popolo — VI. I Carmelitani Scalzi in Cosenza — Ospizio dei Trovatelli (1626).

I.° Intanto, fin dal 1623 era passato nella Chiesa di Urbino Emilio Santoro, e teneagli dietro Giulio Antonio Santoro, germano di lui, dissimile dal fratello per ingegno e per animo affatto generoso, comecchè sfornito di lettere, nel 1624.

Sotto di lui si dava compimento alle due navate minori della Cattedrale, che da Paolo Emilio si erano incominciate. In esse si allogarono le seguenti Cappelle:

Nell' ala destra entrando alla Chiesa: Cappella di S. Filippo Neri con sepolcro e stemma della famiglia Bosco — Cappella della Vergine della Neve con sepolcro degli Ebdomadari del Capitolo — Cappella dell' Immacolata con sepolcro di Mirabelli Centurione — Cappella di S. Elena con sepolcro di Bombini — Cappella di S. Bruno con sepolcro di De Matera, ov'è un bel quadro, opera dell' Oranges — Cappella del SS. Crocifisso con sepolcro di Telesio — Cappella del SS. Crocifisso chiusa con inferriata del Barone Ferrari.

Nell' ala sinistra poi, Cappella di S. Bonifazio, di Castiglione Morelli — Cappella di S. Francesco di Paola con sepolcro della famiglia Ferrari Epaminonda — Cappella di Santo Stefano con sepolcro della famiglia

Andreotti—Cappella di S. Maria delle Grazie con sepolcro di Arnedos (1).

In questa stessa chiesa dallo stesso Arcivescovo 'si
portò a compimento il pulpito di marmo colle colonne che fu fondato dal Costanzo, ed il palazzo arcivescovile di grandi migliorie ed abbellimenti fu decorato.

Questo prelato che resse per 15 anni la nostra Chiesa con piena soddisfazione del popolo, che quando
morì, ne infiorò la tomba colle lagrime che versò,
protesse e promosse la edificazione del Monastero di
S. Maria della Pietà, incominciato da Isabella d'Urso,
sorella ed erede di Giandomenico d'Urso, che lo dotò
d'una rendita capace a sostenere sei padri e tre
laici.

Di questa Isabella d'Urso non conosciamo il padre
e la madre; ma sappiamo che il fratello Giandomenico fu tale uomo, che spese tutto il suo ad opere di
beneficenza.

Fu Isabella educata da Antonio Cosentino e Giacomo Guerra, che fondarono in Cosenza un istituto di
donne. Si distinse ella per sveltezza d'ingegno, e per
sentimenti caritatevolissimi ed eminentemente patriot-
tici. Impiegò buona parte delle sue ricchezze a sollievo de'danneggiati del tremuoto del 27 marzo 1637, e
fu una di quelle che intercedettero a favore de' Nobili presso Capitan Peppe Gervasi nelle memorabili
giornate del 1646 e 1647.

Comechè questo cennato Convento si cominciasse a
fabbricare sopra limitate proporzioni, nel 1700 si di-
largò di molto, e nel 1776 i due abati Ignazio Greco
cosentino, ed Antonio e Federico Greco di Giuseppe
anche cosentini il decorarono di molte altre stanze e
dormitorî.

_____

(1) Nella chiesa vi sono le seguenti sepolture — Sepoltura vicino la porta a dritta, proprietà della Chiesa — Sepoltura avanti la porta, proprietà della Chiesa — Sepoltura avanti la sagrestia di Falbo e Cavalcanti — Avanti la Cappella del Piliero dei
Partecipanti.

Siccome veniva inondato dal Crati spessissimo, i Padri cisterciensi che vi abitavano, chiesero al Re il soppresso monastero de' Gesuiti, che fu loro accordato, previo il pagamento di ducati 4000 alla Regia Udienza, ove si trattennero fino al 1783, epoca in cui furono soppressi. Ripristinati nel 1794 il Re accordò loro l'antico convento sul Crati; ma perchè essi voleano trapiantarvi il monastero di Corazzo, il Re con dispaccio del 9 agosto 1796 confirmò a Monastero principale quello di Corazzo, e battezzò per Ospizio de'Cisterciensi questo di Cosenza. Nel 1799 soffrì sacco orribile da'Sanfedisti, e nel 1806 fu addetto ad ospedale militare.

II.º Oltre al detto Monastero nello stesso anno 1624 innanzi a questo stesso arcivescovo i Padri Teatini venuti a Cosenza per stabilirvi la loro casa, per mezzo del Padre Schiavetti, che li rappresentava il dì 6 giugno ebbero in concessione la Chiesa di S. Leonardo e Nicolò posta sotto il Regio Palazzo da' Confratelli nobili e civili della antica Congregazione che vi era, coll'obbligo di farvi a proprie spese l'abitazione, e di resiedervi la Congregazione sotto il titolo del Crocifisso. Ma succedendo anni dopo, che una nuova Congregazione sotto il titolo di S. Maria del Suffragio si eresse là dove oggi è l'oratorio, i Padri Teatini sopra di questa chiesa edificarono un magnifico dormitorio ch'oggi è abitato da' Marini di Cesare.

Viveano questi PP. di elemosine secondo la regola di S. Gaetano.

Nell'anno 1626 essendosi in questa Chiesa solennizzata la festa del Beato Andrea Avellino, chierico regolare Teatino, ch'era stato dichiarato e descritto trai beati fin dal 1620, il Principe di S. Agata Cesare Firrao regalò ai PP. di un gonfalone che fece lavorare spendendovi molto.

L'altare maggiore era in onor di S. Giuseppe; e v'erano: un altare a S. Gaetano, una cappella all'Arcangelo Raffaele, ed un altra a S. Gregorio. Fu soppresso nel 1783—ed in quest'epoca vi si trasferì la parrocchia di S. Stefano e Lorenzo. Nel 1795 sua maestà vendè il Convento alla congregazione dell'oratorio, che nel 1710 fu aggregata a quella di Roma tranne la Chiesa—convento che in seguito fu acquistato da Cesare Marini che ridusse a case.

III.º Nel 1624 fu fondato in Cosenza il Monastero della Trinità dai fratelli Buonangelo Girolamo e Francesco Ricciardi signori Cosentini.

Di questa famiglia non si conserva niuna altra memoria nel paese: però basta questa; perchè venga additata alla posterità come meritevole di elogio e di ricordanza onorevole.

IV.º Il Regno di Filippo IV era stato pur troppo male inaugurato per sperarsi che per volger di tempo si fosse arrestato quel turbine di sciagure e di traversie, che fin dal principio inondò il nostro paese. Infatti il 27 marzo 1637 tornò a tremar la terra da un capo all'altro del Regno, e alle ore 22 giorno di sabbato Cosenza atterrita dal nuovo flaggello, rovinata nelle case e nei migliori edificî, ritornava ad essere cacciata tra gli spaventi e le lagrime. Veramente, dopo il tremuoto del 1184 non avea essa giammai avuto cosa peggiore. Il terribile fenomeno, secondo che narra l'Arena nel capitolo Iº della sua istoria, si ripetè per dieci volte in un sol giorno; poscia si riprodusse per tre anni interi. Dice lo stesso autore, che il Campanile della Cattedrale ne cadde, ne rovinò la torre maggiore del castello, e tutti i migliori edificî ne furono scossi devastati, e l'intera città rovinata.

Per tal terremoto che dee formare epoca negli annali di sventura del nostro paese, crollò il locale addetto alle Scuole Pie, che poscia nel 1640 comprato da Cesare Firrao Principe di S. Agata, e dallo stesso ristaurato, come emerge dall'iscrizione ch'esiste sopra la porta di esso, fu addetto a Rifugio. Racchiusersi in esso non solo le donne pentite d'aver menata vita scandalosa; ma anche le povere che potessero pericolar nell'onore. Cominciò ad addirsi ad opera così pia nel 1700 a tempi di Monsignor Brancaccio, che ne menò a termine la incominciata ristaurazione; e che obbligossi di donare mezzo tomolo di grano al mese per

ogni povera e pentita che vi si ricevesse. Monsignor
Aragona, il Cavalcanti ed il Capece Galeota perdurarono
a promuovere la bella istituzione. Per opera del sacerdote D. Gaetano Serra fu questo fabbricato in due
sezioni diviso—ed addettane una ad uso delle pentite—
e l'altra delle orfane quivi ospitate.

Quando nel 1810 le orfane passarono nella Trinità,
la parte interna del Rifugio fu assegnata alle pentite,
e l'esterna o Casa di Nutrizione. Tolte finalmente le
pentite rimase interamente addetta a Casa di nutrizione oggi sotto la Direzione della Congregazione della
Carità. Questa Casa oggidì accoglie e sostiene venti
balie, una Pia Ricevitrice, e due inservienti, un Eco-
nomo, un Medico, un Cappellano, un impiegato, una
lavandaja un beccamorto, che colle spese pe' projetti
importano lire 8444,00.

Il cennato terremoto portò la distruzione di tutte le
fontane. Per esso cadde la fontana del mezzo tumolo,
edificata nel 1500 ad un canale che tosto ristaurata, fu
diroccata colle case de' signori Caruso, quando sgom-
brate queste case dal luogo ov'esse erano, vi si fe' la
piazzetta oggi detta dell'erbe con una fontana a pietre
piramidali nel mezzo.

Diroccossi ancora il muro della fontana della piazza
grande, che tosto rifatto, fu nuovamente abbattuto
quando si fondò la nuova casa Comunale, ond'è che la
fontana fu trasportata nella neve dove oggi si vede.
Fu essa fatta costruire dal Sindaco Nicola Castiglione
Morelli il 19 marzo 1321—e vi furono condottate le
acque ch'escono dalle colline che cingono Cosenza dalla
parte di mezzogiorno. È notevole che fin da tempo
immemorabile ebbero dritto ad aver parte di queste
acque il Monastero di Costantinopoli, e la casa Passalacqua, coll'obbligo però di contribuire ad un terzo
della spesa, ogni qualvolta avesse bisogni di accomodi.

Cadde finalmente il muro della fontana de' Rivocati,
fabbricato a tufi da pochi anni, ossia nel 1611 in tempo
ch'era sindaco Angelo Matera—che ristorato—in pro-
sieguo, fu poscia demolita, e rifatta nel 1862.

Cadde del pari il ponte de' pignatari, che tanto alluvioni aveano rispettato. Era stato costruito il ponte dei Rivocati all'epoca che Federico II trasse in Cosenza. Fu quindi tosto rialzato, e nuovamente crollò nel terribile alluvione del 31 settembre 1729 alle ore 22. Non prima del 1731 s'incominciò a rifare la volta dell'arco che un nuovo alluvione condusse seco; e non si vide finalmente portato a compimento prima del 1733 tempo in cui vi sposò ogni impegno Luigi Sanseverino, Principe di Bisignano. Quello de'Pignatari resistè all'alluvione del Crati del 1800 che grandi danni produsse al quartiere de'Pignatari, e due donne vi uccise—resistè all'altro non meno rilevante del 13 novembre 1839 a quello del 14 settembre 1842—ed all'altro del 16 ottobre 1857. Però, ultimamente, il letto del Crati si era così elevato, che in ogni picciola piena che portasse il fiume ne veniva coverto; il Sindaco Bartholini il fe' per conseguenza demolire: sperando che per la totale mancanza di esso, il Municipio s'inducesse a costruirlo di nuovo.

A'danneggiati di questo terremoto fu di gran sollievo Isabella d'Urso nonchè l'Arcivescovo Santoro che non risparmiò spesa veruna per ajutare i poveri che per questo flagello erano rimasti senza casa—e soccorrere le famiglie delle sei vittime che tra noi si numerarono. Quest'ottimo prelato stette con noi fino al 1639, epoca in cui passato a miglior vita, fu rimpiazzato da Martino Alferio Milanese, che venne in Cosenza dalla Chiesa dell'Isola lo stesso anno, e che non vi dimorò che fino al 1641, tempo in cui morì per istrada movendo per Napoli. Era egli personaggio distintissimo e per le dottrine che l'ornavano, e per le varie legazioni portate a buon termine e disimpegnate in Germania. Tenne a lui dietro Antonio Ricciulli di Rogliano secondo la cronica di Bosco; e cosentino secondo il Fiore: lettore di filosofia in Roma, e segretario d'Urbano VIII. Vicereggente nella stessa Roma, vescovo di Bulcastro di Caserta d'Umbriatico, e ministro generale dell'Inquisizione del Regno. Sparì costui dal numero de'più un anno dopo che fu tra noi; e nel 1643 gli successe Alfonso Castiglion Morelli, nostro concittadino, il quale tenne il governo della nostra Chiesa fino al 1649.

V.º Sotto questo Prelato com' era regolare miglio-
rammo infatto di polizia ecclesiastica—e nuovi conventi
e Monasteri furono edificati in Città. Nello stesso anno
della sua ascensione all'Arcivescovado, nella vecchia arciconfraternita di S. Maria del Popolo, in certe case
comprate il 9 dicembre 1615, fu eretto un Conservatorio per raccogliere le figlie delle maestranze che della
comunità aveano il governo. Fin dal 1607 alla Chiesa
di questo Conservatorio Ruggiero Ruffo a proprie spese
avea fabbricato un magnifico vestibolo con nicchie e
colonne di piperno. Questo Conservatorio in processo
di tempo, degenerando dalla sua primiera istituzione,
si restrinse ad accogliere le vergini delle sole famiglie
de'Dottori, e persone civilissime della seconda piazza.
Dalle carte sulla sua fondazione, esistenti nella Curia
appare, che comechè laicale ne fosse l'origine, era
soggetto all'Arcivescovo che l'autorizzò tanto nel temporale che nello spirituale. Erano regole di questo Conservatorio le seguenti: 1.º Che l'entrata e gli effetti
pervenienti da' beni della Chiesa di S. Maria del popolo, si dovessero consegnare alla Badessa, la quale
potesse spenderne il necessario per la Chiesa e per le
monache, e darne conto all' Arcivescovo col concorso
degli assistenti.

2. Che gli assistenti si dovessero eliggere annualmente nel giorno della visitazione della Madonna col-
l'intervento dell'ordinario, e sua conferma, e di quella
della Confraternità.

3. Che questi assistenti dovessero esser due, di anni
quaranta, di proba vita, della stessa Confraternità—e
che loro siano consegnate le chiavi del Conservatorio.

4. Che il Cappellano di triennio in triennio si eleg-
ga dagli assistenti dall' Abbadessa e dall' ordinario.

5. Che le donne di questo Conservatorio dovessero
essere vergini del popolo—e non potessero essere am-
messe senza il consenso degli assistenti, monache ed
ordinario; come ancora che non potessero farne parte
quelle che discendessero da padri che esercitassero
arti civili.

6. Che potessero entrarvi educande a ducati 20 ed otto tomoli di grano annui.

7. Che le monache dovessero pagare ducati 200 di dote all'entrata per una volta, o annui ducati 20 come meglio si decidesse dagli assistenti, monache ed ordinario.

Questo monastero soppresso in seguito, passò a far parte della benificenza, ed il 17 ottobre 1811 con apposito decreto, e con pubblico istrumento del 30 dicembre detto anno, per Notar Nicola Del Pezzo di Cosenza, la Commissione di benificenza, il concedè in enfiteusi al Comune di Cosenza per l'annuo canone netto di ducati 120. Questo canone per pubblico istrumento del 3 ottobre 1821 rogato da notare Raffaele Sorvillo di Napoli, fu dalla cassa di ammortizzazione rappresentata dal suo direttore Principe di Peraco D. Pasquale Serra, ceduto al signor Luigi Scarfoglio figlio di Gaetano.

Essendo per questo nuovo acquisto divenuto il Comune proprietario di due case, rendè l'antica troppo angusta a' suoi bisogni al Barone di Pietramala D. Odoardo Giannuzzi Savelli per ducati 3710—giusta decreto di autorizzazione del 13 luglio 1847—e verbale di aggiudicazione del 27 agosto detto anno.

VI.° Sotto Monsignor Morelli nel 1645 vennero in Cosenza i padri Carmelitani scalzi a' quali D. Lelio Donati diede un'abitazione ed un suo podere sito dietro la Regia Udienza. Per molti anni si servirono di questa casa come di Monastero; ma levata la pianta in faccia a levante d'un magnifico Monastero, e d'una più bella Chiesa, quivi passarono ad abitare, contendandosi di avere poche stanze e poche officine. Nel 1652 fu terminato il dormitorio che sta a Nord — e nello stesso anno la Chiesa che avea quattro cappelle, due da un lato, e due dall'altra, due cappelloni senza altari, ed un magnifico altare maggiore in fondo delle navate. Morto Maurizio Coscinelli, Barone della Scala, lasciò certa terra a' padri ch'essi cambiarono con Pompeo Cerino di Rende per molti territori in quel tenimento che loro fornivano vantaggiosa rendita. Soppresso nel 1783 , D. Giovanni Danero vi eresse un ospizio per l'educazione degli Esposili. Nel 1811, passato l' orfanatrofio al Monastero delle Vergini, vi si stabilì il quartiere della gendarmeria Reale. Accresciuto in seguito di molte fabbriche fu dalla Provincia destinato ad Ospizio de' Trovatelli.

## CAPITOLO NONO

I. Nuova vendita de'Casali di Cosenza nel 1644—reclamo dell' Università di Cosenza — Il Guzzolino scaccia il Saraceni procuratore del Salviati da Celico e da tutti i Casali—Lettera Regia di Filippo IV con la quale si dichiara nullo il contratto tra il Salviati ed il Duca della Torre — Conferma del privilegio di Cosenza e Casali del 1596 (anni 1634).

Iº. Or, mentre che queste opere si compivano in mezzo a noi, dirò cosa che non parrebbe credibile se non venisse attestata dalla storia, che non cessa di registrare gli avvenimenti così di laude degni , che di biasimo meritevoli.

Narrammo altrove come a'tempi del II Filippo propostosi dal Consiglio Collaterale il baratto de' Casali di Cosenza, e quelli e questa per sottrarsi ad una infeudazione che defilatamente li cacciava in servitù, si smunsero per ammanire la somma di ducati quarantamila, che pagati al Vicerè , Conte di Olivares nel 1596—con istrumento rogato da Notar de Martino in data del 20 dicembre detto anno, valse a farli restare nel Regio Demanio. .

Dicemmo in seguito, come progettatane nuovamente la vendita a' tempi del Duca d'Alcalà con manifesta violazione del cennato contratto , Cosenza e Casali se ne fossero di nuovo affrancati mediante il prezzo di altri ducati cinquantamila , che formarono oggetto di un nuovo istrumento rogato il 28 febbrajo 1631.

Ricorrendo , ora , il 1644 , il 4 di agosto il Re

da Praga riconfermò per privilegio quest' ultimo contratto, ed approvò quanto in esso si era praticato in seguito a domanda che gliene mosse l' Università.

Questa regia approvazione fu del tenore seguente.

Ideoque cum praefatae Universitates, et homines dictae Civitatis Consentiae, ejusque Casalium nobis humiliter supplicaverint, ut praeinsertum Instrumentum, et concessionem Regii Demanii Nostri Citerioris Siciliae Regni, et omnia, et singula in eo contenta declarata, expressa, et specificata, laudare, approbare, et confirmare, ac quatenus expediat de novo ipsam concessionem eisdem facere ex nunc Regia Munificentia dignaremur. Nos vero attentis ejusdem Universitatis fide erga nos, et gratis obsequiis, nec non volentes facta, gesta, recepta, atque promissa per Proreges, plena ad id potestate soffultos, valida, et fructuosa existere, petitioni praefatae libenter duximus annuendum. *Tenore igitur praesentium ex certa scientia, Regiaque auctoritate nostra deliberate, et consulto ac ex gratia speciali, maturaque Sacri Nostri Supremi Consilii accedente deliberatione, Regii nostri Demanii concessionem per aedictum Proregem, tamquam mandatarium Regium, ut supra praedictis Universitati, et hominibus dictae Civitatis Consentiae, et ejus Casalium, habitantibusque, et in futurum habitaturis in eis factam, vigore dicti praeinserti instrumenti, ac instrumentum ipsum, omniaque, et singula in eo contenta, promissa, et declarata in omnibus articulis, et clausulis in eodem descriptis, et appositis, juxta ipsius seriem, continentiam, et tenorem, quamvis nulla alia indigeat ratificatione, et approbatione, ad majorem cautelam dictae Civitatis, et Casalium, acceptamus, approbamus, ratificamus, et confirmamus, illisque robur, et auctoritatem nostram impartimur, et quatenus opus est aeque principaliter, et de novo dictas Universitates, et homines dictae Civitatis Consentiae, et ejus Casalium, habitantesque, et habitaturos in eis in Regium nostrum Demanium dicti Citerioris Siciliae Regni recipimus facimus, constituimus, erigimus, ae in perpetuum de nostro Regio Demanio esse volumus, attenta*

*forma praeinserti instrumenti , et cum omnibus pactis ,
promissionibus , reservationibus , obligationibus, conven-
tionibus qualitatibus, conditionibus, et aliis clausulis in
eo appositis , et descriptis , quae volumus in praesenti*
nostro Confirmationis , et novae concessionis Privilegio
haberi pro repetitis et de novo expressis , Decernentes
expresse, quod omnia praemissa ejusdem sint momenti, et roboris, *ac si a nobis ipsis immediate concessa et
pacta, atque transacta forent,* promittentes nihilominus
tenore praesentium , *de dicta certa nostra scientia ; et
sub fide, et verbo Regio* praefatam approbationem, ra-
tificationem, et confirmationem, ac omnia praemissa in
praefato Instrumento contenta, promissa , apposita, et
declarata *semper, et omni futuro tempore ratam, et fir-
mam, ac rata, et firma habere et-tenere ,* eaque omnia
eisdem Universitati, et hominibus dictae Civitatis Consentiae, et ejus Casalium, ac ut supra *observare, et facere per haeredes , et successores nostros in dicto Citerioris Siciliae Regno* Regiamque Curiam, et per quo-
scumque nostros Officiales *Maiores, et Minores,* ac alias
quasvis personas, cujuscumque gradus, Status, et con-
ditionis existant, et in nullo *contra facere, dicere, vel
opponere in judicio, sive extra, directe , vel indirecte ,
palam, publice, vel occulte, aut alio quovis quaesito colore;* Volentes, et decernentes expresse, quod hujusmo-
di ratificatio , confirmatio , et approbatio sit , et esse
debeat praedictis Universitatibus Civitatis Consentiae,
et ejus Casalium praedictorum , omnibusque eorum
hominibus , ac posteris , et successoribus suis *in perpetuum ut supra, stabilis, Realis , valida, atque firma ,
nullumque in judiciis , aut extra sentiat impugnationis
objectum, defectus incommodum, aut noxae cujuslibet alterius detrimentum,* sed in suo semper robore , et firmitate persistat: Et ut praemissa, quem volumus for-
tiantur effectum, *Serenissimo propterea* **BALDASARI
CAROLO** *Principi Asturiarum, Gerundae, Ducique Calabriae,* **FILIO PRIMOGENITO** *nostro charissimo ac
post felices , et longaevos dies nostros in omnibus Re-
gnis , et dominiis nostris (Deo propitio) immediato hae-
redi, et legitimo successori intentum aperientes Nostrum,*

*sub paternae benedictionis obtentu dicimus, eumque ro-*
*gamus; Illustribus vero Spectabilibus, Nobilibus Magni-*
*gnificis dilectis Consiliariis, et Fidelibus nostris Proregi,*
*Locumtenenti et Capitaneo Generali, nostro Magno Ca-*
*merario, Protonotario, Magistro Justitiario, eorumque*
*Lucumtenentibus, Sacro nostro Consilio Castri Capuani,*
*Praesidentibus, et Rationalibus R. C. Summari, e, Re-*
*genti, et Judicibus Magnae Curiae Vicarie, Scribae Por-*
*tionum, Thesaurario nostro Generali, Advocatis quoque,*
*et Procuratoribus Fiscalibus, ceterisque demum univer-*
*sis, et singulis Officialibus, et Subditis nostris majoris*
*et minoribus, quocumque nomine nuncupatis, titulo, effi-*
*cio, auctoritate, et potestate fungentibus, tam praesen-*
*tibus, quam futuris in eodem Regno constitutis, et con-*
*stituendis, dicimus, praecipimus et jubemus, quatenus*
*forma praesentium, et dicti praeinserti instrumenti Re-*
*gii nostri Demanii concessionis, per eos, et eorum quam-*
*libet diligenter attenta, illam, et omnia, et singula su-*
*prafatae nostrae confirmationis, et novae concessionis*
*Privilegio contenta praedictis Universitati, et hominibus*
*dictae Civitatis Consentiae, et ejus Casalium, habitanti-*
*busque, et in futurum habitaturis in eis observent, ob-*
*servarique faciant, per quos decet, juxta illarum for-*
*mam, et tenorem, omni dubio, et difficultate cessantibus;*
*contrarium nullatenus tentaturi ratione aliqua, sive cau-*
*sa, si dictus Serenissimus Princeps Filius noster charis-*
*simus nobis moremgerere, caeteri autem Officiales, et*
*Subditi nostri praedicti gratiam nostram charam habent,*
*ac praeter irae, et indignationis nostrae incursum, poe-*
*nam ducatorum mille nostris inferendorum aerariis cu-*
*piunt evitare. In cujus rei testimonium, praesentes fieri*
*jussimus, nostro magno negotiorum praefat citerioris Si-*
*ciliae Regni Sigillo pendenti munitas.* Datum in Oppido nostro Fragae, die quarto mensis Augusti, anno a
Nativitate Domini millesimo sexgentesimo quarto. Regnorum autem nostrorum anno vigesimo quarto.

YO EL REY

Vidit Neyla Regens — Vidit Munos Regens — Vidit Capycius Galcota Regens, — Vidit Cusanus Regens — Vidit Potenzanus , Regens — Dominus Rex mandavit Mihi D. Innico Lopez de Carate—solvit ducatos duos, tarenos duos— Villare al Taxator — In Privilegiorum Neapolis XIX. fol. CCV.

Questa approvazione porta la data del 4 agosto 1644. Or chi 'l crederebbe, che nello stesso anno sorgendo nuovi bisogni, il Duca di Medina dalla Torre vendeva per la terza volta i Casali di Cosenza in Napoli, mentre che in Praga il Re accordava l' *exequatur* al contratto già da un altro Vicerè eseguito nel 1631?

Intanto, la cosa stava veramente così, ed il 3 e 5 maggio 1644, gittato pel Regno il bando della vendita, il Marchese Vincenzo Salviati se ne rese aggiudicatario: ed avutane la riconferma il 4 febbrajo dell'anno 1645 avea spedito a prenderne possesso co' suoi fedeli qual suo procuratore il Cavaliere di Malta signor Saraceni Toscani, che prese stanza in Celico.

È veramente inconcepibile un Governo, che mentre un anno primo ha approvata una vendita fatta de'Casali nel 1631 — un anno dopo, ne approva un altra , mentre sa che n' esiste una non rivocata.

L' Università di Cosenza e Casali si affrettò di spedire i suoi privilegi ed i suoi istrumenti di compera alla Corte ; ma siccome questa tardava a decidervi, narra l' Arena , che Isidoro Cuzzolino, alla testa di duemila Casalesi assaltò il Saraceni fin dentro Celico, donde cacciato, e cacciatolo da tutti i Casali, lo astrinse a ritornare in Napoli con immenso scorno del governo, e grandissimo malumore pubblico, che dopo questo fatto non riconobbe più limiti.

Il conteguo adottato da' Casalesi e da' Cosentini in questa vicenda, la petizione che avanzarono e fecero giungere al Re fin dentro a Saragozza , indussero Sua Maestà il 18 di ottobre del 1646 di scrivere una regia lettera con cui si dichiarava nullo il contratto stipulato tra il Duca della Torre ed il Marchese Salviati, e per la quale i Casali di Cosenza veniano restituiti al Regio Demanio, e conservati nei loro privilegi—Lettera; che fu osservata dal Vicerè e dal Consiglio Collaterale il 1447, e resa esecutiva per analogo privilegio che se ne firmò a Napoli in data del 31 ottobre 1648 è del tenore seguente.

### EL REY

« I Lustre Duque de Arcos Primo nuestro Virrey,
« Lugarteniente, y Capetan General: a instancia de la
« Ciudat, y Casales de Cosencia tube por bien de man-
« daros; que con tres associados de mi Consejo de Ca-
« stilla, se viesse en este mi Supremo de Italia en gra-
« do de revista la resolucion, que en veinte, y uno
« de Febrero del anno pasado de mil, y sei scietos,
« y quarenta, y cinco havia mandado tomar de con-
« firmar la venta de dichos Casales hecha en esse Rey-
« no al Marques Vincencio Salviati, y haviendose he-
« cho, se dio por el dicho Consejo, y Associados la
« sentencia del tenor, que sigue.
« A treynta de Agosto, de mil sei cientos, y qua-
« renta, y seis, haviendose visto en justica por el Con-
« seyo Supremo de Italia con los Associados, que S.
« M. ha nombrado en revista el pleyto, que pendia en
« el, entre la Ciudad, y Casales de Cosencia en el Rey-
« no de Napoles, y Marques Vincencio Salviati. Visto
« assimismo las ventas hechas de dichos Casales por
« el Duque de Medina da las Torres, y Almirante de
« de Castilla, siendo Virreyes en el dicho Reyno de
« Napoles, en tres, y quinze de Majo de mil, y sei-
« scientos, y quarenta, y quattro, con lo contenido en
« los instrumentos dellas, y la confirmacion, que en
« vista se ordenò de dicha venta, en veinte, y uno de
« Febrero de mil, y seiscientos, y quarenta, y cinco,
« y tambien los Privilegios, que alegan la dicha Ciu-
« dad, y Casales, lasdos transactiones hechas por los
« mismos con al Fisco, en los anno de mil, y qui-
« nien tos, y noventa; y seis, y mil, y seiscientos, y

« treynt, y uno, y el precio de noventa mil ducados,
« per por ellas, desembolzaron, y los autos promei-
« dos en favor de dichos Casales, en diez, y siete de
« Febrero, diez, yseis de Iunio, y quattro de Agosto
« de mil, y seiscientos, y quarenta, y quattro, en que
« se confermaron las dichas transactiones, y privile-
« gios, ylos memoriales, y demandas questas assi por
« el Senr Gran Duque de Florencia, como por el di-
« cho Marques Vincencio Salviati con otros, que la
« Ciudad, y Casales han presentado, y en su nobre el
« Doctor Juan Barraca su Procurador; haviendo uydo
« a ambas partes con sus Abogados; y considerando
« con la devida attencion los Sennores Licenciado Jo-
« seph Gonzales, D. Antonio de Valdes, y D. Franci-
« sco de Cobles del Consej Real de Castilla Associados
« en esta causa de revista, y los Sennores Regentes
« del Consejo de Italia Marques Luis Cusano Roque
« Potenzano, D. Miguel Salamanca Comisario, D. Al-
« fonso de Agras, y L. Francisco Merlino, Dijeron,
« declaron, y sentenciaron en grado de revista, quel
« el auto, que se proveyo per el dicho Consejo de
« Italia en veinte, y uno de Febrero de mil, y sei-
« scientos, y quarenta, y cinco a favor del dicho Mar-
« ques Vincencio Salviati, confermando la venta de
« dichos Casales, se haya de revocar, y que el auto,
« que se proveyo el dicho dia diez, y seis de Junio
« de mil, y seiscientos, y quarenta, y quatro, por el
« qual se dixo, que la venta hecha de dichos Casales,
« y posesion, que dellos se dio al dicho Marques Vin-
« cencio Salviati se reduzca *ad pristinum*, como aten-
« tada contra la forma de dichos Privilegios, transa-
« ctiones, y ordenes de Su Magestad, restituyendo la
« dicha Ciudad, y Casales de Cosencia en la posesion
« del Real Demanio, como estavan antes de ser ven-
« didas, se haja, y deba confermar, y sentenciaron
« nulas las ventas hechas de dichos Casales por los
« dichos Duque de Medina de las Torres, y Almiran-
« te de Castilla, confermando las dichas transactiones,
« y assi lo declararon, sentenciaron, firmaron de sus
« nombres dicho dia, mes, y ano, Licenciado Joseph

26

« Gonzales, Licenciado D. Antonio Valdes, D. Fran-
« cisco Robles Villane, Luis Cusano, Marques de Pon-
« te, Roque Potenzano, el Regénte D. Miguel de Sa-
« lamanco, D. Alfonso de Agras, y D. Francisco Mer-
« lino. Y siendo justo, que la dicha sentencia tenga
« su devido cumplimiento, os encargo, y mando pro-
« veais, y deis la orden, que convenga, para, que lue-
« go, como se os presentera est mi orden, se execute
« y cumpla justa su serie y tenor, sin replica, ni con-
« tradiction alguna, y que en conformitad della, pon-
« gais en la posesion de mi Real Demanio a los di-
« chos Casales, paraque gozen del, y le tengan segun;
« y de la manera, y en la misma forma, que le te-
« nian, y gozavan antes de la venta dellos ordenando
« se excute, y cumpla la orden que mande dar sobre
« esto en veinte, y tres de Junio, en virtude dede-
« creto del dicho Consejo, de diez, y seis del mismo,
« de mil, y seiscientos, y quarenta, y quatro, y tam-
« bien el Privilegio de confirmacion del dicho Dema-
« nio despachado en quatro de Agosto siguinte del di-
« cho ano de mil, y seiscientos, y quatro, que se guar-
« den, y cumplan las transactiones referidas por quanto
« se ha determinado en justicia, y procede de mi de-
« terminada voluntad, y me avisareis de haverse assi
« todo executado. La presente resta al presentante Da-
« da en Saragoza a diez, y ocho de Octubre de 1646.
« annos.

YO EL REY

Vidit Salamanca Regens — Vidit Cusanus Regens—
Vidit Agraz Regens—Vidit D. Franciscus Merlinus Re-
gens Carate Secretarius. In partium Neap. 23. fol 22.
Nil fol. vit, quia triplicatum, Roccus de Ariculeta
Taxator.

« Al Virrey de Naples con la sentencia, que se ha
« data a istancia de la Ciudad, y Casales de Con-
« sencia paraque se execute — Consultado — Locus Si-
« gilli.

Per escecuzione delli quali vi fu interposto decreto

del tenor seguente, v3. *Super executione Regiarum Li-*
*terarum Suae Catholicae Majestatis, expeditarum sub die*
*18. mensis Octobris 1646. ad beneficium Casalium Ci-*
*vitatis Consentiae super petito Demanio, ut in actis.*
*Die 19 mensis Julii 1647. Neapoli, facta relatione*
*S. E. in Regio Collaterali Consilio, Illustrissimus, et*
*Excellentissimus Dominus Vicerex, Locumtenens, et Ca-*
*pitaneus Generalis, providet, mandat, atque decernit, quod*
*exequantur praedictae Literae suae Catholicae Majesta-*
*tis, et debitae exequutioni demandentur juxta ipsarum*
*seriem, continentiam, et tenorem, hoc suum, etc. Zufia*
*regens—Casanate Reg.—Sanfelicius R. Carolus Capycius-*
*latro Reg. Petrus de Falce Reg. Cancell.—Supplicatum*
*propterea nobis humiliter extitit pro parte retroscriptae*
*Universitatis, et hominum Civitatis praedictae Consen-*
*tiae, et ejus Casalium, quatenus Regias Exequutoriales*
*Literat, pro praemissorum exequutione sibi expediri fa-*
*cere dignaremur; Nos itaque viso tenore praedicti prae-*
*inserti Regii Privilegii, ac Regiarum Literarum Suae*
*Majestatis, valentes, ut tenemur Regis obedire Manda-*
*tis, tenore praesentium praecipimus, et mandamus om-*
*nibus supradictis Officialibus, Tribunalibus, et personis*
*hujus Regni, majoribus, et minoribus, praesentibus, et*
*futuris, ad quos, seu quem praesentes pervenerint, spe-*
*ctabunt, et fuerint quomodolibet praesentatae, quatenus*
*attenta per eos, et unumque, ipsorum forma, et tenore*
*praedicti praeinserti Regi privilegii; ac praeinsertarum*
*Regiarum Literarum, illum, et illam sit, et esse debeat*
*praedictis Universitatibus, Civitatibus Consentiae, et ejus*
*Casalium praedictorum, omnibusque eorum hominibus,*
*ac posteris, et successoribus suis in perpetuum, ut supra,*
*stabilis, realis, valida, atque firma; nullumque in judi-*
*ciis, aut extra sentiat impugnationis objectum; defectus*
*incommodum, aut noxae cujuslibet alterius detrimentum,*
*sed in suo semper robore, et firmitate persistat, et ut*
*praefertur ad unguem inviolabiliter observentur, et exe-*
*quantur, ac exequi, et observari faciant, per quos decet,*
*juxta praeinserti Regii Privilegii, ac praeinsertarum Re-*
*giarum Literarum seriem continentiam, et tenorem, omni*
*dubio, et difficultate cessantibus, lapsu temporis non ob-*

*stante; et amplius ad majoris gratiae cumulum, volumus, et decernimus, quod praesens Privilegium registrari debeat in Registris, et quinternionibus Regiae Camerae Summariae, pro futura partium cautela praedictae Universitatis, et hominum Civitatis praed. Consentiae, et Casalium; et ejus contrarium non faciant pro quanto gratiam praefatae Majestatis charam habent, ac poenam ducatorum mille cupiunt evitare. In quorum fidem has praesentes fieri fecimus, magno praefatae Majestatis Sigillo pendenti munitas. Datum Neapoli in Regio Palatio, die 31 mensis Octobris 1648.*

#### EL CONDE DE VILLAMEDINA

Vidit Zufia Regens—Vidit Casanata Regens — Vidit Caracciolus Regens—Vidit Capyciuslatro Regens—Vidit Garzia Begens—Dominus Vicerex, Locumtenens, et Capitaneus Generalis mandavit mihi Joanni Angelo Barili—Solvit, etc. In Privilegiorum IV, fol. 109.

Esecutoria di Real privilegio, e preinserte Reali Lettere, per le quali Sua Maestà confirma l' istrumento, che si fe' per l'Illustre Duca d'Alcalà, essendo Vicerè di questo Regno, ammettendo al Regio Demanio la Università, et homini della Città di Cosenza, e suoi Casali, con le condizioni in esso contenute, servata la forma del preinserto decreto, interposto per l' Illustri Predecessori di V. E. e Regio Collateral Consiglio, in forma Reg. Cancell. etc.—De Falces.

Concordat cum suo originali registro, quod conservatur in Regia Cancellaria, meliori collatione semper salva. Datum Neapoli in Regia Cancellaria, die 23.— mensis Julii 1720.—Dominicus Imparatus Scriba Registri (1).

---

(1) U. J. D. Franciscus Antonio Gabriel Deputatus Fidelissimorum Consentiae Casalium, imprimi curavit. Neapoli, die 19. mensis Septembris 1720.

# LIBRO DECIMOSESTO

---

## CAPITOLO PRIMO

I.° Atti così scandalosi consumati dal Governo, che dovea essere modello di giustizia e di probità—i nuovi aggravî ed i nuovi balzelli estorti a forza , senza rispetto alle strettezze ed alla miseria de' cittadini — un donativo d' un milione imposto per riscuotersi con pegni, con carcerazioni, con minacce per sostenere la guerra di Catalogna , e per spedirvi da Napoli ottocento cavalli e quattromila pedoni sopra ventisei navi, sparsero finalmente il seme di quella rivoluzione che scoppiata in Napoli trovò un eco generale nel Regno— e che facendo sperare migliore avvenire, e governo migliore, travolse il Regno in un mare di sangue, donde non uscì che per essere più misero di prima, e col rimorso di aver troppo tentato, e forse perciò non conseguito nulla.

Per ciò che riguarda la nostra città lo stato delle cose più che altrove precipitava ad una certa rivoluzione, per la scissura tra' cittadini, che gli uni rendea nemici degli altri—questi di quelli cospiranti al danno, e tutti, tranne i nobili, pronti ad insorgere per ricuperare colle armi que' dritti e quelle ragioni, che dal Governo e dalla Nobiltà locale venivano infrante e calpestate. Quest' ultimi, satelliti e sgherri sempre del potere che dettava la legge, sia che fosse arbitrario, o che costituito si dicesse, erano gli unici che al voto universale contrastavano, e per desiderio di mostrarsi dal popolo divisi anche in ciò che tendea al bene comune; e per l'utile che a danno di questo loro ne provenia. Infatti, introdotta mercè loro la zizania nella Piazza degli Onorati, onde ritiratisi di là i probi e gli onesti, vi restarono i decaduti di fortuna e chi deferisse al volere della Nobiltà, e cacciatosi così il governo delle cose in mano onde derivò che donne e signori si proclamassero dello intero paese, d'insoffribili imposizioni e collette gravarono il popolo; anzichè a vantaggio della Regia Corte ad utile proprio il lucro scandaloso convertendone.

Concorrea a rendere insoffribile l'amministrazione di costoro, l'alterigia e la boria di che circondavano la loro vita, e di che ornavano le loro parole e i loro sentimenti, secondo i quali veniano dileggiati gli Onorati; insultati quelle rispettabili famiglie che comechè nobili non apparteneano al Sedile; riguardati i dottori, ceto distintissimo, come gentaglia che avea avuto l'ardire di pretendere alla votazione del Sedile; ed il popolo in generale come canaglia da domare e fare stare al segno non altrimenti che colle bestie indomabili si usa.

Favorì l'unanime desiderio de'cosentini la sommossa avvenuta in Napoli, sotto la direzione di Masaniello, pescivendolo Amalfitano, che come iniziò la rivoluzione generale, sollevò lo spirito pubblico a speranze di migliore avvenire, i decisi rese risoluti, i timidi indusse a decidersi, e gli apati scosse ed astrinse a dar segni di vita ed energia.

In tal torno, per scongiurare la tempesta che già sordamente rumoreggiava dall'uno all'altro capo del Regno, il Viceré spedì al nostro Preside Filamarino improvviso dispaccio, con cui si prometteano franchezze bellissime, ed esenzioni di jussi fiscali che di grande utile poteano al popolo tornare in quella vicenda, che la miseria spaventosamente impiagava le sostanze de' privati. Volle ventura, che il Preside letto il dispaccio a Maurizio Sersale, ed a Nicola Maria Pollastro, sindaci delle due piazze, costoro seguendo il consiglio di Pompeo Sambiasi ed altri nobili, lungi dal porlo in conoscenza del reggimento, s' indussero ad occultarlo finchè dal Vicerè non se ne ottenesse la rivoca. Imperocchè, come la notizia se ne diffuse per la città, e si seppe la risoluzione de' nobili, che per le franchigie veniano a perdere la parte più bella della loro rendita, oramai non poggiata che su le gabelle comunali, il popolo ruppe ogni freno alle sue esitazioni, e scosso finalmente il giogo di questi tirannelli che si pasceano delle sostanze sue, ricordossi di essere d' origine Bruzio, e Bruzio mostrossi.

Alla risoluzione de' nobili di tener celato il Dispaccio, che le franchigie annunziava, avea grandemente contribuito Pompeo Sambiasi, che come appaltatore delle gabelle comunali, sapea di che danno sarebbe tornata l' esecuzione del decreto a' nobili ed a lui che massimamente ne profittava, se il Vicerè nol rivocasse. L' odio del popolo e l' ira scagliandosi quindi sui nobili, prese principalmente di mira costui, che dei pubblici aggravii s' era reso lo strumento maggiore. Era il popolo venuto a cognizione del tranello che gli si ordiva, per la spensieratezza del Sersale, il quale di buona fede com' era, incontratosi in alcuni popolani, che delle franchigie venute ed occultate tenean motto, volendosi dare una certa aria d'importanza, non solo si contentò di amplificarle, ma di mostrar loro con tutto mistero copia del dispaccio, secondo il quale il popolo di Cosenza venìa esentato di pagare la gabella del macino, che richiedea lo sborzo di due carlini a tumolo, purchè non fosse panettiere e sette per chi 'l fosse — l' esenzione delle gabelle sulle grasce — e la restituzione de' pegni che si erano fatti per realizzare il donativo ultimamente decretato d'un milione.

Mercè la lettura della cennata copia divenuto certo ciò che presso del popolo era tuttavia tenuto come possibile, gran mormorio si fe' contro i nobili che ne occultavano la pubblicazione, e grandi insulti si spiccavano contro il Sindaco Sersale, che arrogandosi un potere che non avea, ardiva opporsi alle disposizioni del Vicerè.

Per discutere minutamente questo affare, e prendere quel partito che meglio all'interesse del popolo si addicesse, Capitan Giuseppe Gervasi e Daniele Quintieri della Piazza degli Onorati, D. Lelio Cristiano nobile, e Francesco Azzimbaturo civile, pensarono di tener sessione pubblica nel Monastero di S. Agostino, ove intervenuto il Bruno, procuratore *ad lites*, Scipione Cucchiaro e Luca Greco degli Onorati, il Sindaco Pollastro e maestri e bottegai, e popolo immenso, si convenne a premura del Gervasi di costringere i Nobili al dovere collè armi ove che colla ragione non volessero piegarsi — le franchigie ricevute a rendere tosto di pubblica ragione, e cominciare da quel giorno a rifiutare il pagamento delle gabelle della grascia colpitè.

Narra l'Arena: che ci ha fornito tutto il materiale per questo tratto interessantissimo di patria Storia, che Giuseppe Gervasi fosse Capitano di fanteria, ed avesse tre fratelli coi quali cingea spada, e narra che così egli che i fratelli Flaminio, Pietro Antonio, e Francesco avessero sempre cercato di separarsi dagli Onorati, e venire aggregati al sedile de' nobili; ma che per l'inimicizia che stava tra Capitan Giuseppe e la famiglia Sambiasi non mai riuscito lor fosse. Espone ancora il motivo di questa nemicizia che fu tanto fatale a' Sambiasi e dice: che ne fu causa Andrea Biscardi macellaio, il quale vendea la carne ad un peso minore del legale fidandosi in Lodovico Sambiasi, che lo spalleggiava e proteggea, per le quali frodi cacciato in arresto dal Civitelli della piazza de-

gli Onorati , si accese tra il Civitelli ed il Sambiasi
tal rissa dirimpetto lo stesso macello del Biscardi, che
essendone venuti alle armi, ed essendo accorsi al tafferuglio Capitan Gervasi e suo fratello Pietro Antonio, fu da quest'ultimo tirato pria un colpo di pistola che non prese fuoco contro il Sambiasi, e poscia
de' colpi colla culatta del fucile, e che quegli di rimando tale stoccata, che per poco non gli perforò la gola.
Dice lo storico che all'allarme datosene per la città,
tutt'i nobili che si trovavano alla giostra accorres-
sero co'parenti e gli amici in soccorso del Sambiasi,
e contro i due Gervasi e Civitelli, che fortificatisi nella Chiesa di S. Giovanni Gerosolimitano , riuscirono
immuni della loro vendetta, comechè avessero corso il
pericolo di venir bruciati in quella chiesa, attorno alla quale i nobili avean posto opera per appiccare il
fuoco : fatto che non avvenne pel soprarrivo delle
regie forze, che al tumulto imposero termine.

Quest' avvenimento era successo molto tempo prima
del terremoto del 1637, cosicchè fino a quell'epoca, così i Gervasi che il Civitelli sottoposti ad accusa, e ful-
minati di carcere, andarono ramingando fuor di città
ove prima non rientrarono di quest'epoca dolorosa, in
cui il Sambiasi fe' a tutte e tre le bramate remis-
sioni.

Comechè apparentemente nel 1637 fosse seguita la
conciliazione , pure restò tra loro coverto di cenere
quel malumore , che riaccesosi altra volta , fu cagione di danni seriissimi all' una ed all' altra famiglia.

Parve, adunque, al Gervasi che il momento di dar
mano alle proprie vendette fosse omai giunto : pure
volendo velare quanto più fosse possibile il primo movente che spingealo , finsesi di farsi il difensore del-
l' intero popolo contro l' eccedenze della intera nobiltà, e contro della quale rialzandosi in quella congiuntura parlò così in mezzo dell' assemblea che sempreppiù numerosa addiveniva.

« Miei cari : sono così palesi le oppressioni di che

« afflissero il popolo i Nobili Cosentini ne' tempi pas-
« sati, e di che tutto dì l'aggravano, che io crederei
« dir cose superflue se per poco volessi esagerarle,
« o in qualche modo rassegnarle. Stimo bensì ricor-
« darvi, che non è scorso un secolo, e per via d'intri-
« ghi procuraronsi delle regie lettere con cui acqui-
« starono la nobiltà, separandosi in tal modo dal cor-
« po popolare, da' concittadini non graduati; e però
« togliendo alle maestranze il dritto e le prerogative
« che aveano al governo della città da' Serenissimi
« passati principi ottenute in concessione. Nè in ciò
« arrestossi la loro malvagità; imperocchè chiudendo
« il Sedile financo a' Dottori contro tutte le conces-
« sioni regie, che questi ottenute aveano, si usurpa-
« rono i nobili per le loro donne i due Monasteri di
« S. Chiara e delle Vergini, che prima erano comuni
« alle due piazze; e perchè una marca di divisione
« più specchiata sorgesse tra essi ed i popolani, ed
« il potere municipale totalmente potessero in mano
« cacciarsi, mercè zizanie e tranelli posti tra gli Ono-
« rati ridussero i membri di questa Piazza a diser-
« tare i loro seggi: onde divenuti signori della cosa
« pubblica, su di questa alimentarono i propri vizî,
« e ristorarono le proprie finanze: permettendo che
« il popolo in loro anzichè fratelli trovasse degli op-
« pressori e de' tiranni.

« Miei cari, è uopo che termini questa tresca scel-
« lerata — e fa d'uopo che vi risolviate e deliberiate
« se volete che cessino quelle taglie, quelle collette,
« que' dazî ch' essi arbitrariamente impongono per so-
« lo utile e vantaggio proprio, sottraendosene essi i
« primi — e fraudendone la Regia Corte, con sommo
« danno di questa, e vostro, che ne dovete soffrire
« altre da questo lato, perchè col retratto di esse si fac-
« cia fronte alle spese necessarie al Governo della
« città. »

Non ebbe terminato il Gervasi, e l'Assemblea ad u-
nanimità decise di trarre dal Preside a chiedergli l'e-
secuzione delle franchigie, la punizione di coloro che

il dispaccio aveano cercato o consigliato di occultare;
e la restituzione de' pegni fatti pel donativo del milione, come si è detto, di su.

Tutto promise il Preside — e tutto per un momento sembrò che nella calma abituale rientrasse.

## CAPITOLO SECONDO

I. Isidoro Cuzzolino chiede l'immediata esecuzione delle franchigie — I Nobili si logorano la mente in pensare come il Vicerè potesse rivocare le franchigie accordate — Pensano spedire un corriere a Napoli — A questa nuova il popolo si solleva.

I.° Avvenne quando narrammo nell'altro Libro il
14 luglio 1647, e siccome era giorno di domenica,
i popolani non occupati dal lavoro, secondo il solito,
giravano per la città o pe' suoi dintorni, diportandosi
per quanto le loro finanze il consentisse. Gran parte
di essi, per l'attualità, si era riunita innanzi alla Chiesa Madre, ove vedendo venire il Gervasi co' suoi, reduce dalla missione presso il preside, sel mise in
mezzo perchè meglio venisse istrutta del tenore delle franchigie occultate, e di ciò che il Preside avesse disposto, e di ciò che generalmente si pensasse di
fare.

Per discorrere sull'istesso argomento gran parte
de' nobili si era riunita nella strada Giostra, ond' è
che dettosi al popolo ch'essi quivi congiurassero, maggiormente si accrebbe il suo malumore, e partiti vio-
lenti là per là misesi a proporre. Veramente, i nobili
quivi congregatisi menavano la frusta addosso al Sersale che il Dispaccio aveva reso di pubblica ragione;
e Pompeo Sambiasi e Francesco Antonio Barracco pro-
poneano di spiccarsi staffetta al Vicerè, perchè le franchigie rivocate avesse, durante lo arrivo della quale
rivoca se perdurasse ad esigere le gabelle e delle minacce popolari poco conto si facesse.

Riferiti questi discorsi al popolo ; e giudicati veri per un riscontro reale che ne aveano veduto in una ordinanza cacciata fuori da Girolamo De Matera, Mastrogiurato e Proluogotenente della Regia Corte: che il Sindaco avesse con ogni rigore fatta riscuotere la gabella del macino ; il Gervasi intesosi con Isidoro Cuzzolino del Casale di Rovito decise , che l' esecucuzione delle Franchigie si dovesse realizzare in quel punto istesso — e che andandosi da' Nobili alla Giostra se ne ottenesse tosto l' adesione , e la rivoca si facesse redigere al De Matera dell' ordinanza emessa.

Deputato il Cuzzolino a questa impresa con una pistola in mano , e seguito da circa 500 popolani cacciossi alla Giostra , ed intimò recisamente al Sindaco Sersale che si abolissero le gabelle della farina, i pegni in atto si restituissero, ed il Dispaccio che queste franchigie accordava tosto si pubblicasse. Il contegno del popolo e le aspre parole del Cuzzolino spaventarono talmente i nobili , che il Sindaco col cappello in mano tutto promise e con bel garbo tutto accettò.

Però, rimasta oltremodo avvilita la nobiltà per questo fatto — e non poco disastrata negl' interessi colla perdita di queste gabelle , oramai divenute il corpo della loro rendita maggiore, diedesi a fantasticare in qual modo potesse far rivocare le franchigie — e che fare perchè il Vicerè potesse tosto emettere decreto cosiffatto. L' unica via che a lei sembrava che conducesse all'assunto, era spedir corriere a Napoli, che il desiderato decreto di rivoca chiedesse. Or sia che col fatto per lei questo corriere si spedisse, e sia che fosse un sospetto del popolo, o che il Gervasi il facesse insorgere perchè potesse tornargli comodo a menare a compimento i formati progetti, gli è certo, che come ciò a buccinar cominciossi, nuove riunioni si videro nelle pubbliche piazze e nuove capannelle—cose che infine finirono con travolgere la Città in quella tempesta che tra breve descriveremo.

Il Gervasi, il Quintieri , l' Azzimbaturo e l' Arcuri

in sul mattino del giorno 15 recaronsi nella piazza
maggiore, e quivi divulgando la notizia della staffetta
prossima a partire, ritornarono a gravar la mano
sulle oppressioni de' nobili, ed al bisogno che aveva
oramai il popolo di finirla con essi. Temendosi qualche sommossa dal Sersale, il quale in realtà non era
tanto accanito quanto gli altri del suo ceto, tolto a
compagno Gio. Battista Cavalcanti, divisò di recarsi
nella Piazza, perchè col Gervasi e consorti potesse parlare, e la questione alla meglio comporre. Ebbe luogo
l'abboccamento nella cattedrale, ma fu interrotto per un
tafferuglio improvviso sorto tra popolani, che fe'credere
all'una e all'altra parte che di già si fosse dato di piglio alle armi. Da questo abboccamento nulla non uscì
di buono ; ma gran male stava per uscire da quel pa-
rapiglia : imperocchè Paolo Bombini un di que'nobili che consigliavano troncar le chiacchiere del popolo
colle armi, supponendo che i popolani avessero messe
le mani addosso al Sersale, sfoderata la spada, come
un leone cacciossi tra le masse del popolo dalle quali,
fu gran miracolo l'uscir libero, e non ridotto a brani,
come per molti di già si era tenuto.

In tal torno, si suonarono a stormo le campane di
S. Agostino, della Cattedrale, si gridò *serra serra* —
il popolo furioso corse a denunziare il fatto della staffetta al Preside — dalla casa del preside piombò in
quella di Carlo Travo, impiegato di posta che diceasi
avesse trovato il corriere, e favorito i nobili — che
non trovato tosto lasciò, per recarsi innanzi al largo
di S. Francesco, ove si deliberò di spedire altro corriere in senso opposto a quello de' Nobili. In tal congiuntura, salvossi il Travo perchè fuggì di casa, salvossi il Sindaco degli Onorati Pollastro, creduto partiggiano de' nobili che si rifuggì in Torzano, molti
nobili si nascosero chi in un luogo e chi in un altro—
e tranne pochi che bravavano questi tumulti, e con-
sigliavansi a respingere la forza colla forza se uopo
ne fosse, il resto congregossi ne' Gesuiti, ove andando
defilato alla sorgente di tutti questi movimenti popolari, per ripararvi, propose l'aggregazione del Ger-

vasi al Sedile, proposta che favorita da' Cavalcanti
diè luogo all' apertura delle analoghe trattative col Gervasi, che per altro non potettero essere menate a
compimento, per un nuovo tumulto che sorse in piazza, e per le minacce di morte, che, questa volta
svelatamente furono contro i nobili pronunziate.

Conoscendosi allora che la posizione si rendea sempreppiù pericolosa, i Telesi, i Barracco, i Sambiasi ed
altri pensarono di fortificarsi nelle proprie case facendo venire dai propri feudi e beni persone armate
che la facessero di guardiani. Fattostà, che questa
misura di precauzione lungi di sedare i tumulti ne fu
il principale movente. Si disse che i nobili avessero
fatte venir quelle forze per dare addosso al popolo, si
esegerò la cifra degli armati venuti in Città, e si rac-
contava che nella notte n' era entrato un numero incredibile. Si dipinge il pericolo del popolo come grandissimo, imminente, si gridò all'armi, e quando tutti
corsero d' armi a provvedersi, il Gervasi usando prie-
ghi, minacce, promesse diedesi ad ammonire munizioni
polvere palle, facendone requisizione in città e fuori
di giorno e di notte—e venendo sensibilmente agevo-
lato da Fabio Caputo Procuratore di Paterno, e da
Flavio Schettini, non che dal Castellano in queste pro-
vigioni che servivano per abbattere, distruggere ed incendiare le case de' nobili.

La mattina adunque del diciotto nella piazza grande
tenne il popolo comizio preseduto da Capitan Gervasi—e presenziato da Diego Ragusa, Cesare e Francesco Caputo, Lelio e Francescomaria Salerno, e Giuseppe Piesco, Ottavio Gallo, Giuseppe e Lelio Monaco, Pietro Paolo Amantea, Francesco e Maurizio A-
mantea, molti del sedile degli Onorati, fra quali Paolo e Flaminio Belmonte, Andrea Civitella, Francesco
e Gio. Battista Garritano, Filippo Padula, Paolo Pirillo, Francesco Maria Verre, Isidoro Cuzzolino co' suoi
Casalesi, e gran folla di popolaccio e di maestranze.

Deliberossi di spedire una Deputazione al Preside,
perchè avesse imposto a'nobili di licenziare gli armati
fatti venire per difenderli e subito—in opposto attac-

carsi, e lasciare alla sorte il resto. Lo stesso Gervasi notificò al Preside il plebiscito, il quale senza porre tempo in mezzo, e tremando di paura uscì tosto di casa, e di persona recossi a pregarne Orazio Telese, Cavaliere Gerosolimitano, che in omaggio alla pubblica sicurtà, non solo licenziò i suoi venti armigeri; ma egli stesso si allontanò dalla casa. Non corse la stessa sorte però il Preside presso i Sambiasi, che svillaneggiatolo per essersi indotto a fare il porta ordini del popolo, dissero: ch'essi erano pronti a vedersela colle armi, e che recisamente rifiutavano ogni progetto per parte delle *canaglia*, a meno che in modi supplichevoli non fosse stato loro presentato. Com'era naturale, la risposta de'Sambiasi non corse guari di tempo e si diffuse di un capo allo altro del paese: e però in un momento il popolo insorse come un solo uomo—tutta le compane della città suonarono all'armi, rullarono i tamburri, e le masse ebre di sangue e di vendetta si precipitarono sopra il Palazzo de'Sambiasi della Giostra, poscia che per guardar le spalle agli assalitori, furono scassinate le prigioni arcivescovili, ed occupata la finestra della casa dell'arcivescovo ch'era allora quella che oggi conosciamo per tale.

La massa del popolo tenne così prestamente dietro all'uscita del Preside dalle case de'Sambiasi, che ancora Pompeo Sambiasi non avea terminato di narrare il messaggio del Preside a Flaminio Garofalo, Giuseppe Spiriti e Francesco Antonio Barracco innanzi al largo della sua casa, che già si vide assaltato dalla vanguardia a colpi di fucilate, e non potendo chiudersi in casa perchè serrato il portone, fu necessità ricoverarsi nel Monastero de'Gesuiti. Conoscendosi che Pompeo non fosse in casa, e saputosi che non vi fossero la moglie e i figli, che Pompeo nel combattimento che intendea ingaggiare avea voluto metter lungi dal teatro di azione, nascondendoli in casa Passalacqua, il Gervasi ordinò che si portasse il fuoco alla casa di lui, fuoco alla casa di Bartolo, sacco e fuoco quella di Scipione. Divenuto per pubblico voto Dittatore, ordinò: che Pietro Azzimbaturo dirigesse il sacco ed il

fuoco della Casa di Scipione — che Filippo Bruno il
sacco ed il fuoco delle case di Maurizio De Matera;
che Lelio Monaci e Britti dirigessero il saccheggio e
l'incendio delle case dei Quattromani, che chi volesse
dirigesse il fuoco ed il saccheggio delle case d'Aquino
e Bombini, di Salvadare Cavalcante, di Angelo De
Matera, di Ottavio di Matera, d'Ignazio Sambiase;
che fossero rispettate le persone, le case e la roba di
Tommaso Sambiase benemerito al popolo—che fossero
infine incendiate, bruciate, distrutte le persone e le sostanze di qualunque nobile ed onorato che dal popolo
fosse conosciuto per suo oppressore, senza distinzione
a ceto o a casta, a sesso o ad età.

In men che si crede, l'ordine fu eseguito, e la città
tra breve attaccata dal fuoco su mille punti, non presentò che un vasto padiglione di fumo sulla cui som-
mità brillavano ignivome scintille: spettacolo d'orrore
se si considera che tanto danno venia alla patria arre-
cato da'suoi medesimi figli, e per la furia di costoro troppo corrivi alla vendetta, e per causa de'nobili che ancora non sapeano che il popolo è un leone, che dor-
me, e che non bisogna stizzire per non provarne la
ferocia e la barbarie. Ebro di sangue e di rovina
pensavano taluni popolani di assaltare il Monastero di
S. Chiara e delle Vergini e far di quelle patrizie donne
macello e sterminio; ma allo spettacolo di tante infelici genuflesse al suolo col crocefisso serrato tra le
braccia che chiedeano mercè, il core di que' bruzi,
s'intenerì, e le monache ne usciron salve. Salvi del
pari ne tornarono i Gesuìti, che si armarono di tutta
la loro eloquenza, e fecero valere tutti i mezzi oratori
per persuadere il popolo ch'essi non fossero co' Nobi-
bili. Intanto la rivoluzione sempreppiù ingigantiva—e
e digià tra il rumore delle campane che suonavano
a stormo, de'tamburi che rullavano, della fuciieria che
senza posa facea fuoco sugli assediati — e sugli asse-
dianti—tra i globi e gli sbuffi di fumo che dapertutto
si cacciarono partendo dalle case che ardeano—tra le
grida del popolo fu portata sovra una pertica la testa
di Scipione Sambiasi, recisagli da Pietro Azzimbatu-

ro , o come si vuole, dalle masse che il colsero in un nascondiglio della propria casa. Alla vista di quel sangue si volea altro sangue:, allora i Padri Teatini uscendo col santissimo dalla loro Chiesa e colla disciplina, si condussero in mezzo al popolo furibondo; e fu fortuna , che sopraggiungesse la notte , e che que' padri avessero così bella ispirazione; chè in contrario, chi sa, a che sarebbe potuta trascorrere l' ira popolare.

## CAPITOLO TERZO

Il Gervasi istalla un Consiglio rivoluzionario—Organizza il Governo provvisorio — Sue decretazioni — Pone a disposizione del Regio erario la Colletta raccolta da' Nobili — Tratta l' aggregazione di quaranta famiglie al Sedile—Propone due nuove Piazze — Istrumento che se ne fece.

In sul mezzo del giorno seguente il Gervasi entrato nel Sedile, ed ordinate le sue genti, dispose: che i suoi capitani sedessero attorno a lui componendo un Consiglio di guerra. Ordinò parimenti, che tosto innanzi alla porta del Sedile venisse il boja e le forche vi alzasse; comandò infine che tutti i nobili per caso arrestati innanzi al Consiglio venissero tradotti. Ciò posto dispose: che si facesse sapere al Preside Filomarino , che tosto si partisse dalla Città , perchè inetto al Governo di essa — che gli si desse dell' Illustrissimo — ed arrogandosi le regie facoltà , nominò Preside il Civitella , che, per altro, non volle accettare. Ciò fatto prescrisse : che i suoi soldati si dividessero in compagnie ; che ogni milite paesano avesse un carlino al giorno , e se casalese grana 15 — e passando alla istallazione de' graduati, nominò e creò, come meglio gli piacque, capitani tenenti ed alfieri.

Le squadre di cui potea disporre il popolo in tal congiuntura furono le seguenti: quella detta dello Spirito Santo era forte di 150 militi—delle Conciarie forte di 70—della Giostra di 150—de' Pignatari di 160—di Portapiana di 70—di S. Giovanni S. Lucia e S. Francesco di 300—che in tutto erano 1099. Oltre a queste, potea disporre il Gervasi di una squadra di Apriglianesi forte di 198 militi—d'una di Lappanesi di 187 — d'una di Torzanesi di 99 —d'una di Pedacesi di 199.—d'una di Petrafittesi di 164 — d'una di Roglianesi e Marzesi di 156—d'una di Donnici di 159— d'una di Màlito e Celico di 169 — d'una di Spezzano Grande di 97—d'una di Spezzano Piccolo di 96 — in tutto 1690.

Sedendo a scranna il Gervasi, cominciossi a far l'appello de'nobili arrestati. Prima d'ogni altro fu menato innanzi a lui Antonio Cavalcanti di Marzio, cui fu tosto imposta una taglia di ducati 4000 per riscattarsi, che prontamente pagò. Dopo di lui vennero gli altri, e poi altri, e quale più quale meno soggiacquero allo stesso destino. Dicea il Gervasi, che questo danaro servisse per pagare il soldo a' militi posti sotto le armi pel bene di sua Maestà e del popolo, al quale oggetto avea voluto, che al pagamento di questa Colletta presenziasse, in mancanza del Filomarino destituito, il Procuratore fiscale: e che tosto se ne facesse rapporto al Vicerè e per dirgli in che stato stavano le cose del Paese, e per fargli conoscere che il danaro ed i pegni esatti in linea di riscatto erano sempre a disposizione della Corte, ovechè il Vicerè così avesse disposto. Credè in tal modo il Gervasi porre al coverto la sua onestà presso del popolo, e la sua vita presso il Governo, dal quale non si sapea come venisse appreso il tumulto cosentino. Il Vicerè cui l'imperiosità dei tempi costringeva a simulare, rispose tosto al Gervasi, ch'era inteso di tutto, e lodandone l'esattezza, dicea, che le somme raccolte si fossero tenute a disposizione del Regio Erario. Gonfio oltremodo di questo riscontro, che, in certo qual modo, potea riguardarsi come una sanzione delle passate operazioni, per trovare in avvenire quanto meno fosse possibile dei nemici nella classe de'nobili, cominciò a trattar con essi della propria aggregazione al Sedile, ed a scrivere al Vicerè, per far loro cosa grata, che sarebbe stata cosa conducente restituire i pegni a'nobili sul riflesso che pel sacco patito, moltissimi di essi eran caduti nell'estrema mendicità. Infatti, nel corso del 1647 rispose il Vicerè; ma mentre quest'ordine colmò di gioja i nobili, empì di dispetto il popolo, il quale conoscendo ch'egli avesse chiesto al Vicerè per Grazia la restituzione dei pegni fatti a'nobili per ottenerne l'aggregazione al loro sedile, si levò a rumore, e poco mancò che d'ogni potere non lo destituisse. Però il Gervasi, che era uomo avveduto e capace di mille ripieghi, non tardò in mezzo al popolo esaltato di cacciar fuori di tasca una nota, e a dimostrare che non della sola sua aggregazione egli avesse trattato co' nobili; ma di quella di quaranta famiglie. Colla quale sfuggita, avendo soddisfatto l'amor proprio de' più, si pose al coverto d'ogni ulteriore oltraggio, e d'ogni insulto, a cui immancabilmente sarebbe andato soggetto. Ma ciò che momentaneamente salvollo dal risentimento popolare, gli fu ben presto cagione di più forte malanno; imperocchè molte famiglie che aveano il merito reale di aspirare alla cennata aggregazione, o che ne avessero la presunzione senza merito, come si videro omessi nella nota, dove solo 40 famiglie si allistavano, gliene mostrarono risentimento : e da ciò sparsesi tal malumore tra le famiglie massimamente che aveano avuto parte attiva alla rivoluzione, che del tutto si ruppe quella unione, che il popolo rendea possente: cosa di che profittando i nobili, condusse il Gervasi al supplizio, e gran parte de' suoi colleghi a pagare colla morte i propri eccessi.

Pur non di meno, cercando Capitan Peppe con un nuovo ripiego di riparare al mal fatto, propose due Piazze—in una delle quali avesser voce tutti i Nobili e gli Onorati con l'aggiunta delle quaranta famiglie da lui poste in nota—ed in un'altra gli artisti e persone del popolo, donde i soli esercenti di arti vili venissero esclusi. Ma così nobili che onorati, calcolando che questa seconda piazza un giorno o l'altro avrebbe soppressa la prima, ed il potere si avrebbe posto in mano, non approvarono il progetto; e la proposta fu rigettata—Procurossi allora di far passare le 40 famiglie alla prima

Piazza—ed aggregare alla seconda le maestranze ; ma come ciò dispiacque sensibilmente a quegli Onorati che non figuravano tra le quaranta famiglie destinate a passare nella prima Piazza, e che nella loro, per questa nuova legge, vedeano entrare membri che giudicavano poco degni; si stabilì d'erigerne una ove prendessero parte i Neutrali, i Nobili non aggregati—gli Onorati—ed i rappresentanti delle maestranze e del popolo : la quale Piazza tenesse le veci della seconda degli Onorati, che perciò si dichiarava abolita. Riuscito questo progetto di piena soddisfazione universale — se ne stipulò co'nobili della prima Piazza l'analogo istrumento, rogato da Notar Scarcello, così concepito:

1. Si erige una nuova Piazza o Sedile separata da nobili per li Neutrali Onorati ed altri Nobili della Città :

2.° Che ciascuna Piazza facesse liberamente le proprie elezioni.

3. Che non si facessero nè Mastrogiurato nè Consultore.

4. Che i nobili non potessero *taglionare* che i nobili solamente.

5. Che il popolo eligesse due deputati delle maestranze per intervenire nelle sessioni e dare il voto.

6. Che nella Città non potessero entrare nè abitatatori titolati o nobili della Città, o comitive di gente.

7. Che alcune famiglie nobili come quelle de' Sambiasi avessero per loro e loro successori lo sfratto dalla Città.

8. Che i nobili non potessero detenere in casa altro che spada e pugnale.

Questo istrumento fu spedito in Napoli per l'assenso del Vicerè per mezzo di Girolamo Morrone merciajo, il quale non solo indusse il Duca d'Arcos ad approvarlo; ma ad averne promessa di molte grazie pel popolo cosentino, e la destituzione del Filomarino , in cui vece fu destinato a Preside di Calabria il Monforte , personaggio dallo stesso Morrone al Vicerè indicato.

A compimento di questo tratto di storia non bisogna omettere, che il detto istrumento con data del 3 maggio del 1648 fu spedito a Napoli da Nobili per ottenerne l'annullamento, come atto compiuto *vim et metum*.

## CAPITOLO QUARTO

**1. Il Duca d'Arcos assente a'nuovi capitoli—Molti Nobili abbandonano la Città—Cospirazione de'Nobili—Movimenti Repubblicani in Napoli, ed in tutte le provincie di Calabria Citra—Spedizione del Preside per Amantea—Timori de'Nobili restati in Città—Cosentini partiti in ajuto di Re Filippo col marchese di Fuscaldo.**

I.º Come giunse in Città la notizia dell'assenso del Duca d'Arcos portato ai nuovi capitoli amministrativi, la nomina del Monforte a Preside, e le promesse di nuove franchigie al popolo, i nobili temendo che il popolo imbaldanzitosene non volesse nuovamente inveire contro di loro, vedendosi impunito per le prime eccedenze, formarono progetto di abbandonare la Città, e cercare nella campagna quella sicurtà che in patria non rinvenivano. Quivi, anelando a vendetta, e machinando il modo come poterla attuare, cercarono trarre dalla loro parte Isidoro Cuzzolino, il quale come influentissimo ne'Casali, potea grandemente esser loro d'ajuto. Facil cosa fu cattivarsi costui, che imbecille di natura e sospettoso sempre delle conseguenze che potea procurargli il già operato; così senza veruna considerazione e di primo slancio, non solo promise loro il suo appoggio; ma determinato il giorno per riunirsi tutti e piombare in Città, fu esattissimo al convegno, che per altro disertarono quelli stessi che lo aveano fissato: cosa che fe'andare in fumo questo progetto.

Intanto che queste cose da' nobili si macchinavano, giungea il Monforte in Paola; e come si disse che veniva seguito da un drappello di militi celentani, entrato in sospetto il popolo di qualche tradimento, gli fe' sapere, che licenziasse quella gente, cosa ch'egli credè conducente di eseguire, e per mostrare piena fiducia co' popolani, e per non incontrare la dissaprovazione del Gervasi, che premura particolare gliene avea mostrata. Giunto costui a Cosenza, posesi a consultar delle cose tutte col Gervasi col Civitelli, Quintieri, Azzimbaturo D. Lelio Donati, e Francesco Cundari; nonchè con un tal Salacino, maestro fuciliere. Da questo consiglio, com'era regolare, nulla non potea ricavarsi di buono; e perchè erano tutti componenti d'un partito che si era troppo pronunziato, e perchè servendo alla propria, anzichè alla pubblica utilità, inducea il Preside a fare il suo volere con manifesto danno dell'ordine e della quiete de' cittadini, di cui può dirsi che si fosse la più leggiera impronta nella città dileguata.

. Stando così le cose si seppe, che la rivoluzione iniziata in Napoli avea varcati i lidi del Sebeto, e dilagandosi per le provincie, avea cominciato a diramarsi, anco per la nostra e per la vicina Basilicata. Infatti, la maggior parte de' paesi marittimi di Calabria citra posti sul terreno, imitando l'esempio di Napoli, aveano cacciato od uccisi i Baroni, e proclamata la repubblica; e sull'esempio di questi paesi, insorsero anco i mediterranei: cosa che tra breve fe' divampare il fuoco della rivolta da un capo all'altro della Provincia. Fomentati questi movimenti dalla nuova repubblica napoletana, che nominava capitani ed uffiziali per dirigerla, fulminava minacce a quei paesi che fossero restì ad insorgere, lodava quelli che fossero insorti, ed eccitava a chi avesse bisogno di spinta, molti dei nostri, tra quali era il Gervasi, credettero di non mostrarsi gli ultimi nella scena, e cominciarono a complotare sul modo come rivolgere il movimento popolare dalla nobiltà verso cui finora si era diretto, contro il Governo, avverso a cui l'intero Regno parea indrizzarsi.

Ebbe il Monforte sentore del nuovo indrizzo che si volea dare al movimento popolare, e sul principio, temendo della propria vita, fe' richiesta di 200 uomini al Marchese di Fuscaldo e d'altrettanti al Principe di Belmonte, che come giunsero in città, dovè tosto licenziare pe' sospetti che ad arte il Gervasi fe' contro di

loro insorgere tra'popolani. Indussesi il Preside a dar
commiato a questa gente non tanto pel contegno che il
nostro popolo assunse in tal congiuntura; quanto perchè giunsero notizie, che riportavano grandi sconfitte
toccate a' napoletani repubblicani per opera de' regi :
cosa che fe' di gran lunga rimettere di baldanza al
popolo, ed a' congiurati massimamente ; e che sollevò
grandemente lo spirito de' regi.

Volendo intanto il Monforte trarre profitto dall' attuale scuoramento, anche per rimettere l' ordine nei
varî paesi della Provincia, ribellatisi il 15 dicembre,
ordinò : che mille soldati del battaglione provinciale
venissero in città, alla cui testa postosi, marciò per
Amantea, lasciando la Città in balìa di sè stessa, con
grave pericolo della quiete pubblica, e massimamente
de'nobili, che non se n'erano allontanati, o che ritornati vi erano, contro de'quali la plebe, volendo porre
a profitto l' assenza del Preside, avea cominciato a
fare nuove requisizioni — e più violente estorsioni.
Veramente i nobili in tal torno, non temevano tanto
della plebe, i cui incomposti desideri non veniano par-
teggiati dagli Onorati e dalle Maestranze, quanto del
Gervasi, che quasi apertamente pronunziatosi a favore
della repubblica, dimenavasi perchè si fosse abbattuto
il regio stemma, ed i regi in qualunque classe si trovassero si uccidessero e massacrassero. Contribuì grandemente ad allarmare i Nobili ed Onorati, e neutrali che teneano pel governo, la nuova flotta francese giunta in Napoli a favore de' repubblicani, che
come finì di rendere generale la rivoluzione nel Regno, così nuovo ardire e nuovo animo fè prendere al
Gervasi e consorti. In questo stato di cose il Sersale,
sindaco de' nobili, con Angelo Cavalcanti raggiunsero
il Monforte ad Amantea, pregandolo che volesse ritornare in Città, e colla sua presenza allontanare la
imminente rivolta in cui stava Cosenza per gittarsi
per opera del Gervasi. Dileggiati dal Preside, come
tementi di paure, che non si poteano convertire in
fatti ; e non potendo ritornare in patria, perchè insi-
diata loro la vita da' repubblicani, che seppero il di-

segno della loro ambasciata al Preside, si volsero a Napoli, ove neppure potendo penetrare, per le strade ch' erano tutte di sollevati gremite, s' incamminarono per Roma.

Valse a raffrenare lo spirito esaltato del Gervasi e consorti la nuova improvvisa del soprarrivo al porto di Napoli della flotta di D. Giovanni d' Austria, che alla francese venia ad opporsi, e la rivoluzione a sedare. In tal congiuntura il Preside fece un appello a tutti i fedeli della dinastia, perchè volessero prendere le armi a favore di essa e contro del Governo. A questo invito il Marchese di Fuscaldo corse a Napoli con quante genti potè riunire in ajuto di Filippo IV, e sull' esempio del Marchese, de' nostri tosto mossero per quella volta Ignazio Cavalcanti, Alessandro di Tarsia, Antonio Jannoccaro, Antonio De Matera, Lelio Morelli, Salerno Giovanni, Fabio Aquino, Carlo e Diego Sersale, Francesco Antonio Guzzolini, Barone di Cervicati, i quali in ogni scontro co' Repubblicani diedero prove luminose del loro valore, e massimamente nel passo di Pozzuoli loro da D. Giovanni d' Austria affidato, ove dimostrarono tale bravura, da spingere il Vicerè ed il Duca d' Austria a scriverne in linea di soddisfazione con parole assai lusinghiere al Sindaco de' Nobili.

Mentre che ciò in Napoli si compiva da' nostri, il Preside di ritorno in Città, calcolava sul modo come disbrigarsi del Gervasi, cui avea saputo che la repubblica napoletana avea spedita patente esprimendogli la sua soddisfazione, e la nomina di Preside della repubblica nella Provincia. Veramente, se il Monforte avesse voluto con minor prudenza agire contro il Gervasi, lo avrebbe potuto oramai, ch' egli avea perduto la sua influenza sul popolo pei dissapori avuti coll' Azzimbaturo e col Civitelli, che si aveano posto la somma delle cose in mano; e per certezza che quei che fecero da capi nella passata insurrezione contro la nobiltà, per la maggior parte, non vagheggiavano mica le idee novatrici, che per la testa del Gervasi frullavano. Ma il Monforte era uomo prudente ed av-

veduto, e non volle arrischiarsi a tentare un colpo le
cui conseguenze matematicamente non avesse potuto
calcolare. Egli adunque fingendo che tutti i concilia-
boli tenuti del Gervasi tendessero sempre contro la nobiltà, per allontanarlo da Cosenza, ov'era il campo d'ogni
sua manovra, il nomiuò Capitano de'cavalli del Diparti-
mento di Rossano, eligendo invece di lui Sindaco Paolo
Pirillo, cognato dell'Azzimbaturo, nemico oramai per
contrasti antichi, col Gervasi. Eletto Capitano marciò a
debellare Corigliano e S. Giorgio albanese insorti. Ma
siccome egli aspettava tempo di potere fare in Cosenza altrettanto che questi paesi contro cui venia spedito
fatto aveano, fiugendo d'essèrvi stato battuto, si ritirò,
con sommo dispiacere del prefetto, e della nobiltà, che
speravano in questa campagna perisse.

## CAPITOLO QUINTO

Tumulti in Cosenza per opera di Lorenzo Curto—Ordine del comitato repubblicano a'cosentini, che insorgessero e proclamassero
la repubblica—Avvenimenti che seguirono quest'ordine—Il Gervasi accusato di repubblicanismo, imprigionato—Cosentini e Casalesi che marciano contro i repubblicani di Luzzi ed altri paesi.

Mentre queste cose dal Preside si operavano, due
nuovi avvenimenti aveano avuto luogo in Città. Il primo era stato procurato da un tal Lorenzo Curto or-
tolano, che spalleggiato dai sarti e fiancheggiato da
quaranta suoi compagni, sotto pretesto di dimostrare al Preside, che il pane non si vendesse a peso
regolare, cercarono, come affiliati ch'erano alla setta del
Gervasi, levare il popolo a rumore, e cacciati i regi,
proclamar la repubblica. Il sindaco il carcerò, il resto fugò colle armi, e la conseguenza fu che il giar-
diniero fu impiccato. Il secondo avvenimento prese
principio del comitato repubblicano di Napoli, che recisamente ordinò alla Città di Cosenza d'insorgere,
e proclamare la caduta della dinastia Spagnuola, e la

proclamazione della repubblica. Pirillo non sapendo che risolvere, ne scrisse a Catanzaro per sapere colà che se ne pensasse, e che s'intendesse fare, Catanzaro rispose, ch'esso si sarebbe modellato sullo esempio di Cosenza. Diceasi nell'ordinanza del Consiglio repubblicano, che ove la Città non fosse insorta, l'esercito repubblicano sarebbe venuto ad occuparla, trattandola da paese conquistato — e che in qualità di Governatore della repubblica si sarebbe mandato D. Giuseppe Sanseverino, fratello del Principe di Bisignano, con ampia facoltà ricevuta dal Duca di Ghisa, il quale avrebbe fatto costar caro a' dissenzienti il proprio rifiuto.

Pirillo inoltre avvisonne il Monforte, il quale avea creduto necessario di riunire un parlamento generale di nobili casalesi e popolani perchè deliberasse sulle provvidenze da prendere: cosa che riuscendo contraria a' voti ed a' piani del Gervasi, il fe'decidere ad appigliarsi a' partiti estremi, e perchè la deliberazione non si eseguisse, e per tôrre il potere dalle mani a quegli stessi ch'ebbe a più cari compagni nella passata insurrezione. Fece egli tosto correr voce che la Repubblica avesse spiccato due corpi d'esercito verso Calabria, uno per la parte est—e l'altra ovest; spedì proclami pe' paesi circostanti non insorti ancora, onde Tarsia Torano, S. Marco Montalto si ribellarono e proclamarono la Repubblica. Assicurò il senato napoletano che quando prima avrebbe consegnato la Città a'ribelli—spedì più corrieri al Tosardo, uno de'capi degli insorti Calabresi,che si avvicinasse in Città colle genti della Repubblica—e ad effettuire il suo piano riunisce tosto il popolo a S. Francesco: sempre fingendo che si trattasse di dover pensare al modo come difendere la Città dagli assalti de' ribelli, che quando prima avrebbero tentato di cacciarsi in essa. Erasi adunque il popolo congregato, ed in mezzo ad esso erano tutti i cospiratori, e già si attendea che il Gervasi avesse incominciato il sermone che la rivolta proclamasse, quando Francesco Azzimbaturo, che di tutto era a giorno, gridò viva il Re di Spagna, e morte a'ribelli, il cui grido ripetuto dal Civitelli dal Quintieri divenne

Generale, con somma sorpresa del Gervasi, che non
potea riscuotersi dallo sbalordimento in cui questo
fatto lo avea cacciato—e col terrore di tutti i congiurati, che chi per una via, e chi per un'altra cercarono
sottrarsi agli sguardi del pubblico. Riuscito il colpo,
pensarono tosto lo Azzimbaturo, il Civitelli, il Quintieri
ed altri di esternare al Re questi segni di devozione
per mezzo del Preside, il quale come fino a quell'ora era
stato in grande apprensione, di là in poi rassicurossi,
ed uscito con essi per la Città, non lasciò angolo ove
il nome del Re non proclamasse, e quello de' repubblicani di villanie non covrisse.

Stando così le cose, fu suggerito al Gervasi di presentarsi al preside, giurare nelle mani di lui fedeltà
al Re, schivare per ora il fulmine che stava per piom-
bargli addosso, ed aspettare dal tempo la riscossa, e
l'aura favorevole a' proprii disegni. Vi si presentò il
Gervasi; ma il Preside, dietro di avergli rinfacciato
l'alto tradimento, diè ordine, a dir dell'Arena, perchè fusse preso e segretamente giustiziato (1), condanna, ch'eseguita pochi momenti dopo, sparse il terrore nel popolo ed in tutt'i partiggiani di lui, che
presero la fuga, cercando ne'boschi salvezza, e nascon-
dendosi per evitare una simile sorte.

---

(1) Questa notizia sparsa da' Nobili che scrissero la biografia
del Gervasi, è appieno contradetta dall'atto di morte che si
reca appiè di pagina.

(Testor ac fide facio ego infrascriptus Rector Parrachus Ecclesiae Ss. Stephani et Laurentii hujus civitatis Cosentine per-
quisisse librum in quo ad notantur nomina defunctorum nunc
Parrochiae confectum a D. Florindo Carbonio Parrocho ab anno
1643) fino all'anno 1655 fol. 20 N.° 318 invenisse: a'22 gennaio 1648 Capitano Giuseppe Gerbasio nel palazzo suo proprio
passò ad altra vita senza confessione e fu sepolto nella chiesa
di S. Francesco di Paula, come tutto appare dal libro suddetto al quale mi riporto.

Onde a fede ne ho fatto la presente scritta di mia propria mano e sigillata col solito parrocchiale suggello — Cosenza li 12
marzo 1757.

Bruno Torano supra relationem Bruni Turani fateor ego sub-
scriptus Notarius esse qualem fuit et facit fidem.

Notarius —*Petrus Assisi.*

Fu Capitan Peppe sepolto nel giardino di S. Francesco di Paola, accanto alle mura della Chiesa.

Di questo personaggio parlano male tutte le croniche di quell'epoca; osservando però che gli estensori di queste croniche son tutti nobili, e quindi nemici di lui, poca fede essi meritano; ed è però, che io riportando i fatti di lui, mi sono astenuto riferire i comenti di che sempre li circondano.

Spassionatamente guardando alla natura ed all'indole del Gervasi, non può dirsi di lui nè che fosse un tipo di virtù cittadine, nè un abbisso di vizî quale ce lo dipingono que' cronisti.

Perchè egli potesse dirsi quel tristo uomo che si vorrebbe, dovrebbesi dipingere con caratteri meno neri l'epoca in cui visse; e dovrebbe darsi meno ragione al popolo che insorse contro la nobiltà, che la tiranna della patria si era resa. Finchè stanno le ragioni che il popolo spinsero ad insorgere, e saranno riconosciute come sante e giuste, al Gervasi che del popolo fu capo, anzichè farsi l'appunto di uomo spietato e crudele, debbe farsi l'elogio che ad uomo mansueto e benigno si appartiene, sul riflesso, che godendo l'aura popolare, di maggior danno a'nobili potea riuscire, che per avventura non fu, comechè motivi privati avea, che ad eccessi maggiori lo avrebbero dovuto condurre.

Veramente, ordinando il saccheggio ed il fuoco alle case de'Sambiasi, n'esclude quella di Tommaso, perchè uomo probo e benefattore del popolo—potendo ordinare la morte e lo sterminio di quanti nobili erano divenuti gli oppressori del popolo, ei comanda che non si uccida alcun altro—e si congratula nel Consiglio che tenne il giorno appresso, che la rivoluzione non abbia avuta che una sola vittima nella persona del solo Scipione Sambiase. Ordinando le taglie a danno de' nobili, si coopera col Vicerè contro il volere del popolo, che ad essi siano restituiti i pegni loro · fatti per la riscossione di questa taglia — arma le forche nella piazza maggiore, e non permette che un solo ne ascenda le scale—i nobili congiurano con Isidoro Guzzolini, il popolo torna ad insistere per ripigliare il movimento del 15 , ed il Gervasi lo placa , e cerca stornar dal loro capo il fulmine che stava lì lì per scoppiare. Finalmente il Regno si solleva contro il Governo Viceregnale , ch'era divenuto di pubblica esecrazione , ed egli depone ogn'idea municipale , e facendo sue le convinzioni unanimi, si mena nel torrente della rivoluzione generale, e cerca farvi entrare il proprio paese, nella generosa intenzione di salvarlo da una certa rovina.

I Nobili che hanno scritto la storia de' cennati fatti si accapigliano per dimostrare che il Gervasi uomo oscuro, insorgesse contro di loro per negata aggregazione al Sedile. Il Gervasi nè era uomo oscuro , nè patrocinava l'aggregazione propria solamente al Sedile. Egli volea tôrre l'amministrazione municipale dalle mani di una microscopica consorteria , che ne avea fatto un vero monopolio : e tendea ad abbattere questa Consorteria , allargando le dimensioni del Consiglio Municipale coll'aggregazione di nuove famiglie. In quanto all'oscurità de' Natali , essi contradiceano alla storia, che 1.º registrava un Raullo Gervasi all'epoca delle Crociate, feudatario e Barone di quell'epoca , 2.º che ricordava un Gervasi Vescovo di Martorano — 3.º che segnava un Alessandro Gervasi qual Cavaliere di Carlo V — 4.º che oltre a' tanti personaggi dotti, e chiari nell'armi, facea ricordo di un altro Giuseppe Gervasi traduttore in Calabria del Virgilio e del Tasso, e lo stesso Capitan Peppe di cui ricordavan tutti, che fu nello stesso 1647 nominato da Filippo IV Comandante d'una Compagnia nel Battaglione della Sacchetta pe' *suoi meriti, esperienza e valore* dietro d'aver comandato una Compagnia di fanteria Napoletana in Milano , ove si distinse per sommo valore.

Egli rientrato nel Regno era stato riformato ed impiegato in diverse cariche, così di giustizia, come di guerra , dice il diploma , e fu delegato a reggere il governo d'Andria come Capitano a guerra , missione che adempì con tanta integrità , che gli fu cumulata col carico del governo di Fiumefreddo in questa provincia.

La morte del Gervasi non valse a far deporre a're-pubblicani Cosentini la speranza di scrollare il regio potere, e piantare sul Castello della Città la bandiera della Repubblica napoletana. Facevali perseverare in questa speranza il Tosardo, il quale promettea di assaltare quanto prima Cosenza colle sue forze, ed i nemici della repubblica cacciati, consegnar loro in mano il potere e la somma delle cose. Infatti, le masse di questo arditissimo Capo fecero credere imminente un invasione : della qual cosa postosi in apprensione il Preside, fe' trincerare la città da un capo all'altro, e circuirla dalla parte esterna di 150 cavalli, che stessero a vista di tutte le mosse dell'inimico, e di 3000 fanti nello interno. Riunì nel convento di S. Francesco di Paola un parlamento generale, ove intervenuto l'Auditore Silva, il Sindaco de' cittadini ed il Consultore, il 29 gennaio 1648 deliberossi: di conservarsi fedeli al Re non solo; ma in difesa di lui muover fino a Napoli se il Preside l'ordinasse.

Costui traendo profitto da questo entusiasmo diessi ben tosto a reclutare gente per muovere contro il Tosardo—ed invitati i baroni della Provincia, in breve riuscì a riunir diecimila fanti e duecento cavalli tra'Cosentini e Casalesi, e quelli che seco condussero Gallo di Belsito, ed il Barone Giannuzzi Savelli di Pietramala, che in Cosenza scese con tutte le sue genti.

Quest'esercito si avviò per Luzzi, ove i Repubblicani aveano posto il loro quartiere generale. Quivi giunto, scontrossi con 300 albanesi comandati dal Tosardo, che totalmente sconfisse con grande onore di Fabio Passalacqua, che diresse in qualità di capo il combattimento. Conseguenza di questa disfatta fu, che i Luzzesi uccisero il Tosardo e per ingraziarsi nell'animo de' Regi vincitori nella Città di Cosenza ne spedirono in segno di trionfo il teschio mozzo. La morte del Tosardo rianimò grandemente lo spirito del partito regio in tutta la provincia; e depresse gran fatto quello de' repubblicani. Pur tuttavolta i nostri repubblicani si volsero al Marotta, altro Capomassa, il quale facendo precedere all' invasione di Cosenza che promettea, quella di Cerisano, Marano e Castelfranco, indusse i popoli di quei paesi a ribellarsi da' loro Signori, e Francesco Sersale a fuggire in Cosenza lasciando la sua proprietà in preda del popolo, che pose a totale saccheggio.

## CAPITOLO SESTO

I. Il Monforte viene rimosso, ed il Marchese di Salluzzo *il* sostituisce — II. Spedizione de' Cosentini per Castelfranco e Cerisano — Cosentini che si distinsero in questa spedizione — III. Nel 2 maggio 1648 il Civitelli tenta di far definire dal Collegio Collaterale le questioni tra Nobili ed Onorati — IV. Capitolato accordato al Civitelli.

I.° Mentre che tanto avveniva in Castelfranco ed a Luzzi, giungea notizia che il Monforte fosse stato rimosso dal Governo della Provincia, e che il Marchese Spinelli gli fosse stato rimpiazzato. Questo fatto dispiacque tanto a' Cosentini, che si sarebbero sollevati in massa, se il Duca Monforte da Luzzi non avesse spedito Daniele Quintieri al Sindaco Pirillo con preghiera di sedare il tumulto a suo favore. Il Sindaco riunì tosto parlamento, ove esposto il volere del Monforte, si decise, che la Città avrebbe ricevuto il Marchese, ma con queste condizioni:

1.° Che dovesse dare il bando a 25 nobili odiati e superbi.

2.° Che non si facesse nuova soldatesca nella città: cose tutte che il Marchese promise in omaggio alla gravità de' tempi, che gli comandavano ogni transazione.

II.° E però il Marchese appena il potè, spedì 200 Cosentini in Castelfranco, Marano e Cerisano a debellare i ribelli. Narra la cronica: che i Cosentini entra-

rono con tanta furia in azione, che oltre a prendere
d'assalto que'paesi, grande numero di nemici uccisero, ed
un maggiore ne fecero prigioniero, che lasciò sulla piazza di Cosenza la vita sul patibolo. Di là mosse il Marchese con quattromila Cosentini e Casalesi al paese
di Rende ; nel cui assedio indurando gli assaliti, diedero gran prova di valore, Rocco di cognome Sal-
vati, Ignazio Cavalcanti, il Quintieri, l'Arcuri, Giuseppe e Lelio Monaci, l'Azzimbaturo e i fratelli Caputo. La presa di questa città non fu effettuita per
ordine di Roberto Dattilo Marchese di S. Caterina,
incaricato dell'ispezione generale della guerra contro la Repubblica, che credè non conducente perder
tempo sotto le mura di quel paese, mentre che altrove avea miglior agio di agire a prò della causa
del Re. L'esercito quindi ritirossi, e stava per volgersi su di Bisignano, Paterno, Castiglione, Rovito,
che il Marotta era riuscito a far insorgere, quando
non vi fu più uopo, per la pace che fu stipulata tra
la Repubblica ed il Re ; per la qual cosa que' paesi
ritornarono da per loro all' ordine, seco traendo anco
Rende, che uccise il Marotta, ed inalberò lo stendardo
degli Spagnuoli.

III.° Sopraggiungeva il 2 maggio del 1648, e spirato
il Sindacato di Pirillo, fu chiamato a succedergli il
Civitelli. Non appena questi ascese al potere, pensò
far definire dal Collegio Collaterale tutte le questioni
tra Onorati e Nobili, massimamente perciò che riguardava conflitto di provvisioni. Spedì egli in Napoli qual
deputato degli Onorati, Flaminio Schettini, che fece poscia seguire d'Antonio Lepiane e dal Cuscinelli, i due
più insigni giureconsulti della Città. Erano rappresen-
tati i nobili da Giulio Cavalcanti. Fu la causa trat-
tata dinanzi alla regia udienza tra Girolamo Quattromani, avvocato de'Nobili, e Maurizio Cuscinelli, avvocato degli Onorati. Però, malgrado la parte atttiva
che vi sposò Ignazio Barracco, l'autore della Gerusalemme perduta, la causa fu perduta dai Nobili e vinta
ampiamente dagli Onorati.

Mentre che queste questioni succedeano innanzi alla Regia Udienza, poco mancò che il popolo non si ammutinasse per l'arresto d'un tal Cetrulo ordinato dal Marchese.

Imperocchè, sospettando il popolo che il Marchese si fosse spinto ad arrestarlo per suggerimento de' nobili, volea sollevarsi contro costoro, e contro di lui che alla loro opinione si era piegato.

Avea il popolo ripreso ardire per la notizia tra noi venuta d'una nuova flotta del Duca di Savoja: ond'è che il Marchese stimandosi poco sicuro, prima si circondò di persone armate, che fece scendere da diversi punti della Provincia in Cosenza — e poscia andando alla riscossa, fece arrestare Daniele Quintieri, Diego Ragusa, Francesco Arturo, Carlo Matteo, il sacerdote Giuseppe Caputo, Filippo Bernaudo, Infanti, e Mercurio Azzimbaturo. Di tutti costoro amici un giorno del Gervasi, furono rispettati i soli Francesco Azzimbaturo, ed il Civitelli che fuggì in Napoli. All'arresto di costoro, seguì un generale disarmo, dietro di che, narra l'Arena, che per consiglio del Quattromani e del Passalacqua, allora Segretario della Regia Udienza, e de'Gesuiti P. De Paolo e P. De Gerardo, furono strangolati l'Arturi, il Matteo e Carlo Caputi — e buttati dal ponte di S. Maria — e gli altri appiccati. Salvaronsi il Quintieri ed il Ragusa, essendo che il primo si trovava nel Castello di Cosenza, e l'altro di Cotrone. Scipione Cucchiaro, minacciato dello stesso destino, non volendo rendersi agli sgherri dello Spinelli, si avvelenò volontariamente, e finì la vita prima che potessero arrestarlo.

Quest'esecuzioni non si sarebbero qui limitate, perchè così i nobili che i Gesuiti aveano preso il sopravvento sull'animo del Marchese, e lo avrebbero spinto a vendicarsi di tutte le onte sofferte; ma il Vicerè in vista della cennata flotta, credè ordinare allo Spinelli che non solamente rimettesse dal rigore adottato; ma gl'incolpati indultasse; cosicchè per opera del Civitelli non solo il Ragusa ed il Quintieri si salvarono;

28

ma fu salva la vita a molti altri che pericolavano imminentemente.

Il Civitelli, intanto, volendo trarre profitto della perplessità in che vide caduto il Vicerè, cercò di presentarsi a lui, e delle male arti de'nobili farlo istrutto— e cercare se potesse trarlo a concessioni, che in altra epoca era certo di non poter conseguire.

Veramente, il colpo gli riuscì, ed il seguente Capitolato fu il frutto della raffinata condotta di questo uomo, che in tutte le passate vicende svelò il carattere del più profondo politico, e conoscitore degli uomini, e delle cose — Questo capitolato comincia dallo articolo III, essendo cancellati il primo ed il secondo.

IV.° Art. III. Pro tempore saranno, ma quando si pretenderanno dette franchezze, debbono comparire nella Regia Camera a cui spetta la cognizione di detta istanza.

IV.° E così anche volemo e comandamo che li figli di padri onesti di dodici figli, dopochè saran morti il padre e la madre, che staranno divisi tra di loro, siano obbligati *ut juris* pagare come gli altri cittadini, e conservare le provvisioni espedienti per la Regia Camera.

V.° Dippiù ordiniamo che il grossiero de' nobili insieme col grossiero degli onorati cittadini debbono esercitare il loro ufficio con tenere stabilite le ore ed il luogo dove unirsi; e quello di essi mancasse a tempo nell'ora stabilita non possa sopravvenendo lo stesso giorno o il seguente alterare, moderare, rivocare le tasse poste pel Grossiero compagno; nè possano fare esercitare detto uffizio da persone sostituite sotto pena di nostro arbitrio riserbata.

VI.° Ed anche volemo che li nobili non possano contraddire all'aggregazione facienda per li cittadini Onorati nella loro piazza d'altre famiglie, ed in detta aggregazione essi nobili non debbano dare nessuna voce.

VII.° E dippiù volemo ed ordinamo che l'artisti e maestranze e popolo possano eleggere due procuratori affinchè possano comparire nella Regia Udienza e tutti gli altri Tribunali ove sarà necessario , per mostrare e difendere le loro ragioni e quanto occorrerà in futurum e spettino alla loro piazza in particolare *tantum*.

VIII.° Per evitare anche i disordini fatti dai Mastrogiurati in tempo delle due fiere, che si fanno nel mese di luglio e di agosto circa l'esercizio di essi , volemo ed ordinamo che li nominati pizzicagnoli ed altri cittadini ed altri abitanti della città non siano obbligati a vendere nel luogo delle fiere che si fanno nel borgo della Città, luogo detto delli Rivocati, con pagamento alcuno ; ma si osservi in ciò il solito nelli tempi della fiera, ed osservarsi la giurisdizione del Mastrogiurato, e che non siano tenuti pagare alcuna somma o altro ; ordinando che ogni volta per andare o non andare a vendere o contrattare in detto luogo di fiera si pigliasse dal mastrogiurato alcuna somma di danaro o altro sotto la pena di ducati 1000 per costui, e sia privo di detto ed ogni altro ufficio, e da eseguirsi detta pena irreparabilmente, comandandolo così alla regia udienza che la faccia eseguire a ciò si evitino gl'inconvenienti successi pel passato.

IX.° Dippiù in detta conformità ordinamo e comandamo che per le robe che vengono da fuori o siano comestibili sete o altro per entrare nella città o luogo della fiera, o per venderle o di tornarle fuori, non possa il Mastrogiurato pigliarsi o esigersi quantità alcuna, ancorchè minima o altro sotto la stessa pena nel precedente capitolo stabilita : ma sia lecito ad ognuno entrar e vendere le robe libero, e senza pagamento alcuno, non derogandosi la giurisdizione del mastrogiurato, da osservarsi secondo il solito; ma senza pagamento alcuno , e da esigersi danno e di roba sotto la pena predetta, e non altrimenti.

X.° Dippiù ordinamo , che circa l'affare di taverne , e macellare animali fuori la città per un miglio si osservi il decreto interposto anni sono dal *quondam* Presidente Curcione, ed in caso di pretendenza la R. C. faccia giustizia.

Napoli li 6 luglio 1648.

In questo stesso giorno il Civitelli sollecitava l'indulto pe' suoi concittadini, che fu con questa stessa data firmato dal Vicerè.

## CAPITOLO SETTIMO

I. Tumulti in Cosenza per la mancanza de' generi — II. Giuseppe Sanfelice — Accademia de' Negligenti, e suoi membri—III. Uomini illustri Cosentini — Domenico Arena e la sua Istoria (anni 1660).

I.º I Capitoli di che si è parlato, e l'indulto ottenuto per tutte le sommosse che aveano carattere repubblicano, lungi dal far rinsavire il popolo, ed insinuargli sensi di moderazione, non fecero che accrescerne l'alterigia e la bravura. Veramente, non si era cominciato che a sospettare della mancanza de' generi nel prossimo inverno, e digià esso levossi a rumore, e minacciò il Sindaco degli Onorati e lo stesso Preside. Un tal Diego Montemurro, colla pistola in mano si fece innanzi al Sindaco alla testa di cinque o seicento popolani, e il costrinse a garentire i generi al popolo sulle sue sostanze particolari.

Costò gran fatica al Preside sedare i tumulti popolari, e calmarne le apprensioni.

V'era finalmente riuscito, quando a lui venne sostituito Francesco Capecelatro, dal Civitelli richiesto al Vicerè, come l'unico uomo, che in quelle vicende potesse riuscire a conciliare gl'interessi de' Nobili con quelli del popolo.

II.º Soprarrivava, intanto, il 1649 ed al nostro concittadino Alfonso Castiglione Morelli, che lungo le passate vicende avea fatto dimora in Roma, successe dopo sei anni Giuseppe Sanfelice, altro nostro concittadino, comechè creduto nobile napoletano, perchè la nostra famiglia Sanfelice in Napoli si trapiantò.

Fu egli Referendario dell'una e l'altra segnatura—

Prolegato in Ferrara—e Governatore pria di Perugia, e poi della Marca.

Divenuto Arcivescovo di Cosenza, di qui passò Nunzio in Colonia , donde ritornato , morì in Rogliano l' anno 1660.

A lui dobbiamo la costruzione del Campanile sull' ala della Chiesa in *cornu Evangelii*, caduto col terremoto del 1638 ; ed a lui la costruzione del tragitto dal palazzo Arcivescovile alla Chiesa, rifatto in seguito dal Narni.

Fu egli solertissimo promotore nel nostro paese delle lettere, che pe' passati tumulti erano di gran lunga decadute.

Egli volendo colle lettere rialzare lo spirito de' diversi frati ch' erano nella Città , e che dopo la rivoluzione del Campanella si era badato, che venisse piuttosto educato alle tenebre, che alla luce , fondò una Accademia, che dalla negligenza allo studio vigente in que' tempi, nominò de' Negligenti.

Diedene egli la direzione a Francesco De Luna, chiaro letterato dell' epoca, della famiglia De Luna Cosentina ; e ne dispose le sessioni in S. Francesco d' Assisi, ove per altro principiò e morì fra il periodo di pochissimi anni — senza che però non abbia avuto il merito d' avere a suoi membri un Carlo D' Aquino , un Daniele De Matera , un Giuseppe Favari , Diego Barracco, un Ferdinando Stocchi, un Ignazio Stocchi, un Ignazio Sambiasi, un Marzio Cavalcanti, ch' erano socii dell' Accademia de' Costanti, in quell'epoca pressochè sciolta, e non riorganizzata che da Pirro Schettino, di cui parlammo nel primo volume.

Era Carlo d' Aquino un discendente della nobile famiglia Aquino , di cui un ramo si era trapiantato a Cosenza in tempi molto da questi lontani. Pare, ch'egli nascesse sul principio del secolo decimosettimo ; giacchè il 1647 e 1648, si trova tra que' nobili Cosentini, i quali, perchè scarsi di beni di fortuna, partirono col Marchese di Fuscaldo , al servizio di Sua Maestà, e che tanto si distinsero in Pozzuoli. Infatti, abbiamo di lui alcuni quadernari che si leggono stampati nelle Rugiade ch' egli consacrò al Marchese, ed alla difesa di Pozzuoli — Di lui scrisse dotta ed elaborata biografia Francesco Saverio Salfi nipote dell' Abate, e non men chiaro dello zio, se immatura morte non avesse colpito sul fiore della vita, e quando le patrie lettere si aspettavano grandi frutti dalla sua bella erudizione e dalla sua giudiziosa critica. Dice il Salfi adunque che l' Aquino coltivò l' amicizia de' letterati del suo tempo—appartenea ancora all' accademia dc' Costanti col nome di Pertinace—e fu non piccolo ornamento di quella de' Negligenti — Scrisse molte poesie, che vennero pubblicate dal Favari autore di un trattato intorno alle famiglie cosentine, nel quale, per altro, non ebbe premura nè di pubblicarle per intero nè le migliori. Portano i suoi componimenti il titolo di Rugiade del Parnaso, e formano un complesso di sonetti amorosi, di varî madrigali, e quadernarî, di alcune canzoni e di alcuni Salmi parafrasati. Comechè egli spesso si venisse guardando de'vizî e delle maniere esagerate del cattivo secolo in che visse, non andò esente dalle pecche date al Marini e consorti. È però uopo dire, che talora con tutta l'arte se ne guarda, ed allora non è inferiore al Tarsia nè allo Schettini — Vuolsi ancora che abbia composto delle comedie; ma nulla non potremmo dirne: non avendo avuto l' agio di leggerle e meditarle.

Daniele Matera, membro anch' esso dell' accademia de' Costanti, passò a far parte di quelle de' Negligenti. Fu egli figlio dell'illustre famiglia Matera, de'cui chiari personaggi avemmo tante volte agio di parlare. Nacque sul principio del secolo decimosettimo—e fu d'indole così brava e buona, che nella rivoltura del 1647 e 48 non soffrì veruno insulto dal popolo, comechè moltissimo soffrissero in quella vicenda i suoi congiunti. Amante de'buoni studi, ed in ispeciale modo della filosofia telesiana, fu molto apprezzato per le cognizioni filosofiche che lo adornavano, e per tendenza alle scienze naturali, che in un'epoca di migliore progresso, avrebbero avuto in lui un ottimo cultore. Scrisse alcune poesie, e fu riputatissimo dall'Aquino, che gl'indirizzò una canzone, ch' è forse delle più belle e più robuste di quello autore—Di lui fanno onorevole menzione il Lombardi ed il Salfi—e quanti patrî scrittori anno avuto caro di ravvivarne la memoria pur troppo obbliata dallo Spiriti e dallo Zavarrone.

Appartenne all' accademia de' Negligenti Ferdinando Stocchi, anch' egli d' illustre famiglia Cosentina. Nacque nel 1599, e non altrimenti che il De Matera, divenne chiaro nelle fisiche speculazioni, e nella poesia latina. Però infatuato dello spirito del secolo che tirava alla magia, alla stregoneria ed allo spiritismo, coltivò la Cabala e l' Astrologia giudiziaria, e da sapiente, divenne un ciurmadore. Di lui si duole Tommaso Cornelio nella lettera del Severino a Matteo Locrese : ed avea ragione di dolersi quel forte Spirito, vedendo nella nostra Città spente le 'buone lettere e le belle arti, ed in fiore le corbellerie del tempo. Scrisse egli la vita del beato capitan generale che fu dell' Imperatore Giovanni C... che gli procurò molta disistima nell'opera intitolata la Storia degli Svevi nella conquista del Regno di Napoli e di Sicilia per l' Imperatore Enrico VI, e che Angelo De Matera sbugiardò in una sua scrittura spinta al Vescovo di Martirano — e scrisse ancora: Del portentoso Decennio — e l' opera : *Ferdinandi Stochi Consentini Carmina et lusus.* L' esistenza di questa accademia, come dissi, non ebbe lungo corso : imperocchè surta da certi dissidii tra' componenti dell' accademia de' Costanti, cessò d' aver vita alla morte di Monsignor Sanfelice, nel 1660, che avea preso argomento da que' dissidî per fondarla. In tal'epoca ritornati i cennati accademici alla prima già abbandonata, ben presto questa rifiorì sotto la direzione di Pirro Schettini.

III.° Oltre a'citati uomini illustri della nostra Città, si distinse in quest' epoca Giacomo Giordano, o Jordani, uomo dottissimo, secondo il Toppi, Abate di Montevergine, e nel 1651 assunto al Vescovado della Cedogna.

Erroneamente l' Ughellio il sospettò o di Tricarico

o di Trivicano. Egli fu Cosentino—della nobile famiglia Giordani, ora trapiantatasi in Napoli, e della quale uno de'figli è cavaliere di compagnia della Principessa Margherita di Savoja, dinastia regnante.

Attesta ciò luminosamente Antonio Zavarrone, fratello di Angiolo, il quale Antonio fu Vescovo di Tricarico, e scrisse sulla esistenza e validità de' privilegi conceduti da' Normanni alla Chiesa di Tricarico. Dice il Zavarrone, ch'egli scrisse l' opera: *Explicatio catholica explicationis Calvini super perfidiam Valentini Gentilis.*

Fiorì ancora frate Antonio Cosentino, che secondo il Zaccaria ed il Fiore visse vita tanto edificante da meritare l' ascrizione al numero de' Beati.

Non meno di lui famoso nella vita ascetica si rese Fra Cesario, detto nel secolo Gio. Giacomo Guerra. Fu egli valoroso predicatore, e nel 1638 si distinse in Napoli, come nel 1639 nel pulpito di Palermo—A lui si ascrissero diversi miracoli, che dal Fiore nella Calabria Sacra vennero religiosamente registrati. Ma meglio che il Guerra ed il Cosentini, di questi tempi, si rese celebre l'altro nostro concittadino Francesco Cribari, Parroco di S. Nicolò in Roma, esimio giureconsulto—asceso al Vescovado di Nicotera l' anno 1658.

Nel 1640 fiorì Francesco Sambiasi, teologo dottissimo nella compagnia di Gesù a cui appartenne. Di lui ecco che narra il Zavarrone; *Verbi Dei apud Sinas Praeco eximius, et invictus confessor, qui Macaum Jesuitis exilio pulsis ab anno MDCXX. Pechini delituit et clam praedicando Evangelio saepe in vitae discrimen adductus est donec illud restitutis sociis, liberius praedicaret et Imperatoribus sinicis carus evaderet, ut et sinicus evaserat. Scriptor egregius; nam in ea lingua tres scripsit traetatus De anima—De somno—De pictura — ex Alegamb. in Biblioth; fol. 134 Obiit Nanquin* anno MDCXLIX.

Di lui fa ricordo un bell' epitaffio riportato dallo Zavarrone—ed oltre a ciò Carlo de Lellis, Daniele Bartolo, il Toppi ed altri.

Quegli che poi su di tutti brillò di questi tempi fu Domenico Arena, lo scrittore de' *tumulti e rivoluzioni*

*di Cosenza* nel 1647 e 1648—Premendomi seriamènte
che questa Storia vegga la luce, io mi pregio di ri-
portarmi per intero a quel che di lui e della sua Opera
dice Francesco Saverio Salfi nell' anno 1° del Giornale
il Calabrese, nipote dell' abate, e di questo non meno
giudizioso critico, quanto migliore per una lingua affatto propria e pura.

## CAPITOLO OTTAVO

I. Giuseppe S. Felice—Peste in Cosenza dal 1656 e 1657 — II. Pace
tra Francia e Spagna—Morte di Filippo IV—III. Cedola di Carlo
II con cui si dichiara chiuso il Sedile di Cosenza (anni 1664).

I.° L' Accademia de'Negligenti si chiuse colla morte
di Giuseppe S. Felice, che come vedemmo, lasciò la
vita in Rogliano. A questo prelato successe Gennaro
S. Felice, che fu eletto nello stesso anno, e ne visse 33.

Di Gennaro fa bello elogio il Castiglion Morelli, il
quale dice, che indossò la porpora cardinalizia per
l'esimie sue virtù sacerdotali e scientifiche, non affatto
inferiori a quelle che fregiarono Giuseppe dello stesso
cognome.

Veramente, evangelica fu la vita di Giuseppe in
tutto il corso del 1656 e 1657, in cui una orribile peste spopolò Napoli e le provincie, tra cui Cosenza. Pochi paesi del Regno, in quella luttuosa vicenda ebbero un uomo che come il S. Felice stemprasse l'asprezza del male, mercè le sue cure, e che come lui cercasse di sollevare quella·classe che maggiormente suol
cadere vittima de' contagi, ch' è la classe de' miseri e
de' bisognosi.

Ebbe egli a strenuo collaboratore nella pericolosa
fatica il P. Sebastiano di Cosenza, ricordato dal P.
Fiore—de'minori osservanti, e che pagò il fio del suo
cristiano zelo il 4 febbrajo del 1656 perdendo la vita
in assistere gli appestati.

Scoppiò questo orribile flagello in Cosenza il 5 giugno del 1656 nella persona di una tal Rosa Piscitelli,
che abitava nella Motta. Tra 24 ore tutto quel quartie-

re ne fu attaccato—donde il morbo desolatore si diffuse pe' Padulisi, e per la Giostra vecchia e nuova.

Il numero degli attaccati cominciò a superare i venti al giorno tra pochi dì ; ma a capo di un mese questo numero fu di gran lunga oltrepassato , e tra breve non riconobbe limiti.

In mezzo a tanto lutto e pubblica miseria la Cronica del Caputi , che fu Cosentino, contemporaneo dell'avvenimento, registra la morte veramente tragica di Rosoria Infante , dama distinta della Città , amante svisceratissima del marito Ettore Aloe, e de' figli, che come vide perire l' uno appresso dell' altro , seguir volle nella fossa dove furono gittati, e dove si precipitò dietro che avea bevuto il veleno.

Grandi sensi di carità cristiana oltre a Fra Sebastiano ed il S. Felice dimostrarono in questo rincontro Elisa Quattromani, ed Emilia Muzzilli pronte ad accorrere al soccorso degli appestati, ove che donne e fanciulli venissero attaccati, e dai propri parenti per terrore lasciati in abbandono; e non ultime nelle largizioni di danaro e di generi, che molto efficacemente volsero a sollevare i poveri e gl' indigenti.

II.º Come per farci sentir meno i tristi effetti della peste il 6 aprile 1660 con solenne cerimonia fu proclamata la pace tra la Francia e la Spagna: e questa pace ch'esonerava di tanti balzelli e tanti aggravì lo stato fu generalmente considerata come il principio d'un èra novella tendente ad immegliare finalmente le dissestate sostanze del Regno e de' suoi abitanti.

L' 11 gennajo 1661 fu pubblicato l'indulto per tutti quelli che aveano seguito le parti di Francia, e molti cosentini lasciarono quello esilio e quelle prigioni, ove spirito di parte li avea cacciati.

La nascita del Principe Carlo verificatasi il sei novembre dello stesso anno , e le disposizioni prese dal Vicerè Conte di Pennaranda , per purgare il Regno da' banditi, ridettero la calma a' nostri cittadini, disperati per non potere ritrarre le rendite de' loro fondi—e gli ordini rigorosi del Sanfelice per ristabilire la polizia nel clero—e quelli del Preside contro i fallimenti fraudolosi, finirono d'assicurare i mutuanti, e purgare la Città dagli scandali, ch'uomini disonesti e truffatori soventi volte offrivano al pubblico.

Sotto questo Vicerè con apposita prammatica furono dichiarati punibili i duellanti, e fu dichiarato, che i provocati a duello, ricusandolo, non potessero essere tacciati di codardia ed infamia.

Vista questa legge, Francesco Serisanti, che avea insultato il magnifico Bernardino Scaglione, ricusò di battersi quando costui lo chiamò ad una partita d'onore.

Lo Scaglione allora cercò di definire diversamente l'affare; ed ito in cerca del Serisanti il prese a schiaffi in mezzo alla giostra.

Ciò fu cosa che gli attirò un mandato di cattura, che fu tosto dagli agenti del Governo eseguito. Fatto stà, che i molti nobili che aveano dissapprovata la prammatica, spinsero alcuni del popolo a strappare lo Scaglione dalle mani della forza; e ciò fu cosa che suscitò un tafferuglio indicibile; mentre presero le armi tutti gli amici de' Serisanti e de' Scaglioni; e tragicamente sarebbe finita la questione, se il Preside non avesse conciliato le due famiglie alla sua presenza, ponendo un velo sul passato.

Il Cardinale D. Pasquale d'Aragona successe al Pennaranda nel 9 settembre 1664.

Questo Vicerè, mentre era intento al miglioramento dell'amministrazione civile del Regno, si ebbe annunzio della morte del Re Filippo IV, e della reggenza lasciata in tempo dell'età minorenne del Re Carlo II.

Per la minore età di Re Carlo, la Regina madre stabilì un Consiglio a parte, detto *Giunta degli Spagnuoli*.

Sotto questa Giunta, si ridestarono l'ire sopite tra Nobili ed Onorati della nostra Città—ed esse non conobbero più limiti quando alla maggiore età di Carlo, questi accordò a'Nobili la Cedola nel 1681, che dichiarò chiuso il Sedile, d'aperto ch'era. Ricorderanno i nostri lettori il regolamento del 1565 sul nostro Sedile, ricorderanno che da quel tempo infino a che il Civi-

telli non conseguì quel capitolato del 6 luglio **1648**
che coll' art. VI dava l' adito agli Onorati di potere
essere aggregati nella prima Piazza, innumerevoli furono i litigi tra questi e i nobili — ed immense le
cause di disturbo che valsero ad agitare la città.

Stando così le cose ; e non potendo oltre soffrire i
nobili che venisse manomesso quel dritto, che credeano sanzionato dal Regolamento del 1565, e non dero-
gato dal Capitolato Civitelli, perchè a tempo protesta-
to, come sottoscritto *vim ac metum* , si maneggiarono
presso Carlo II, perchè l' antica prerogativa del Sedile
venisse riconfermata, e proclamato una seconda volta
chiuso il Sedile, si sbarrasse la via a tutti coloro che,
sotto pretesto di voler essere riconosciuti per nobili ,
ambivano a porsi il potere municipale in mano, e farne a propria voglia.

Il ricorso al Re fu avanzato a nome della Città , e
però da niun nobile sottoscritto. E veramente, trattandosi di ricostituire una dichiarata marca di separazione tra' cittadini, dovea farsi a nome di tutti ; perchè
tutti vi aveano interesse. Diceasi: che la chiusura del
Sedile fosse di grave interesse per lo Stato, in quan-
tochè i nobili in tanto si erano potuti mantenere fedeli alla Corona , in quanto che si era mantenuta in
loro illibata la limpidezza del sangue.

Affermavasi che la carta invocata non avrebbe fatto altro che confermare il Regolamento del 1565, av-
valorata di regio assenso pel Collaterale Consiglio a'19
settembre dello stesso anno.

Che oggimai vi era chi intendea rompere quella buona
legge, sconcertando la pubblica quiete, e *soltanto per
essere dottorati* ( condizione che potea adempiersi da
qualunque plebeo che si compri un privilegio) col pretesto che prima di farsi la chiusura del Sedile avea la
città aggregato alcuni Dottori : senza osservarsi che
ciò fu fatto con grande riservatezza , ed essendo
molti di essi genti appartenenti a famiglie nobili.

Aggiunsero un motivo politico a' cennati, e si disse:
che laddove si volesse dar luogo ad aggregazioni così
frequenti, tutte le Università dei dintorni dei Casali re-

sterebbero spopolate; perchè tutti le lascerebbero per
entrare nel governo di Cosenza, comprandosi un privilegio di Dottore, al che l'erario regio avrebbe ricevuto gravi danni, mancando i pagamenti fiscali.

*Conchiudeasi:* che si fosse chiuso finalmente il Sedile
a chiunque avesse grado di Dottore non solo, ma a
chiunque venisse assistito d'altre condizioni.

Carlo II udito l'esposto fe' la seguente decretazione :

« Avendo veduta l'istanza de'supplicanti, ed atten-
« dendo allo che rappresentano nello inserto me-
« moriale S. M. ha creduto bene incaricare e coman-
« dare che provveda, e dia gli ordini che convengono
« perchè si osservi la loro conclusione, ch'espongono,
« e tengono fatta, e l'assenso sopra di essa ottenuto,
« affinchè non si ammetta in avvenire alcuno di nuo-
« vo nel loro Sedile, non ostante, che abbia il grado
« di dottore, o altra qualunque si voglia condizione,
« secondo lo che supplicano.

Questa carta reale ottenuta da' Nobili per forza di
un ricorso portato innanzi alla Corona a nome della
Città, quando la Città n'era perfettamente ignara, anzi quando avea ragioni di chiedere l'opposto, fu la
scintilla che fè divampare un incendio inestinguibile
tra tutte le classi de' cittadini. L'ira, gli odii sopiti
ridestaronsi — mille pettegolezzi uscirono in campo —
e minacce e scandali e tafferugli non mancarono ad
accrescere l'agitazione de'cittadini partiggiani pe'Nobili o per gli Onorati, e di porre in soqquadro coloro
che amavano pubblica pace e la generale tranquillità. Ad inasprire maggiormente gli animi concorse non
poco l'opera anonima intitolata: *Scrutinio della nobiltà chiusa di Cosenza.* A questo attacco aereo vio-
lento fatto al dritto de'nobili, risposte seguirono
più violente ed aspre; e di questa polemica furono effetto nuove minacce e nuovi scandali, come nuove per-
turbazioni dell'ordine pubblico e della quiete dome-
stica. Noi avremmo largo campo a mietere se volessi-
mo narrar tutti i singoli avvenimenti che seguirono
quella Carta malaugurata — e profonda ragione di

piangere sulle sventure della nostra patria. Essendo però cose donde la storia poco vantaggio trar potrebbe volentieri ne prescindiamo , persuasi che su certi avvenimenti è meglio addensar tenebre che portar luce.

## CAPITOLO NONO

1. Il Valero incaricato di esaminare i titoli di Cosenza sulla Sila— Prime transazioni col fisco fatte nel 1666 — II. Risorgimento dell' Accademia de' Costanti — Tommaso Cornelio (anni 1667).

I.° Un altro avvenimento che singolarizza il regno di Carlo II presso noi sta nelle transazioni fatte dai possessori delle Difese della Sila.

Conosciamo che risultata favorevole a' dritti di Cosenza la istruzione intavolata dal Regio Commessario nel 1614 — la decisione fu aggiornata per non dichiararsi vinto il Fisco. Da quell'epoca in poi, se ad altri fu concesso il dritto solamente di legnare , a' Cosentini fu conservato il jusso di semina , raccorre pece , legnare*, e vendere ad altre Università—infine tutti i jussi che da tempo immemorabile su quel tenimento da essi si esercitavano. Però, nel 1663 D. Pietro Valero fu incaricato dalla Regia Corte di riesaminare i titoli ed i privilegi di Cosenza e Casali , desiderando far di loro ciò che fatto si era de' difesanti. Il procuratore di Cosenza attaccò di nullità la citazione ricevuta, sostenendo che il Governo non avesse dritto alcuno a chiamarli in giudizio; sostenne poscia, i dritti di Cosenza e Casali , comunicando tutti i Capitoli e Privilegi ottenuti dagli Angioini, Aragonesi e Spagnuoli; sostenne che la Sila non si trovava descritta ne'quinternioni della Regia Camera, nè nell' inventario delle Calabrie, fatto con grande diligenza da Carlo d'Angiò I, perchè di proprietà de'Cosentini; che quando le baglive della Sila si fittarono al D'Alessandro ed Oranges, il Fisco non figurò mai tra costoro e i possessori di difese , ed altre regioni. Per queste considerazioni si arrestò di nuovo la decisione, e si lasciarono le cose come stavano. Ma nel 1686 rianimatosi il litigio contro i possessori, si decise di venire a transazione con essi, e 40 possessori transiggettero i loro possedimenti per ducati 3566 — senza che però si fosse toccata la questione che riflette Cosenza e Casali, e lasciandosi per l'addietro paralizzata ed indecisa.

II.° Fuori di questi due avvenimenti il Regno di Carlo II trascorse pei Cosentini senza lasciar di sè traccia notabile, o degna di rimembranza. In 25 anni di signoria esercitata per un Luogotenente, e sei Vicerè non ricordano le patrie carte alcun privilegio particolare.

Ciò che per noi è rimarchevole in quest'epoca, è il risorgimento della nostra Accademia de' Costanti; e la sparizione di Tommaso Cornelio, tolto al numero de' viventi in Napoli il 1684.

Tommaso Cornelio fu uno di quegli illustri scrittori, che secondo lo Spiriti basterebbero a render chiara la nostra città, anche quando altra memoria illustre non avesse a registrare ne' suoi annali. Gli è vero, che lo Spiriti con manifesto inganno il fa natio di Roveto, villaggio di Cosenza; ma oltreachè l'esser nato in Roveto che allora era un rione della città, non toglierebbe ch'egli sia Cosentino; egli ricevette il battesimo in Cosenza, ed in tutte le opere sue di Cosenza si disse e cosentino intitolossi, ch'è ciò che prova ch'egli fu cosentino e di nascita, e per elezione.

Egli studiò co' Gesuiti in Cosenza grammatica e rettorica—proseguì i suoi studii filosofici in Napoli—ed in Roma, perfezionossi nella Geometria e Matematiche. Quivi ebbe ad istruttore il Torricelli, e di là passato in Bologna si arricchì di maggiori cognizioni, conversando col Cavalieri, illustre filosofo e matematico. Ritornato in Napoli, poscia ch'ebbe posto distinto nell'Accademia degl'Investiganti, fondata d'Andrea Concublet, dal Vicerè fu prescelto, dice lo Spiriti, ad occupare la cattedra di Medicina e Matematica, che per trent'anni con gran decoro sostenne, malgrado la guerra degl'ignoranti medici de'suoi tempi, che dignitosamente seppe vincere ; e le calunnie di cresia dategli, che a tempo seppe disperdere ed annullare. Stando ad insegnar matematiche nella Capitale del regno, dice il Giannone: che a lui è dovuta la gloria di avere condotto nel Regno il buon gusto negli studii, ed il perfezionamento nella filosofia. Ecco le sue parole :

« Ed essendo a questi tempi come si è detto Tom-
« maso Cornelio, a lui deve Napoli tuttociò che si sa
« di più verosimile nella filosofia e nella medicina.
« L' Andrea fu il primo ad abbracciare la maniera da
« lui proposta di filosofare, ed il Cornelio per mezzo
« suo fece venire in Napoli le opere di Renato delle
« Cartes di cui fino a questo tempo n'era stato igno-
« to il nome presso noi. *Ed altrove lo stesso scrittore*:
« Che il Vicerè di quel tempo restituì le cattedre , e
« per insinuazione fattagli dal rinomato Francesco
« d' Andrea allora avvocato de' nostri Tribunali, rimi-
« se in questa Università la Cattedra di Matematica
« nella persona di Tommaso Cornelio, celebre filosofo
« e medico di que' tempi ».

Tommaso Cornelio, oltre ad essere egregio filosofo e medico, e valorosissimo mattematico , fu chiaro poeta dell' epoca sua , ed i suoi versi latini che seguono i Proginasmi ne fan fede. Morto, fu sepolto nella Chiesa di S. Maria degli Angioli.

Pubblicò per le stampe. *Proginasmata Phisica — De Circumpulsione platonica — De sensibus proginasma posthumum — Epistola M. Aurelii, Severini ad Thimeum, Locrensem — Carmina.*

Quest' opere furono date alla luce in Roma il **1688**; e poscia ristampate più volte in Napoli , in Venezia, Sicilia e Germania.

Intorno al risorgimento dell' Accademia de' Costanti, decaduta dal suo prisco fulgore, e per forza del secolo che tendea all' iguoranza, e per le scissure sorte tra membri che la componeano: scissure che originarono quella de' Negligenti , dice il chiarissimo Lombardi , accurato raccoglitore di patrie notizie , che la gloria sia dovuta a Pirro Schettini, che condottosi in seno a quell'Accademia co' suoi colleghi Ferdinando Stocchi ,

Ignazio Sambiasi, Daniele Matera, Diego Barracco, Marzio Cavalcanti , e Francesco de Luna le diede nuovo indirizzo, e la ripose in quel grado di riputazione che in tutta Italia godea. Ne fu egli creato Principe nel 1668 — e finchè non cessò di vivere , il che avvenne fatalmente nel 1678 , la nostra accademia fu decantata per la conservatrice del buon gusto in materia massimamente di poesia , come egli pel ristauratore della lirica italiana. Infatti , l' autore della Storia Civile del Regno parlando della poesia italiana, che dicea morta dopo il Tasso, narra che in questo stato durò: « Finchè nel declinare del secolo non la restituissero « nell' anno 1668 Pirro Schettini in Cosenza , e nel 1679 Carlo Buragna in Napoli »—Ed il P. Giacchi , nell'orazione in morte di Gaetano Argenti: « Sortì egli il fortunato garzonetto nell' istituzione del costume « e dell' amore per le lettere ogni più bella e riposta « vocazione ; e per la lirica gentilmente ristaurata ed « italiana poesia, celebratissimo fu Pirro Schettini ».

Pirro Schettini adunque è un di quegli uomini calabri che grandemente onorarono le nostre contrade. Nacque egli nel 1630 in Aprigliano o Altilia, apprese legge in Napoli, ed applicatosi nelle lettere in Cosenza, finì con divenirne il cultore ed il ristauratore. La Riforma ch'egli portò nella poesia italiana ferì direttamente la scuola del Marini, che grande ascendente avea preso in Italia in que'tempi. Temperato nel poetare come in tutte le cose della vita , e massimamente ne' costumi, desiderava che i suoi componimenti, dietro la sua morte, fossero gittati al fuoco.

Grazie al Cielo il suo voto non fu esaudito—ed oggi abbiamo di lui un volumetto, che va sotto il titolo di Poesie di Pirro Schettini , di cui non mai potrebbe lodarsi la semplicità, la bella forma, ed il dire corretretto ed elegante (1).

Fecero all'epoca dello Schettini parte dell'Accademia

(1) Gravi argoménti m' indussero a credere che lo Schettini fosse nato in Altilia. Ciò, non esclude ch'egli potesse col fatto essere d'Aprigliano, se altri ne ha prove migliori.

29

oltre Ferdinando Stocchi, che ne fu pure presidente, e del quale diggià si è fatto cenno, Girolamo Rocco, pregiato grandemente dallo Allacci e dal Crescimbeni, che ne parla nella Storia della vulgare poesia. Fu infatti poeta — e scrisse molto; ma infelicemente non avanza di lui che un sonetto di risposta al De La Valle, che pur tutta volta, per la sua eleganza dimostra quanto egli versato fosse in questo ramo di letteratura.

Vi appartenne ancora Serafino Biscardi, nativo di Cosenza, ed autore dell'opera: De Quindennis — *Epistola pro Augustis: Hispaniar. Monarca Philippo V. qua et jus ei assertum successionis Universae Monarchiae ec.— Oratio habita in Regiis aedibus in die natali Philippi V.*

S'avviò egli allo studio delle scienze legali, e, mercè il valore spiegato in questo ramo· dello scibile, fu allogato tra' Reggenti del Consiglio Collaterale. Partigiano di Filippo V, all'epoca della costui ascensione al trono di Spagna, dietro la morte di Carlo II, soggiacque a gravi burrasche, e ad essere privato della onorevole carica che occupava nel 1707, epoca in cui gli Alemanni penetrarono nel regno in difesa delle ragioni di Carlo d'Austria.

Morì il 1711—famoso non meno nelle conoscenze legali che nelle lettere, di cui fu caldissimo sostenitore e difensore.

Furono membri di quest'Accademia Saverio Bombini, e Vincenzo Quattromani—il primo e il secondo giureconsulti distintissimi in Napoli — secondo Aceti nel Barrio.

Fu membro ancor di essa il Cosentino Giacinto Arnone, che lasciò stampate le *Disgrazie, scherzi del Negrone*—di cui non possiamo dar giudizio, perchè non lette.

Vi prese parte Giuseppe Sersale, clerico regolare Teatino che ci lasciò per le stampe: *Contradictiones apparentes sacrae scripturae a diversis auctoribus expositae in breviorem methodum collectae. Opus concianatoribus et ecclesiasticis utilissimum.* Giuseppe Sersale va detto dallo Zavarrone: *Vir valde doctus et de re literaria optime meritus.*

Dello stesso cognome e della stessa illustre famiglia
vi appartenne Ettore Sersale, scrittore satirico, e che
ci lasciò: i Capricci Accademici, e i castelli in Aria.

Giovan Battista Sambiasi, ricordato dal Toppi nella
sua biblioteca come ottimo poeta, ne fe' parte—e con
lui fu splendidissimo accademico Antonio Garofalo
chierico regolare Teatino.

## CAPITOLO UNDECIMO

I. Filippo V — Scarcerazione de' detenuti politici dalle prigioni
di Cosenza — II. Uomini illustri Cosentini.

I.º Re Carlo sul cadere del secolo decimosettimo,
scevro d'eredi e di successori, cedea all'insinuazioni
di Re Luigi di Francia, e dichiarava a successore del
trono di Spagna Filippo, secondo figlio del Delfino.
Morto quindi il 1º novembre 1700 nel fiore dell'età,
lasciò un retaggio di discordie e di guerre nel Regno,
combattute tra Filippo chiamato alla successione, e
Carlo Arciduca d'Austria, dalla lega de'Principi d'Europa proclamato Re di Spagna.

Infatti, l'Arciduca Carlo condottosi in Ispagna, e fissatosi in Barcellona, ottenne grandi successi nella penisola Iberica ed Italiana. Per questi successi il Napoletano ed il Milanese caddero nella sua soggezione—
Napoli presentava le chiavi agl'Imperiali—e la parte
maggiore del Regno nella costoro ubbidienza si soggettava.

Un avvenimento, intanto, clamoroso diede altro indirizzo alla guerra.

Morto l'Imperatore Giuseppe I, ch'era succeduto a
Leopoldo, l'Arciduca Carlo fu chiamato ad occupare
il trono imperiale.

Profitta Luigi di Francia di questa oscillazione per
ripigliare la rivincita nel Regno. Infatti, pochi vantaggi riportati sugl'Imperiali coronano i suoi sforzi.
Si viene allora dalle parti belligeranti a trattative di

pace, ed il trattato d'Ultrect, pel quale ebbe Filippo
la Spagna e l'Indie ; il Duca di Savoja la Sicilia ; e
le possessioni d'Italia l'Imperatore , fu la conseguenza
di quella guerra.

In virtù, adunque , di questo trattato, il nostro Regno cadde per intero sotto l'austriaca dominazione; e
Carlo VI , di cui fa grandi elogi il Giannone , come
principe che sentiva la gratitudine e la riconoscenza
oltre ogni credere , e come tale che avea tutti i re-
quisiti per meritare il nome di Sovrano, a Filippo V
fu sostituito.

Durante questi avvenimenti le patrie croniche non
narrano altro che, avvenuta l'acclamazione dell'armi
imperiali nel 1707, il popolo Cosentino, ebbro di gioja
per essersi liberato dagli Spagnuoli, chiese ed ottenne
l'escarcerazione di tutti i carcerati politici, senza che
di questa escarcerazione derivasse avvenimento che ne
facesse dolorare l'iniziativa.

II.° Tra Filippo e Carlo VI fiorì Giuseppe Caputo,
Regio avvocato Fiscale in Aquila, secondo Aceti, e conosciuto assai pel suo sapere legale e cognizioni di
dritto antico.

Fiorì Antonio Caselli, secondo lo stesso Aceti, filosofo e matematico più che distinto.

Fiorirono ancora Antonio Bombini, ed Alessio Benincasa, ambi versati nelle lingue latina e greca ; ed
entrambi dell'oratoria conoscitori espertissimi. In grande fama salì poi Girolamo Raimondi, diverso da Giov.
Francesco Raimondi di Catanzaro, che fiorì nel 1670. Fu
quegli, secondo Amato, Accademico Cosentino, e poscia
membro dell'Accademia degl'Inculti di Montalto sotto il nome di Fronimo. Fu dottor fisico, e scrisse un
Opera intitolata : *Breve trattato apologetico intorno la
causa, sintomi, segni, prognostici, e cura secondo l'antica e nuova ipotesi sulla febbre in* 4.° Un libro : *Dei
segreti medicinali — Epilogum Spherae* — Scrisse in
versi il *Polimante* commedia *Neapoli apud Onophrium
Paci 1707 — Il Rinnegato per amore,* Commedia *apud*
Paci 1710 — Le *Funnacchere* , Commedia in idioma
napoletano , *apud Paci 1712 — L'Egitto glorioso per*

*la vita di S. Antonio Abate. Neapoli apud Carolum Porsile* 1715 — *La Calabria felice per S. Francesco di Paola* Trag. *Porsile 1749* — *La Povertà evangelica nella Vita di S. Filippo Neri, e Felice Cappuccino. Neap. apud* Paci 1722 — *Prediche Evangeliche* — *S. Rosa di Viterbo* Tragedia — ambo non pubblicate ai tempi dell' Amato — *Il Patriarca de' poveri S. Francesco d' Assisi*, Tragedia — *Glorie nel martirio di S. Giorgio*, Tragedia — *Fra le tenebre la luce per la nascita di Gesù* — *L' antro fortunato* — *Il Conte* — *La Feliciana* — *Chi si fida s' inganna*, Commedie — *Versi*.

## CAPITOLO UNDECIMO

I. **Carlo VI** — Serafino Biscardi — Gaetano Argenti — Rocco Gervasi — L' Arena ed il Cornelio promuovono l' Accademia degl' Investigati in Napoli — II. Muzio Caselli ristaura l' Accademia Cosentina già chiusa — membri di questa Accademia.

1.º I progressi che fecero le scienze sotto questo imperatore sono ineffabili. La nostra Giurisprudenza che avea per Francesco D' Andrea preso forma migliore, si andò sempreppiù perfezionando per opera del nostro concittadino Serafino Biscardi, marchese di Guardia, e dell' altro nostro non men celebre Gaetano Argento, di cui più giù faremo motto.

A proposito del Biscardi ed Argento, dice il Giannone dopo d' aver parlato del D' Andrea « che dopo « costui chi più gli si avvicinasse nell' eloquenza e « nell' erudizione e sostenesse nel foro l' arte del ben « dire fu il famoso avvocato Serafino Biscardi — quindi soggiunge « Ve ne furono ancora degli altri che so- « stennero ne' nostri tribunali la vera arte del dire « ec. ma fra questi la gratitudine, e l'avere io il pre- « gio d' essere stato nel foro suo discepolo non com- « portano che io taccia di uno che per giudizio uni- « versale è fuori d' ogni invidia e d'ogni emulazione. « Questi è 'incomparabile Gaetano Argenti, il quale

« fin dalla sua tenera età fornita della più recondita
« e pellegrina erudizione , e consumato nello studio
« delle lingue, della storia e delle buone lettere, ap-
« plicò i suoi varî talenti negli studî legali, dove per
« la penetrazione del suo divino ingegno , per la stu-
« penda memoria , e per l'inestimabile occupazione
« riuscì al mondo di miracolo , talchè per la profon-
« dità del suo sapere, e spezialmente nella giurispru-
« denza superò quanti giureconsulti giammai tra noi
« fiorissero. Ed innalzato dopo a' Supremi magistrati,
« ed al sommo onore di presidente del nostro Sacro
« Consiglio , rilusse assai più luminosa la sua fama ,
« poichè soprastando agli affari più gravi e rilevanti
« dello stato, fece conoscere quanto in lui non meno
« potessero le lettere e le discipline che la sapienza e
« l'arte del Governo ».

Ritornando al Biscardi, egli da Cosenza sua patria,
recatosi in Napoli per consacrarsi a quel foro, in breve tempo, per le scelte lettere che lo fregiarono, non
che per le scienze più reposte che ne illuminarono la
mente , fu eletto Reggente del Consiglio Collaterale.
Trovandosi in Napoli nel momento che con elocubrazioni d'ogni genere si discutea tra' dotti dell'epoca
sul dritto alla successione di Carlo II, egli prese le difese del Principe di Francia, opponendosi a tutti gli
argomenti che da' giureconsulti tedeschi veniano messi
innanzi a prò dell'Arciduca. Quest'allegazione che il
rese celebre in Europa, fu per altro cagione de' suoi
futuri disastri; imperocchè nel 1707 segregato dal Regno di Spagna il Napoletano — ed entrate in questo
le armi alemanne , egli soggiacque a tutte le persecuzioni della nuova signoria, sotto della quale finì di
vivere il 1711, destituto d'ogni onorificenza, e privato
della carica di Reggente, che così splendidamente avea
fino al 1707 esercitata. Scrisse, dice lo Spiriti, molte
cose ; e lo Zavarrone nella sua Biblioteca ce le narra
su questo andamento : *juris responsum pro regio Fisco ec. — Epistolam pro augustis. Hispan. Monarch.
Philippo V ec. Orationem a se habitam in Regiis aedibus in die Natali Philippi.*

L'Amato narra ancora: che scrivesse molte altre o-
pere, *cedro digna ac aeternitate*; ma di ciò niuna
notizia a noi è pervenuta.

Gaetano Argento, come rilevasi dall'Orazione funebre del Troise, da quella di Fernando Giacchi, e dalla
relazione delle Feste dello stesso Argento, fu nativo
di Cosenza. Qui gli fu maestro nelle lettere il chiaro
Pirro Schettini — donde mosso in Napoli ebbe a guida il testè citato suo concittadino Serafino Biscardi.
In quest'ultima città non tardò guari, e dall'Imperatore Carlo VI nel 1707 fu elevato a Regio Consigliero — nel 1709 Reggente del Consiglio Collaterale, e nel 1714 Vice Protonotario e Presidente del
Sacro Regio Consiglio col titolo di Duca. In vista di
questi onori accordatigli, la nostra Città deliberò di
ascriverlo nel numero de' patrizii !... Primo atto patriottico compiuto da que'nostri nobili, che tanti danni arrecarono al paese per tempo sì lungo che mano-
dussero l'azienda municipale ! Stando l'Argento alla
testa degli affari, l'amministrazione del Regno cam-
minò così bene, che diceasi essere governata da un
potere provvidenziale. Egli riscosse tanto la stima
dell'Imperatore e del Pontefice, che dubitandosi della sua vita in un momento di malattia che lo assalì, fu dal Santo Padre ordinato il Sacrifizio incruen-
to per lo Stato. Morto di apoplessia all'età di anni
69, lasciò vedova una signora di Casa Caracciolo, che
lo avea sposato — e varie consultazioni scritte a penna — ed un'opera intitolata: *De Re Beneficiariis Dis-
sertationes tres*. Fu sepolto nella sua Cappella gentilizia in S. Giovanni a Carbonara ; e gli furono celebrati solenni funerali, che descritti in voluminose raccolte coi componimenti che le decorarono, furono tradotte in diverse lingue e per tutta Europa. Di questo nostro concittadino ha scritto molto giudiziosamente ed
alla distesa il nostro contemporaneo Pasquale Conforti—giovine di bellissime speranze per le patrie lettere.
Altro nostro concittadino grandemente onorato dall'Imperatore Carlo VI fu Rocco Girolamo Gervasi, letterato e poeta esimio, a cui in data del 2 agosto 1713

l' Imperatore accordava il titolo di Conte del S. Regio Impero, secondo che attesta l'Amato nella sua Pantopologia.

Ma non solo sotto Carlo VI fiorì in Napoli la Giurisprudenza; ad altezza non minore di perfezione ascese la filosofia, che per gli sforzi del nostro Cosentino Tommaso Cornelio si svincolò dalle sottigliezze logiche e metafisiche, e dalle questioni futili tra cui si era fino allora aggirata, per volgersi alle scienze naturali, e prender nuovo lustro dal buon metodo e da una serie di nuove scoperte, e non più udite invenzioni. Mercè l'esempio del nostro compatriota la generalità applicossi a questi nuovi studî — e sull'esempio di Francia ed Inghilterra, che aveano nel loro seno istallate Accademie di scienze, si fondò in Napoli l'Accademia degl'Investiganti, di cui se fu promotore materiale l'Arena, Cosentino, ne fu sostegno fondamentale il Cornelio, il cui indrizzo dato a questa istituzione migliorò non poco colle ricerche naturali, e accrebbe molto con quelle sulla antichità e sull'archeologia.

II.° Ad imitazione di quanto operavasi in Napoli dal Cornelio, Muzio Caselli, altro nostro concittadino, vedendo chiusa l'Accademia Cosentina per l'abbandono in che cadde dietro la morte di Piero Schettini, presidente della stessa, tolse a riaprire quel consesso, ed a rimetterlo nel suo prisco splendore, tenendo frequenti adunanze letterarie non solo in casa sua; ma rincuorendo con tutti i mezzi gli artisti e gli studiosi del paese, ed elevando a maestro pubblico il dottissimo Simone di Alessandro, capitato a caso in Cosenza, secondo lo Spiriti.

Per tanto zelo spiegato a prò della obbliata Accademia, fu egli eletto a presidente della stessa l'anno 1699, e stette in questo onorevole posto fino al 1719, epoca in cui cessò di vivere lasciando plauditissima memoria di sè in diverse rime, che si leggono stampate in varie raccolte.

Furono membri di quest'Accademia Andrea Firrao della illustre Cosentina famiglia Firrao, che fu

chierico regolare Teatino, e lasciò scritto : *Corrispon-*
*denza d'amore del sangue divino*. Discorsi per i nove
mercoldì precedenti la festa di S. Gaetano Tiene
fondatore de' Chierici regolari , che vide la luce nel
1717.

Domenico Zicari, anco Cosentino , e canonico della
nostra cattedrale, che fu teologo profondo, oratore cru-
dito, e poeta di molto gusto. Ci lasciò egli un libro
intitolato — *Carminum veniorum* — Un'orazione genet-
liaca in occasione della nascita di Filippo primogenito del Re Carlo Borbone , recitata nel Regio Palazzo , e scritta in latino. Di lui fa onorata biografia il sig. Francesco Saverio Salfi nell' opera *Prose*
*varie*.

Francesco Antonio Barracco, della società di Gesù,
dell'attuale famiglia, di cui un ramo è tra noi in Cosenza, ed altro in Cotrone — Fu il Barracco eloquentissimo oratore ed uomo versatissimo nelle lettere e
nelle scienze. Di lui abbiamo un quaresimale, che tradotto in più lingue, è conosciuto e lodatissimo in Europa — Si rese egli infatti chiarissimo in Bologna ,
Messina, Palermo, Venezia ed altre città d'Italia, ove
recitò il suo quaresimale, che per più versi è redatto
sullo stile del Segneri. Ci lasciò una Deca di panegirici, che furono stampati in Venezia nel 1716, e che per
la loro eleganza furono egualmente tradotti in francese , e per ogni dove diffusi.

Francesco Manfredi, tra cartusiani detto Stefano.

Fu egli poeta elegantissimo , e nelle lettere italiane
sovranamente versato. Ci lasciò un volume di rime, che
per sceltezza di lingua , ed eleganza di tessitura non
anno nulla ad invidiare alle migliori, sieno anche del-
l' età trascorse. Delle sue rime si formarono tre edizioni l'una più bella dell' altra ; e l' una più dell' altra ricercate. Fu tenuto in gran pregio da' letterati
dell' epoca , e finì i suoi giorni senza pretensioni da
solitario nella certosa.

Giovambattista Salerno , altro nostro Cosentino. Fu
egli della società di Gesù—e pel suo merito in fatto
di teologia ascese al Cardinalato. Da Clemente XI,

furono pubblicati gli scritti di lui contro le dottrine
luterane, di cui grande spaccio si fe' per tutta Germania, e massime nella Sassonia. Morì in Roma decorato
di tutte le onorificenze che dagli ecclesiastici possono
comportarsi—e fu sepolto nella Chiesa di S. Ignazio ,
ove tuttora lo ricorda un iscrizione , che si legge sul
suo marmo funebre.

Bruno De Franco. Fu costui nostro concittadino ancora , e teologo dell' ordine de' minimi. Egli fu uno
de' membri più dotti ed eruditi dell'accademia Cosentina. Pubblicò i discorsi Panegirici in due Tomi—La
nuova Città celeste simboleggiata nella divozione del
XIII venerdì di S. Francesco di Paola — Un ristretto
della vita di S. Pio V.—Le prediche Quaresimali—La
vita del Regente Serafino Biscardi—Le glorie Austria-
che — I discorsi sacri ed accademici in ossequio del-
l' augustissima casa di Austria—*Praxi in Formolarium
civilem Curiae regularis*— *Ideam ecclesiastici Principis
et gestis quondam eminentissimi Cardinalis Bernardini
super vita*—*Tractatum de Apostolica legatione.*

Membro distintissimo di questa Accademia fu **Domenico Arena** , l' Autore della Storia de' Tumulti e
delle Rivoluzioni della Città di Cosenza negli anni 1647,
e 1648.

Fu egli di patria Cosentino , nacque nel 1606 — e
quando tolse a scrivere la Storia non avea che quarantuno anno. Fin da che terminò gli studî fu dal
padre indrizzato allo studio delle leggi , nelle quali
a suo tempo si dottorò. Apparteneva egli all' ordine
degli Onorati , e però , la sua storia è più veritiera
che non quella del Bombini e del Sambiasi sullo stesso soggetto.

Una dotta monografia scrivea su di lui Francesco
Saverio Salfi , nipote del celebre Abate , tolto al numero de' vivi, quanto era uno de' più belli ornamenti
delle lettere Cosentine. Egli discorrendo dell' Arena
dicea:

« Amico della patria, ne compiange le sventure ri-
« poste nella divisione de' cittadini , alla quale davan
« vita ed alimento ambizione e superbia, morbi pesti-

« feri d'ogni civil comunanza, e descrivendone i tri-
« sti effetti ad ambo le parti dannosi, non intende che
« a renderle migliori. Or chi toglie la penna in mano
« e scrive con questo santissimo proponimento, dee
« certamente accogliere nel cuore quegli affetti che
« rendono l'uomo eccellente ad ogni privata e socie-
« vole virtù.

E più sotto.

« L'Arena seppe legare i diversi fatti che si suc-
« cederono nella nostra Provincia, toccando con molto
« accorgimento la storia del tumulto di Napoli, per dar
« ragione della mutazione degli animi e delle diverse
« vicende de' fatti che narra. Amico della verità e
« della quiete tutto spone con candore ; condanna gli
« eccessi senza parteggiare per alcuno ; indaga le ra-
« gioni delle cose, e rinvénuta la loro radice ne' vizî
« de' Nobili e del Popolo esso franco li disvela senza
« esitar menomamente ec.

Potrei tuttora estendermi sul numero degli Accademici che furono dal Caselli invitati a rianimare l'Accademia Cosentina ; ma siccome gli altri si distinsero
più all'epoca che fu presidente Fabrizio Castiglione
Morelli, che al tempo del Caselli, ne farò motto quando parlerò del Morelli, e dei suoi sforzi per richiamare
in vita l'Accademia, che per le occupazioni de' suoi
principali membri era caduta in un nuovo abbandono.

Per ora mi giova dire: che nello stesso modo che
all'epoca di Carlo VI favore immenso ricevettero le
lettere e le scienze nel Regno, coltivate da'nostri concittadini ; all'epoca dello stesso Imperatore, grandemente fu immegliata la polizia Ecclesiastica di esso, e
non poche modifiche ricevette nella nostra città, ove
fino allora gli abusi non erano meno da compiangersi
che in ogni punto d'Italia.

# LIBRO DECIMOSETTIMO

---

## CAPITOLO PRIMO

**1. Arcivescovo Monsignor Brancaccio — Sinodo Diocesano tenuto in Cosenza nel 15 Febbrajo del 1707.**

I.° Nella nostra Diocesi a Gennaro Sanfelice era nel 1694 succeduto Eligio Caracciolo, napoletano, de'Principi di Forino. Egli quando fu chiamato all'arcivescovado di Cosenza, era Chierico regolare Teatino. Venuto tra noi autorizzò gli Andreotti a celebrare in ogni anno nella Cattedrale la festa di S. Gaetano, per la quale il Comune in ogni anno corrisponde una rata di spesa. Chiamato dal Papa in Roma all'epoca del Giubileo, e morto in Frascati, ebbe per successore Andrea Brancaccio, anche nobile napoletano, che venne tra noi, lasciando i Teatini al quale ordine parimenti appartenea, e la Chiesa di Conversano ove fu vescovo sino al 1700.

Lo stato in cui trovò la Diocesi questo Vescovo appare dallo stesso Sinodo Diocesano, ch'egli tenne in Cosenza il 15 Febbrajo 1707. Veramente, le patrie carte relative a quell'epoca fan motto di molti provinciali, che caldeggiavano, la eresia, e di molti che si addicevano alla stregoneria e alla magia—e di parecchi che nelle prediche scontorcevano le parole ed il senso de' libri santi per farli servire alle proprie ve—

dutc. Oltre a ciò, tra gli stessi sacerdoti era chi eser-
citava l'astrologia giudiziaria, chi metteva in deri-
sione i precetti della Chiesa, e la rilasciatezza dei
preti; chi tra secolari, calpestasse ogni legge cristiana
e civile per andar dietro con poligamie e dissolutezze
al costume degli Epicurei, e de' Turchi, co' quali frequenti erano le relazioni a causa del commercio con
l'oriente.

Per questi disordini ed altri assai ch'è bello tacere,
l'Arcivescovo Brancaccio decretò in esecuzione del
Concilio Tridentino che si unisse il Sinodo Diocesano
e provvedesse. Fu desso riunito in Cosenza — e vi eb-
bero parte come membri aventi voto deliberativo—Fran-
cesco Antonio Falbo Tesoriere — Giuseppe Cavalcanti
Canonico e segretario del Sinodo — Leonardo Curzio
Canonico—Giuseppe Zito abbate di S. Sisto c Vacca-
rizzo, Vicario Generale—Antonio del Vecchio Decano—
Carlo Valente Arcidiacono—Ignazio Arena Canonico—
Serafino Percacciante Canonico — Giuseppe Augurati
Canonico—Antonio Vitale Canonico—Giacinto Toscano
Canonico—Gaetano Lupinacci Canonico—Giuseppe Ca-
valcante Canonico—Francesco Antonio Furgiuele.

Furono esaminatori Sinodali il citato Zito Abbate
di S. Sisto—i cennati Falbo e Percacciante—il Canonico Gaetano Garzano—il Canonico Votta — Vincenzo
Clausi, Rettore del seminario—il famoso Aloisio Gerardi Canonico — Giov. Battista Cava Dottore in Teologia—Gaetano Monaco Parroco—Saverio Ventura Dottore in Teologia—Vincenzo Spadafora Dottore in sacra
Teologia dell'ordine de'predicatori—Tommaso di Aquino dell'ordine stesso Dottore in sacra Teologia—Giuseppe Strongoli Dottore in Teologia Provinciale dell'ordine de' Conventuali.

Giuseppe de Matera Dottore in sacra Teologia provinciale de' minori osservanti — P. Bruno dell'ordine
de' minimi — P. Federico de' Federici dell'ordine dei
Cisterciensi—P. Bonaventura dell'ordine di S. Francesco.

Ebbero voto consultivo soltanto i citati Giuseppe
Augurati, Gaetano Vitale, Francesco e Antonio Falbo

tesoriere,Serafino Parcaccinti,Canonico—Aloisio **Gerardi** Canonico—Gaetano Vitale in sacra Teologia dottore— P. Tomaso d' Aquino dottore in Teologia — Giuseppe De Matera dottore in sacra Teologia, Bruno **De Franco** reggente gli studi dell' ordine de' minimi — **Gaetano** Teodoro professore di sacra Teologia — Saverio **Rossi** professore di sacra Teologia—Ignazio Barracco **poeta** chiarissimo, ed oratore eloquentissimo—Salvatore Spirito avvocato dottissimo — Antonio Matta Giureconsulto — Francesco Zicari giureconsulto e versato **nelle** lettere—Francesco Gullo giureconsulto esimio.

Il Sinodo si occupò della credenza e della **disciplina** — Avvenne perciò che si decretarono i seguenti Capitoli.

I. De Fide Catholica.
II. De Doctrina Christiana.
III. De Verbi Dei praedicatione.
IV. De Sacramentis in genere.
V. De Baptismo.
VI. De Confirmationis Sacramento.
VII. De Sanctissimo Eucharistiae Sacramento.
VIII De Sacramento Poenitentiae.
IX. De Sacramento extremo Unctionis.
X. De Sacramento Ordinis.
XI. De Sacramento matrimoni.
XII. De Oleis Sanctis.
XIII. De Sacrosantis Ecclesiis.
XIV. De Immunitate ecclesiastica.
XV. De Celebratione Missarum.
XVI. De Chori Disciplinae.
XVII. De Vita et honestate clericorum.
XVIII. De Parochis.
XIX. De Archipresbiteris et Vic. Foraneis.
XX. De Beneficiis ecclesiasticis.
XXI. De Monialibus.
XXII. De Diebus Festis Servandis.
XXIII. De Confraternitatibus et congregationibus.
XXIV. De Piorum Locorum administratione.
XXV. De Casibus riservatis.

## CAPITOLO SECONDO

1. Chiesa e Monastero di Costantinopoli—Altri Arcivescovi Cosentini — II. Mercader incaricato dalla Regia Camera per rivedere la questione Silana—III. Accademia Cosentina diretta dal Morelli—membri di questa accademia.

I.° La memoria dell' Arcivescovo Branciccio non è per noi lodevole soltanto per gli abusi che corresse nella Diocesi ; ma per tutte le altre opere di beneficenza, che da lui a pro del nostro paese si compirono—e per la sua chiara generosità di cui ci lasciò testimonianze incancellabili.

Fondò egli tre canonicati juspatronati della sua casa—ed il Monastero di Costantinopoli nel 1710—S'indusse ad erigere questa nuova Casa claustrale secondo le patrie memorie pel seguente avvenimento.

Nel 1710 in un muro del giardino di S. Giovanni Gerosolimitano, sotto la piazza piccola, esistea una antichissima immagine della Vergine, che invocata da un Zoppo, vuolsi l'avesse tosto guarito. Andata di questo fatto la notizia all'Arcivescovo, ordinò costui, che una lampada vi si accendesse di là in poi—e che coll'olio di questa lampada non solo si ungessero gl' infermi che ricorressero alla Vergine per guarire; ma benanco gli ossessi e gl' invasi dal demonio — Accresciutasi la divozione della Vergine in tal modo ; pensò l' Arcivescovo di situarla in un' apposita Chiesa ; e però volle ampliare la Chiesa di Costantinopoli, ed a quest' oggetto comperò una casa attigua al giardino de' PP. Gesuiti nel luogo detto Paradiso, e nel 1711 vi fondò la Chiesa col titolo di S. Maria di Costantinopoli, e delle due S. Rosa di Siena e di Viterbo.

Malgradochè alla còstruzione di questa Chiesa, ed attiguo monistero si opponessero le due monache dello Spirito Santo suor Ventura, e suor Gervasi: causa per cui fu forza che vi decidesse il Pontefice, il Monastero fu menato innanzi, e nel 1720 fu staccata l'immagine dal muro citato, e condotta processionalmente in Costantinopoli. Questo fabbricato avea due ingressi—per uno di essi si entrava alla Chiesa—e per l'altro nel convento.

Fu desso soppresso nel 1807—e fu donato alla città, che il richiese per formarci una casa addetta ad alloggiare le truppe—aggregandone la rendita al Monastero di S. Chiara. Nel 1824, e propriamente a' 18 di luglio le monache che un dì l'abitarono, passarono in Gesù e Maria—ed il monastero, in processo di tempo, fu addetto ad officine dell'Intendenza, ove avea sede il Preside della Provincia.

Questo Prelato prese a proteggere la Congregazione del Rosario, eretta nella Chiesa di S. Domenico, ed aggregata al Gonfalone di Roma, che rese esente dalle processioni—la Congregazione del Purgatorio, che nel 1710 fece aggregare a quella di Roma — e quella di S. Maria in S. Agostino, che sua mercè, fu aggregata nel 1700 a quella di S. Giacomo apostolo di Roma istessa.

Egli stesso colla cooperazione di Monsignor Domenico Votta, Vescovo d'Isola, fe' aggregare l'Arciconfraternità de' Mercanti a quella di S. Maria in Roma, la esentò dalle processioni, e le diè facoltà di vestire in bianco con mozzetta turchina.

Visse questo prelato fino al 4 giugno del 1725 — e gli tenne dietro Monsignor Vincenzo Maria D'Aragona, Domenicano de' principi d'Alessano, al quale siamo debitori della forma migliore che prese il nostro seminario, e delle gravi ristorazioni praticate alla Cattedrale quasi caduta—Veramente fondò egli l'organo—il Cappellone dell'altare maggiore—e compì la croce, dando fine alle due cappelle laterali. Sono opere sue del pari i sedili del coro—e molti ristauri nelle due cappelle, che son lungo la nave maggiore. Finì egli in Napoli dopo anni 18 di amministrazione, ed a lui seguì nel 1743 Francesco Antonio Cavalcante, nostro concittadino, dal quale ecco come ad un dipresso favella lo Spiriti:

Francesco Antonio Cavalcanti fu figliuolo di Antonio Cavalcanti. Nell'età di anni 16 entrò nella congregazione de'Chierici regolari Teatini, ove col tempo fu eletto Proposito generale dell'ordine nel 1740 — In questo tempo cercando Benedetto XIV, di farlo confermare, e trovando degl'intoppi ne'di lui confratelli, si spinse nel 1744 ad inalzarlo all'Arcivescovado nella Chiesa di Cosenza. In questa dignità assunto, tolse ad avere special cura per la restaurazione della sua Chiesa; promosse il culto convenevole nell'accompagnamento dell'Eucaristia. Mancò a' viventi il 1748 e fu sepolto nella sua Chiesa. Lasciò sotto i torchi l'opera intitolata *Vindiciae Pontificium Romanorum* pubblicata dopo la morte, dedicata a P. Domenico Andrea Cavalcanti suo fratello, anche chierico regolare, e il più chiaro oratore italiano del corrente secolo, regnando il Pontefice Benedetto XIV.—In questa opera ebbe in vista di scagionare i papi dell'accuse di false dottrine.

II°. Comechè in questo capitolo non avessimo dovuto far motto di ciò che avvenne sotto il Regno di Carlo III, pure perchè col cominciar di questo periodo, si opra una serie di avvenimenti tutti politici, che non è possibile sospendere senza far perdere ai fatti quella importanza che meritano, abbiamo parlato di un vescovo, che appartenne più a'tempi del III Carlo, che dell'Imperatore Carlo II. — Ritornando ora indietro di qualche anno diremo: che sotto il Presidato di D. Alvaro Bernardo Eviros nel 1717, la Regia Camera volendo ripigliare la discussione della questione silana, spedì in Calabria il Preside Mercader, il quale riflettendo che non tutti i possessori delle difese erano stati compresi ne' 145 processi nei quali caddero le cennate transazioni, dedicossi alla compilazione di altri numerosissimi processi, pei quali chiamati i possessori si venne ad un secondo periodo di transazione, che sembrò aver posto finalmente termine ad un affare così nojoso, e tanto di disastro a' proprietarî—In tal torno, la questione di Cosenza e Casali fu ammortizzata— ed in tale stato giacque fino al 1752, epoca in cui come vedremo, D. Luigi Petrone, incaricato di rivedere le operazioni di Mercader, comprese nel demanio regio ciò ch' era di Cosenza e Casali, senza che la prima fosse stata citata — e i secondi chiamati legalmente a produrre le loro ragioni in sostegno de' propri dritti.

III°. Prima di chiudere questo capitolo non possiamo non far motto novellamente della nostra accademia, che alla morte del suo presidente Muzio Caselli, trapassato nel 1719, elesse nello stesso anno, a suo Principe Fabrizio Castiglione Morelli, altro nostro concittadino, che secondato nelle sue premure per l'accademia da' suoi compaesani Antonio Bombini, che n' era il segretario, dall'esimio avvocato Pietro Greco, e dall' egregio poeta Francesco Manfredi, di cui già parlammo, e da non pochi alti distinti personangi, le diè maggior lustro e splendore.

Fabrizio Castiglione Morelli è l' autore dell' opera intitolata *De Patricia Consentina Nobilitate Monimentorum Epitome* stampato in Venezia il 1713—A lui si debbono le notizie, che ciascun Cosentino ritiene sulla propria famiglia. Quest'opera, che molto utile e lustro recò al paese, non va però esente di esagerazioni—e noi facendone capo nell' attuale opera, non abbiamo trasandato di adottare tutto quello che regge alla storia, e sbandir l' altro che solo esagerato amor di patria gli dettò.

Egli fu adunque creato Principe della nostra Accademia, e durante la sua direzione, si pubblicò l'erudita raccolta de' vari componimenti de' nostri accademici formata in morte dalla Contessa d'Althan, impressa in Firenze il 1724.

Ebbe egli a' consorti nelle sue accademiche fatiche, oltre buona parte di quelli che furono col Caselli, un Giuseppe Maria Duca, Cosentino, missionario fervidis-

simo dell' ordine de' predicatori , che lasciò stampate
le prediche di missioni —Lodovico Gerardi Cosentino,
canonico della nostra Cattedrale, personaggio, secondo il
Zavarrone, eruditissimo e sublime poeta che lasciò manoscritti: L'ecloghe del P.Giannattasio, tradotte in verso
sciolto—il Canzoniero—Un orazione panegirica ad Eugenio di Savoja — Le lezioni accademiche in capitoli
Berneschi—Domenico Gaetano Cavalcanti, fratello del
nostro Arcivescovo chierico regolare Teatino , e passato quindi a professore di Teologia e Morale, nell'accademia di Firenze. Fu egli confessore di Maria A-
malia Walburga , regina dell' una e l' altra Sicilia ,
oratore elegantissimo. Scrisse la vita di S. Amalia vedova, ed altre materie sulla liturgia, che peranco non
han vista la luce.

Ed oltre a' cennati — Giuseppe Maria Quattromani
della società di Gesù, poeta epigrammatico nell'idioma
latino—Gaetano Maffei anche egli gesuita e poeta epigrammatico nello stesso idioma — Mariannina Pascale
Toro, consorte del Saverio Pascale, patrizio Cosentino—
Salvadore Spiriti di cui a suo tempo si parlerà.

Carlo Contestabile Ciaccio, patrizio Cosentino dottore in Teologia e nell' uno e l' altro Dritto—Domenico
della Cava, pronipote di quel Muzio, le cui notizie su
Cosenza fornirono i materiali alle Memorie dello Spiriti — Questi scrisse e stampò una famosa orazione a
proposito della nascita del figlio di Carlo Borbone —
Pietro Greco , segretario perpetuo dell' accademia e
giureconsulto esimio, scrittore di allegazioni e di prose
accademiche di vario argomento—P. Francesco Antonio
Piro, autore delle riflessioni sull'origine delle passioni;
e dell'opera—Dell'origine del male contro Bayle = nuovo
sistema antimanicheo—il Padre Benedetto Politi Cosentino, che confutò il P. Piro—Alessandro Marini, autore
di un catechismo isagogico—d'un sistema Neoplatonico e
di varie dissertazioni accademiche in materie filosofiche,
dotto in Teologia e nell' uno e l' altro dritto—Ignazio
Telesio, versatissimo nella idioma latino e nella lirica—
Carmine Aquino, poeta in idioma italiano—Pietro Sambiase, patrizio Cosentino, nella lirica italiana e latina

versatissimo Francesco Zicari, del quale si è parlato, avvocato presso il Tribunale dell' Inquisizione—Giacomo de Fabrizî, poeta di bel dire in italiano e nel latino—Carlo Zacconi, professore di dritto civile economico—Giuseppe Donati, sacerdote versatissimo nelle latine lettere—Antonio Paolillo—Giuseppe Landi—Ignazio Sassone—Gregorio Riccardi, scrittori di varie cose—Giovanni Quercia, Cosentino, e professore dell'uno e l'altro dritto — Cesare Firrao e Carlo Barracca, versati nella poesia latina ed italiana—e Leónardo Romano, dottore nell' uno e nell' altro dritto, che scrisse la Cassandra, Giulia, Rosa da Lima, ed altri poemi, secondo Amato nella Pantopologia.

Saverio Andreotti, scrittore di versi italiani belli per concetti, comechè oscuri per la forma.

Antonio Tirelli Casole e Francesco dello stesso cognome, scrittori di versi latini—Domenico de Matera, patrizio Cosentino, eruditissimo nelle lettere e nella storia—Lelio Castiglione Morelli e Pompeo Galzerano, versati nella poesia latina, non meno che nella italiana; ed altri ancora di cui non ci è giunta notizia tuttavia.

Comechè l'Accademia Cosentina sotto il Caselli cercasse d' imitare quella degl' Investiganti, e perciò tentasse di applicare i suoi studî più alle scienze che alle lettere; sotto il Morelli subiva un indirizzo assolutamente novello; e da scientifica ch'era, divenne letteraria, e sovranamente poetica—La smania del poetare scompigliato andò tanto oltre, che tosto si perdettero le tracce dello Schettini e del Manfredi — e cominciossi a vedersi tal genere di verseggiatura che, anzichè di poesia, della perfetta prosa esagerata ritenea. E però quella chiara intelligenza dello Spiriti scrisse sensate considerazioni sull' abuso invalso nella nostra Accademi di scrivere versi, che meglio che sulla lira, potevano cantarsi a suono da calascione o di dabutà. Era per altro il male che aveva invaso più d' un accademia d' Italia: cosicchè misurato il valore della nostra Accademia all' utile che ne ritrasse il paese, possiamo francamente asserire: che in niun periodo della sua vita la nostra Accademia fu così improduttiva di vantaggi quanto alla metà del secolo decimottavo, ed ai tempi che ne fu presidente il·Morelli.


# CAPITOLO TERZO

I. Inondazione del Crati — II. Vincenzo Telesio — III. Uomini illustri Cosentini.

I.° Era il 3 settembre 1729, ed il fiume Crati gonfiavasi a tal segno, che gravi e non più visti danni arrecava alla città ed alle campagne che la costeggiano. Perchè di questo avvenimento ha fatta bellissima relazione l'attuale Segretario perpetuo dell'Accademia Cosentina Vincenzo Maria Greco, degnissimo di occupar questa onorevole carica, non meno del fratello Luigi Maria, che la lasciava, rapito troppo immaturamente a' vivi, con gran dolore de' suoi concittadini, io mi pregerò di riportarla qui, tal quale egli la inseriva nella pag. 54 dell'anno III del Giornale il *Calabrese*.

« E narrerò di un'estraordinario avvenimento che nel passato secolo verificavasi in Cosenza. In certi tempi i fenomeni del mondo fisico, par che vogliano prevenire, disporre, o accompagnare i grandi rivolgimenti del mondo morale. O che un'arcana corrispondenza interceda tra loro, o che la natura spieghi tutte le sue forze in una età, per riposarsi in un'altra, vero è che inondazioni, carestie, terremoti, ed altre genìe di malanni, che nel 1700 tribolarono le Calabrie, furono forieri di quelle scene tremende, che nel processo degli anni vi si svilupparono.

Era dunque al suo termine l'està del 1729, e con essa il caldo, la siccità, la caligine sorgenti ordinarie di quelle malattie, che sogliono in tale stagione dominare in Cosenza. Estenuati per l'arsura di tre mesi, erano i naturali in aspettativa di un'autunno ricreante, ma la cosa ben altrimenti volgea, per lasciare deluse le loro speranze. L'aurora del 23 settembre spuntava, e 'l cielo si vestia di nubi nere e gialligne ; le valli evaporavano certo fumo color bigio che a mano mano elevandosi, si diffondea per le montagne, e si posava su quelle: la terra era squallida, nè rallegrata dalla canzone del bifolco, o dal gorgheggio dell'uccello. Un'aura grave, umida, mesta, agitava ad or ad ora le fronde e gemeva tra rami; e come più le ombre antelucane si veniano diradando, la natura disvelava un'aspetto tetro ed iracondo, che annunziava vicina una qualche sciagura. Sorgeva intanto il giorno; inoltrava nel suo corso, nè per questo si rabelliva il creato, o si dileguava quella malinconia che incombeva sugli uomini, e sugli animali. Il terrore anzi e lo spavento si propagavano, i dubbi in certezza di un pericolo si convertivano. Il sole già tramontava, ed in questa, una furia di venti, un' incalzarsi di nugoloni, un balenare di lampi, uno scroscio di tuoni, una spruzzaglia, eran preludi incontrastabili di una tempesta. Ad apparato così tristo, ciascuno si ricoverava nel proprio albergo, sperando quello scampo che per lo più vi si trova, ma tale speranza, riesci vana per molti. La sera era giunta, come mai più tenebrosa ed orrenda, e la squilla dell' Avemaria solita a ridestare la pietà, diffondeva i suoi gravi rintocchi. Però quel suono segno consueto di pace, era questa volta la tromba che accompagnava l'imponenza della divina vendetta. Com'esso si tacque, i venti strepitarono più fortemente, i lampi si addoppiarono, i tuoni rumoreggiarono con rimbombo spaventevole, scosser la terra], precipitarono, colpirono, uccisero; le cateratta dei cie i si apersero, e grandini ed acque a diluvio rovesciarono. Nè perchè il furore suole in tutte cose esser breve, o dare per lo meno qualche tregua alla violenza, avveniva che la tempesta per batter d'ora si attutasse, o la ferocia minaccevole scemasse. La preghiera ferveva, volava sopra l'ali della fede, ma l'orecchio di Dio era sordo: i nembi in men che il dico si riurtavano, i venti le colline e le pianure dispogliavano, i torrenti da le cime dei burroni dirompevano, e svelti

ceppi, e tronchi rami, e cespi e pietre rotolavano; i
baleni e le saette si succedevano, e i gemiti, le stri-
da, i clamori che da tutte bande si elevano, più desolante e paurevole rendeano l'orrore di quello universale sconvolgimento. Le campane dei templi intanto
suonavano a martello, cosa orrenda nella notte, e più in
quella in cui parea che cielo e terra si sciogliessero;
e mentre tanto era lo scompiglio, un nuovo fracasso
pari a quello di un mare in cui sfrenati venti collut-
tassero, sorgeva ad accrescere il rumore, e con esso
lo scuoramento, e la tema. Era il Crati che per piog-
ge, lave e torrentacci oltre ogni credere ingrossato,
rivolgendo sassi, travi, alberi, ed ogni sorta di materie incontrate, entrava nella città, levando al Cielo i
cavalloni e gli spruzzi, ed argini, e dighe con poderosi sforzi sormontando, frangeva, schiantava ove av-
venia che passasse. Stavano i cittadini accovacciati
nelle loro case, e sopratutto quelli, del quartier di
S. Agostino vicini alla massa. Stretti più da presso
dalla forza del pericolo, eran come quelli ai quali e
dentro e fuori era impedita la salvezza, dentro per la
rabbia del fiume che moveva a seppellirli, fuori, per
quella della pioggia che pareva inabissarli. A quel
fragore tanto temuto, quanto inaudito per lo innanti, molti spaurati cercano uscire e si ritraggono,
molti escono traendo arredi, suppellettili, e quanto
hanno di prezioso. Ovunque può estendersi lo sguardo
per quella sterminata oscurità rotta a quando a quando dai baleni, vedi vecchi, storpi, malaticci, madri
con lattanti fra le braccia, padri che conducono per
mano i bamboletti più adulti sperperarsi per diverse
strade, cadere, alzarsi, ricadere entro le lave che dappertutto gorgogliano, cercare asilo nei cortili dei pa-
lagi, in ogni luogo ove avesse meno a temersi la furia
del fiume. Le onde del Crati han già toccato le prime
case: e poichè l'altezza delle acque è di gran lunga
superiore a quella della massa, la piena entra, sbarra
le porte le finestre dei primi piani, ed ogni guisa di
mobili, e porci, e capre ed asini chiusi ne'bassi caccia
fuori e travolge. Quante sono taverne, cellai, magaz-

zini son tutti inondati, le fortune di cento e cento deperiscono, e molti affatto nudi, molti coi soli cenci che indossavano rimangono. Ma non è qui che la tragedia ha fine! Sorgeva accanto al tempietto di S. Lorenzo un ponte di magnifica struttura, che ricordava i tempi della fondazione di Cosenza, o per lo meno quelli delle gotiche invasioni. Alto, ampio, massiccio avea da più secoli rintuzzato la violenza del fiume, nè potea che per estraordinari e grandi cozzi venir manco. La piena però lo affronta, e poichè la immensità delle materie travolte assiepa il vano ed impedisce il passaggio, le onde rinculano furiosamente, riurtano, lottano un pezzo con quel forte propugnacolo, ma risospinte da tergo con nuova forza irresistibile, lo sfrantumano e lo ingoiano. Spettacolo è quedi orrore e di lagrime, perocchè molti fuggendo dal quartiere della massa in quel mal punto si trovarono, e senz'aiuto e soccorso aspramente perirono! Però comunque al sommo compassionevole la ventura di quei malagurati fosse corsa, più trista e dolorosa divenne per altri. Colpiti dallo sbalordimento, dal terrore e da tutti gli effetti che in quella strana congiuntura si destavano, acciecati dalle dense tenebre, molti credendo tuttavia fermo il ponte, a transitare si afforzarono. Infelici! Tonfarono nell'onde e di qua e di là sbattuti per inganno si spensero! La tempesta intanto inferocì tutta notte non senza lagrime, timori, speranze precipuamente di quelli i cui parenti aspettati non venissero. Surse l'aurora del nuovo giorno, e qui non è a dire quanti e quali danni anche cagionati dal Busento nei campi, nella città, ovunqne avesse ai Cosentini rivelato. Parecchi orbi dei più cari, corsero a cercarli lungo il letto interminabile, che la piena avea lasciato. Infelici! Vider su quell'erma pianura sorgere or un piede, or un braccio, or un volto franto e trasformato! Momento terribile per varietà incertezza e prontezza di affetti! Li rilevaron quindi dalla mota ove giaceano sepolti, e fu così conto il numero delle vittime, che i cronisti non tramandaron fino a noi.

Nè mancarono in quella luttuosa catastrofe atti di

beneficenza a prò dei danneggiati nelle fortune e nel sangue, perocchè tutte classi di cittadini concorsero a gara a ristorarli, ed ampio più che mai venne il Regio favore, senza di che le private sorgenti nelle pubbliche calamità inaridiscono.

Però tali disastri dei nostri antenati precursori di altri spesso avvenuti a tempi nostri, derivarono in molta parte da cagione alla quale è acconcio por mente—Erano allora divenuti assidui i sboscamenti i quali, se eseguiti con intemperanza, o poco avvedimento, grande scapito alla economia privata e pubblica debbono cagionare. Lamentavano questo errore molti benemeriti, e colla voce e coll'esempio cercavano d'impedirne il progresso: disposizioni salutari spesso si emanavano onde allontanare la scure da quelle selve originario asilo dei padri nostri, e sorgente inesausta di tante ricchezze, ma gli sforzi dei filantropi e i proficui stanziamenti, come suole delle cose utili, andavan manomessi e spregiati. Così per cieca ingordigia, per malinteso momentaneo guadagno, mal provvedevasi alla cosa propria, e rovinavasi l'altrui! Errore non ancora da noi bandito, e cagione finchè durerà d'incalcolabili danni!

Dirò da ultimo cosa, che la pietà de'fedeli nella discorsa contigenza altamente compunse. In mezzo a tanto inondamento, a tanta ira, a tal guasto, le onde orgogliose rispettavano la parete di una nicchia sita sul letto del fiume, ove un rozzo ma antico pennello avea da tempi remotissimi dipinto un Crocefisso. Sì solo la sacra effigie del Crocefisso dell'Arena, era salva e lo è ancora. Lezione è questa che ci richiama a solenni contemplazioni, e ci segna a caratteri d'oro la verità della fede ».

II.° Un anno prima che fosse avvenuta la cennata innondazione e propriamente nel 1728, come se la provvidenza ci avesse voluto largire prima un cittadino la cui vita venisse tutta sacrificata al bene della patria, e poscia farci provare i danni che abbiamo narrati, nasceva d'Antonio Telesio e da Corinzia Spiriti il rinomato Vincenzo Telesio, delle cui virtù non potras-

si mai dir tanto che basti. Educato da' PP. Gesuiti,
e rivestito delle più splendide cariche fin da giovinetto,
fu il modello degli uomini in società, e de' cittadini
nella sua patria. Di lui fè bella menzione il fondatore del primo giornale che abbia avuto Cosenza, Saverio Vitari, appellato il Calabrese, giovane di bellissime speranze, e troppo immaturamente trapassato. In o-
nore alla memoria di questo bravo patriota, del Telesio non meno chiaro per intelligenza di mente e bontà di cuore, riporterò per esteso ciò che del Telesio egli scrivea nell'anno secondo del citato Giornale.

I.º I più vecchi cittadini di Cosenza ancora ricordano un uomo venerando, che appoggiato al suo ba-
stone, soventi traeva la sua persona affievolita dagli
anni per le scale di quest'ospedale: nè il nome di
costui è rimaso ignoto alla generazione che lo à seguito; chè il nobile casato da cui usciva Nicola, Antonio e Bernardino Telesio era bastevole ad onorare
il nome di Vincenzo, se anco le sue azioni non lo
avessero collocato in un posto cui a pochi è dato di
aspirare. — E mentre Bernardino era grande per la
filosofia, Vincenzo lo era per la beneficenza: il primo godea di un nome riverito dai dotti; l'altro di un
nome benedetto dai buoni: l'uno migliorava la condizione della filosofia; l'altro quella della umanità.

II.º Circa l'anno 1728 Antonio Telesio e Corinzia
Spiriti eran lieti di aver generato Vincenzo. Quei germi di virtù che in lui si manifestarono, si accrebbe-
ro col volger degli anni mercè la educazione, elemento necessario alle anime che ànno anche sortito da
Dio la più sana dose di morale. Affidato ai PP. Gesuiti, fu onorato in patria da quelle cariche civiche,
che in allora venivan conferite ai più distinti cittadini. Due volte governatore dell'Ospedale, due volte
ne disimpegnò la carica col dovuto zelo — Ma non
ancora il suo nome suonava carità e beneficenza. —
Funesto a rammentarsi, ma bello per lui sorgeva l'anno 1783. I tremuoti aveano ridotto le Calabrie in uno
squallido stato: qua' case crollanti, là monti ove esi-

stevano valli : qua' infelici danneggiati nelle sostanze;
là vittime mietute che compivano la desolazione di
questo quadro. L'Ospedale di Cosenza è ingombro di
feriti — Ed in tanta sventura chi solleverà gl'infelici
pei quali parea che il Cielo chiuso avesse ogni adito
alla pietà ? — Telesio. Eletto governatore per la terza volta, non solo si sacrificava al servizio degli ammalati, ma benanco profondea del suo per soccorrerli:
ed un fondo ereditario di famiglia fu ceduto all'O-
spedale — Nonpertanto le sue azioni non poterono restare occulte ; chè quando la carità trionfa, Iddio non
permette che la più bella delle sue opere non abbia a
ricever lode tra gli uomini.—Reggeva Cosenza da Preside Giovanni Danero, che sollecito a premiare le cure del Telesio provocò dal Sovrano i dovuti elogi, e
due dispacci gli testificarono quelle onorificenze che a
lui addicevansi. Ma queste non lo abbagliavano : egli
oprava per semplice desiderio di far bene: il suo cuore era sempre pago, e le sue azioni erano conformi
al suo sentimento ; e quando sentiva da queste ispi-
rarsi, egli non pensava più a lui: la sua vita era per
l'umanità.

III.° Cosenza ove la inopia sedeva accanto alla opulenza, ove le più sublimi virtù incontravansi coi vizî
più vergognosi, offrigli un campo per fissarvi lo sguardo, e considerare il disordine dei costumi ai quali si
univa la povertà. Non vi era anno in cui una folla
di fanciulli figli della colpa esposti agl'insulti della
miseria, languissero perdendo la vita, prima di apprendere ch'erano nati per vivere—Il nostro filantro-
po considerando i bisogni di queste infelici creature,
e la gloria che si meriterebbe da Dio, pensò al rimedio. Secondato dal generale Strongoli Pignatelli visi-
tatore delle Calabrie, fu da questi incaricato a forma-
re un Orfanotrofio, di cui gliene commise il progetto. Diversi Conventi erano stati in quest'epoca soppressi in Cosenza: Il Sovrano che fidava in Telesio, lo
fece interrogare ove credesse di stabilirlo, ed ei scel-
se il Convento dei Teresiani, ma conoscendo che quel
locale non arrivasse a contenere tutt'i proietti, pensò

ad affidarne una porzione ad alcune contadine della
provincia , le quali perchè orbate de' propri figli potessero amarli dello stesso modo , e loro assegnò un
mensile di un ducato. Egli in ogni anno facea rigo-
roso sguittinio sul mantenimento di questi fanciulli —
Intanto l' Orfanotrofio progrediva , ed egli dopo di
averne dettato gli Statuti con somma saggezza, ne divenne amministratore in perpetuo. Fu allora che da
provvido padre in famiglia , considerando che le don-
zelle non dovrebbero mostrarsi indegne della ricevuta
educazione, e che dove non regnano le arti e le ma-
nifatture tutto perisce , cercando di unire alla educazione il vantaggio, inviò delle giovinette nella Catona
vicino Reggio , affinchè ivi apprendessero il lavorìo
delle sete organzine. Tornate posseditrici dell' arte in
Cosenza s' introdusse una tale industria, mercè le cure del Telesio.

IV.° Il suo cuore che ispirava la pietà e la beneficenza sentì scuotersi all' annunzio dell' anno 1799 ,
epoca memoranda per delitti e rivolgimenti. Da quel
momento le tragiche scene che desolavano l' Italia ri-
producevasi nelle Calabrie. Inorridiva Telesio, e mentre a questo anno succedeva un'altro e poi l'altro che
posava il piede su questo secolo , non arrivò il 1802
che ai 28 febbraio s' intesero le campane della Città
annunziare ai Cosentini la perdita di un virtuoso, ed
ai poverelli quella del loro benefattore.

Lo annunzio della sua morte abbenchè da più tempo preparato destò un dolore generale come quello di
una improvvisa sventura , e una folla di persone ac-
comiatava le sue spoglie mortali.

V. Avvenuta la occupazione militàre, informato il
Ministro dell' Interno Miot per mezzo dell' Intendente
Flach , furono partecipate al Sovrano le immense cure di beneficenza del Telesio, e con decreto de'4 gennaio 1810 fu disposto che in ogni anno nel giorno an-
niversario di sua morte se ne perpetuasse la memoria
con un solenne funerale, ove l' Intendente della Provincia assistito dalle altre Autorità recitar dovesse un
funebre elogio nella Chiesa dell'Orfanotrofio, assegnan-

do un posto distinto agl' individui di sua famiglia —
Di già a' 28 febbraio 1810 l' Intendente Gaddi con
splendido elogio , lasciò nell' animo degli uditori im-
pressioni tali che rivelavano in uno stesso tempo l'alto
sapere dell' oratore , e la pietà dell' elogiato. L' anno
seguente l' Intendente Briot si accinse all' impegno facendo trasparire una profonda dottrina , che si acco-
munava ad una popolarità piacevole — Ma questa pia
istituzione cadde. Non più elogi s' intesero pronun-
ziare. Solo una iscrizione sta nella Chiesa per ram-
mentare l' uomo benefico — Ma se per le varie circostanze l' elogio del Telesio è stato trasandato , egli à
lasciato nel cuore de' suoi concittadini il più stabile
elogio che può procurarsi la religione e la carità —
la gratitudine ».

III.º Al pari del Telesio lasciarono bella fama di
loro. — 1. Domenico Votta , e secondo Aceti, Ignazio,
che nel 1717 ascese al Vescovado d' Isola , ove per
cinque anni lasciò prove eloquentissime di carità e
solerzia cristiana.

II. Pietro Aloisio De Maio, altro nostro compatriota, che successe al Votta nella stessa Sedia il 1723—
e che non meno del suo antecessore si distinse per
carità e cristiano sentire.

III. Alessandro Magno nostro concittadino , che fu
Abate cisterciense — Vicario generale d' Italia , ed i-
sole adiacenti — Procuratore generale del suo ordine—
ed eletto il 1728 a Vescovo di S. Marco. Fu desso
uomo dottissimo — e non meno decorato di scienze e
lettere, che di carità e virtù evangeliche.

IV. Nicolò Zicari, che fu Giudice della Gran Corte
della Vicaria, e poscia presidente della Camera della
Summaria—uomo dottissimo in giurisprudenza ed in
fatto di storia.

V. Scipione Sersale , Vescovo di Sora , prelato di
molta distinzione per la purità che usava nel dettare
in latino.

VI. Pietro La Valle Teatino , Vescovo di Pozzuoli ,
chiaro per le opere di beneficenza in quella Diocesi,
e pel gusto raffinato ch' ebbe nelle lettere greche.

VII. Giovanni Antonio Pandosio, vescovo di Campania, *et Literanensis*, secondo l' Aceti.

VIII. Francesco Ventura, a dir dell' Amato : *Vir eximii dotibus locupletatus cui ingenium facundiam et judicium vix alibi sparsim reperienda prodiga quasi in cumulum concessit natura ; in Regentem R. C. merito inauguratus.*

IX. Francesco Maria Salerno, Regio Commessario, uomo illustre per beneficenze compite a pro' de' poveri della città — e per lettere amene.

X. Carlo Ferrario, Avvocato nella Curia Romana , giureconsulto famoso , e scovritore d' un nuovo metodo di scrittura, a testimonianza dell' Aceti.

XI. Antonio Telesio, Regio Questore, uomo di cognizioni peregrine in fatto di dritto civile e canonico a testimonianza dell' Aceti.

XII. Antonio Quattromani, secondo lo stesso Aceti famoso giureconsulto.

XIII. Antonio Manfredi, anch' egli al dir dell' Aceti famoso giureconsulto dell' epoca , Avvocato della Romana Curia , che pubblicò le poesie di suo zio Francesco.

XIV. Alberto Gullo , secondo l' Aceti, letterato distintissimo — scrittore di molte opere , che per mancanza di mezzi pecuniari non videro la luce.

**FINE DEL VOLUME II.**

| ERRORI | CORREZIONI |
|---|---|
| Pag. 338 dette elocubrazioni | dotte elocubrazioni |
| » 366 quelli esempi | quelli ch' esempi |
| » 400 della grascia colpite | dalla grazia colpite |
| » 403 nell' altro libro | nell' altro capitolo |
| » 408 Ebro di sangue | Ebri di sangue |

Si vende in Napoli presso l'Autore Vico Carceri
S. Felice a Toledo n.° 10.
Nello Stabilimento Tipografico di Salvatore Mar-
chese, Vico de'Ss. Filippo e Giacomo n.° 21.
Ed in Cosenza presso il sig. Fraschitto Palmieri,
Strada Neve.

———————

Il prezzo d'ogni volume è di Lire 3.

www.ingramcontent.com/pod-product-compliance
Lightning Source LLC
Chambersburg PA
CBHW070858140426
R18135300001B/R181353PG42812CBX00005B/9